Kurt P. Tudyka
Das OSZE-Handbuch

Kurt P. Tudyka

Das OSZE-Handbuch

Die Organisation für Sicherheit und
Zusammenarbeit von Vancouver bis
Wladiwostok

2. überarbeitete und aktualisierte Auflage

Leske + Budrich, Opladen 2002

Die Deutsche Bibliothek – CIP-Einheitsaufnahme
Ein Titeldatensatz für die Publikation ist bei
Der Deutschen Bibliothek erhältlich

ISBN 978-3-322-92221-2   ISBN 978-3-322-92220-5 (eBook)
DOI 10.1007/978-3-322-92220-5

© 2002 Leske + Budrich, Opladen

Satz: Leske + Budrich, Opladen

Inhalt

Anhang
Sammlung von Dokumenten und Verzeichnis von ausgewählter

Vorwort

Die Organisation für Sicherheit und Zusammenarbeit in Europa (OSZE) hat vor 1990 Veränderungen in Europa ausgelöst und ist daraufhin selbst von ihnen wie keine andere bestehende internationale Organisation erfasst worden. Sie beeinflusste politische Verhältnisse und musste auf deren unvorhersehbare Wirkungen reagieren. Da ihre Entscheidungen durch die Regierungen aller 55 Staaten zwischen „Vancouver und Wladiwostok" beinahe ausschließlich und unmittelbar getroffen werden, spiegeln die OSZE-Aktivitäten direkt und aktuell die jeweils vorherrschende sicherheitspolitische Lage wider. Deren friedensgefährdenden Erscheinungen und Tendenzen soll die OSZE durch Frühwarnung, Konfliktverhütung, Krisenbewältigung und Wiederherstellung friedlicher Verhältnisse nach Konflikten entgegentreten. Auch ihre Rüstungskontrolle sowie ihre Vertrauens- und Sicherheitsbildung sollen die europäischen Verhältnisse stabilisieren.

Wer beobachten will, was die OSZE macht, kann das zunächst relativ mühelos u.a. am Sitz ihres Ständigen Rats, ihres Sicherheitsforums und ihres Sekretariats in Wien und am Sitz ihres Büros für Demokratische Institutionen und Menschenrechte in Warschau feststellen. Auch der Umfang und die Ergebnisse der Tätigkeit des einmal im Jahr in Prag stattfindenden Wirtschaftsforums sind einfach zu registrieren.

Mühevoller ist die Tätigkeit zu betrachten und zu beurteilen, die die fast 20 OSZE-Missionen und -Büros an entfernten Orten mittelasiatischer, transkaukasischer, ost- oder südosteuropäischer Konfliktherde verrichten, oder der Arbeit zu folgen, die der Beauftragte für die Medienfreiheit bei seinen Interventionen oder die der Hohe Kommissar für nationale Minderheiten durch sein Auftreten in Spannungsgebieten leisten. Und ähnlich schwierig ist wahrzunehmen, was in den vielen und verschiedenartigen Seminaren geschieht und was sie bewirken, oder was die Beobachtung der Wahlen erreicht bzw. verhindert. Auch die Arbeit der sogenannten Troika der Außenminister, des Amtierenden Vorsitzenden, seines Vorgängers und seines Nachfolgers, erschließen sich für Außenstehende nur indirekt und im nachhinein.

Die Organisation für Sicherheit und Zusammenarbeit in Europa (OSZE) – von 1975 bis 1994 Konferenz über Sicherheit und Zusammenarbeit (KSZE) genannt – bedarf keiner ausführlichen Darstellung ihrer Bedeutung, um ihr Bestehen und ihre Arbeit zu rechtfertigen. Was ihr im Vergleich mit NATO und EU immer noch mangelt, das ist eine größere öffentliche Aufmerksamkeit und Anerkennung als sie genießt, die ihre Legitimation und damit ihre Wirksamkeit noch verstärken würden.

Das Handbuch beschreibt und würdigt auch kritisch die Aktivitäten und Institutionen der OSZE in Einzeldarstellungen und kann damit als Nachschlagewerk über Fakten und Daten dienen; das Eingangskapitel führt in Begriffe, Geschichte und ausgewählte Aspekte der OSZE und der gesamteuropäischen Sicherheitspolitik ein.

Das Handbuch hilft dem Mangel an einer zusammenfassenden unabhängigen Darstellung über die einzige gesamteuropäische Organisation ab. Anders als periodisch erscheinende Publikationen, wie das OSZE-Jahrbuch, wo die sich stets wandelnde aktuelle Sicherheitspolitik fortlaufend und selektiv beschrieben wird, will das Handbuch umfassend die beständigen Elemente der OSZE darstellen. Als Stichwörter boten sich sowohl Bezeichnungen von OSZE-Einrichtungen („Ständiger Rat") und Politikvorhaben („Offener Himmel") als auch OSZE-spezifische Begriffe („menschliche Dimension") an.

Die OSZE hieß vor 1995 KSZE, der Ministerrat hieß Rat der Außenminister; diese u.a. namentliche Umwidmungen wurden einfachheitshalber auch für die Zeit vor 1995 verwandt. OSZE-Terminologie („Teilnehmerstaaten" für Mitglieder) wurde beibehalten.

Für diese zweite Auflage des Handbuches werden die Erläuterungen allgemeiner Begriffe, wie „Sicherheit" und übergreifende Zusammenhänge, wie „Geschichte", in der folgenden Einführung behandelt, die den Beschreibungen der institutionellen Stichwörter vorangestellt ist.

Die alphabetisch angeordneten Stichwörter werden zunächst kurz beschrieben, danach werden ihre historischen, politischen und/oder rechtlichen Zusammenhänge dargestellt, abschließend folgen, so weit geboten, problemorientierte Bemerkungen. Schließlich wird auf spezielle Literatur hingewiesen, die vielfach selbst die Grundlage für die Stichwortbeschreibung lieferte. Am Ende des Handbuches befindet sich nach der Chronologie ein Verzeichnis von Dokumenten und Übersichtswerken.

Einführung

Ursprünglich erwuchs die OSZE als Konferenz über Sicherheit und Zusammenarbeit (KSZE), wie sie vor 1995 hieß, der Periode der Entspannung im Ost-West-Verhältnis während der frühen siebziger Jahre mit dem Ziel einer friedlichen Koexistenz ordnungspolitisch unterschiedlicher Gesellschaften. Am Ende der achtziger und zu Beginn der neunziger Jahre ist sie zur zentralen Arena bei dem Streben nach einer neuen politischen Ordnung für ganz Europa geworden. Heute ist ihr die fortwährende Aufgabe zugedacht, einen sicherheitspolitisch weiten, durch drei Dimensionen angedeuteten Bereich des Zusammenlebens in der nördlichen Hemisphäre auf der Grundlage des Bekenntnisses aller beteiligten Staaten zu gemeinsamen Normen und zur Zusammenarbeit zu stabilisieren. Sie ist zu einer permanenten Einrichtung in der Absicht entwickelt worden, drohende Konflikte zu verhüten und bereits bestehende Konflikte zu bestreiten, indem sie überkommene oder neu auftretende Differenzen zwischen und auch in den Teilnehmerstaaten durch Vermittlung zu schlichten sucht. Dort, wo kriegerische Konflikte das Zusammenleben gestört haben, soll sie die Gesellschaft wieder integrieren helfen. Sie ist einmal als ein rein deklaratorisches Regime entstanden und hat eine Reihe zu praktischem Handeln orientierende und die politische und soziale Wirklichkeit beeinflussende Regime gebildet.

Die OSZE war vor 1990 eine nur normsetzende, wiederholt zusammentretende Diplomaten-Versammlung von Vertretern der 35 östlichen, westlichen und neutralen Staaten auf dem europäischen Kontinent und Nordamerikas. Sie sollte die Ost-West-Konfrontation mildern und Verhaltensregeln formulieren, den politischen Dialog ermöglichen, der „menschlichen Dimension" in einem zivilisierten Staatenverhältnis Raum geben, die bestehende militärische Konfrontation zwischen den Blöcken transparent im Sinne von Vertrauensbildung machen.

Heute hat die OSZE eine feste Struktur beratender und beschließender Organe und operative Akteure und Einrichtungen, insbesondere als kurz- und langfristige Missionen bei einer Vielzahl unterschiedlicher Konfliktherde. Früher lauteten schlagwortartig ihr Zweck „gemeinsame Sicherheit" und ihr Mittel „Prozessdiplomatie", seit 1990 sind daraus „kooperative Sicherheit" und „präventive Diplomatie" geworden. Im Unterschied zur „Brüsseler" Europäischen Union, zum „Straßburger" Europarat ist die aus der „Helsinkier" KSZE hervorgegangene „Wiener" OSZE die Organisation, der alle Staaten Europas und darüberhinaus auch die zentralasiatischen, transkaukasischen und nordamerikanischen Staaten angehören.

Das auf dem Lissabonner Gipfel 1996 beschlossene „Sicherheitsmodell für das 21. Jahrhundert" wurde auf der Zusammenkunft der Staats- und Regierungschefs der OSZE-Länder in Istanbul im November 1999 mit einer Charta für Europäische Sicherheit gekrönt. Eine Plattform für kooperative Sicherheit, die dort auch beschlossen wurde, sollte im Zusammenhang mit der OSZE auch einer erweiterten NATO, einer sicherheitspolitisch kompetenten EU und einer funktionsfähigen GUS ihren Platz zuweisen. Zu dieser Profilierung der OSZE und einer expliziten Arbeitsteilung zwischen den großen Organisationen in Europa ist es nicht gekommen; der Kosovo-Krieg 1999 hat viele Erwartungen zunichte gemacht.

Sicherheit und Zusammenarbeit konnte die OSZE 1999 nicht wie geplant stärken. Und damit wurde die OSZE selbst geschwächt. Im Oktober 1998 schien es, als würde die plötzliche Rückkehrmöglichkeit in den Kosovo in Form der Kosovo-Verifikations-Mission die OSZE zu dem rettenden Damm vor einer stets größer werdenden Lawine der Gewalt machen, in die Südosteuropa zu geraten drohte. Diese durch großen Einsatz genährte Hoffnung hielt sich noch bis Mitte März 1999 gegenüber einem pessimistischen Fatalismus, als ohne einen Beschluss des Ständigen Rats der OSZE entschieden wurde, die umständlich eingerichtete und sich noch erweiternde große Mission zurückzuziehen und das Feld den Bombardements und der Vertreibung zu überlassen und damit die kooperative Sicherheitspolitik zugunsten einer konfrontativen aufzugeben. Von März bis Juni 1999 übernahm die NATO die Führung der europäischen Sicherheitspolitik und innerhalb dieser „lead organization" bestimmten die USA als „lead nation" den Kurs, bis die finnisch-russische Vermittlung mit Unterstützung des Rats der Europäischen Union ein Einlenken der jugoslawischen Regierung zustande brachte. Danach traten die Vereinten Nationen auf, die sowohl die NATO und andere Militäreinheiten in Form der KFOR mandatierten als auch selbst die direkte Leitung des zivilen Aufbaus übernahmen, während die OSZE eine nachgeordnete Stabilisierungsfunktion erhielt, gerade umgekehrt als es noch der Entwurf des Rambouillet-Abkommens im Winter 1998/99 vorgesehen hatte.

Das Jahr 1999 bescherte der OSZE einen gravierenden Bruch in der kontinuierlichen Entwicklung der europäischen Sicherheitspolitik seit 1990. Sie hat ihren Karriere-Knick erfahren. Die OSZE hat an diesem Bruch mitgewirkt und sie ist auch durch ihn getroffen worden. Einerseits schien sie in dem Balkan-Spiel unabhängige Konstante, andererseits war sie eine abhängige Variable. Die mühevoll entfaltete Politik der Kooperation hatte einen solchen Rückschlag erlitten, dass Diplomaten schon wie vor 1989 von einer Politik der Koexistenz im Rahmen der Verhandlungen über die europäische

Sicherheitscharta sprachen. War dieser Rückfall unvermeidlich, war er vermeidbar? Die Meinungen stehen sich gegenüber.

Die OSZE zeichnen gegenüber allen anderen Einrichtungen europäischer Zusammenarbeit ihre (gesamt)europäische Universalität und die Parität der ihr angehörenden Staaten aus. So gehören heute der OSZE 55 Staaten an, die zwar nicht alle Teil des geographischen Europas sind, die jedoch dem euroatlantischen Verbund angehören, wie er sich nach 1945 zwischen der UdSSR und den USA entwickelt hat.

Die OSZE ist eine regionale Abmachung im Sinne von Kapitel VIII der Charta der Vereinten Nationen, obwohl sie als Organisation auf keinem Vertrag basiert. Doch sie ist ein höchst lebendiges – in der politologischen Fachsprache – Regime, was nicht von jeder internationalen Organisation zu bemerken ist. Die ihr angehörenden 55 Staaten haben sich durch ihre Regierungen zu bestimmten Normen bekannt (Schlussakte von Helsinki, Charta von Paris, Abschlussdokumente der Folgetreffen der Staats- und Regierungschefs, zuletzt Charta für Europäische Sicherheit 1999), sie unterwerfen sich vereinbarten Regeln. Eine nähere Betrachtung zeigt, dass die OSZE aus einer Vielzahl von Regimen besteht, die sie schon als KSZE im Zuge ihrer Entwicklung (anfangs noch in „Körben" gesammelt, dann nach „Dimensionen" unterschieden) gebildet hat. So funktionieren innerhalb der OSZE nebeneinander inhaltlich verschiedene, differenzierte und unterschiedlich wirksame Regime. Dazu gehören das Streitbeilegungs-Regime, ein Frühwarn-Regime, ein Rüstungskontrollregime, ein militärische Aktivitäten überwachendes Regime, ein Menschenrechtsregime und ein apartes Regime für nationale Minderheiten.

Programm, Aktivitäten und Status der OSZE zeigen folgende Vorzüge: Sie ist, erstens, wie keine der anderen Kooperationsformen in Europa umfassend und nicht diskriminierend. Sie ist, zweitens, entwickelbar. Ihr Ausbau verspricht im Vergleich zu NATO und EU unter Berücksichtigung von Nutzen und Kosten für alle europäischen Staaten einen größeren Nutzenzuwachs. Die OSZE ist, drittens, formbar und unter dem Gesichtspunkt eines höheren Grenznutzens sachlich teilbar. Zusammengefasst, die OSZE hat im Vergleich zu den anderen Organisationen bei Einsatz gleicher Mittel einen komparativen Vorteil bei der Bewahrung und Herstellung von Sicherheit.

In Europa gibt es – selbst wenn man von den Mitgliedern der GUS absieht – viele Minderheiten, deren Vertreter den bestehenden Status verbal und manche gewalttätig anfechten, und fast ein Dutzend Staaten, in denen mehr oder minder gewichtige politische Gruppen mit den bestehenden Staatsgrenzen unzufrieden sind. Oder mit den Worten der europäischen Staats- und Regierungschefs: „Aggressiver Nationalismus, Rassismus, Chauvinismus, Fremdenfeindlichkeit, Antisemitismus und ethnische Spannungen geißeln uns immer noch im starken Maße". Gegen solche zu gewaltsamen Konflikten erfahrungsgemäß ausschlagenden menschenfeindlichen Haltungen besteht ein Bedarf an Schutz und soweit nötig an Mitteln der Befriedung. Hierfür sollte unter den bestehenden und möglichen Einrichtungen der Zusammenarbeit der europäischen Staaten die OSZE stärker beachtet und unterstützt werden, zumal wenn es um eine Erhöhung der Sicherheit für *alle* europäischen Völker geht. Es wäre zumindest für die Glaubwürdigkeit des Handelns im Osten Europas wünschenswert, wenn die OSZE-Staatengemeinschaft sich prinzipiell auch um vergleichbare Konflikte im Westen und Süden des Kontinents kümmern würde.

Die OSZE will „umfassende Sicherheit" gewährleisten, das bedeutet, innere Sicherheit als Voraussetzung für äußere Sicherheit und umgekehrt äußere Sicherheit als Chance für die Förderung innerer Sicherheit zu begreifen. Das heißt gegenwärtig immer noch auch Förderung der Menschenrechte, insbesondere der Rechte von Minderheiten, des Ausbaus von Rechtsstaatlichkeit und der Entwicklung von demokratischen Prozessen und Institutionen. Zur marginalen Bedeutung ist die „wirtschaftliche Dimension" der OSZE geschrumpft; gleichwohl wird sie nicht aufgegeben und ist jüngst mit einem neuen Instrumentarium versehen worden.

Die Frage nach dem Mehrwert eines Konzepts von umfassender Sicherheit gegenüber dem herkömmlichen Sicherheitsverständnis ist die Frage, was die Staaten tun können und sollen, um gesellschaftliche Prozesse so zu steuern, dass diese Sicherheit optimieren, – von Rechtsfragen über Demokratie zu Wirtschaft und Umwelt und nicht zuletzt sozialen Problemen.

Es stellen sich die Fragen nach Ablösung oder Ersatz, Überlappung bzw. Aufgabenteilung sowie Ergänzung und Zuordnung der verschiedenen europäischen Organisationen. Ein Grundproblem dieser Beziehungen bildet die Doppelmitgliedschaft nur jeweils einiger Staaten in der OSZE und den anderen Organisationen. Eine solche diskriminierende Asymmetrie schafft a priori Spannungen zwischen den Mitgliedern. Konkret geht es dabei immer um die Kompetenzzuweisung für jeweils unterschiedliche europäische Politikfelder.

Das Verhältnis zwischen der OSZE und den ihr angehörigen Staaten hat sich von einer stabilen, überschaubaren und berechenbaren Struktur zu einem flukturierenden Prozess verändert. Früher wurden die Teilnehmer an der KSZE nach Gesichtspunkten ihrer Lagerzugehörigkeit und militärischen Stärke unterschieden. Inzwischen ist die aus der Gründerzeit überkommene Aufteilung in sozialistische, westliche und neutrale Staaten zwar überholt, doch die Potenziale haften im großen und ganzen den Mitgliedern dieser Staatengesellschaft noch an. Hinzu kommt, dass die 15 der EU angehörenden Staaten, wenn nicht blockförmig, so doch konzertiert aufreten. Hinter der formalen Gleichheit macht auch die neue Lage die Staaten nicht nur unterscheidbar, sondern bestimmt auch ihr Verhältnis zur OSZE. Das gilt vor allem für die Extreme, einerseits den USA und der Russischen Föderation, denen die OSZE je nach Lage als NATO-Substitut auch lästig bzw. gefällig ist, und andererseits die sehr kleinen, schwachen und peripheren Staaten, denen die OSZE ein Forum für ihre Anliegen bietet. Dazwischen operieren die EU-Staaten mit ihrer natürlichen Präferenz für die Zuständigkeit der EU.

Gleichwohl gibt es für die nördliche Hemisphere keine Alternative zur OSZE. Die OSZE steht nicht vor der Frage: Erweiterung oder Vertiefung; sie bedarf nur der Vertiefung.

Die Stärke einer internationalen Organisation, wie der OSZE, ist erkennbar an der Qualität der drei Beziehungen, auf denen sie beruht, nämlich die Beziehung zu ihren Mitgliedern, die zu ihrem Aufgabenfeld und die zu den anderen internationalen Organisationen. Diese drei Stränge sind ihrerseits wechselseitig aufeinander bezogen, denn das Gewicht, das die Staaten einer Organisation durch Zwecksetzung, Personal, Mittel und fortwährendes Engagement geben, wirkt sich auf die Erfüllung ihrer Aufgaben und das Verhältnis zu anderen Organisationen aus. Umgekehrt stärkt die Leistung der Organisation ihr Ansehen unter den Mitgliedern und ihre Stellung im Vergleich zu anderen Organisationen. Schließlich beeinflusst das Verhältnis der Organisationen zueinander ihre Arbeit im Feld und die Haltung der Regierungen. Die in ihrer Art unterschiedlichen Beziehungen dieses Musters sind weder gleich bedeutend noch jeweils gegenseitig symmetrisch, zumal wenn man sie nicht als statische Größen sondern als im historischen Verlauf sich verändernde Variable betrachtet. Wenn man dieses Schema auf die Geschichte der OSZE seit 1990 anlegt, dann zeigt sich, dass sie sich außergewöhnlich entwickelt und verändert hat, insbesondere durch die Aufnahme komplexer operativer Aktivitäten.

Die OSZE verwaltet nicht Sicherheit. Sie ist auch kein Technischer Überwachungsverein, der die sogenannte europäische Sicherheitsarchitektur auf Verschleiß und Schäden fortlaufend nach Plan überprüft. Die OSZE ist in den neunziger Jahren zu einer Institution geworden, die eher einem Serviceunternehmen in der Art der Freiwilligen Feuerwehr oder eines Reinigungsdienstes mit verschiedenen Leistungsangeboten ähnelt. Die Zentrale besteht aus einem relativ kleinen Stab; dazu gehören das Wiener Sekretariat nebst dem dortigen Beauftragten für die Freiheit der Medien, das Warschauer Büro für Demokratische Institutionen und Menschenrechte und der Den Haager Hohe Kommissar für nationale Minderheiten. Diese sind eher Gutachter, die sich die Probleme ansehen, wenn ihnen Warnungen zukommen oder sie gerufen werden, und die dann nicht nur darüber berichten, sondern auch – soweit es ihr Auftrag und ihre Kräfte erlauben – provisorisch helfen.

Der kleine Stab, der von den Vertretern der Anteilseigner (dem Ständigen Rat der Staatenvertreter) zeitlich begrenzt angestellt und mit ad-hoc-Aufgaben betraut ist, wird grundsätzlich nur auf Abruf tätig, indem er abhängig von den zugebilligten Mitteln weiteres Personal rekrutiert und an Brandherde sendet.

Drohen größere Schäden oder ist gar schon ein großer Schaden entstanden, dann versuchen die Vertreter der Anteilseigner mit der OSZE das Ärgste noch dadurch zu verhüten, dass sie längerfristig Helfer und Aufsichtskräfte in die sogenannten Missionen entsenden. Die dort zu leistende Arbeit hat in einigen Fällen schon einen solchen Umfang angenommen, dass die Führung der entsandten Kräfte gelegentlich dem Leitungsstab über den Kopf zu wachsen droht.

1. Denken über Sicherheit, Sicherheitspolitik und die OSZE

1.1 Über Sicherheit

Der konservative, an Status quo, Ordnung und Geborgenheit erinnernde Wertgehalt des Begriffs Sicherheit schillert. So hat er neben seinen positiven Anklängen, z.b. als Existenzsicherheit, als Vertrauen, als Zuverlässigkeit oder als Bürgschaft, eine negative Einfärbung, z.b. als Staatssicherheit, als Sicherheitsdienst oder als Sicherheitsverwahrung sowie eine neutral-instrumentelle Bedeutung, z.b. als Sicherheitstechnik, Sicherheitsschloss, als Schutz oder als Stabilität und nicht zuletzt als Versicherung. Gewiss unterscheiden sich diese Termini in ihrem konkreten Bezugsgegenstand erheblich voneinander, wie die altehrwürdige Versicherungswirtschaft sich von der jüngeren Sicher(heit)ungswirtschaft unterscheidet und Gewissheit zwar auch Sicherheit genannt wird, doch dann in der Bedeutung von einer hundertprozentigen Wahrscheinlichkeit. Seinen Ursprung soll das Wort im Lateinischen (securitas = sine cura, also Sorglosigkeit) haben.

Mit Sicherheit wird sowohl ein Zustand als auch die Mittel seiner Gewährleistung oder Stärkung beschrieben. Im ersten Fall geht es also um Stabilität, Ordnung, Verlässlichkeit, Recht, im zweiten Fall um Schutz, Abwehr, Haftung. Inwieweit die (Mittel für) Sicherheit ausreich(en)t, um einen gewünschten Zustand an Sicherheit zu erreichen, hängt einerseits vom Grad der Gefährdung oder Bedrohung, andererseits von der Bewertung des Gutes ab, das gesichert werden soll. Hier beginnt Sicherheit auch zur sozialen Frage zu werden, und wer sie aufnimmt, wird erkennen müssen, dass die gelegentlich aufgekommene Debatte über geteilte oder ungeteilte Sicherheit und vor allem das daran geknüpfte, pathetisch erhobene Postulat nach einer unteilbaren Sicherheit für alle unredlich ist, weil Sicherheit nicht nur teilbar im Sinne von Politik ist, sondern schon immer geteilt ist.

Die Dominanz des Militärischen in einem traditionellen Sicherheitsverständnis hat manche veranlasst, das Wort Frieden dem Wort Sicherheit vorzuziehen und daher statt von Sicherheits- von Friedenspolitik und statt von Sicherheits- von Friedensordnung und zwar in einem positiven Verständnis von Frieden (d.h. Frieden wäre mehr als Abwesenheit von Gewalt und Krieg, was auf „Toleranz", „Harmonie", „Eintracht" hinausläuft) zu sprechen. Allerdings verschmelzen die Worte in der politiksprachlichen Redewendung von der „Sicherung des Friedens" oder gar von „den Frieden sicherer machen" zu einem beliebig austauschbaren Synonym.

Nur in einem jeweilig historisch bestimmten Zusammenhang und in konkreter Gestalt ist ein solch vager Begriff wie Sicherheit sinnvoll und unmissverständlich zu gebrauchen.

Mit dem Ende der Ost-West-Bipolarität, bei der Auflösung vieler darin enthalten gewesener Strukturen und während der folgenden Transformation Südost- und Osteuropas hat sich die Neigung verbreitet, Sicherheit anders, nämlich auch als Stabilität sozialer, ökonomischer und ökologischer Verhältnisse oder als Schutz ihrer Gefährdung zu begreifen. So heißt es in dem Bericht der Vereinten Nationen über menschliche Entwicklung 1994, dass viel zu lange das Konzept der Sicherheit durch das Konfliktpotenzial zwischen Staaten bestimmt und nur unter dem Aspekt der Bedrohung der Grenzen eines Landes gesehen worden ist. Viel zu lange hätten die Staaten mit Waffen aufgerüstet, um ihre Sicherheit zu schützen. Für die meisten Menschen heute entstünde ein Gefühl der Unsicherheit eher aus Sorge über das tägliche Leben als aus der Furcht vor einer Weltkatastrophe. Arbeitsplatzsicherheit, Einkommenssicherheit, Gesundheitssicherheit, Umweltsicherheit, Sicherheit vor Verbrechen, – das seien die Anliegen, die sich überall in der Welt in den Vordergrund drängen, heißt es in dem Bericht.[1]

Es ist also zu fragen, Sicherheit – für was und wen, sowie vor was und wem? Im Allgemeinen ist Sicherheit vor Bedrohungen und Gefahren oder konkret vor der Verwirklichung von Drohungen und dem Eintritt von Gefahren gewünscht. Dabei kann beides unterschieden werden, so dass Bedrohung ohne Gefahr und Gefahr ohne Bedrohung bestehen kann. Drohung kann als subjektive Wahrnehmung und Gefahr als objektiver Umstand definiert werden. Insofern heißt es auch jeweils unterschiedlich, dass eine „Gefahr drohe" bzw. eine „Drohung gefährlich" sei.

Vielerlei fragt um Sicherheit, so „Leib und Leben, Hab und Gut". Wer viel zu verlieren hat, wird ein größeres Sicherheitsbedürfnis haben und ebenso eher und mehr Bedrohungen oder Gefährdungen wahrnehmen als andere. Das gilt auch für Kollektive und für ihre Ordnungen, ihre Institutionen, also auch Staaten, und vor allem für Herrschaft und Macht.

Es sind zu unterscheiden individuelle, gesellschaftliche, innere, soziale, wirtschaftliche, ökologische, äußere Sicherheit. Umfassende Sicherheit beansprucht, alle diese partiellen Sicherheiten als Komponenten oder Sektoren zu enthalten.

Selbst die Mittel der Sicherheit bedürfen der Sicherheit, – die Rechtsordnung, die Verwaltung, die Polizei, kurz der Staat; und der Staat, der auch Garant für die innere Sicherheit ist, sichert sich gegenüber anderen Staaten und sichert das internationale System, dessen Teil er selbst ist.

Internationale Sicherheit ist so die gewährleistete Stabilität der Staatenordnung, des Staatensystems oder m.a.W. des internationalen Systems, das gefährdet ist durch Verfall und Zusammenbruch von Staaten, durch kollektive Konflikte, durch expansionistisches und aggressives Verhalten von politischen Kräften bestimmter Staaten.

1.2 Über Sicherheitspolitik

Jedem Sicherheitsbegriff entspricht eine geführte Politik. Das gilt nicht nur sektoral und damit inhaltlich, also für Wirtschaft, Umwelt, soziale Verhältnisse oder den umfassenden Anspruch von Sicherheit, sondern auch instrumentell. „Gemeinsame", „konfrontative", „kooperative", „kollektive" Sicherheit weist jeweils auf die Politik hinter dem gleichen Attribut.

Unbestreitbar wird das Wort Sicherheit durch seinen Bezug auf Grund- und Primärbedürfnisse und bzw. oder durch Mangel an Differenzierung zu einer Metapher, die vielerlei und zu verschiedenartige Aspekte der Bedrohung und Gefährdung individuellen und gesellschaftlichen Lebens umschließt, um ihnen noch eine einheitliche Politik im herkömmlichen Verständnis von Sicherheitspolitik zuordnen zu können.

Paradox erscheint, dass ein offenbar unstillbares, in den letzten Jahrzehnten und in Europa insbesondere seit 1989 noch verstärktes individuelles und soziales Sicherheitsbedürfnis einem Staat gegenübersteht, der durch Dezentralisierung und Privatisierung (und osteuropäische Transformation) sich vieler seiner Sicherheitskompetenzen entledigt hat. Das Angebot privater Schutzdienste, individueller Sicherheitsmittel für Personen und Eigentum, von den Versicherungsunternehmen bis Organisationen der kriminellen Schutzgelderpressung füllen eine sich verbreiternde Marktlücke.

Dem europäischen nationalen Einzelstaat fiel bereits nach dem Zweiten Weltkrieg die Gewährleistung eines friedlichen Zusammenlebens mit seinen Mitteln gegenüber seiner Gefährdung durch kriegerische Gewalt so schwer, dass er die Aufgabe kooperativ und kollektiv zusammen mit anderen, und vornehmlich unter dem hegemonialen Protektorat der USA, zu lösen suchte. Von den so entstandenen Allianzen, Organisationen und Regimen wird nach 1989 auch erwartet, dass sie das umfassende Sicherheitsbedürfnis mit einer ebensolchen Politik befriedigen können. Eine derartige Erwartung ist trotz des Bemühens der beteiligten Akteure nur beschränkt erfüllbar, wie auch die Entwicklung der KSZE zur OSZE zeigt.

Was der Umfang und der Inhalt von öffentlicher Sicherheit, internationaler Sicherheitspolitik und spezifisch europäischer Sicherheitspolitik sind, sein können oder sein sollten, ist heute mehr als je diffus und kontrovers. Ein Gemeinplatz ist es geworden festzustellen, dass sich seit 1989 die europäische Sicherheitslage grundlegend verändert hat und an die Stelle der alten neue und andere Gefährdungen und Bedrohungen getreten sind.

Wie die Vereinten Nationen mit dem zitierten Begriff von Sicherheit, argumentiert die deutsche Bundesregierung in ihrem Verteidigungsweißbuch 1994 mit der Maxime, dass Sicherheitspolitik immer umfassend angelegt sein müsse. Sie müsse an den Wurzeln der Konflikte ansetzen, möglichst bevor sie militärische Dimension erlangen. Während des Kalten Krieges wäre dies nur eingeschränkt möglich gewesen; die politische Situation habe häufig dazu gezwungen, Politik stärker als wünschenswert auf militärpolitische Erwägungen zu stützen. Die heutige Situation dagegen erfordere viel stärker den Einsatz eines breiteren Instrumentariums der Außen- und Sicherheitspolitik zur frühzeitigen Konflikterkennung und, wo möglich, ihrer Bewältigung. In weiten Teilen der Welt fühlten sich die Menschen durch Armut, Hunger, Überbevölkerung, Missachtung der Menschenrechte und Umweltzerstörung mehr als durch alles andere bedroht.[2]

Die OSZE bekennt sich zu einem Begriff „umfassender Sicherheit" und ist damit angesichts der veränderten Verhältnisse selbst immer auf der Suche nach seiner Ausfüllung gewesen, vor allem bei der Formulierung des europäischen Sicherheitsmodells für das 21. Jahrhundert und der Charta für europäische Sicherheit. In der OSZE-Terminologie geht es in dem Zusammenhang um die „Dimensionen" von Sicherheit, die politisch-militärische, die wirtschaftliche und die menschliche, die den früheren in gleicher Weise bezeichneten „Körben" aus der Helsinki Schlussakte nach 1990 erwuchsen.

„Kooperative Sicherheit" ist sicherheitstheoretisch der notwendige Grundbegriff für das Verständnis aller OSZE-Tätigkeiten, den andere Begriffe ergänzen, wie „umfassende Sicherheit", oder durch dessen Verwirklichung erst Handlungsmaximen, wie „Präventive Diplomatie" möglich werden. Das Konzept „Kooperative Sicherheit" ist eine den veränderten Umständen zu verdankende Weiterentwicklung der Konzepte von „Partnerschaftlicher Sicherheit" und „Gemeinsamer Sicherheit", die noch in einer durch Konfrontation gekennzeichneten Lage der beiden Militärblöcke in Europa eher normativen und deklaratorischen Charakter hatten. „Kooperative Sicherheit" deutet auf institutionelle Strukturen und operative Prozesse in einer Situation hin, in der zwischen den Beteiligten grundsätzlich keine Antagonismen bestehen. Ein System kooperativer Sicherheit schließt im Unterschied zu einem System kollektiver Sicherheit ein konfrontatives Verhalten unter den Mitgliedern des Systems aus. In keinem Fall sollte darüber hinaus „kollektive Sicherheit(spolitik)", die eine Grundlage der Vereinten Nationen ist, mit „kollektiver Verteidigung", wie sie Militärallianzen, wie die NATO, bezwecken können, verwechselt werden.

1.3 Über die OSZE

Offensichtlich ist die OSZE insbesondere von ihren Anfängen als KSZE her ein Ausdruck von „Intergouvernementalismus", doch ebenso von „Multilateralismus" und vor allem nach 1990 von dessen Institutionalisierung. Die Wirksamkeit der OSZE lässt sich darum keiner der beiden Grundschulen der Lehre von den internationalen Beziehungen, in ihren Ausprägungen als Neorealismus oder Neoinstitutionalismus, einfach zuordnen. Sie ist theoretisch ein Stück von beiden.

Die Wirksamkeit der KSZE/OSZE insbesondere als OSZE ist auch regime-theoretisch dargestellt worden. So lässt sich beispielsweise ihr Wandel in der Kontinuität erklären, in dem man darauf verweist, dass sie als ein rein deklaratorisches „Regime" geboren worden ist und seither eine Reihe handlungsanleitende und realitätstransformierende „Regime" gebildet hat.

Unter hegemonie-theoretischen Betrachtungen lässt sich ein Wandel der KSZE/OSZE feststellen. Vor 1990 bildete sie die Koexistenz zweier Hegemonien, – der „amerikanisch-westlichen" und der „sowjetisch-sozialistischen". Nach 1990 kann sie als (Transformations)Instanz der „westlichen Hegemonie" sowohl in normativer wie in funktioneller Hinsicht gesehen werden.

Mit dem Ansatz eines „umfassenden Begriffs von Sicherheit" wurde der OSZE eine ausschließlich konfliktpräventive Funktion zugeschrieben. Das hat sich im Verlauf der neunziger Jahre durch neue Aufgaben verändert. Ihre neue Rolle gibt ihr eine mehrfache Stellung in einem konflikttheoretischen Zyklus. Wenn der Konfliktzyklus so abläuft: Konfliktprävention – Friedensbewahrung – Konfliktbestreitung (-management) – Friedensdurchsetzung – Nachkonfliktsorge, dann ist ein Einsatz der OSZE nur bei der „robusten" Friedensbewahrung („enforced peacekeeping") sowie bei der Friedensdurchsetzung („peace enforcement") (noch) nicht vorhanden.

---

1   Deutsche Gesellschaft für die Vereinten Nationen (Hrsg.), (für UNDP), Bericht über die menschliche Entwicklung 1994, Bonn, S. 3

2   Zit. n. Europa-Archiv, Folge 10, 1994 D 327

2. Zur Geschichte der KSZE/OSZE

Die Entwicklung der KSZE/OSZE ist eingebettet in die internationale, insbesondere die europäische Sicherheitspolitik. Ein historischer Zugang erschließt sich methodisch durch eine Periodisierung des Zeitraums, der 1945 beginnt und 1990 zunächst abschließt. Als Jahre, die jeweils eine Periode dieses Zeitraums beginnen bzw. schließen ließen, bieten sich herausragende Ereignisse in den Beziehungen zwischen den USA und der UdSSR sowie ihren jeweiligen Verbündeten an, deren Folgen oft erst in der Nachbetrachtung erkennbar sind. Eine plausible Periodisierung ist die Folgende:

1945-1947   Begrenzte Kooperation zwischen den Alliierten und Ende der Anti-Hitler-Koalition; Beginn des Ost-West-Gegensatzes
1948-1956   „Kalter Krieg"
1957-1960   Versuche der Neuorientierung durch faktische Anerkennung des Status quo
1961-1968   Von der Konfrontation zu kooperativer Koexistenz
1969-1980   Antagonistische Kooperation und Detente, Formalisierung des Status quo
1980-1985   Erneute Konfrontation
1985-1990   Versuch der Beendigung des Ost-West-Gegensatzes
1990-1999   Bildung einer gesamteuropäischen Sicherheitsarchitektur
1999-   Neue Unsicherheiten

Die Konferenz für Sicherheit und Zusammenarbeit in Europa (KSZE) – wie die Organisation für Sicherheit und Zusammenarbeit (OSZE) bis 1994 hieß – enstand in der Periode der Entspannung im Ost-West-Verhältnis während der frühen siebziger Jahre mit dem Ziel einer friedlichen Koexistenz ordnungspolitisch unterschiedlicher Gesellschaften. Am Ende der achtziger und zu Beginn der neunziger Jahre ist die KSZE zur zentralen Arena bei dem Streben nach einer neuen politischen Ordnung für ganz Europa geworden. Heute ist ihr als OSZE die Aufgabe zugedacht, für Gesamteuropa eine sicherheitspolitische Sphäre zu stabilisieren und regionale desintegrative Tendenzen zu bestreiten. Konkret geschieht das ausschließlich in vier postsozialistischen

Regionen, von denen die meisten früher der UdSSR oder der Bundesrepublik Jugoslawien angehörten, nämlich in Südosteuropa, im Baltikum, in Transkaukasien und in Zentralasien.

Ein Rückblick auf das Wirken der KSZE in zweieinhalb Jahrzehnten seit dem 1. August 1975, als die in Helsinki versammelten Regierungsleiter der 35 europäischen und nordamerikanischen Staaten die KSZE-Schlussakte unterzeichneten, erinnert einmal an den Epochenwandel und macht zum andern Elemente der Kontinuität bewusst.

Die Geschichte der KSZE/OSZE lässt vier Abschnitte erkennen, die größtenteils durch die Veränderungen des internationalen Systems, namentlich des Ost-West-Verhältnisses, und zu einem kleinen Teil auch durch die innere Entwicklung der KSZE/OSZE selbst bestimmt waren. In nicht geringem Umfang reflektierte die KSZE/OSZE nicht nur die eingetretenen Veränderungen der europäischen Verhältnisse, sondern sie war auch deren unmittelbarer Ausdruck.

Die erste Periode beginnt ansatzweise in den sechziger Jahren mit Vorschlägen und Beschlüssen über gesamteuropäische Sicherheit und formell mit den Verhandlungen seit 1973 und endet mit deren Krönung in der Helsinki Schlussakte 1975.

Die zweite Periode umfasst die Überprüfung und Ergänzung der ausgehandelten Prinzipien, Normen und Absichten durch die drei großen Diplomatenversammlungen, – genannt Nachfolgekonferenzen, – von Belgrad 1977/78 über Madrid 1980/1983 bis Wien 1986/1989.

Die dritte Periode ist durch den Umschwung, die Initiativen und institutionellen Beschlüsse bestimmt, wie sie eingangs die Charta von Paris 1990 und schließlich das Treffen der Staats- und Regierungschefs in Helsinki 1992 markieren.

Die vierte Periode zeigt seit 1992 mit den operativen Einsätzen den Wandel von der beratenden Constituante zur intervenierenden Agentur.

Der Rückblick zeigt eine fast statisch wirkende KSZE bis 1990 und danach einen zweijährigen stürmischen und dränglerischen, verheißungsvollen Aufbruch mit einem seit 1992 anschließenden Beharren auf erreichten Positionen.

2.1 Erste Periode bis zur Helsinki Schlussakte 1975

Wichtige Daten:

05.07.1966	Bukarester Erklärung des Politischen Beratenden Ausschusses des Warschauer Paktes, der die Einberufung einer Konferenz über Fragen der Europäischen Sicherheit vorschlägt.
22.11.1972-08.06.1973	Multilaterale KSZE-Vorbereitung in Dipoli/Helsinki
03.07.1973-07.07.1973	Außenminister leiten die KSZE ein und verabschieden Helsinki-Schlussempfehlungen
19.09.1973-21.07.1975	Kommissionsphase der KSZE in Genf; Ausarbeitung der Schlussakte
30.07.1975-01.08.1975	Konferenz der 35 Staats-, Regierungs- bzw. Parteichefs und Unterzeichnung der Helsinki-Schlussakte

Als mit der Unterzeichnung der Schlussakte 1975 ein Beginn mit einer gesamteuropäischen Politik gemacht wurde, was bald Helsinki-Prozess hieß, waren diesem Ereignis schon langwierige und umstrittene Verhandlungen nicht nur seit 1973 zur unmittelbaren Vorbereitung des künftigen KSZE-Regimes, sondern seit 1970 auch zur Klärung seines Umfeldes vorausgegangen. Salopp ist das im Macher-Jargon als ein Tauschgeschäft und das Schnüren eines großen Ost-West-Pakets und in der Sprache der Analytiker als „issue-linkage" und „Management komplexer Interdependenzen" bezeichnet worden.[1] Die Verhandlungen führten zu zweiseitigen Verträgen über Gewaltverzicht und Anerkennung der Unverletzlichkeit bestehender Grenzen seitens der Bundesrepublik Deutschland mit Polen, mit der Tschechoslowakei und mit der Deutschen Demokratischen Republik, sowie vor allem mit der Sowjetunion – Resultate der damals innenpolitisch heftig befehdeten deutschen Ostpolitik zur „Befreiung vom Sonderkonflikt".[2] Auch gehörten in das Bündel der Verhandlungen das Vier-Mächte-Abkommen zur Befriedung der Lage in und um Berlin sowie schließlich eine USA-UdSSR-Vereinbarung zur Begrenzung der strategischen Atomwaffen (SALT I).

Diese Abmachungen schufen die notwendigen Bedingungen für die multilateralen Konsultationen der in Helsinki und in Genf tagenden Konferenz der 35 europäischen und nordamerikanischen Staaten-Vertreter, die sich zu drei Fraktionen gruppierten, als Mitglieder der beiden großen Allianzen, NATO und Warschauer Pakt, und als neun neutrale und ungebundene Länder. Nur ein Land, Albanien, hielt sich von allen Verhandlungen – bis 1991 – abseits. Die 35 Regierungsdelegationen sortierten und sammelten in drei – in der Verhandlungssprache so benannten – „Körben" die Übereinkünfte, die sie alle für annehmbar hielten, nämlich eine Anzahl von Grundsätzen, die die

Beziehungen zwischen den beteiligten Staaten leiten sollten, Erklärungen zu Angelegenheiten der militärischen Sicherheit, zu Fragen der wirtschaftlichen, technischen und umweltpolitischen Zusammenarbeit sowie zu einer Reihe humanitärer Probleme, wie menschliche Kontakte, den Austausch von Informationen und kulturelle Beziehungen. Die in der Schlussakte zusammengefassten Übereinkünfte umfassten also ein weites Spektrum gesamteuropäisch umstrittener Themen, davon ausgenommen blieben Fragen der Abrüstung; aufgrund der unterschiedlich davon betroffenen Staaten war der Komplex einer Verminderung konventioneller Waffen und Streitkräfte einer in Wien mit einem anderen Teilnehmerkreis einberufenen Konferenz über einen wechselseitig und ausgeglichenen Truppenabbau (MBFR) überwiesen worden.

So zeigte sich von Anfang an, was sich kontinuierlich erwiesen hat, es gab und gibt starre Sonderstellungen und beharrlich vertretene Sonderinteressen einiger Akteure im gesamteuropäischen Konzert. Man hat die 35 Akteure für die Epoche vor 1989 in fünf Gruppen gegliedert: Die Supermächte, die beiden deutschen Staaten, die übrigen Allianzmitglieder mit Sonderrollen, wie Frankreich und Rumänien, die übrigen Allianzmitglieder, und die neutralen und nichtpaktgebundenen Staaten.[3] Diese Klassifikation ist mit der Epoche, der sie entstammte, untergegangen.

Bemerkenswert ist die damals in den Prinzipien für die Entspannung erklärte Gleichberechtigung der vertrauensbildenden Maßnahmen im militärischen Bereich mit den Menschenrechtsfragen. Hier ist ein substanzieller Zusammenhang konstituiert, der bis zur Gegenwart als Grundlage für das umfassende Sicherheitskonzept der KSZE/OSZE wirkt.

Die allen europäischen Staaten offene Beteiligung und Berechtigung zur Beratung und Beschlussfassung stellte ein Konferenzverfahren dar, das sich als ein Element des gesamten KSZE-Prozesses herauskristallisierte und bis in die Gegenwart im Wesentlichen bewahrt blieb: das Streben nach Konsens in den Sachfragen und die Rotation in der Leitung der Gremien. Die Bewertung dieses Verfahrens spiegelte in der Phase der Konstitutionierung der KSZE die ordnungspolitische Divergenz zwischen den europäischen Ländern; es schien das einzige Verfahren zu sein, das unter diesen Umständen funktionieren konnte, und das hieß auch immer, Übereinstimmung dort zu finden, worin man nicht übereinstimmte.

Angesichts der auseinanderklaffenden Interessen von Ost und West stellte die Schlussakte notwendigerweise einen Kompromiss zwischen eng und wechselseitig abhängigen Regelungen dar. Sie war nicht mehr als ein vereinbarter Verhaltenskodex, dessen politische Bedeutung größtenteils davon abhing, wie dessen Regelungen in der Praxis verwirklicht wurden. Es gab keinen Mechanismus für eine automatische oder ausgewogene Umsetzung der Verpflichtungen. Daher bestand keine Sicherheit über das Resultat von Erfolgen, die aus dem KSZE-Prozess als solchem hervorgehen würden. Eine Gewinn-und-Verlust-Rechnung erschien noch weiter kompliziert durch die verschiedenen Termine und Zeiträume der verwirklichten Regelungen oder angestrebten Veränderungen, auf die sich eine Prüfung hätte erstrecken müssen.

Das Hauptinteresse des Westens richtete sich auf Menschenrechte, die „humane Dimension", und bestand aus zukunftsorientierten Regelungen der Schlussakte im Bereich der Menschenrechte; ihre Verwirklichung konnte ein zeitraubender Prozess werden. Einige der grundlegenden Interessen der Moskauer Regierung auf der anderen Seite wurde schon befriedigt durch die bloße Unterzeichnung des Helsinki-Dokuments von 1975, in der Annahme, dadurch den Status quo legitimiert zu erhalten; außerdem galt das östliche Interesse den wirtschaftlichen und technologischen Beziehungen. Alle teilnehmenden Staaten betrachteten die Schlussakte als Symbol der Ost-West-Entspannung und als Instrument, das gebraucht werden konnte, um die negativen Folgen der Teilung Europas und Deutschlands zu vermindern.

Da die Schlussakte die Interessen der Teilnehmer korbweise ungleichgewichtig befriedigte, widersetzte sich der Westen allen, vornehmlich sowjetischen Versuchen, ständige KSZE-Institutionen zu schaffen und hielt selbst die Option offen, den KSZE-Prozess zu unterbrechen, wenn der für den Westen in einem Negativsaldo zu münden drohte. Eine Prüfung der vereinbarten Regelungen – und damit einen Druck auf den Osten auszuüben, sie zu verwirklichen –, konnten die in der Schlussakte vorgesehenen KSZE-Folgetreffen bieten. Sie stellten damit eine Art schwebender Institutionalisierung des Helsinki-Prozesses dar. So war damals die Helsinki-Konferenz nicht wegen des präsenten Ergebnisses, sondern wegen des Keimes, den sie für mögliche zukünftige Ergebnisse gelegt hatte, als belangreich geachtet und gepriesen worden. Das war ein Novum in den Ost-West-Beziehungen. Überspitzt formuliert: Das Resultat ist fast nichts, der Prozess ist beinahe alles.

In dem Zusammenhang war auch ein Novum, dass die Beteiligten, vor allem die westlichen, alles vermieden hatten, was nach konventionellem Verständnis ihr Verhandlungsergebnis und ihre Erklärungen als völkerrechtliche Regelungen hätte erscheinen lassen können, und dass sie damit gar nicht unzufrieden waren. Und bei dieser unter den damaligen Umständen nur möglichen Form politisch geltender und zu beanspruchender Übereinkünfte ist es ebenso geblieben, wie bei ihrer Bewertung als sinnvoll, weil umstandslos und wirkungsvoll. Auch das ist ein Element der Kontinuität im Helsinki-Prozess bis heute.

Obwohl das in Helsinki erreichte Ergebnis mehrheitlich in der Öffentlichkeit der beteiligten Staaten als ein weiterer Schritt hinweg von der Periode des Kalten Krieges gewertet wurde, mangelte es nicht an skeptischen, kritischen und ablehnenden Reaktionen auf die Anfänge der KSZE. Die konservative innenpolitische Opposition in Deutschland befürchtete eine Erschwerung des Selbstbestimmungsrechts für die Deutschen, neuen Konfliktstoff infolge gegensätzlicher Auslegung der Schlussakte, eine Täuschung über die wahre Sicherheitslage, eine Instrumentalisierung der KSZE zur Durchsetzung langfristiger sowjetischer Ziele.[4]

Auch unter Friedensforschern mischten sich damals in die von der Entspannungsperiode beflügelten Erwartung an Abrüstung und kooperativer Sicherheit vereinzelt Bedenken, beispielsweise weil der Helsinki-Prozess nur der internationalen Systemstabilisierung diene.[5] Auch eine solche Meinung erwies sich schnell als Fehlurteil angesichts der gesellschaftlichen Wirkung von „Helsinki" zumindest in den ostmitteleuropäischen Ländern. In der westlichen Friedensbewegung gewann „Helsinki" sogar einen Sympathiewert und galt als eine europäische Friedensperspektive.

2.2 Zweite Periode nach 1975 bis 1989

Wichtige Daten:

04.10.1977-09.03.1978	Erstes Folgetreffen in Belgrad
11.11.1980-06.09.1983	Zweites Folgetreffen in Madrid (mit Unterbrechung vom 12.3.-9.11.1982)
17.01.1984-19.09.1986	Konferenz für vertrauensbildende Maßnahmen und Abrüstung in Europa in Stockholm
04.11.1986-15.01.1989	Drittes Folgetreffen in Wien
06.03.1989-19.11.1990	Verhandlungen über konventionelle Streitkräfte in Europa
30.05.1989-23.06.1989	Erstes Treffen über die menschliche Dimension in Paris

Die KSZE gab nicht nur Anstoß zu kontroversen Meinungen über das durch sie bewirkte veränderte Ost-West-Verhältnis, sondern begründete direkt Veränderungen bestimmter Lebensverhältnisse. „Helsinki" ist bald zum Symbol für Dissidenten und für nichtgouvernementale Aktionsgruppen geworden und geblieben, die sich unter Berufung auf die Schlussakte für deren Verwirklichung einsetzten. Es entstanden Bürgerrechtsbewegungen; ein Strom von Ausreisewilligen beantragte Genehmigungen, vor allem jüdische und deutschstämmige Staatsbürger osteuropäischer Länder. Die Regierungen der betroffenen Staaten reagierten darauf überwiegend repressiv.

Am Ende der siebziger Jahre und zu Beginn der achtziger Jahre schien der Helsinki-Prozess – kaum begonnen – schon ans Ende gelangt zu sein. Den Grund gab zunächst das restriktive Verhalten der osteuropäischen Staaten in den Fragen, die der dritte Korb der Schlussakte enthielt: Auswanderung, Reiseverkehr, Familienzusammenführung und -besuche, Eheschließungen, Arbeitsbedingungen für Journalisten, öffentlicher Verkauf westlicher Zeitungen. Auch die Ankündigung, die Einladung und der Besuch von Manövern im Rahmen der vertrauensbildenden Maßnahmen hatten nicht den Grad erreicht, den man im Westen aufgrund der Vereinbarungen des ersten Korbes erhofft hatte. Unter solchen Bedingungen dauerte ein Vorbereitungstreffen, das nur zur Festlegung der Tagesordnung für das 1977 anberaumte erste Folgetreffen stattfand, allein acht Wochen. Ein solches Folgetreffen öffnete freilich ein bislang unerprobtes Terrain: Es sollte einmal die Erfüllung der Schlussakte überprüfen und zum andern weitere Vorschläge für den Entspannungsprozess machen.

Im „Abschließenden Dokument" des Belgrader Folgetreffens, das relativ kurz von Oktober 1977 bis März 1978 dauerte, erklärten die KSZE-Teilnehmer unverblümt „aufgetretene Schwierigkeiten und Hindernisse" und „unterschiedliche Auffassungen über den bisher erreichten Grad der Durchführung der Schlussakte". Man hatte weder in der Beurteilung des bisherigen KSZE-Prozesses noch über Vorschläge zu seiner Fortführung übereingestimmt. Gleichwohl wurde für 1980 zu einem erneuten Treffen und damit zu einer Fortsetzung des multilateralen Prozesses und zu drei Expertentreffen über die friedliche Regelung von Streitfällen nach Montreux, über wissenschaftliche Kooperation nach Bonn und über Mittelmeer-Fragen nach La Valetta eingeladen. Die letzte Übereinkunft hatte ein Kleinstaat, Malta, abgetrotzt, dessen Delegation ursprünglich noch mehr wollte, nämlich eine Beratung von sicherheitspolitischen Fragen im Mittelmeerraum unter Einbeziehung Israels und der arabischen Staaten. Dieses Begehren lehnten die anderen teilnehmenden Staaten angesichts der Probleme mit den innereuropäischen Fragen ab. Gleichwohl hatte ein Kleinstaat die anderen Teilnehmer so lange mit seiner Zustimmung zum Konferenzdokument hinhalten können, bis sie ihm entgegengekommen waren.

Über das Belgrader Treffen insgesamt schwankten die Urteile vom „Fehlschlag" bis zum „bedeutungsvollen Minimum"[6].

Das nächste Folgetreffen der KSZE-Staaten begann zwar wie verabredet im November 1980 in Madrid, doch hatte man sich trotz zweimonatiger Vorgespräche und zuletzt nach „Anhalten der Uhren" auf die Tagesordnung nicht einigen können. Wieder ging der Streit zwischen West und Ost um das Ausmaß des retrospektiven und des prospektiven Teils der Beratungen: Implementierungs- versus Planungsdebatte. Und so turbulent wie die Konferenz begann, so verlief und endete sie und zwar erst drei Jahre später im September 1983 nach mehreren Unterbrechungen für „Denkpausen" mit einem „Abschließenden Dokument", in dem gleich zu Beginn die „Verschlechterung der internationalen Lage" seit dem Belgrader Treffen festgestellt wurde. In den weiteren Aussagen war die Rede von „gegensätzlichen Auffassungen", von „Besorgnis angesichts der ernsthaften Mängel bei der Durchführung" und „kritischer Einschätzung ... über die Anwendung und Achtung" der Schlussakte, „ernsthafte Verletzung dieser Prinzipien", „Besorgnis über den fortdauernden Mangel an Vertrauen zwischen den Teilnehmern".

Für solche Charakteristika bestand Grund genug angesichts der Voraussetzungen, der äußeren Umstände und des Verlaufs des Madrider Treffens. Die Invasion der UdSSR in Afghanistan, ihr Engagement in Angola, die Verbannung des sowjetischen Menschenrechtlers und Physikers Andrej Sacharow gaben schon zu Beginn der Konferenz vor allem der Vertretung der USA unerschöpflich Gründe zu Vorhaltungen gegenüber den UdSSR. Die westliche Staatengruppe beschwor „unteilbare Sicherheit" und beklagte die Verletzung der Bürger- und Menschenrechte. Die Vertreter der östlichen Staaten, voran die der UdSSR, interpretierten den afghanischen Krieg anders, sprachen von einer „Teilbarkeit der Entspannung" und beharrten auf ihrer Forderung nach einer Konferenz für das „Recht auf Leben", als „Menschenrecht Nummer eins": Europäische Abrüstung. Während der Sitzungsperiode sorgten das Verbot der polnischen Solidarnosc-Bewegung und die Verhängung des Kriegsrechts in Polen für weitere Aufregung, und vor dem formellen Ende drohte schließlich der Abschuss eines südkoreanischen Verkehrsflugzeuges, endgültig den KSZE-Prozess aus seiner Bahn zu werfen. Die Geschehnisse veranlassten vor allem die beiden Supermächte zu einem Konfrontationskurs, sodass der Abbruch der Verhandlungen und damit das wahrscheinliche Ende des Helsinki-Prozesses nahe schien.

In der Phase versuchten die europäischen Staaten, negative Rückwirkungen der Spannung zwischen den Supermächten auf Europa zu vermeiden oder wenigstens zu vermindern. Die Europäer gebrauchten die KSZE in Madrid, um das Thema konventionelle Rüstungskontrolle auf die Tagesordnung zu setzen, als die USA und die Sowjetunion darin verstrickt waren, die KSZE zum Austragungsort ihrer außenpolitischen Gegensätze zu instrumentalisieren. Alle KSZE-Staaten verständigten sich schließlich darauf, eine Konferenz über Vertrauens- und sicherheitsbildende Maßnahmen für 1984 nach Stockholm einzuberufen. Ferner beraumten sie weitere Expertentreffen über Menschenrechte und Grundfreiheiten in Ottawa und über die friedliche Regelung von Streitfällen in Athen an. Das nächste KSZE-Folgetreffen sollte 1986 in Wien stattfinden.

Als sich Mitte der achtziger Jahre mit den Aktivitäten eines neuen Generalsekretärs der KPdSU, Michael Gorbatschows, die Ost-West-Beziehungen gründlich zu verändern begannen, setzte eine Entwicklung für die KSZE ein, die innerhalb der nächsten zehn Jahre zu einer reichen Regime-Entfaltung führte. Das von ihm propagierte „neue Denken" hatte auch direkte Folgen für den KSZE-Prozess. Das erwies sich schon bei den Rüstungskontroll-Verhandlungen, die im September 1986 zu der Stockholmer Übereinkunft über Vertrauens- und sicherheitsbildende Maßnahmen (VSBM) führten, der ersten größeren Errungenschaft in der europäischen Rüstungskontrollpolitik.

Dieser Erfolg im Bereich des ersten Korbes und die demonstrative Flexibilität der sowjetischen Politik unter Gorbatschow veranlasste den Westen, größere Fortschritte für den dritten Korb der Schlussakte zu fordern, um ein Gleichgewicht in der ursprünglichen Vereinbarung über das Helsinki-Dokument wieder herzustellen. Diese Bemühungen wurden durch die Neutralen unterstützt und führten zu einem Durchbruch in dem Feld während des Wiener Folgetreffens, das von 1986 bis 1989 währte. Deren Schlussdokument ist das bislang umfänglichste; es unterschied sich mehrfach und gleich zu Beginn im Tenor von seinen beiden vorangegangen Dokumenten. Denn die Teilnehmerstaaten konstatierten jetzt „günstige Entwicklungen in der internationalen Lage seit Abschluss des Madrider Treffens 1983", und „wesentliche Fortschritte"; trotzdem gab es auch noch „schwerwiegende Mängel bei der Durchführung" der Schlussakte und des Madrider Dokuments anzumerken, was auf die Lage in Rumänien zielte.

Das Wiener „Abschließende Dokument" wollte eine Reihe von Regimen über Fragen des dritten Korbes begründen helfen. Für Reisende, Familienmitglieder, Journalisten, Gläubige – zum ersten Mal – und andere Personengruppen eröffneten ausführliche Regelungen neue, bislang unerhörte Freiheiten zu Beginn eines Jahres – 1989 –, an dessen Ende sie schon durch die Zusammenbrüche der politischen Verhältnisse in den östlichen Staaten weitgehend zu Makulatur wurden.

Als Anfang 1989 das Wiener Dokument verabschiedet wurde, war die europäische Wende noch nicht voraussehbar, sodass der Helsinki-Prozess zumindest formell seinen gewohnten Fortgang nahm. Die Regimebildung wurde in Angriff genommen. So wurde zu einer Konferenz über die menschliche Dimension in den Jahren 1989 bis 1991 mit Treffen in Paris, Kopenhagen und – ein Entgegenkommen des Westens – nach Moskau und zu einer Konferenz über wirtschaftliche Zusammenarbeit 1990 nach Bonn, sowie vor allem zum nächsten KSZE-Hauptfolgetreffen 1992 wieder nach Helsinki geladen.

2.3 Dritte Periode von 1990 bis 1992

Wichtige Daten:

19.03.-11.04.1990	Konferenz über wirtschaftliche Zusammenarbeit in Bonn
05.06.-29.06.1990	Zweites Treffen der Konferenz über die menschliche Dimension in Kopenhagen
19.11.-21.11.1990	Treffen der Staats- und Regierungschefs in Paris
19.11.	Annahme des Wiener Dokuments 1990
19.11.	Unterzeichnung des KSE-Vertrages
21.11.	Unterzeichnung der Charta von Paris
19.06.-20.06.1991	Treffen des (Minister)Rats in Berlin
10.09.-04.10.1991	Drittes Treffen der Konferenz über die menschliche Dimension in Moskau
30.01.-31.01.1992	Treffen des (Minister)Rats in Prag
04.03.	Annahme des Wiener Dokuments 1992
24.03.-08.07.1992	Viertes Folgetreffen in Helsinki
24.03.	Unterzeichnung des Vertrages über den Offenen Himmel
03.07.-05.07.1992	Erste Parlamentarische Versammlung
09.07.-10.07.1992	Treffen der Staats- und Regierungschefs in Helsinki
10.07.	Unterzeichnung der Akte über Personalstärke KSE Ia
14.12.-15.12.1992	Treffen des (Minister)Rates in Stockholm

Als im März und April 1990 die Konferenz über wirtschaftliche Zusammenarbeit in Bonn stattfand, hatte sich die politische Lage in Europa schon in einem vorher unvorstellbaren Maße verändert. Den eingetretenen Wandel dokumentierten auch die Formulierungen des Bonner Abschlussdokuments, mit denen ein Bekenntnis zu Demokratie, Pluralismus und Marktwirtschaft abgelegt wurde. Was hiermit als wirtschaftliches Regime proklamiert wurde, war ungewollt auch ein Nachruf auf die eigene KSZE-Aufgabe für ein Feld, das umgewandelt als Feld der Transformation in der folgenden Zeit bis heute die Gruppe der 24, die EG/Europäische Union, die Europäische Bank für Wiederaufbau und Entwicklung, das GATT/WTO, die UN-Wirtschaftskommission für Europa (ECE) und andere mehr für ihre Operationen in Anspruch genommen haben.

Als das bipolare System mit der Auflösung des Warschauer Paktes und schließlich mit dem Auseinanderfallen der Sowjetunion endete, waren die europäischen Regierungen mit der Aufgabe konfrontiert, Strukturen zu schaffen, die die Lücke auffüllen konnten, die in Osteuropa entstanden war und die Gesamteuropa zu stabilisieren helfen könnten. Im Großen und Ganzen gab es darüber drei Ansichten: Ausbreiten der westlichen Organisationen nach Osten, Bildung gesamteuropäischer Institutionen oder eine Mischung der beiden Optionen. Die KSZE mit ihrer Mitgliedschaft aller Betroffenen und ihrer breiten Aufgabenstellung bot sich 1990 zumindest als Forum zur Erörterung dieser Frage an.

Es gab endlich Grund genug, nicht bis zum geplanten Helsinki-Hauptfolgetreffen im Jahre 1992 zu warten, sondern ein Sondertreffen der Staats- und Regierungschefs der KSZE-Mitglieder abzuhalten, das auf Einladung des französischen Präsidenten in Paris im November 1990 stattfand. Die „Charta von Paris für ein neues Europa", die dort verabschiedet wurde, rückte die KSZE in das Rampenlicht der europäischen Politik, erhob sie jedoch nicht zur wichtigsten europäischen Institution. Die Charta begann unter der Überschrift „Ein neues Zeitalter der Demokratie, des Friedens und der Freiheit" mit einer Art Präambel, die verkündete: „Nun ist die Zeit gekommen, in der sich die jahrzehntelang gehegten Hoffnungen und Erwartungen unserer Völker erfüllen: unerschütterliches Bekenntnis zu einer auf Menschenrechten und Grundfreiheiten beruhenden Demokratie, Wohlstand durch wirtschaftliche Freiheit und soziale Gerechtigkeit und gleiche Sicherheit für alle unsere Länder".

Und dann folgte eine erneute Beschwörung der zehn Prinzipien der Helsinki-Schlussakte und das Versprechen der „vollen Verwirklichung aller KSZE-Verpflichtungen".

Diese Deklaration muss rückblickend beklemmend wirken, wenn man bedenkt, wer alles fünfzehn Jahre früher, 1975 in Helsinki, jene „zehn Gebote" der KSZE-Schlussakte zu befolgen gelobt hatte, und wie sie im internationalen Zusammenleben offenbar sehr unterschiedlichen Herrschern dienen konnte. Hier bietet sich also ein paradoxes Element von Kontinuität, dessen Bedeutung und Gültigkeit jedoch erst als Erfahrungswert in den betreffenden Gesellschaften selbst feststellbar ist.

Dagegen wiesen die Strukturen und Institutionen, die in Paris beschlossen wurden, auf eine neue Qualität für den KSZE-Prozess: Rat der Außenminister, Ausschuss hoher Beamter, Sekretariat, Konfliktverhütungszentrum, Büro für freie Wahlen. Die westlichen Länder – zu guter Letzt auch die USA – hatten sich bereit gefunden, der KSZE ein moderates Gerüst von Institutionen zu verpassen.

Wie noch im Abschlussdokument von Wien 1989 festgelegt, fanden außer der Bonner Konferenz für wirtschaftliche Zusammenarbeit eine Reihe von Treffen zu anderen Bereichen des KSZE-Prozesses statt, deren Verlauf und Ergebnisse auch die veränderten politischen Umstände widerspiegelten.

Eine wichtige Grundlage für etwaige weiterführende Beschlüsse entstand mit dem Bericht über ein KSZE-Expertentreffen über die friedliche Regelung von Streitfällen in La Valletta im Jahre 1991. In diesem Bericht wurden Prinzipien zur Streitbeilegung ausschließlich durch den Einsatz friedlicher Mittel und Bestimmungen für ein KSZE-Verfahren zur friedlichen Beilegung von Streitfällen sowie zur Umsetzung des Prinzips der Gewaltfreiheit formuliert. Der Bericht wurde durch das Berliner Treffen des Rates der KSZE im Juni 1991 formell gebilligt.

Bei diesem ersten Treffen beschloss der Ministerrat in Berlin im Juni 1991 einen Mechanismus für Konsultationen und Zusammenarbeit in dringlichen Situationen. Die Entscheidungen des Ministerrates in Berlin über dringliche Situationen markierten die Abkehr von der Konsensregel. Es wurde vereinbart, dass die beschlossenen Prozeduren auf Antrag eines Staates (wenn er die Unterstützung von mindestens zwölf anderen Teilnehmerstaaten hat) in Gang gesetzt werden können. Mit dieser Formel könnten auch neue politische Entwicklungen, wie die Annahme gemeinsamer Positionen durch die 15 Staaten der Europäischen Union (EU), wirksam werden.

Auf dem zweiten Treffen des Ministerrats in Prag im Januar 1992 wurde beschlossen, die Kompetenz des Ausschusses Hoher Beamter zu erweitern (er sollte für „Übersicht, Management und Koordinierung" verantwortlich sein und bei entsprechender Beschlussfassung als Beauftragter des Rates zwischen den Treffen agieren) und seine Effektivität zu verbessern, indem regelmäßige Treffen abgehalten und einige Aufgaben an andere KSZE-Institutionen oder an Ad-hoc-Gruppen der Mitgliedstaaten delegiert werden.

Eine Innovation des Prager Treffens war die Entscheidung, dass Ministerrat oder der Ausschuss Hoher Beamter „erforderlichenfalls auch ohne Zustimmung des betroffenen Staates" angemessene Maßnahmen ergreifen können, wenn Fälle eindeutiger, grober und nicht behobener Verstöße einschlägiger Verpflichtungen, wie die Wahrung der Menschenrechte, Demokratie und Rechtsstaatlichkeit, vorliegen. In diesem Stadium sind mit zu ergreifenden „Maßnahmen" politische Erklärungen und andere Maßnahmen politischer Natur gemeint, die außerhalb des Territoriums des betroffenen Staates Anwendung finden. Schließlich beschloss das Prager Treffen, dem Konsultativausschuss des Konfliktverhütungszentrums (KVZ) eine größere Rolle zuzuweisen. Er sollte künftig regelmäßig zusammentreten – im Normalfall einmal monatlich.

Die zahlreichen in Berlin und Prag gefällten Entscheidungen signalisierten einen Bedarf an neuen Institutionen. Dementsprechend wurde auf dem 4. Folgetreffen vom 24.3. bis 8.7.1992 in Helsinki ein neues Institutionenkonzept diskutiert und erarbeitet, das dann beim Gipfeltreffen im Juli 1992 verabschiedet wurde. So wurden die schon durch die Pariser Charta geschaffenen Institutionen gestärkt. Hervorhebenswert ist die Aussage in der Gipfelerklärung, „dass die im Bereich der menschlichen Dimension der KSZE eingegangenen Verpflichtungen ein unmittelbares und berechtigtes Anliegen aller Teilnehmerstaaten und eine nicht ausschließlich innere Angelegenheit des betroffenen Staates darstellen."

Die Treffen in Kopenhagen, Moskau (Konferenzen über die menschliche Dimension) und Oslo (Expertenseminar über demokratische Institutionen) verliehen der menschlichen Dimension der Sicherheit eine institutionelle Form. Die KSZE forderte alle neu aufgenommenen Länder auf, die Prinzipien und Regeln zu übernehmen, die das gemeinsame Wertesystem ausmachen, und sagte zu, ihnen bei ihrem Bemühen zur Schaffung neuer demokratischer Strukturen und Vorgehensweisen zu helfen.

2.4   Vierte Periode 1992-2000

Wichtige Daten:

30.11.-01.12.1993	Treffen des Ministerrats in Rom
16.03.-18.03.1993	Erstes Wirtschaftsforum in Prag
07.07.-09.07.1993	Zweite Parlamentarische Versammlung in Helsinki
15.03-17. 03.1994	Zweites Wirtschaftsforum in Prag
10.10.-02.12.1994	Überprüfungskonferenz in Budapest
05.12.-06.12.1994	Treffen der Staats- und Regierungschefs in Budapest
20.03.-21.03.1995	Abschlusskonferenz zum Stabilitätspakt für Europa in Paris
07.12.-08.12.1995	Treffen des Ministerrats in Budapest
07.06.-09.06.1995	Drittes Wirtschafsforum in Prag
27.03.-29.03.1996	Viertes Wirtschaftsforum in Prag
01.01.-14.09.1996	Wahlbeobachtungsmission in Bosnien-Herzegowina
04.11.-22.11.1996	Überprüfungskonferenz in Wien
02.12.-03.12.1996	Treffen der Staats- und Regierungschefs in Lissabon
18.12.-19.12.1997	Treffen des Ministerrats in Kopenhagen
11.06.-13.06.1997	Fünftes Wirtschaftsforum in Prag
01.06.-05.06.1998	Sechstes Wirtschaftsforum in Prag
02.12.-03.12.1998	Treffen des Ministerrats in Oslo

25.10.98-19.03.99	Kosovo-Verifikations-Mission
25.05.-28.05.1999	Siebtes Wirtschaftsforum in Prag
01.07.1999-	Kosovo-Mission im Rahmen der UNMIK
06.07.-10.07.1999	Achte Parlamentarische Versammlung in St. Petersburg
20.09.-01.10.1999	Überprüfungskonferenz in Wien
18.11.-19.11.1999	Treffen der Staats- und Regierungschefs in Istanbul
11.04.-14.04.2000	Achtes Wirtschaftsforum in Prag
27.11.-28.11.2000	Treffen des Ministerrats in Wien

Seit 1992 entfaltete die OSZE ihr Instrumentarium präventiver Diplomatie in Form der Kurz- und Langzeitmissionen. Sie kamen zunächst ausschließlich auf zwei kürzlich noch staatlich zusammengefassten Territorien zum Einsatz, den Nachfolgestaaten der ehemaligen UdSSR und der ehemaligen Bundesrepublik Jugoslawien. Vornehmlich in die gleichen Gebiete führte seine Tätigkeit den im Dezember 1992 berufenen Hohen Kommissar für nationale Minderheiten.

Im März 1993 fand in Prag formell als Sitzung des Hohen Rates das erste Wirtschaftsforum statt, das sich als Organ für die Verwirklichung der wirtschaftlichen Dimension von Sicherheit versteht und an dem neben Delegationen der Teilnehmerstaaten auch Vertreter der Unternehmer und anderer internationaler Organisationen aktiv teilnehmen.

Der Ministerrat erklärte im Dezember 1993 in Rom, die Rolle der KSZE „als ein gesamteuropäisches und transatlantisches Forum für gemeinsame Sicherheit sowie für politische Konsultationen auf der Grundlage der Gleichberechtigung zu stärken. ... Unsere Sicherheit ist unteilbar." Eine weitere Annäherung in der Frage der Dritt-Parteien-Regelung kam zustande, freilich ohne operative Resultate.

Einige Teilnehmerstaaten, voran Russland, wollten endlich die KSZE zu einer wirklichen Organisation („OSZE") mit einer völkerrechtlichen Vertragsgrundlage sowie mit gewichtigen Organen als Voraussetzung einer effektiven Willensbildung und Beschlussfassung machen. Unter anderem stellten sie sich die Schaffung eines Exekutivkomitees nach Art des Sicherheitsrates (mit ständigen und nichtständigen Mitgliedern) vor. Insbesondere die angelsächsischen Teilnehmerstaaten waren auf dem zweimonatigen Budapester Überprüfungstreffen im Herbst 1994 nicht bereit, solchen Absichten zuzustimmen. So setzte sich die These durch, die europäische Sicherheit müsse zur gemeinsamen Sache aller bestehenden einschlägigen Organisationen werden, ohne dass es dabei irgend eine Über- oder Unterordnung geben dürfe.

Der nachfolgende Budapester Gipfel von 6. Dezember 1994 beschloss, eine „breit angelegte und umfassende Diskussion" durchzuführen mit dem Ziel, „ein Konzept für die Sicherheit im einundzwanzigsten Jahrhundert auszuarbeiten", das beim nächsten Gipfel 1996 beraten werden sollte. Das Budapester Dokument 1994 mit dem Titel „Der Weg zu echter Partnerschaft in einem neuen Zeitalter" enthält im zentralen inhaltlichen Teil, den „Beschlüssen von Budapest", den Verhaltenskodex, die Beschlüsse zu regionalen Fragen, zur Weiterentwicklung der Fähigkeiten der OSZE zur Konfliktverhütung und Krisenbewältigung, zu weiteren Aufgaben des Forums für Sicherheitskooperation, zu Prinzipien der Nichtverbreitung, zur Diskussion eines Sicherheitsmodells für Europa im 21. Jahrhundert, zur menschlichen und zur wirtschaftlichen Dimension sowie zum Mittelmeerraum.

Die Staats- und Regierungschefs bestätigten in Budapest die Umwidmung der bestehenden Strukturen, die ab 1.1.1995 statt „KSZE" nun „OSZE" heißen, und eine Umbenennung der bestehenden Organe wie „Ministerrat" für „Rat der KSZE", „Hoher Rat" für den bisherigen „Ausschuss Hoher Beamter" oder „Ständiger Rat" für den bisherigen „Ständigen Ausschuss".

Nach dem Budapester Gipfel entwickelte die OSZE eine neue Dynamik durch den gestärkten Amtierenden Vorsitz, den Ungarn einnahm, mit seiner betonten „Verantwortung für exekutive Maßnahmen", unterstützt durch die „Troika". Seine besondere Aufmerksamkeit beanspruchte der Krieg in Tschetschenien, wohin es ihm gelang, eine Mission der OSZE zur Beobachtung und Vermittlung zu entsenden.

1995 erhielt die OSZE den von der Europäischen Union initiierten Stabilitätspakt für Europa zur Ausführung übertragen. Im Dezember 1995 hieß der Budapester Ministerrat formell für die OSZE die Aufgabe gut, wie sie u.a. im November 1995 in den Abmachungen von Dayton/USA ausgehandelt und anschließend in Paris am 14. Dezember 1995 unterzeichnet worden war. Dazu gehörte die Einsetzung einer umfassenden Mission für Bosnien-Herzegowina. Im Einzelnen beruhte die OSZE-Aufgabe für Bosnien-Herzegowina auf drei verschiedenen Abmachungen, eine für regionale Stabilität, eine für die Wahlen und eine für Menschenrechte. Die Abmachung für regionale Stabilität besteht ihrerseits aus drei unterschiedlichen Regelungen, eine über Vertrauens- und sicherheitsbildende Maßnahmen für Bosnien und Herzegowina, und je eine über Rüstungskontrolle für das frühere Jugoslawien und für die umliegenden Staaten. Es geht um drei sicherheitspolitische Aufträge für Rüstungskontrolle, Abrüstung und Vertrauens- und sicherheitsbildende Maßnahmen, die sich auf das Wiener Dokument von 1994 beziehen und somit teilweise (bislang noch) außerhalb der eigentlichen 55-Staaten-Sphäre der OSZE liegen, und zwei Aufträge der menschlichen Dimension, die formell in den herkömmlichen Rahmen des Helsinki-Prozesses fallen. Diese beinhalten allerdings Ungewohntes, erstens die Vorbereitung, Durchführung, Aufsicht und Beobachtung der Wahlen sowie zweitens die Einrichtung eines Menschenrechte-Regimes, was auch schon als die – nachsorgende – Aufgabe für die Entwicklung einer zivilen Gesellschaft gewertet werden kann.

Bei diesen beiden Aufträgen zusammengenommen handelt es sich um nicht weniger als um eine neue Kategorie von OSZE-Tätigkeit, denn es geht nicht um Konfliktverhütung, -schlichtung oder -bewältigung und auch nicht um die punktuelle Sorge für Menschenrechte. Die Tätigkeit der Mission ist als post-konfliktuelle Rekonstruktion politischer Institutionen und politischer Kultur zu charakterisieren.

Am 18.12.1995 begannen auf dem Petersberg bei Bonn die Verhandlungen über die vereinbarten Maßnahmen zur regionalen Stabilität, die, soweit es den Teil der Vertrauens- und sicherheitsbildenden Maßnahmen betraf, am 26.1.1996 in Wien mit Erfolg abgeschlossen wurden. Die Verhandlungen über Rüstungskontrolle begannen in Wien am 29.2.1996, sie zogen sich länger hin und endeten am letztmöglichen Termin, dem 14.6.1996 in Florenz ebenfalls mit einem Erfolg. Die Verhandlungen über überregionale Rüstungsbeschränkung wurden erst 2001 abgeschlossen.

Die OSZE hat viel geleistet, um die für Bosnien und Herzegowina übernommenen Aufgaben zu erfüllen. Das trifft offensichtlich sowohl für den rüstungskontroll- wie für den verfassungspolitischen und wahlrechtsorganisatorischen Teil des Auftrags zu. Die Arbeit vollzog und vollzieht sich aber in einem politischen Umfeld, das ihrem Erfolg nicht wohl gesonnen ist, wie der Leiter der Mission selbst und vor allem der Amtierende Vorsitzende berichteten. So ist die Wahrscheinlichkeit nicht gering, dass letztlich aller Anstrengungen zum Trotz die Befriedung Bosnien-Herzegowinas nach den Vorstellungen des Dayton-Abkommens misslingt. Die OSZE wäre dann zwar nicht an sich, so doch mit anderen Organisationen in einer politischen Landschaft Europas gescheitert, der wesentliche Voraussetzungen für eine zivile Gesellschaft mangeln.

Die ersten Wahlen verliefen ohne größere Zwischenfälle, ihr ordnungsgemäßer Verlauf war umstritten, auch wenn die Parteien sogar das Ergebnis respektierten. Der Kraftakt der Wahldurchführung ließ die OSZE auf eine Organisation zur Durchführung von Wahlen reduziert und damit deformiert erscheinen.

Ungenügend beantwortet blieb die Frage nach dem Status der OSZE innerhalb eines europäischen Sicherheitssystems, dem auch – um nur die wichtigen Organisationen zu nennen –, die Vereinten Nationen, die Europäische Union, die Westeuropäische Union, die Gemeinschaft Unabhängiger Staaten und die Nordatlantische Verteidigungsorganisation angehören. Der Lissabonner Gipfel beschloss unter anderem, die seit dem Budapester Treffen der Staats- und Regierungschefs über das Sicherheitsmodell für das 21. Jahrhundert träge geführte Debatte in einen Entwurf für eine Europäische Sicherheitscharta münden zu lassen. In dem Zusammenhang kommt der Übereinkunft der 22 KSE-Signatarstaaten am Rande des Lissabonner Gipfels große Bedeutung zu, den Vertrag aufgrund bestimmter Parameter zu überarbeiten. Öffentliche Anerkennung fand die OSZE zu Beginn des Jahres 1997, als eine Mission unter Leitung des früheren spanischen Ministerpräsidenten Felipe Gonzalés nach einem Besuch in Belgrad einen kritischen Bericht über die serbischen Gemeindewahlen vorlegte.

Eine beispiellose Herausforderung stellte die Aufstellung der Kosovo-Verifikations-Mission (KVM) dar, die durch das Abkommen zwischen dem amerikanischen Unterhändler Richard Holbrooke und dem jugoslawischen Präsidenten Slobodan Milosevic am 16.10.1998 ausgehandelt wurde. Sie wurde sehr langsam aufgebaut und konnte ihre Aufgaben unter den gegebenen Umständen befriedigend erfüllen. Im März 1999 wurde sie aufgrund einer Entscheidung des Amtierenden Vorsitzenden zurückgezogen. Zweifellos muss hier von einem „Karriereknick" der OSZE gesprochen werden. Nach Beendigung des Krieges der NATO gegen Serbien begann im Juli 1999 die OSZE unter der Leitung der Vereinten Nationen (UNMIK) eine Mission mit Aufgaben für den Friedensaufbau im Kosovo zu bilden. Noch im Schatten dieses Krieges und des neu angefachten Krieges Russlands in Tschetschenien fand der um ein Jahr verschobene Gipfel im November 1999 in Istanbul statt, auf dem die Charta für Europäische Sicherheit und eine Plattform für kooperative Sicherheit beschlossen wurden.

Das 25jährige Jubiläum des Bestehens der KSZE/OSZE wurde unter dem österreichischen OSZE-Vorsitz im Juli 2000 in Wien wegen der Sanktionen der anderen EU-Staaten gegen Österreich auf unspektakuläre Weise begangen; das Programm der dafür angesetzten Sondersitzung des Ständigen Rats betonte die menschliche Dimension von Sicherheit, die vor 1989 den Dissidenten und Bürgerrechtlern in den osteuropäischen Staaten eine Wirkungsmöglichkeit bot.

Das Treffen des Ministerrats im November 2000 in Wien hatte einen ambivalenten Verlauf; einerseits konnte die Rückkehr Jugoslawiens in die OSZE gefeiert werden, andererseits gelang es trotz Auffassungsunterschieden zwischen Russland und anderen Staaten, über den Termin der Rückkehr der OSZE-Mission nach Tschetschenien und über andere Fragen, ein Abschlussdokument zu verabschieden – zum ersten Mal in der OSZE-Geschichte. Im Januar 2001 beschloss der Ständige Rat, wieder eine Langzeit-Mission zur Unterstützung des politischen Wandels nach Jugoslawien zu entsenden.

Zusammenfassend ist zu registrieren: Die aufgrund der Pariser Charta beschlossenen und geschaffenen Institutionen wurden 1992 während der Helsinki-II-Konferenz und bei den Treffen der Außenminister in Berlin, Prag, Stockholm und Rom sowie noch 1994 beim Budapester Gipfel, 1996 beim Lissabonner Gipfel und schließlich 1999 beim Istanbuler Gipel gestärkt, ergänzt und vermehrt. Der Rückzug der KVM 1999 und das Scheitern der kooperativen Sicherheitspolitik 1998/1999 stellen einen Einschnitt in die Entwicklung der europäischen Sicherheitspolitik dar, dessen Folgen noch nicht abzuschätzen sind.

1 Vgl. Norbert Ropers und Peter Schlotter, Regimeanalyse und KSZE-Prozess, in: Beate Kohler-Koch, Regime in den internationalen Beziehungen, Baden-Baden 1989, S. 323ff.
2 Vgl. Richard Löwenthal, Vom Kalten Krieg zur Ostpolitik, Stuttgart 1974, S. 79ff.
3 So z.B. Ropers, Schlotter a.a.O. S. 319ff.
4 Entschließungsantrag der Fraktion der CDU/CSU im Deutschen Bundestag, 25.7.1975
5 Vgl. die Erwägungen in: Friedensanalyse „Entspannungspolitik", H.9, es 755, Frankfurt/M 1979, S. 9-13
6 zit. n. Harald Rüddenklau, Die KSZE-Folgekonferenz von Madrid, in: Die internationale Politik 1981/82, S. 105; zum Verlauf von Belgrad: Jürgen Nötzold, Die KSZE-Folgekonferenz in Belgrad, in: Die internationale Politik 1977/78, S. 113ff.

3. Institutionalisierung der OSZE

Wandel und Bildung von Institutionen sind zwei der hauptsächlichen Erkenntnisinteressen der Disziplin Internationale Beziehungen. Zunächst setzt sie das Bestehen von Institutionen – die Nationalstaaten – voraus. Von ihnen ausgehend fragt sie einmal, wie sich Nationalstaaten verändern, sodass diese – und indem diese – Beziehungen miteinander unterhalten. Zum andern fragt sie nach der institutionellen Qualität dieser Beziehungen im Vergleich zu der der Nationalstaaten. An der Art und Weise der Antwort darauf haben sich verschiedene Lehrmeinungen gebildet, die auf einer langen Tradition des Denkens über Krieg und Frieden beruhen.

Jüngst hat sich dieser traditionelle Streit der Lehrmeinungen in zwei Schulen, der des Neorealismus und der des Neoinstitutionalismus gebündelt.[1] Während Neorealisten an den Merkmalen internationaler Politik die ungebrochene und entscheidende Durchschlagskraft der Nationalstaaten zu erkennen vermögen, sehen Neoinstitutionalisten eine autonome Wirkung bei den internationalen Geschöpfen der Nationalstaaten, seien es nun internationale Organisationen, internationale Regime oder schlicht nur internationale Konventionen.

Die zentrale Frage in diesem Dauerstreit lautet also ob, und wenn ja, unter welchen Umständen, auf welchen Feldern und in welchem Umfang eine Institutionalisierung der internationalen Beziehungen stattfindet, die die bestehenden Institutionen der mehr als 180 Nationalstaaten einschränkt.

Es erleichtert die Übersicht, beim Anblick internationaler Politik von heute zwischen Makro- und Mikro-Institutionalisierung zu unterscheiden. Man kann die zwischen den Staaten entstandenen Institutionen als Resultat von internationaler Makro-Institutionalisierung bezeichnen. Dagegen hieße Mikro-Institutionalisierung die strukturelle Differenzierung dieser Institutionen, also die Entwicklung ihrer Beratungs-, Verhandlungs- und Entscheidungsorgane sowie ihrer Ausführungs- und Kontrollorgane.

3.1 Die Makro-Institutionalisierung

Unbestreitbar ist der große Umfang und die noch stets wachsende Zahl internationaler Institutionen verschiedener Art, vor allem wenn man darunter neben den sichtbaren bürokratischen Einrichtungen, wie die rund 200 internationalen Organisationen, auch andere Rechtsformen für stabile und dauerhafte Beziehungen zwischen Staaten, wie Abkommen, Vereinbarungen, Verträge, Konventionen, Pakte und Deklarationen versteht. Strittig ist das spezifische Gewicht dieser Institutionen bezogen auf ihre Gründer und Angehörigen oder Mitglieder, die nationalen Staaten. Zur weiteren Klärung dieses Disputs bedarf es eines angemessenen Kriteriums; von seiner Wahl wird wahrscheinlich auch die Beurteilung der Bedeutung abhängen, die der Bildung einer Institution hier und in der Folge einem Wandel dort zuzuschreiben sind. Es macht einen offenkundigen Unterschied aus, ob eine Reihe von Staaten übereinkommen, gleiche Straßenverkehrszeichen oder gleiche Banknoten bei sich einzuführen. Das essenzielle politikwissenschaftliche Kriterium zur Bewertung der Bildung und des Wandels von Institutionen sollte Herrschaft sein; auf internationale Beziehungen angewandt heißt das, die durch Institutionen ermöglichte oder begrenzte Durchsetzbarkeit hegemonialer Ansprüche zu untersuchen.

Übertragen die Repräsentanten der Nationalstaaten internationalen Institutionen freiwillig oder unfreiwillig, zeitweilig und kündbar oder dauerhaft und unwiderruflich Bestandteile ihrer Herrschaft, indem sie sie dann mit anderen teilen oder sogar an andere zu deren Verfügung abtreten? Welche Gründe haben sie dafür und welcher Art und Herkunft sind die auftretenden hegemonialen Ansprüche? Was sind die Umstände und die Folgen solcher Vorgänge, wenn sie vor dem Hintergrund der von allen Staaten anerkannten und verteidigten Prinzipien der Souveränität und Nichteinmischung stattfinden? Das sind die Fragen, die zu stellen sind, wenn man einen Nenner finden will für das paradoxal erscheinende Problem, dass eine inter-(trans- oder supra)nationale Institutionalisierung durch sich damit selbst de-institutionalisierende nationale Institutionen stattfindet. Das Paradox löst sich, wenn man unterstellt, dass solche Institutionalisierung nur geschieht, wenn und nur insoweit die nationalstaatlichen Regierungen bestimmte Aufgaben nicht allein oder nur zu unverhältnismäßigen Kosten zu bewältigen imstande sind.

Ein Versuch zur klärenden Differenzierung und einer zumindest partiellen Beantwortung der gestellten Fragen bietet die Analyse der Konferenz über Sicherheit und Zusammenarbeit in Europa (KSZE) und ihres Umbaus zur Organisation für Sicherheit und Zusammenarbeit (OSZE). Diese Institution eignet sich dazu mehr als andere, weil sich ihr Werdegang angesichts der Diskrepanz zwischen anspruchsvollen Aufgaben einerseits und den heterogenen Akteuren andererseits bis auf den heutigen Tag besonders umständlich vollzogen hat: Es ist zu einer Institutionalisierung in drei Akten mit einem Vorspiel gekommen.[2]

Die Aufgaben, die im Jahre 1975 die 35 – und heute 55 – Nationalstaaten ihrer KSZE/OSZE zuteilten, lassen sich pauschal wie folgt beschreiben: Die Konferenz über Sicherheit und Zusammenarbeit in Europa (KSZE) sollte in der Periode der Entspannung im Ost-West-Verhältnis während der frühen siebziger Jahre eine friedliche Koexistenz ordnungspolitisch unterschiedlicher Gesellschaften vor dem Hintergrund der Konfrontation beider Supermächte in Europa herbeiführen und aufrechterhalten helfen. Am Ende der achtziger und zu Beginn der neunziger Jahre diente sie den nationalstaatlichen Akteuren als Arena für ihr Bemühen um eine neue politische Ordnung für das Europa nach der Ost-West-Teilung. Seit 1992 ist ihr die Aufgabe zugedacht, für Gesamteuropa eine sicherheitspolitische Sphäre zu stabilisieren und regionale desintegrative Tendenzen zu bekämpfen.

3.1.1 Institutionalisierung des Vorfeldes

Vor dem ersten der drei genannten Akte der Institutionalisierung lag noch ein notwendiges Vorspiel der wichtigen Akteure, das man als Institutionalisierung von Beziehungen im Vorfeld der KSZE bezeichnen kann. Dazu gehörten die zweiseitigen Verträge über Gewaltverzicht und Anerkennung der Unverletzlichkeit bestehender Grenzen seitens der Bundesrepublik Deutschland mit Polen, mit der Tschechoslowakei und mit der Deutschen Demokratischen Republik, sowie vor allem mit der Sowjetunion. Auch das Vier-Mächte-Abkommen zur Befriedung der Lage in und um Berlin sowie schließlich eine USA-UdSSR-Vereinbarung zur Begrenzung der strategischen Atomwaffen (SALT I) waren Teile der Vorfeld-Institutionalisierung für die KSZE.

Diese Abmachungen schufen die notwendigen Bedingungen für die multilateralen Konsultationen der in Helsinki und in Genf beratenden Vertreter der 35 europäischen und nordamerikanischen Staaten, von denen sich nur ein europäisches Land, Albanien, – bis 1991 – abseits hielt.

3.1.2 Die Quasi-Institutionalisierung: Helsinki I, Belgrad, Madrid

Die 35 Regierungsdelegationen sortierten und sammelten in drei – in der Verhandlungssprache so benannten – „Körben" die Übereinkünfte, die sie alle für annehmbar hielten, nämlich eine Anzahl von Grundsätzen, die die Beziehungen zwischen den beteiligten Staaten leiten sollten, Erklärungen zu Angelegenheiten der militärischen Sicherheit, zu Fragen der wirtschaftlichen, technischen und umweltpolitischen Zusammenarbeit sowie zu einer Reihe humanitärer Probleme, wie menschliche Kontakte, den Austausch von Informationen und kulturelle Beziehungen.

Die in den drei „Körben" gesammelten Ergebnisse der Verhandlungen enthielten Absichtserklärungen, denen gemessen an den verschiedenen Interessen der östlichen, westlichen und neutralen Teilnehmerstaaten ein unterschiedliches Gewicht zukam. Eine Verringerung des korbweise bestehenden west-östlichen Ungleichgewichts konnte nur die Erfüllung der beschworenen Absichten und gehegten Erwartungen im Zuge der künftigen Entwicklung bringen, die bald als „Helsinki-Prozess" bezeichnet wurde. Darum gewann ein manchmal als „vierter Korb" bezeichneter, verhältnismäßig kurzer Schlussabschnitt besondere Bedeutung, der den Titel „Folgen der Konferenz" trägt, doch viel besser „Fortsetzung der Konferenz" genannt hätte werden können. Er schreibt den Fortgang des „Helsinki-Prozesses" vor und enthält damit die Quintessenz einer dafür vereinbarten institutionellen Struktur, die als Kompromiss von einer Vielzahl divergierender Vorschäge zustande kam. Sie reichten von der Bildung einer permanenten internationalen Organisation für Sicherheit und Zusammenarbeit in Europa bis zu bloßen Absichtserklärungen für lose, ad-hoc-Regelungen. Das Resultat zeigt eher einen Erfolg der letzten Tendenz, das allerdings eine tragfähige Grundlage für die Vertiefung und den Ausbau des gesamten Prozesses zu erlauben versprach. So wurde nicht nur eine periodenweise, zeitlich unbegrenzte Fortsetzung des „eingeleiteten multilateralen Prozesses", sondern auch mit dem Hinweis auf künftige Expertentreffen ansatzweise dessen Differenzierung hinsichtlich der durch die drei „Körbe" bezeichneten Sachbereiche beschlossen. Zunächst sollten Vertreter der Außenminister die Abhaltung weiterer Zusammenkünfte vorbereiten. Überdies sollten neue unilaterale, bilaterale und multilaterale Anstrengungen gemacht werden, um die von der Konferenz verfolgten Ziele zu erreichen, womit implizit der KSZE eine gewisse Steuerungsfunktion zugesprochen wurde. Insgesamt waren also die institutionellen Fragen pragmatisch beantwortet worden. Denn nicht wenige hielten zwar eine völkerrechtliche Form immer für wünschenswert, doch beugten sie sich der Einsicht, dass sie angesichts des Widerstandes vor allem der USA und des Vereinigten Königreiches diese nicht durchsetzbar ist. Als Vorteil gilt, dass die Staaten Sachverhalte zumindest politisch verbindlich, also auch außerrechtlich vereinbaren können, selbst wenn sie zu einer vertraglichen Normierung nicht bereit oder in der Lage sind. Die Langfristigkeit und Unberechenbarkeit innerstaatlicher Ratifikationsvorgänge wird vermieden. Die Praktikabilität von Normen kann sich praktisch erweisen und auf ihre Qualität geprüft werden, bevor sie umständlich als Vertrag formuliert und damit auch einklagbar werden.

Am Ende der siebziger Jahre und zu Beginn der achtziger Jahre schien der Helsinki-Prozess gefährdet wegen des restriktiven Verhaltens der osteuropäischen Staaten in den Fragen, die der dritte Korb der Schlussakte enthielt: Auswanderung, Reiseverkehr, Familienzusammenführung und -besuche, Eheschließungen, Arbeitsbedingungen für Journalisten, öffentlicher Verkauf westlicher Zeitungen. Das „Abschließende Dokument" des Belgrader Folgetreffens von Oktober 1977 bis März 1978 brachte institutionell nichts Neues.

Das nächste Folgetreffen der KSZE-Staaten, das fast drei Jahre, von 1980 bis 1983 dauerte, erbrachte ein umfängliches „Abschließendes Dokument" mit neuen normativen Verpflichtungen und den institutionell bemerkenswerten Beschluss, vor dem nächsten Folgetreffen andere Zusammenkünfte durchzuführen, darunter als wichtigste, die Konferenz über Vertrauensbildende Maßnahmen und Abrüstung in Europa ab 17.1.1984 in Stockholm.

Zusammenfassend ist festzuhalten: Die 35 Staaten gingen keine rechtlichen Verbindlichkeiten ein, schlossen keine Abmachungen oder Verträge und schufen keine gemeinsamen Organe. Doch hatten sie 1975 eine Deklaration mit Absichtserklärungen zu ihren inneren und äußeren Verhältnissen beschlossen und sich bereit gefunden, in periodischen Abständen gemeinsam die Erfüllung der erklärten Absichten zu prüfen und darauf aufbauend weitergehende Ziele anzustreben, was 1978 und 1983 auch mehr oder minder eintrat. Die als Helsinki-Prozess bezeichnete Kontinuität der Verabredungen und Zusammenkünfte kann man darum als Quasi-Institutionalisierung bezeichnen. Die Vorgänge in der Periode wurden auch als Schaffung des deklaratorischen KSZE-Regimes umschrieben, wobei unter einem vollständigen Regime ein auf Problemlösung gerichtetes Verhalten von Staaten, beruhend auf gemeinsamen Prinzipien, Normen, Entscheidungsverfahren und Regeln verstanden wird.[3]

3.1.3 Punktuelle Institutionalisierung: Wien, Paris, Helsinki II

Als Mitte der achtziger Jahre mit der Aktivität eines neuen Generalsekretärs der KPdSU, Michail Gorbatschow, sich die Ost-West-Beziehungen gründlich zu verändern begannen, setzte eine Entwicklung für die KSZE ein, die innerhalb der nächsten zehn Jahre zu einer punktuellen Institutionalisierung in Gestalt einer Reihe von Regimen führte, die mehr als nur einen deklaratorischen, nämlich einen „handlungsanleitenden" und „realitätstransformierenden" Charakter gewinnen sollten. Auch an diesem so folgenreichen Vorgang erweist sich geradezu exemplarisch die Gewichtigkeit der Nationalstaaten für die Institutionalisierung der internationalen Politik. Der Wandel der interstaatlichen Verhältnisse als Voraussetzung für ihre Institutionalisierung ist eine abhängige Variable der innenpolitischen Veränderungen eines relevanten Staates. Das von Gorbatschow propagierte „neue Denken" hatte auch direkte Folgen für den KSZE-Prozess.

Das erwies sich schon bei den Rüstungskontroll-Verhandlungen, die im September 1986 zu der Stockholmer Übereinkunft über Vertrauens- und sicherheitsbildende Maßnahmen (VSBM) führten, der ersten größeren Errungenschaft in der europäischen Rüstungskontrollpolitik. Das Wiener „Abschließende Dokument" wollte eine Reihe von Regimen über Fragen des dritten Korbes begründen helfen. Die Bildung von mehr als deklaratorischen Regimen nahm ihren Anfang. Die Formulierungen des Bonner Abschlussdokuments vom Frühjahr 1990, mit denen ein Bekenntnis zu Demokratie, Pluralismus und Marktwirtschaft – eindeutig westlichen Werten – abgelegt wurde, proklamierten ein wirtschaftliches Regime der Transformation östlicher Volkswirtschaften.

Die in Paris im November 1990 verabschiedete „Charta von Paris für ein neues Europa" rückte die KSZE sogar ins Zentrum der gesamteuropäischen Politik. Der französische Präsident sprach sogar von einer Gesamteuropäischen Konföderation. Solche Erwartungen waren zu hoch gespannt.

Doch die Strukturen und Institutionen, deren Bildung in Paris beschlossen wurde, veränderten qualitativ den nachfolgenden KSZE-Prozess. Ständige Organe, die ihn tragen und fördern sollten, wurden gebildet, wie der Rat der Außenminister, der Ausschuss Hoher Beamter, das Sekretariat, das Konfliktverhütungszentrum und das Büro für freie Wahlen. Eine Mikro-Institutionalisierung hatte eingesetzt.

Die aufgrund der Pariser Charta beschlossenen und geschaffenen Organe wurden 1992 während der Helsinki-II-Konferenz und bei den Treffen der Außenminister in Berlin, Prag, Stockholm und Rom gestärkt, ergänzt und vermehrt.

Der Umbruch der europäischen Verhältnisse zwischen 1990 und 1992 und der Untergang der sowjetischen Hegemonie in Osteuropa samt des realsozialistischen Staatssystems schienen den bislang sich gegenüber Vorschlägen einer materiellen Institutionalisierung resistent verhaltenden Teilnehmerstaaten Umstände zu bieten, die eine Änderung ihrer Haltung sowohl geboten als auch vorteilhaft erscheinen ließ. Die OSZE ließ sich zur Instanz für die politische und wirtschaftliche Transformation des auseinander gefallenen Ostblocks umbauen. Die KSZE – entstanden als formelles Dach für zwei einst faktisch stabil etablierte Hegemonien – war nun zum Gerüst für den Umbau des „europäischen Hauses" zu einer Hegemonie, der westlichen, geworden.

3.1.4 Nominale Institutionalisierung ohne Verrechtlichung: Budapest, Lissabon

In der Pariser Charta erklärten die Unterzeichnerstaaten auch, dass sie eine „stärkere strukturierte Zusammenarbeit zwischen allen Teilnehmerstaaten in Sicherheitsfragen in Aussicht nehmen". Ferner hatte der deutsche Außenminister wiederholt angeregt, einen KSZE-Sicherheitsrat und KSZE-Friedenstruppen zu schaffen. Doch das Berliner Außenministertreffen im Jahre 1991 und das Helsinki-Treffen der KSZE-Staats- und Regierungschefs im Jahre 1992 zeigten, dass die Aufgaben der KSZE/OSZE sich auf Konsultation und Kooperation, Konfliktvermeidung, friedliche Streitschlichtung und Rüstungskontrolle erstrecken würden; eventuell könnte das Abrüstungsregime des KSE-Vertrages formal unter das Dach der OSZE gebracht werden, wo es faktisch durch die Unterzeichnerstaaten schon ausgeübt wurde.

Der Budapester Gipfel der Staats- und Regierungschefs im Jahre 1994 beschloss, der Konferenz über Sicherheit und Zusammenarbeit in Europa (KSZE) den Namen „Organisation für Sicherheit und Zusammenarbeit in Europa" (OSZE) zu geben; auch ihre Organe erhielten neue Namen. Das war verbunden mit der expliziten Anmerkung, dass sich damit an ihrem Rechtscharakter nichts ändere. Die OSZE beruhte damit wie die bisherige KSZE weder auf einem völkerrechtlichen Vertrag noch auf einem Abkommen zwischen den Regierungen. Einige Teilnehmerstaaten widersetzten sich mit Erfolg einer Verrechtlichung der KSZE/OSZE beharrlich, was selbst die Gewährung eines Organisationsstatuts verhinderte.

Eine der OSZE direkt verbundene Einrichtung und zwei indirekt in ihrem Zusammenhang stehende Institutionen haben eine rechtliche Fundierung: Der OSZE-Vergleichs- und Schiedsgerichtshof sowie das „Offener-Himmel"-Regime und das Regime über die konventionellen Streitkräfte in Europa (KSE) beruhen auf Verträgen.

Die OSZE hat somit ohne institutionelles Fundament und ohne großen organisatorischen Überbau eine Vielzahl von inhaltlich verschiedenen, differenzierten und bisher unterschiedlich wirksamen Regimes initiiert. Dazu gehören die Streitbeilegungs-Regimes, ein Frühwarn-Regime, ein Rüstungskontrollregime, ein militärische Aktivitäten überwachendes Regime, ein Menschenrechtsregime und ein apartes Regime für nationale Minderheiten. Sie beruhen hinsichtlich ihrer Prinzipien und Normen als auch ihrer Durchführung schlicht auf dem politisch erklärten Einvernehmen der 55 Teilnehmerstaaten.

Eine weitere Mikro-Institutionalisierung der OSZE ist nach dem Lissabonner Gipfel von 1997 eingetreten.

Die OSZE steht nicht vor der EU- und NATO-Frage nach dem Kosten/Nutzenverhältnis über das Ausmaß von „Erweiterung" oder „Vertiefung". Sie bedarf allerdings einer „Justierung". Damit ist ihre Verrechtlichung, die materielle Ausstattung ihres Autonomie-Privilegs sowie die korrigierende Auslotung der in eine West-Ost-Schieflage geratenen Institution gemeint. M.a.W. sie sollte nicht hegemoniale Ansprüche institutionalisieren, sondern umgekehrt als Institution diese transparent und relativierbar machen.

3.2 Mikro-Institutionalisierung

Die Mikro-Institutionalisierung oder innere Institutionalisierung einer internationalen Organisation – wie jedes Vereins – resultiert in mindestens drei Einrichtungen, der Mitglieder- oder Vollversammlung, dem Vorstand, Exekutivrat oder -ausschuss und dem Sekretariat, dem ein Generalsekretär vorsteht. Gewöhnlich tritt die Vollversammlung einmal jährlich zusammen und der Exekutivrat tagt in kurzen, vereinbarten Abständen oder nach Bedarf; das Sekretariat ist ständig im Dienst der Organisation. Als vierte Einrichtung gibt es häufig eine Schiedsstelle oder einen Gerichtshof und manchmal als fünfte eine Finanz- oder Rechnungskontrolle. Dieses Muster ist bei den Vereinten Nationen und ihren Sonderorganisationen, auch bei den europäischen Organisationen leicht ablesbar.

Auch die OSZE hat diese Elemente, die allerdings charakteristische Besonderheiten aufweisen. Und wie bei allen großen Organisationen mit umfänglichen und verschiedenartigen Aufgaben gliedern sich die genannten elementar-funktionellen Organe weiter auf.

In der OSZE kann man sie substanziell und funktionell je zwei Systemen zuordnen. Substanziell heißt, erstens, die OSZE als Normengeber- und Normensystem, oder „deklaratorisches Regime" im Sinne präventiver Diplomatie zu verstehen. Das kommt zum Ausdruck in den Schlussdokumenten der Gipfeltreffen und Treffen des Rats der Außenminister. Und, zweitens, die OSZE als Regelungsinstanz, als Stabilisationssystem, oder „handlungsanleitendes und realitätstransformierendes Regime". Das äußert sich in den fortlaufenden Beschlüssen des Ständigen Rats.

Funktionell heißt, erstens: die OSZE als Forum, Beratungs-, Verhandlungs- und Entscheidungssystem. Das umfasst vor allem die laufenden Tagungen des Ständigen Rats sowie die Gipfel- und Ministertreffen. Und zweitens die OSZE als operatives Ausführungs-, Regel- und Kontrollsystem. Das umfasst vor allem die Missionen, den Hohen Kommissar für nationale Minderheiten, den Beauftragten für Medienfreiheit, das Büro für Demokratische Institutionen und Menschenrechte sowie den Amtierenden Vorsitzenden.

Das funktionelle System beruht für das Verhältnis zwischen den Mitgliedern auf dem Prinzip von Parität, Konsens und periodischer, einjähriger Rotation der Leitung. Zu seinen wichtigen Einrichtungen gehören im Einzelnen:

Treffen der Staats- und Regierungschefs
Ministerrat (der Außenminister)
Amtierender Vorsitzender
Troika
Hoher Rat/Wirtschaftsforum
Ständiger Rat
Forum für Sicherheitskooperation
Persönliche Beauftragte d. Amt. Vors.
Kurzzeitmissionen
Hoher Kommissar für nationale Minderheiten
Beauftragter für Medienfreiheit
Büro für Demokratische Institutionen und Menschenrechte
Generalsekretär
Sekretariat
Konfliktverhütungszentrum
Koordinator für die ökonomischen und ökologischen Aktivitäten,
Langzeitmissionen

Alle arbeiten inhaltlich den drei Dimensionen der OSZE-typischen umfassenden Sicherheit zu, der militärischen, wirtschaftlichen und ökologischen sowie der menschlichen Dimension von Sicherheit, was letztlich Konfliktprävention, Konfliktregelung sowie Nachkonfliktsorge und Friedensaufbau dienen soll.

Konkret heißt das Vertrauens- und sicherheitsbildende Maßnahmen, Rüstungskontrolle, wirtschaftliche Transformation und Sicherheit sowie Aufbau von Demokratie, Rechtsstaatlichkeit und Sorge für Menschenrechte, Minderheitenschutz, Unterstützung ziviler Gesellschaft.

1 Exemplarisch John J. Mearsheimer, The False Promise of International Institutions, in: International Security, Vol. 19, No.3, Winter 1994/95, S. 5-49; demgegenüber Robert Keohane/Lisa L. Martin, The Promise of Institutionalist Theory, in: International Security, Vol. 20, No.1, Summer 1995, S. 39-51; zusammenfassend: Robert Powell, Anarchy in international relations theory: the neorealist-neoliberal debate, in: International Organization 48, 2, Spring 1994, S. 313-344

2 Zur Geschichte der KSZE bis 1990: Peter Schlotter, Die KSZE im Ost-West-Konflikt. Wirkung einer internationalen Institution, Frankfurt/M./New York 1999; Victor-Yves Gehbali, L'OSCE post-communiste, 1990-1996. Vers une identité paneurpéenne de sécurité, Brussel 1996; zu jüngsten Entwicklungen, IFSH (Hrsg.), OSZE-Jahrbuch 1ff., Baden-Baden 1995ff.

3 Spezifisch zur Interpretation der KSZE als Regime: Norbert Ropers/Peter Schlotter, Regime-Analyse und KSZE-Prozess, in: Beate Kohler-Koch (Hrsg.) Regime in den internationalen Beziehungen, Baden-Baden 1989, S, 315-342; in diesem Band auch mehr zum allgemeinen Regime-Begriff.

4. Die OSZE als Normengeber- und Normensystem

Die OSZE ist substanziell, erstens, eine normensetzende Institution hinsichtlich der drei sogenannten Dimensionen von Sicherheit, militärpolitisch, wirtschaftlich und menschlich. Sie ist substanziell, zweitens, eine Institution, die darauf basierend und angesichts konkreter politischer Fragen Maßnahmen für entsprechende Aktionen trifft.

Basis der Normgebung ist die Schlussakte von Helsinki, unterschrieben von 35 Staats- und Regierungschefs am 1.8.1975.

Zentral ist darin ihr Bekenntnis im Namen ihrer Staaten zu den folgenden sogenannten Prinzipien: (1) Souveränität und Gleichheit, (2) Gewaltverbot, (3) Unverletzbarkeit der Grenzen, (4) Territoriale Integrität der Staaten, (5) Friedliche Regelung von Streitfällen, (6) Nichteinmischung in innere Angelegenheiten, (7) Achtung der Menschenrechte und Grundfreiheiten, (8) Gleichberechtigung und Selbstbestimmung der Völker, (9) Zusammenarbeit zwischen den Staaten, (10) Erfüllung völkerrechtlicher Verpflichtungen. Dieser „Dekalog" ist weitgehend angelehnt an die VN-Charta und weist im Einzelnen Besonderheiten auf. Angesichts des damaligen Antagonismus sind die noch näher beschriebenen Prinzipien Formelkompromisse, deren Auslegung allen Beteiligten auf ihre Weise möglich sein musste.

Nach der Feststellung der Prinzipien am Anfang der Schlussakte folgen die damals so genannten drei Körbe (heute „Dimensionen"), die spezifische Normen für den militärpolitischen, den wirtschaftlichen und den humanitären Bereich enthalten.

Die Schlussakte ist kein Vertrag, sondern eine Absichtserklärung mit politischer Verbindlichkeit. Nach Völkerrecht wird sie auch als „soft law" bezeichnet, freilich ist es strittig, ob es ein solches gibt.

Während vor 1992 noch Sondertreffen bestimmte Fragen berieten, wie die Menschenrechts- und Minderheitenrechte oder die Frage der Wirtschaftsordnung oder die Vertrauens- und sicherheitsbildenden Maßnahmen, sind danach solche Beratungen dem Ständigen Rat bzw. dem Forum für Sicherheitskooperation durch ein Mandat des Gipfels der Staats- und Regierungschefs übertragen worden. Soweit deren Arbeit konsensuale Ergebnisse brachten, wurden sie dann in einem Schlussdokument des folgenden Gipfels aufgenommen. Verfeinerungen und Erweiterungen der Normen folgten also der Prozedur eines Auftrags für Prüfung bestehender Normen und der Vorbereitung neuer Normen für eine Folgekonferenz, sodass sich eine Kontinuität von Helskinki 1975 nach Belgrad 1978, Madrid 1983, Wien 1989, Paris 1990, Helsinki II 1992, Budapest 1994, Lissabon 1996 bis nach Istanbul 1999 ablesen lässt.

Freilich sind bis zur Wende 1990 die Schlussdokumente der Folgekonferenzen einschließlich der Stockholmer Konferenz über Vertrauensbildung nur kleine Ergänzungen und im Wesentlichen Bekräftigungen; einen anderen Charakter hat schon das Schlussdokument der Wiener Folgekonferenz 1989, das erhebliche Erweiterungen der bisherigen Normen bietet. Seit der Wende 1989/1990 bringen die Schlussdokumente, wie die der Bonner Wirtschaftskonferenz, der Kopenhagener und Moskauer Konferenz zur menschlichen Dimension, der Charta von Paris und dann der Treffen der Staats- und Regierungschefs, wesentlich neue Elemente.

Eine übergreifende und zusammenfassende Konzeptualisierung der bislang erarbeiteten normativen Grundlagen kooperativer Sicherheit enthalten das Europäische Sicherheitsmodell für das 21. Jahrhundert, das auf dem Lissabonner Gipfel von 1996 verabschiedet wurde, und die Charta für Europäische Sicherheit, die auf dem Istanbuler Gipfel von 1999 beschlossen wurde.

4.1 Die militärpolitische Dimension

Die normative Grundlage ist kooperative Sicherheit, d.h. vertrauensvolles Zusammenwirken, Abbau von Bedrohungspotenzialen, Reduzierung der Streitkräfte auf ein Mindestmaß, Transparenz, Kontrollierbarkeit, d.h. Verifikation des militärischen Bereichs und Informationsbereitschaft dazu. Diese Grundnorm wurde durch eine Vielzahl von Regeln und Maßnahmen in einer Reihe von Vereinbarungen – voran die sogenannten Wiener Dokumente für Vertrauens- und sicherheitsbildende Maßnahmen – und zwei Verträgen – dem KSE-Vertrag und dem Vertrag über den Offenen Hinmmel – differenziert und konkretisiert. Außerdem gehören zu den Vereinbarungen der Verhaltenskodex zu politisch-militärischen Aspekten der Sicherheit, in dem insbesondere das Verhalten der Staaten untereinander sowie Rechtsstellung und Einsatz von Streitkräften im Innern eines Staates geregelt werden. Ferner sind zu nennen die Prinzipien der Nichtverbreitung von Massenvernichtungswaffen und Raketentechnologie, das Dokument zum weltweiten Austausch militärischer Informationen zwischen den OSZE-Staaten, das erstmals einen Informationsaustausch über Seestreitkräfte und über Streitkräfte in bisher nicht erfassten Gebieten (z.B. östlich des Urals) vorsieht und das Dokument zu „Stabilisierenden Maßnahmen für örtlich begrenzte Krisensituationen".

4.2 Die wirtschaftliche und ökologische Dimension

Die normative Grundlage ist ein „Zusammenhang zwischen politischem Pluralismus und Marktwirtschaft", den die Teilnehmerstaaten auf der Bonner Konferenz vom April 1990 über wirtschaftliche Zusammenarbeit anerkannten und sich danach zu einer Reihe von Prinzipien verpflichteten. Zu ihnen gehören u.a. eine „Wirtschaftstätigkeit, die ... Zwangsarbeit oder Diskriminierung aufgrund von Rasse, Geschlecht, Sprache, politischer oder religiöser Überzeugung ausschließt und den Arbeitern das Recht auf Gründung unabhängiger Gewerkschaften und den Beitritt zu solchen nicht vorenthält". Dann erklären sie als bewahrens- bzw. erstrebenswert u.a. freie- und wettbewerbsfähige Marktwirtschaften, in denen Angebot und Nachfrage die Preise bestimmen, volle Anerkennung und vollen Schutz aller Formen von Eigentum, einschließlich des privaten Eigentums und des Rechts der Bürger, Eigentum zu besitzen und zu nutzen, sowie des Rechts an geistigem Eigentum, Entschädigungszahlung bei Überführung privaten Eigentums in öffentliche Nutzung, und schließlich Umweltverträglichkeit von Wirtschaftswachstum und -entwicklung.

Diese und andere Erklärungen werden in dem Bonner Dokument noch im Einzelnen ausgeführt, das nach wie vor den normativen Bezugsrahmen für wirtschaftspolitische Aussagen im OSZE-Zusammenhang abgibt.

4.3 Die menschliche Dimension

Das Bekenntnis zu den Menschenrechten und anderen Freiheitsrechten steht hier im Mittelpunkt normativer Äußerungen. Sie sind vornehmlich auf der Sonderkonferenz zur menschlichen Dimension und zwar auf den Treffen in Kopenhagen 1990 und Moskau 1991 substanziell bereichert worden.

Auf dem Moskauer Treffen der Konferenz über die menschliche Dimension im Oktober 1991 betonen die Teilnehmerstaaten, „daß Fragen der Menschenrechte, Grundfreiheiten, Demokratie und Rechtsstaatlichkeit ein internationales Anliegen sind. .... Sie erklären mit großem Nachdruck und unwiderruflich, daß die im Bereich der menschlichen Dimension der KSZE eingegangenen Verpflichtungen ein unmittelbares und berechtigtes Anliegen aller Teilnehmerstaaten und eine nicht ausschließlich innere Angelegenheit des betroffenen Staates darstellen. ..."

Zur Frage von Minderheiten und Autonomie wurde zuletzt vor dem Istanbuler Gipfel 1999 versucht, substanzielle Aussagen zu machen. Im Schlussdokument heißt es lediglich sehr gewunden: „Volle Anerkennung der Menschenrechte, einschließlich des Rechts von Personen, die zu einer nationalen Minderheit gehören, abgesehen von einem Recht an sich, darf territoriale Integrität und Souveränität nicht untergraben, sondern stärken. Verschiedene Konzepte von Autonomie sowie andere Ansätze, die in früheren Dokumenten beschrieben wurden und mit den OSZE-Prinzipien übereinstimmen, konstituieren Wege, um die ethnische, linguistische, kulturelle and religiöse Identität nationaler Minderheiten innerhalb eines bestehenden Staates zu schützen und zu fördern."

5. Forum, Beratungs-, Verhandlungs- und Entscheidungssystem

Die OSZE ist funktionell, erstens, ein Forum und ein Beratungs-, Verhandlungs- und Entscheidungssystem, und, zweitens, ein Ausführungs- und Kontrollsystem für die beschlossenen Normen und Maßnahmen.

Der hier verwendete Ausdruck ‚System' entstammt einer analytischen Konstruktion und ist nicht eine Bezeichnung, die sich einem umfassenden und logisch aufgebauten Organisationsstatut verdanken würde. Das besteht explizit nicht. Allerdings gibt es Übersichten, die die verschiedenen Bestandteile der OSZE mit losen Zuordnungen zeigen.

So von Systemen als Zusammenfassung verschiedener, doch zusammengehöriger Aufgaben zu sprechen, ist überhaupt erst nach 1990 erlaubt, als die OSZE sich pragmatisch und schrittweise entwickelt und differenziert hat, indem sie sich den jeweiligen neuen Erfordernissen anzupassen suchte.

Analytisch kann es Einsichten schärfen, Forum, Beratungs-, Verhandlungs- und Entscheidungssysteme zu unterscheiden, doch die konkreten Phänomene weisen Überlappungen und Verflechtungen auf.

Denn in allen Gremien der OSZE wird beraten und verhandelt; in einigen dann auch entschieden; der Ständige Rat und der Gipfel sind auch Foren und üben somit alle der genannten vier Funktionen aus.

Der *Ständige Rat* setzt sich aus Vertretern der OSZE-Teilnehmerstaaten unter dem Vorsitz eines Vertreters des amtierenden Vorsitzenden des Ministerrates zusammen. Der Ständige Rat ist das reguläre Gremium für politische Konsultation und Beschlussfassung und entscheidet über alle die OSZE betreffenden Themen. Praktisch werden im Ständigen Rat die verschiedenen Sichtweisen der OSZE-Staaten auf einen gemeinsamen Nenner gebracht und konkrete Entscheidungen getroffen.

Ein parallel zum Ständigen Rat arbeitendes Gremium ist das *Forum für Sicherheitskooperation (FSK)*, das spezielle Organ der OSZE für die militärischen Aspekte der Sicherheit. Seine Hauptaufgaben sind sowohl die Führung der Verhandlungen über Rüstungskontrolle, Abrüstung und Vertrauens- und sicherheitsbildende Maßnahmen als auch die Durchführung regelmäßiger Konsultationen und die intensive Zusammenarbeit in Sicherheitsfragen.

Prinzipiell ist das FSK dem Ständigem Rat untergeordnet. Das Gewicht der Verhandlungen über militärische Sicherheit und die spezifische Materie haben ihm faktisch eine gewisse Autonomie verschafft, doch bedürfen seine Entscheidungen immer noch einer Zustimmung des Ständigen Rates, was einer Formalität entspricht, weil beide Gremien – Ständiger Rat und FSK – in fast identischer personeller Zusammensetzung tagen.

Der *Ministerrat*, ein Organ der Außenminister, ist das zentrale beschlussfassende und lenkende Gremium der OSZE. Alle OSZE-Institutionen sind dem Ministerrat verantwortlich. In der Regel tritt er einmal jährlich gegen Ende der Amtsperiode des amtierenden Vorsitzenden in dessen Land zusammen. Der Rat bereitet Beschlüsse der Gipfeltreffen vor; er ergänzt auch Gipfel-Beschlüsse. Er kann die Aufgaben und die Art ihrer Durchführung durch die OSZE-Institutionen bestimmen.

Eine Sonderstellung nimmt der Außenminister ein, dessen Land in der bisher immer eingehaltenen Regel für ein Jahr den Vorsitz der OSZE inne hat. Als *Amtierender Vorsitzender* übt er durch seine Leitung und eigene Kompetenzen Einfluss aus und kann ad-hoc Entscheidungen treffen. Er verfügt über Privilegien, die er im Rahmen der sogenannten *Troika* mit seinem Vorgänger und seinem Nachfolger oft noch besonders legitimiert, was auch der Kontinuität der OSZE-Aktivitäten dient.

Zwischen Ständigem Rat und dem Ministerrat besteht formal noch der sogenannte *Hohe Rat*. Er sollte politische und allgemeine budgetäre Richtlinien beraten und sie feststellen. Er setzt sich formal aus den politischen Direktoren der Außenministerien zusammen. Faktisch sind seine Aufgaben auf den Ständigen Rat übergegangen.

Doch einmal jährlich tagt der Hohe Rat als *Wirtschaftsforum*. Es hat den Dialog und die praktischen Bemühungen beim Übergang zur freien Marktwirtschaft und die wirtschaftliche Zusammenarbeit zu fördern und darüber hinaus bereits laufende Aktivitäten innerhalb spezieller internationaler Organisationen zu unterstützen gesucht.

In der Hierarchie der Strukturen nehmen die Treffen der Staats- und Regierungschefs, die *Gipfeltreffen*, den höchsten Rang ein. Sie beschließen allgemeine Erklärungen zur sicherheitspolitischen Lage, legen in einem eigenen Dokument Prioritäten und Richtlinien fest und verabschieden darin oft neue Vereinbarungen über Angelegenheiten gesamteuropäischer Sicherheitspolitik.

Außerhalb der intergouvernementalen Unterordnung stehen zwei auf die OSZE bezogene Gremien, teilweise aufgrund der traditionellen europäischen Gewaltenteilung, – die *Parlamentarische Versammlung* und der *Vergleichs- und Schiedsgerichtshof*.

Die OSZE ist wie die meisten interstaatlichen Organisationen eine Veranstaltung der Exekutiven; – Ausnahmen bilden – naturgemäß die Interparlamentarische Union, ferner die Internationale Arbeitsorganisation, in gewisser Hinsicht der Europarat und dank ihres besonderen Charakters die Europäische Union.

Der Gerichtshof ist das Ergebnis langer Bemühungen um eine Aufwertung des Rechts in den Staatenbeziehungen; er sollte im Falle von Streitigkeiten zwischen Staaten dem Recht statt der Macht Geltung verschaffen.

Es bestehen noch eine Reihe weiterer sowohl kontinuierliche, doch ad-hoc-artige Zusammenkünfte im engeren OSZE-Rahmen, als auch der OSZE angelagerte Gremien der Beratung und Verhandlung. Für das erste sind die *Minsk-Gruppe* und die Hohe-Planungsgruppe beispielhaft. Die *Planungsgruppe* auf hoher Ebene (HLPG) wurde in Wien vom amtierenden Vorsitzenden in Übereinstimmung mit einem Beschluss des Budapester Gipfels 1994 eingesetzt. Sie soll Empfehlungen für die Aufstellung einer multinationalen OSZE-Peacekeepingtruppe in der Region Berg-Karabach, u.a. hinsichtlich Größe und Art der Truppe, Kommando- und Führungsstruktur, Logistik, Zuweisung von Einheiten und Ressourcen, Einsatzregelungen, und für Vereinbarungen mit den dazu beitragenden Staaten geben. Die Pläne würden ausführbar, wenn die genannte Minsk-Gruppe die politischen Voraussetzungen schaffen würde. In Wien wurde auch eine Gemeinsame Beratungsgruppe zur Förderung der Ziele und zur Implementierung des KSE-Vertrages ins Leben gerufen. Ebenfalls vom OSZE-Sekretariat betreut werden die Treffen der *Beratungskommission „Offener Himmel"*. Beide sind allerdings nur indirekt mit der OSZE verbunden.

6. Ausführungs- und Kontrollsystem

Zu dem Ausführungs- und Kontrollsystem der OSZE gehören:

- der Amtierende Vorsitzende
- der Generalsekretär und das Sekretariat
- das Konfliktverhütungszentrum
- der Hohe Kommissar für nationale Minderheiten
- das Büro für Demokratische Institutionen und Menschenrechte
- der Beauftragte für Medienfreiheit
- die Langzeit- und Kurzzeit-Missionen

Die Gesamtverantwortung für exekutive Maßnahmen trägt der *Amtierende Vorsitzende.* Der Vorsitzende ist also auch ein wichtiges Instrument der OSZE-Aktivitäten, vor allem bei der Konfliktverhütung und der Krisenbewältigung.

Der *Generalsekretär* handelt als Vertreter des Amtierenden Vorsitzenden und unterstützt diesen bei allen auf die Erfüllung der Ziele der OSZE ausgerichteten Aktivitäten. Bei der Vorbereitung und Leitung von OSZE-Treffen arbeitet er eng mit dem Vorsitzenden zusammen und gewährleistet die Durchführung der OSZE-Beschlüsse. Er, der höchste Verwaltungsbeamte der OSZE und somit direkt verantwortlich für das Budget, hat die administrative Gesamtaufsicht über die Arbeit der OSZE-Institutionen, voran die Leitung des OSZE-Sekretariats.

Das *OSZE-Sekretariat* ist für Konferenzdienste, für Verwaltung und Haushalt, für die Unterstützung des Amtierenden Vorsitzenden und für das Konfliktverhütungszentrum zuständig. Das *Konfliktverhütungszentrum* soll die Tätigkeiten der OSZE für Konfliktverhütung und Krisenbewältigung unterstützen. Dazu gehört die Arbeit der OSZE-Missionen. Das *Büro für Demokratische Institutionen und Menschenrechte (BDIMR)*, vormals Büro für freie Wahlen mit Sitz in Warschau, ist diejenige OSZE-Institution, der die Förderung der Menschenrechte, der Demokratie und der Rechtsstaatlichkeit obliegt.

Der Posten des *Hohen Kommissars für nationale Minderheiten (HKNM)* wurde zum wichtigen Instrument der Früherkennung potenzieller Krisen im

Zusammenhang mit nationalen Minderheiten – selbst im frühesten Stadium. Obwohl das Mandat den Hohen Kommissar so zunächst und zuvorderst in die Kategorie der kurzfristigen Konfliktprävention versetzt, kann er nicht die wichtigen langfristigen Aspekte eines Konfliktherdes übergehen, wenn er wirksam sein will. Er ist sogar berechtigt, über seine Rolle als Beobachter und Vermittler hinauszugehen, denn er kann empfehlen, dass man ihn ermächtigt, weitere Kontakte und eingehendere Konsultationen mit den betroffenen Parteien mit dem Ziel möglicher Lösungen gemäß einem vom Hohen Rat zu beschließenden Mandat aufzunehmen. Das bietet die Möglichkeit der Schlichtung, was eine aktive Rolle des HKNM bedingt, die bis hin zu Empfehlungen zur Lösung des potenziellen Konflikts reichen würde.

In Anlehnung an das Vorbild des HKNM wurde durch den Ministerrat 1997 das Amt eines *Beauftragten für die Medienfreiheit* geschaffen. Er spricht in den von ihm aufgesuchten Problemländern Regierungen, Parlamente, nichtstaatliche Organisationen und die Medienschaffenden selbst an, um zu untersuchen und dann zu berichten, wie es mit dem Verhältnis von Norm – dem Bekenntnis zur Medienfreiheit – und der Wirklichkeit bestellt ist.

Die *OSZE-Missionen* an Konfliktherden haben sich teilweise und faktisch zu permanenten Institutionen entwickelt. Verschiedenartige Typen von Missionen sind durch die OSZE im gesamten Spektrum ihres umfassenden Sicherheitskonzeptes einsetzbar und sind bisher eingesetzt worden, wie Beobachter-, Erkundungs-, Experten-, Berichterstatter- und Überwachungsmissionen. Kurzzeit- sind dabei von Langzeitmissionen zu unterscheiden, obwohl beide ineinander übergehen können. Daneben gibt es noch Sondermissionen, deren Einsatz unter anderen Namen zustande kam bzw. stattfindet.

Die Institutionalisierung der OSZE weist innovative und besondere Merkmale auf, wie

– der umfassende Charakter aller entscheidungstragenden Gremien und demgemäß das Fehlen von Gremien mit nur begrenzter Teilnehmerschaft (wie z.B. der UN-Sicherheitsrat) aber mit einer Entscheidungsbefugnis, die die gesamte Organisation bindet;
– flexible Mandate und Verfahren für die Arbeit der politischen Gremien; die OSZE hat keine Charta und nicht einmal ein Dokument, in dem ihre Zuständigkeiten insgesamt definiert sind;
– politische Gremien haben absoluten Vorrang vor den Verwaltungs-Institutionen;
– die oberste Exekutive nimmt ein politischer Beamter wahr – der Außenminister eines Mitgliedstaates;
– die Institutionen sind kleine, aber vielseitige Einheiten, die ihre Prioritäten anpassen können;
– die Rotation der internationalen Beamten ist relativ kurzzeitig (maximal im drei-Jahres-Turnus für politische Beamte und sechs Jahre für Verwaltungsbeamte);

- obwohl die Arbeit sich hauptsächlich auf Wien konzentriert, behält die OSZE die geografische Verteilung ihrer Institutionen bei (Warschau, Prag, Den Haag, Genf und die Parlamentarische Versammlung in Kopenhagen);
- der strukturelle und institutionelle Aufbau entwickelt sich ständig weiter und wird das wahrscheinlich auch in Zukunft tun.

7. Interesse und Einfluss der Teilnehmerstaaten

Der Begriff Teilnehmerstaaten oder teilnehmende Staaten entspricht dem ursprünglich eindeutigen und offenkundigen Konferenz- und Prozesscharakter der KSZE. Mit der Institutionalisierung der KSZE seit 1990 und insbesondere seit 1992 und vor allem mit ihrer Umbenennung zur OSZE seit 1995 hat die Bezeichnung Teilnehmerstaat ihre Plausibilität verloren. Das auf Ersuchen einiger Staaten beharrliche Festhalten an dem Begriff hat einen dogmatischen Unterton, mit dem sie ihren Widerstand demonstrieren, der OSZE auch den rechtlichen Status einer Organisation zu verleihen.

Die Schlussakte von Helsinki wurde 1975 durch die Vertreter der 35 Staaten unterzeichnet, die an den Beratungen teilgenommen hatten. Das waren alle damals bestehenden 35 Staaten Europas und Nordamerikas mit der Ausnahme Albaniens, das erst im Juni 1991, und Andorras, das sogar erst im April 1996 Teil der KSZE/OSZE-Gemeinschaft wurde. Die Zahl der Teilnehmerstaaten vermehrte sich vor allem nach der Auflösung der Sowjetunion, durch die Teilung der Tschechoslowakei und die Sezessionen vom früheren Jugoslawien, so dass die Lissabonner Erklärung 1996 von Vertretern von 54 Staaten unterschrieben wurde – noch ohne die Bundesrepublik Jugoslawien (Serbien und Montenegro), die seit 1992 von der Teilnahme an den Organen der OSZE suspendiert war. Eine Besonderheit bildete auch die mühevolle Zulassung von Mazedonien, die nach der Bedingung Griechenlands nur unter dem Kunstnamen „Frühere Jugoslawische Republik Mazedonien" möglich wurde.

Wenn die 55 Staaten auf drei Kontinenten zu den notwendig einvernehmlich zu fassenden Beschlüssen kommen, dann haben sie naturgemäß unterschiedliche Motive, Interessen und Ziele, abgesehen davon, dass sie jenseits einer durch und innerhalb der OSZE demonstrierten Gemeinsamkeit noch ihren eigenen Belangen nachgehen.

Für den Zeitraum vor dem Ende des Ost-West-Gegensatzes war es verglichen mit der Gegenwart einfach, die Interessenkonstellationen der teilnehmenden Staaten zu bestimmen und zu klassifizieren. Zunächst war die Zahl der Staaten um mehr als ein Drittel kleiner – 35 statt 55, und dann waren sie vor allem in ihrem Selbstverständnis und in der Außenwahrnehmung einem von drei Blöcken (NATO, Warschauer Pakt, Neutral/Ungebunden) zurechenbar, so dass der Spielraum ihres abweichenden Verhaltens bzw. der Umfang ihrer unterschiedlichen Interessenlage eingeschränkt war.

Das galt aufgrund der bipolaren Machtstruktur der gesamteuropäischen Politik vor 1989 zwar für alle 35 Akteure, was aber manche nicht davon abhielt, gegebenenfalls auf ihren Sonderinteressen zu beharren. Naturgemäß bildeten auch in der Hinsicht die neutralen und nichtpaktgebundenen Staaten eine eigene Kategorie. Ebenso naturgemäß kam den Blockführern, den USA und der UdSSR, eine Sonderrolle zu; schließlich nahmen die deutschen Staaten, Frankreich und Rumänien eine Sonderstellung ein.

Wichtigstes Merkmal der offensichtlich disziplinierten Heterogenität von Potenzialen und Interessen der „Teilnehmerstaaten" vor 1989 war also die Blockorientierung, also eine eigene transnationale Institutionalisierung, deren hervorstechende Bedeutung ihre hegemoniale und ideologische Funktion war: 15 gehörten der NATO und sieben der Warschauer Vertragsorganisation an, während 13 sich von beiden distanzierten, indem sie sich zur Gruppe der neutralen und bündnisfreien Staaten formierten. Und die äußerlich in dieser Blockformation geschlossen auftretenden Akteure wiesen allerdings punktuell untereinander erhebliche Interessenunterschiede im Verhältnis zu ihren jeweiligen Allianzmitgliedern auf, so vornehmlich die Supermächte, dann die beiden deutschen Staaten und nicht zuletzt Frankreich und Rumänien. Noch ausgeprägter waren naturgemäß die Unterschiede zwischen den Neutralen und Bündnisfreien, darunter als Extreme Jugoslawien und der Heilige Stuhl.

Die Geschehnisse während des Madrider Folgetreffens veranlassten vor allem die beiden Supermächte zu einem solchen Konfrontationskurs, dass der Abbruch der Verhandlungen und damit das wahrscheinliche Ende des Helsinki-Prozesses nahe war. Dahinter stand der unterschiedliche Gebrauch der KSZE für die Ausdehnung bzw. die Behauptung der jeweils eigenen Hegemonie durch die USA bzw. die UdSSR.

Während des Wiener Folgetreffens waren es die 12 Neutralen und Nichtgebundenen (N+N)-Staaten, die die Verhandlungen in Gang hielten. Sie stellten die „Koordinatoren" für die Arbeitsgruppen, die einen Kompromiss zwischen den verschiedenen Positionen zu erarbeiten hatten.

In der Phase versuchten die europäischen Staaten, negative Rückwirkungen der Spannung zwischen den Supermächten auf Europa zu vermeiden oder wenigstens zu vermindern. Die Europäer gebrauchten die KSZE in Madrid, um das Thema konventionelle Rüstungskontrolle auf die Tagesordnung zu setzen, als die USA und die Sowjetunion darin verstrickt waren, die KSZE zum Austragungsort ihrer außenpolitisch gegensätzlichen Ansprüche zu instrumentalisieren.

Seit 1989 ist die Heterogenität der Staatengemeinschaft auf andere Weise, vornehmlich durch materielle Merkmale, auszudrücken. Einen Indikator dafür bietet die Höhe der Beteiligung am Haushalt der OSZE, die seit dem Helsinki-Gipfel von 1992 nach der Größe des Bruttosozialprodukts geregelt ist und die es erlaubt, die 55 Staaten entsprechend ihrem sozialökonomischen Gewicht vier Gruppen zuzuordnen. Danach tragen sieben Staaten jeweils mehr als fünf Prozent, zwölf mehr als ein Prozent bzw. ein Prozent sowie zwölf mehr und 24 weniger als ein halbes Prozent zum OSZE-Haushalt bei. Die erste Gruppe der Beitragszahler, die zusammen knapp 60 Prozent des Haushalts finanziert, können als die Hauptakteure der OSZE gelten: Die USA, die Russische Föderation sowie die vier großen EU-Länder Deutschland, Frankreich, Italien und das Vereinigte Königreich und außerdem Kanada. Am anderen Ende dieser finanzwirtschaftlichen Größenskala steht fast die Hälfte der Teilnehmerstaaten, die 24 Klein- und Ministaaten der OSZE. Deren Vertreter können durch ihr Stimmverhalten punktuell einen lästigen, zeitaufwendigen Effekt erreichen oder auch intelligente Anregungen vortragen, aber kaum einen positiven gestaltenden Einfluss gewinnen. Allerdings unterscheiden sich diese Teilnehmerstaaten nach dem Gesichtspunkt der Bedeutung, die die OSZE für sie tatsächlich oder potenziell hat, diametral voneinander: Einerseits sind dies nämlich Länder wie Andorra, Island, Heiliger Stuhl, Liechtenstein, Malta, Monaco und San Marino, deren politische Klasse – abgesehen vom Sonderinteresse des Heiligen Stuhls – in der Zugehörigkeit zur OSZE nur eine Prestige- und Repräsentationsfrage sehen kann. Andererseits gehört zu der Gruppe das Hauptkontingent der Länder, die ein großes Sicherheitsrisiko für andere darstellen und selbst ein Sicherheitsbedürfnis haben, wie die Slowakische Republik, Albanien, Armenien, Aserbeidschan, Bosnien-Herzegowina, Kroatien, Zypern, Estland, Georgien, Kirgisistan, Lettland, Litauen, Mazedonien, Moldau, Slowenien, Tadschikistan und Turkmenistan.

In diesen Ländern – mit der bemerkenswerten Ausnahme von Zypern – sind OSZE-Missionen tätig oder der Hohe Kommissar für nationale Minderheiten hatte Anlass, sie aufzusuchen. Die genannten Staaten stellen allerdings nicht ausschließlich das Kontingent der Problemgebiete des OSZE-Bereichs dar; hinzuzuzählen sind zumindest noch drei Staaten aus den beiden Gruppen der mittleren Beitragszahler: Ukraine, Ungarn und Rumänien, die mit Minderheitenproblemen auch die Aufmerksamkeit der OSZE beanspruchen, allerdings ihrerseits aufgrund ihrer sonstigen Bedeutung noch ein anderes Verhältnis zur OSZE haben.

Größenkategorien können das Eigen- und Fremdbild, die Wahrnehmung und das Denken sowie letzlich damit auch die Wirkung der Akteure bestimmen. Die Quantität übersetzt sich in Qualität, und die äußere Gewichtigkeit konstituiert ein Verhältnis von Zentren und Peripherien. Ein solches Raster lässt in der OSZE-Staaten-Gemeinschaft drei Kategorien erkennen.

So stellen die Russische Föderation, die USA und die Europäische Union die drei Großen dar, wobei die letzte als Staatengruppe noch nach der Unterschiedlichkeit ihrer Mitglieder differenziert werden muss. Als zweite Kategorie von Teilnehmerstaaten erscheinen die mittelosteuropäischen Länder, von den baltischen Republiken bis nach Bulgarien, die sich auch darin gewendet haben, dass ihre politischen und wirtschaftlichen Eliten seit 1990 statt nach

Osten nach Westen blicken, sei es auf das Brüssel der Europäischen Union oder das der NATO und damit auf die USA. Die dritte Kategorie von OSZE-Teilnehmerstaaten stellen endlich die Mitglieder der GUS außer der Russischen Föderation dar, von denen aus einer Reihe von Gründen die transkaukasischen, Armenien, Aserbeidschan und Georgien, und die zentralasiatischen, Kasachstan, Kirgisistan, Tadschikistan, Turkmenistan und Usbekistan, die osteuropäischen, Belarus, Ukraine und Moldau zu unterscheiden sind. Außerhalb dieses Schemas von Interessen-Kategorien der Teilnehmerstaaten stehen die schon erwähnten Kleinst-Staaten sowie die drei ressourcenstarken Länder Norwegen, Kanada und die Schweiz.

Die Führung der Russischen Föderation hat bei verschiedenen Gelegenheiten, und zu verschiedenen Fragen, wie übrigens schon die Sowjetunion, ihr besonderes Interesse an der weiteren Entwicklung und Stärkung der OSZE demonstriert. Sie hat Vorschläge in die Diskussion über das Sicherheitsmodell für das 21. Jahrhundert eingebracht. Die russische Delegation beim OSZE-Wirtschaftsforum hat sich wieder für einen Ausbau der wirtschaftlichen Dimension ausgespochen und dazu Anregungen gegeben. Russland hat sich im Bereich der menschlichen Dimension kooperativ verhalten und somit dem Gefüge der OSZE zur Anerkennung verholfen. Es versteht sich von selbst, dass die Politik Russlands durch die Interessen legitimierbar ist, wie sie die russische Führung interpretiert. Beispielsweise ist das Interesse an der wirtschaftlichen Dimension, verbunden mit dem Vorschlag, eine gesamteuropäische Wirtschaftszone zu schaffen, offensichtlich geleitet von der Erwartung, außerhalb der Europäischen Union einen Einfluss auf Vorhaben, Maßnahmen und eventuell Mittelvergabe gewinnen zu können. Auch geht das russische Interesse am Ausbau eines europäischen Sicherheitsmodells nicht so weit, dass die Russische Föderation ihren privilegierten Status im VN-Sicherheitsrat relativieren wollte. Darum wird sie an ihrer Ablehnung einer Verselbstständigung und Vorrangstellung der OSZE gegenüber den Vereinten Nationen festhalten und einen Mechanismus des „OSZE zuerst" nur bedingt unterstützen.

Für Russland bleibt die OSZE die einzige gesamteuropäische Organisation, in der sie sich, westlichen Staaten gleichgestellt, an der Erörterung politischer und sicherheitspolitischer Angelegenheiten beteiligen kann. Die Bedeutung der OSZE für Russland ist offensichtlich und nur natürlich, da es ganz einfach keinen Ersatz für diese Organisation gibt. Die Russland-NATO-Mechanismen, die gestern noch an Glaubwürdigkeit zu gewinnen schienen, haben sich heute als ineffizient erwiesen (die Zusammenarbeit hat in der Tat keine greifbaren Ergebnisse hervorgebracht, selbst wenn man den Krieg in Jugoslawien unberücksichtigt lässt – eine über die Jahre ermüdende Prozedur, auf deren Agenda Wiederholungen und hauptsächlich leere Diskussionen standen). Schlimmer ist, dass diese Mechanismen, einschließlich aller Bestimmungen der Grundakte zu Informationsaustausch, Konsultationen und den von den Parteien einzuhaltenden Normen, zu einem kritischen Zeitpunkt, am Vorabend des NATO-Angriffs gegen Jugoslawien, überhaupt nicht funktioniert haben.

Während die Russische Föderation ein manchmal unartikuliertes und ambivalentes, doch grundsätzlich konstruktives Interesse an der Stärkung der OSZE bekundet hatte, zeigten die USA ein explizit zwiespältiges Verhältnis zur OSZE. Die USA sperren sich gegen eine weitere Institutionalisierung oder gar eine Verrechtlichung der OSZE; diese hätte bei den bestehenden Mehrheitsverhältnissen im Kongress auch keine Chance auf Zustimmung. Die USA wenden sich gegen Arrangements mit europäischen Einrichtungen, in denen sie nur einen assoziierten Status hätten, wie im Falle des Europarats. Andererseits haben die USA ihre traditionelle Menschenrechtspolitik in der OSZE fortgesetzt, wie ihre Unterstützung des BDIMR oder der Bosnien-Mission belegt. Auch das Rüstungskontroll-Regime des Dayton-Abkommens für die OSZE ist dem Willen der USA zu danken. Die USA fürchten offenbar nicht mehr eine Aushöhlung oder Abstufung der NATO durch die OSZE. Die Rolle der OSZE wird in bemerkenswertem Umfang von der Haltung der Großmächte gegenüber den neu geschaffenen Institutionen und ihrer Beteiligung an deren Aktivitäten bestimmt. Die USA sprechen sich – ähnlich wie die Russische Föderation – für ein Beibehalten und einen eventuellen Ausbau der wirtschaftlichen Dimension aus, weil sie damit dem Ausschließlichkeitsanspruch der Europäischen Union für Europa entgegenwirken können. Großmächte tendieren dazu, internationale Organisationen als Instrumente für ihre eigene Politik zu nutzen. Die OSZE bildet keine Ausnahme dieser Regel. Kleinere Staaten sehen im Multilateralismus der internationalen Organisationen dagegen eine Chance, sich der hegemonialen Arroganz der Großmächte zu widersetzen und sich konstruktiv Geltung zu verschaffen. Ein Beispiel dafür ist der andere nordamerikanische OSZE-Staat, Kanada, dessen Vertreter sich einer Stärkung der KSZE/OSZE verschrieben haben, sei es durch Institutionalisierung oder durch Rekrutierung geeigneten Personals.

In den Gremien der OSZE treten die Länder der Europäischen Union als Fraktion nach vorheriger Abstimmung gemeinsam auf, wobei der Vertreter des Landes, das gerade die Präsidentschaft inne hat, die EU repräsentiert, also im ersten Halbjahr 2000 Portugal und im zweiten Frankreich. Solche im Rahmen ihrer Gemeisamen Außen- und Sicherheitspolitik abgestimmten und durch einen Sprecher für alle EU-Länder vorgetragenen Stellungnahmen schließen nicht aus, dass sich auch noch einzelne EU-Mitglieder zu Worte melden, schließlich ist ja auch nicht die EU Teilnehmerstaat der OSZE. Solche Konzertierung von Gruppen von Staaten kann der Beschlussfassung innerhalb der OSZE, z.B. im Ständigen Rat, nützen, sie kann aber auch mögliche interessante Initiativen einzelner Teilnehmerstaaten bremsen und damit einer OSZE-weiten Debatte entziehen. Im gesamten Verhältnis zur OSZE hat die Bundesregierung öffentlich bislang immer noch eine positive Grundhaltung eingenommen. Auch Frankreich ist wie früher interessiert, die OSZE auf vielfältige Weise weiterzuentwickeln.

Während bei den großen Teilnehmerstaaten, der Russischen Föderation und den USA, sowie der Staatengruppe der EU-Länder, eine mehr oder minder kontinuierliche Einstellung zur OSZE zu registrieren ist, findet sich eine solche Haltung nicht oder weniger ausgeprägt bei den ostmitteleuropäischen Ländern. Sie waren zur Zeit der Wende die großen Anhänger der KSZE und Befürworter ihrer Stärkung. Seit sie eine Perspektive auf Mitgliedschaft in der NATO und/oder in der Europäischen Union erkannt haben, ist ihr Interesse an der OSZE einer Zurückhaltung, wenn nicht Geringschätzung, gewichen. Das gilt namentlich für die Tschechische Republik. Einen teilweise ähnlichen Prozess des Wandels seiner Haltung zur KSZE/OSZE hat Polen durchgemacht, ohne allerdings in einer indolenten Stellung, vor allem angesichts neuerer Erwägungen zur notwendigen Einbeziehung Russlands in europäische Sicherheitsstrukturen, zu verharren. Vielmehr hat die polnische Diplomatie durch eigene Initiativen für die weitere Entwicklung der OSZE aktiv im eigenen Interesse versucht, die drohende Zuteilung der Rolle einer abhängigen Variablen des Kräftedreiecks USA-RF-EU zu verhüten. Ähnlich und dank der herausragenden Funktion des Amtierenden Vorsitzes noch besonders gefördert, hat Ungarn sich in der OSZE und diese selbst profiliert. Interessant ist die Beobachtung am Beispiel Ungarns, dass ein Teilnehmerstaat, der den OSZE-Vorsitz innehat, die Definition seiner Interessen und das Verhalten seiner Außenpolitik mit den OSZE-Belangen in Einklang bringen, wenn nicht diesen unterordnen muss. Im Unterschied zu Tschechien, Polen und Ungarn wird das Verhältnis aller anderen früher dem Warschauer Pakt oder direkt der Sowjetunion angehörenden Staaten zur OSZE insbesondere dadurch bestimmt, dass sie nolens volens auch Objekt operativer Aufmerksamkeit der OSZE sind, sei es durch die Anwesenheit von Missionen, Besuche des Hohen Kommissars für nationale Minderheiten oder intensive Beobachtung und Beurteilung ihrer politischen Wahlen durch das BDIMR oder die Parlamentarische Versammlung. Diese Objekt-Rolle ist naturgemäß ambivalent. Einerseits gibt oder verbessert das Engagement der OSZE die Chance, die „Kosten" möglicher oder schon bestehender, latenter oder gar manifester Konflikte zu verringern, zumal wenn sie eine internationale Dimension haben, wie bei der Problematik von Minderheiten, die fast alle russischer oder ungarischer Herkunft sind. Andererseits demonstriert die Anwesenheit der OSZE, dass man selbst mit den Problemen nicht angemessen – was das auch im Einzelnen heißen mag – fertig zu werden versteht und man sich sogar zu Entgegenkommen dort genötigt sieht, wo man es auf sich selbst gestellt vielleicht vermieden hätte. So kann aus der Sicht der politischen Klasse dieser Länder anfangs die Präsenz der OSZE-Repräsentanten als nützlich und nach einiger Zeit als lästig erachtet werden. Eine besondere Affinität zur OSZE zeichnet die transkaukasischen und vor allem die zentralasiatischen Teilnehmerstaaten aus, weil für sie die OSZE neben der Adresse für ihre jeweils spezifischen Probleme die einzige institutionelle Bindung an die europäischen Kernländer ist.

Die Haltung mancher Teilnehmerstaaten zur OSZE, z.B. zu deren weiterer Institutionalisierung, zur Harmonisierung der Rüstungskontrolle und

Abrüstung, der Initiierung von runden Tischen usw., ist oft nicht durch die Abwehr äußerer Einmischung (der OSZE) in ihre inneren Verhältnisse, sondern durch ihre Rivalität untereinander oder ihr Misstrauen gegenüber anderen Teilnehmerstaaten bestimmt. Das ist beispielsweise erkennbar im Dreiecksverhältnis Armenien-Aserbeidschan-Russische Föderation oder im Verhältnis der Türkei zur Russischen Föderation, wenn es um Angelegenheiten der zentralasiatischen Länder geht, oder im Verhältnis zwischen Ungarn und der Slowakei, wenn es um OSZE-Personalpolitik geht. So werden anti-kooperative Verhaltensmuster in das OSZE-Bemühen um kooperative Sicherheit eingebracht.

Unter den ost- und ostmitteleuropäischen Teilnehmerstaaten wächst sechs Jahre nach dem Ende des Ost-West-Gegensatzes auch eine Ungehaltenheit darüber, dass die OSZE starr nach Osten blickt, während sie Konflikten und Menschenrechtsverletzungen im Westen den Rücken zukehrt. Es ist schon auffällig, um nur zwei Beispiele zu nennen, dass die OSZE keine konfliktverhütenden Schritte im manifest gewordenen Konflikt zwischen der Türkei und Griechenland unternimmt, oder dass sie die türkischen Maßnahmen gegen die kurdische Bevölkerung nicht beachtet.

Die Interessen der Teilnehmerstaaten an der OSZE werden nicht nur von ihren gesellschaftlichen Problemen oder äußeren Gefährdungen sowie von Allianzen oder Rivalitäten mit anderen, sondern auch von ihrem jeweiligen Verhältnis zu anderen internationalen Organisationen bestimmt, wie die der Russischen Föderation und durch ihre privilegierte Stellung in den Vereinten Nationen, der USA durch die NATO, die westeuropäischen Länder durch die EU.

Der oft zitierte „komparative Vorteil" der OSZE stellt sich aus der Sicht der Teilnehmerstaaten, erstens, jeweils unterschiedlich dar und ist auch, zweitens, zeitlich nicht konstant, sondern kann sich schon in der gleichen „Dimension", z.B. Menschenrechte im Vergleich zu Europarat oder UNHCHR, von Fall zu Fall verschieden darstellen. Vermischt mit akzidentiellen und taktischen Erwägungen können die Regierungen ihre Präferenz für die Behandlung einer Frage einmal der OSZE und bald einer anderen internationalen Organisation geben.

8. Beteiligung und Bedeutung nichtstaatlicher Organisationen

Die Organisation für Sicherheit und Zusammenarbeit in Europa hat sich im Zusammenhang mit ihrer Aufgabe ein sachlich umfassendes Verständnis von Sicherheit zu Eigen gemacht, sodass sie einerseits substanziell vielerlei und unterschiedliche Ansatzmöglichkeiten für verschiedenartige nichtstaatliche Organisationen (NOs) aufweist. Andererseits verlangt ihr dezentralisierter und pluralistischer Aufbau insbesondere den NOs Voraussetzungen ab, und außergewöhnliche krisenhafte oder konfliktartige Umstände sind erforderlich, damit diese praktisch ansetzen können, um irgend eine eigene Wirkung bei der oder durch die OSZE erreichen zu können. Doch hat sich die OSZE explizit den NOs auf verschiedene Weise und zwar schon in der Periode vor 1994, als sie noch KSZE hieß, geöffnet.

Was bietet die OSZE den NOs, was bieten sie der OSZE und wie sind ihre wechselseitigen Beziehungen zu beurteilen?

Die OSZE hat den NOs ein Normengerüst verfasst, das ihnen auch eine formale, international gewährleistete existenzielle Berechtigung in den einzelnen Staaten gibt. Allerdings wurde diese in der Helsinki-Schlussakte von 1975 höchstens implizit im siebten Prinzip „Achtung der Menschenrechte und Grundfreiheiten" angesprochen. Im instrumentellen Teil der Schlussakte wird die Mitwirkung von NOs bei Kontakten im Rahmen der Entspannungspolitik dagegen gewürdigt und ausdrücklich als förderungswürdig erachtet. Freilich galt das damals nicht für alle Bereiche, die sogenannten Körbe, die heute als Dimensionen der Sicherheitspolitik bezeichnet werden. So empfehlen die Teilnehmerstaaten der KSZE die „Möglichkeiten und das Potenzial bestehender internationaler, mit Wissenschaft und Technik befasster ... nichtstaatlicher Organisationen zur Verbesserung des Informations- und Erfahrungsaustauschs sowie für die Entwicklung anderer Formen der Zusammenarbeit in Bereichen gemeinsamen Interesses wirksamer zu nutzen ...["] Im Bereich der heute sogenannten menschlichen Dimension heißt es nach der wünschenswerten Stärkung der Begegnung zwischen Jugendorganisationen und Sportvereinigungen noch einmal allgemein: „Im Zuge der weiteren Entwicklung von Kontakten zwischen ... nichtstaatlichen Organisationen bzw.

Vereinigungen, einschließlich Frauenorganisationen, werden die Teilnehmerstaaten die Einberufung von Zusammenkünften sowie Reisen von Delegationen, Gruppen und Einzelpersonen erleichtern"[2]. Ferner beabsichtigen sie die „Zusammenarbeit und die Beziehungen im Bereich der Kultur auf den verschiedenen Ebenen zu erweitern und zu verbessern, insbesondere durch ... ihren Beitrag zur Entwicklung von unmittelbarer Verbindung und Zusammenarbeit zwischen den in Betracht kommmenden ... nichtstaatlichen Organisationen ..."[3]. Im abschließenden Dokument der Folgekonferenz von Madrid 1983 wird im Prinzipienteil explizit und konkret auf bestimmte NOs eingegangen, indem die Bildung und Tätigkeit „religiöser Gemeinschaften von Gläubigen" hervorgehoben und das Recht der Arbeiter unterstrichen wird, „Gewerkschaften frei einzurichten und ihnen beizutreten". Diese Hervorhebungen sind vor dem Hintergrund der damaligen polnischen Krise um die Solidarnosc-Bewegung zu verstehen. Allgemein wird in dem Dokument bekräftigt, dass „... Organisationen und Personen eine relevante und positive Rolle zukommt", um die Ziele der internationalen Zusammenarbeit zu erreichen[4]. Im instrumentellen Teil des Madrider Dokuments werden „nichtstaatliche Organisationen" als Adressaten von „einschlägigen Informationen über ... bilaterale Kulturabkommen und -programme" genannt.[5] Erst 1989 im Abschließenden Dokument der Wiener Folgekonferenz wird im Abschnitt über die Prinzipien festgestellt, dass die Teilnehmerstaaten, „das Recht aller ihrer Bürger achten, einzeln oder in Gemeinschaft mit anderen aktiv zur Förderung und zum Schutz der Menschenrechte und Grundfreiheiten beizutragen"[6]. Im instrumentellen Teil erscheint der Madrider Passus über „nichtstaatliche Organisationen" verstärkt, indem die Regierungen diese „im kulturellen Bereich ermutigen" wollen, sich am „Kulturaustausch" zu beteiligen.[7] Besonders bemerkenswert ist eine im Anhang zum Wiener Dokument aufgenommene Erklärung des Vorsitzenden der Konferenz „über die Offenheit von und den Zugang zu den ... KSZE-Folgetreffen", in der die Wiener „Praxis, ... dass ... Vertreter nichtstaatlicher Organisationen oder religiöser Gruppen ... Zugang zum Gastgeberland, zum Tagungsort und zu den öffentlichen Sitzungen der KSZE-Treffen haben, ... und dass Aktivitäten mit Bezug zur KSZE, einschließlich der Abhaltung friedlicher Zusammenkünfte, zugelassen werden ...", als positiv bewertet wird: „Im Lichte dieser Erfahrungen gehen alle Teilnehmerstaaten davon aus, dass die Regierungen ... dieser Praxis ... folgen und auf ihr aufbauen werden".[8]

Diese Erklärung vom Januar 1989 bezeichnet die Wende von einer Legitimierung von NOs im Prinzipiellen oder im Funktionellen zu einer Öffnung der KSZE/OSZE als solcher für die NOs. Man kann auch sagen, die alte KSZE wollte die NOs fördern, die neue KSZE/OSZE begann sie zu beteiligen. Diese Haltung findet sich noch konkreter im Dokument der Kopenhagener Konferenz über die menschliche Dimension von 1990 ausgeführt, in dessen Anhang auch eine Erklärung des Vorsitzenden „über den Zugang von nichtstaatlichen Organisationen" aufgenommen ist; sie regelt Bewegungsfreiheit, Kontakte zu Delegierten, Dokumentenerhalt und Medienbeziehungen der NOs.[9]

Diese partizipatorische Aufwertung der NOs durch die KSZE/OSZE schloss in der weiteren Entwicklung nicht aus, auch ihre Rechtsstellung noch zu stärken. So bekräftigten die Teilnehmerstaaten im Dokument der Kopenhagener Konferenz über die menschliche Dimension 1990, „dass Einzelpersonen ihr Recht auf Vereinigungen ausüben dürfen, einschließlich des Rechts, nichtstaatliche Organisationen, die sich für die Förderung und den Schutz der Menschenrechte und Grundfreiheiten, darunter Gewerkschaften und Menschenrechtsgruppen, zu bilden, diesen beizutreten und in diesen aktiv mitzuwirken"; ferner wird ausdrücklich das Recht von Mitgliedern solcher Organisationen auf internationale Kontakte und Aktivitäten ausgesprochen; insbesondere wird Angehörigen nationaler Minderheiten zuerkannt, „Organisationen oder Vereinigungen in ihrem Land einzurichten und zu unterhalten und in internationalen nichtstaatlichen Organisationen mitzuarbeiten". Allerdings sind auch die Relativierungen unübersehbar; so heißt es im gleichen Dokument an anderer Stelle, dass die Teilnehmerstaaten „von den Aktivitäten verschiedener nichtstaatlicher Organisationen zur Frage der Todesstrafe ..." und „... hinsichtlich der Wehrdienstverweigerung aus Gewissensgründen" nur „Kenntnis nehmen".

Schließlich würdigen nach der europäischen Wende die KSZE/OSZE-Staaten in der „Charta von Paris für ein neues Europa" vom November 1990, die „bedeutende Rolle, die nichtstaatliche Organisationen ... bei der Verwirklichung der KSZE-Ziele gespielt haben" und sie erklären sowohl „deren Einsatz für die Durchführung der KSZE-Verpflichtungen durch die Teilnehmerstaaten weiter (zu) erleichtern", als auch, sie „auf geeignete Art und Weise in die Tätigkeit und die neuen Strukturen der KSZE (einzubeziehen), damit sie ihre wichtigen Aufgaben erfüllen können."[10]

Die KSZE/OSZE hat dann in ihrer weiteren Entwicklung tatsächlich wie keine andere internationale staatliche Sicherheitsorganisation den nichtstaatlichen Organisationen Beteiligungs- und Mitwirkungsrechte auf verschiedenen Ebenen für unterschiedliche Fragen eingeräumt. Nach den allgemein gehaltenen Zusagen von 1990 erweiterte das Dokument von Helsinki vom 10. Juli 1992 in einem eigenen Abschnitt erheblich die Rolle nichtstaatlicher Organisationen. Die zunächst für den Menschenrechtsbereich festgelegte Zugangsrichtlinie wurde für alle KSZE-Treffen gültig erklärt und damit die Teilnahmebefugnis nichtstaatlicher Organisationen in bezug auf KSZE-Sitzungen oder -Veranstaltungen erheblich vergrößert sowie eine verstärkte Förderung von NO-Berichten und die Information nichtstaatlicher Organisationen durch KSZE-Institutionen versprochen; so wurden die Leiter von KSZE-Institutionen angewiesen, eine „Verbindungsperson für nichtstaatliche Organisationen" zu benennen.[11]

Die Bemühungen der OSZE um die NOs haben sich nach 1993 vor allem im Bereich der menschlichen Dimension durch das Büro für Demokratische

Institutionen und Menschenrechte (BDIMR) verstärkt, wie aus den Jahresberichten des Generalsekretärs seit 1994 ersichtlich ist, die ihnen einen eigenen Abschnitt widmen. Das BDIMR hat ein Referat für Kontakte zu den NOs geschaffen. NOs werden seit 1994 als aktive Teilnehmer zu den Seminaren eingeladen. Der Hohe Kommissar für nationale Minderheiten hat sich immer wieder bemüht, NOs als Informationsquelle zu gewinnnen. Ebenso bedient sich der Beauftragte für die Medienfreiheit für seine Arbeit der Kontakte zu den NOs. Auch der Koordinator für ökonomische und ökologische Aktvitäten hat eine Zusammenarbeit mit den für sein Aufgabenfeld in Frage kommenden NOs aufgenommen und nach Bildung der Stelle für Fragen der Gleichberechtigung von Frauen 1998 sucht das Sekretariat die Zusammenarbeit mit Frauenorganisationen. Eine Reihe von Missionen hat im Zuge ihrer Aufgaben Verbindungen zu NOs gefunden. Vertreter nichtstaatlicher Organisationen erhielten nicht nur Beobachter-, sondern auch Rederechte bei den Überprüfungskonferenzen für die nachfolgenden Gipfeltreffen in Budapest 1994, in Wien 1996 für Lissabon und in Wien bzw. Istanbul 1999. Sie wurden und werden zu den jährlichen Wirtschaftsforen der OSZE in Prag und zu den zweijährlichen Implementationstreffen zur menschlichen Dimension in Warschau des BDIMR eingeladen, wo sie sogar ein ausgebreitetes Vortrags- und Beschwerderecht haben.

1995 veröffentlichte der Generalsekretär der OSZE auf Ersuchen des Budapester Gipfels eine Studie zur Förderung der Beteiligung von nichtstaatlichen Organisationen; er wandte sich an 600 Organisationen und würdigte die vielfältigen Beiträge der NOs: sie seien wichtige Partner für den Dialog mit den Regierungen, sie seien eine wichtige Quelle für Informationen über die Menschenrechtssituation. Sie könnten Fachkunde und Rat in bezug auf verfassungsrechtliche und einzelgesetzliche Aspekte, insbesondere zur Rechtsstaatlichkeit, einbringen. Ganz überwiegend bezöge sich der Kontakt zwischen NOs und der OSZE nach wie vor auf die menschliche Dimension. Dennoch gäbe es auch Verbindungen zu NOs mit anderen Zielrichtungen wie etwa Umweltschutz, Sicherheit oder Wirtschaft. Die Studie hielt namentlich auf dem Gebiet von Konfliktverhütung eine enge Zusammenarbeit für nötig und erwünscht. Vor allem die langfristigen Missionen der OSZE betonten dieses Interesse und auch die 23 Regierungen, die an der Studie mitgearbeitet hatten, stimmten darin überein. Der Generalsekretär empfahl zusammen mit dem Hohen Kommissar für nationale Minderheiten und mit dem Büro für demokratische Institutionen und Menschenrechte, regelmäßige Treffen mit NOs, die an Konfliktverhütung interessiert sind, durchzuführen, um jeweils weitere Möglichkeiten der Zusammenarbeit zu prüfen. Die OSZE-Missionen sollten ermutigt werden, laufende Kontakte mit den relevanten NOs zu suchen und zu unterhalten, die in ihrer Region aktiv sind. Die Studie des Generalsekretärs erinnerte die Teilnehmerstaaten, ihren Verpflichtungen in Bezug auf die Mitwirkung von NOs an OSZE-Aktivitäten voll nachzukommen, dass in Wien ein Mitarbeiter für die Verbindung zu den NOs beauftragt wird, dass jährlich in Wien unter Leitung des Amtierenden Vorsitzenden ein Treffen mit den NOs stattfindet, dass vor wichtigen OSZE-Treffen Informationsveranstaltungen für NOs einberufen und dass auch zu spezifischen Themen informelle Zusammenkünfte mit NOs abgehalten werden.

Was sind im Verständnis der OSZE nichtstaatliche Organisationen? In dem genannten Beschluss des Helsinki-Dokuments von 1992 über die Erweiterung der Rolle der nichtstaatlichen Organisationen werden „Personen oder Organisationen, die zur Anwendung von Gewalt greifen oder öffentlich den Terrorismus oder die Anwendung von Gewalt billigen", ausgegrenzt. Die Moskauer Konferenz zur menschlichen Dimension vom Oktober 1991 einigte sich auf die Formulierung, dass „die Teilnehmerstaaten ... entsprechend bestehenden innerstaatlichen Verfahren jene als nichtstaatliche Organisation anerkennen, die sich als solche erklären ..."

Somit sind mit der Definitionsfrage auch die Teilnehmerstaaten der OSZE „die eigentlichen Mediatoren zwischen dem OSZE-Prozess und nichtstaatlichen Organisationen, die sich an diesem Prozess zu beteiligen beabsichtigen."[12]

Unterscheidet man die nichtstaatlichen Organisationen nach zwei Kategorien, nämlich nach denen, die vorwiegend materielle Interessen ihrer Klientele vertreten, von den anderen, die ihre Aufgabe darin sehen, in der politischen Realität anerkannte (moralische) Normen durchzusetzen, dann findet sich im Kontext der OSZE fast ausschließlich die zweite Kategorie. Und in Bezug auf die drei großen Bereiche militärpolitische, wirtschaftlichökologische sowie demokratie- und rechtspolitische Sicherheit sind die allermeisten NOs, die sich um die OSZE bemühen, folglich im letzten, also dem auch menschliche Dimension von Sicherheit genannten Bereich zu finden.

Das Erscheinungsbild dieser Organisationen hat sich so verändert, wie sich die OSZE wandelte, oder wie aus der KSZE die OSZE wurde. Während vor 1990 die NOs oder besser deren Vorläufer in Form von Diskussionszirkeln und Aktionsgruppen ausschließlich mit demonstrativen Appellen an die Öffentlichkeit traten, sind sie seither zu Vermittlern sachkundiger Informationen und respektierten Helfern in kritischen Situationen geworden.

Seit den siebziger Jahren, also von Anfang an, gab es Aktionsgruppen, die sich nicht um den hegemonialen Status-quo-Gehalt der KSZE-Schlussakte kümmerten, ja die Schlussakte, kurz „Helsinki", in ihrem Sinn „umfunktionierten". Das waren im Osten Dissidenten, die „Helsinki" als Symbol für Menschen- und Bürgerrechte, und im Westen waren es Gruppen der Friedensbewegung, die „Helsinki" als Motiv für Abrüstung gebrauchten. Für deren Verwirklichung setzen sie sich jeweils hier bzw. dort ein. „Helsinki" bot für die nichtgouvernementalen Akteure der Friedens- und Menschenrechtsbewegung einen gemeinsamen anti-hegemonialen Anknüpfungspunkt, sodass sich während der achtziger Jahre ein inter-nongouvernementales Netz zwischen Ost und West zu bilden begann als eine Form der Institutionalisierung, die von offizieller Seite kaum gewollt, jedenfalls von Realpolitikern oft als störend und unerwünscht gewertet und selbst durch Staats- und Sicherheitsdienste verfolgt wurde. Die Möglichkeit, sich auf die Schlussakte zu berufen, wirkte wie ein Katalysator auf Menschenrechtsgruppen in den ost- und ostmitteleuropäischen Ländern. Der Umbruch von 1989/90 war in ostmitteleuropäischen Ländern sichtbar von der Kraft ihrer Aktivitäten geprägt.

Zur Überprüfungskonferenz vor dem Budapester Gipfel hatten sich 305 NOs angemeldet; sie reichten 57 schriftliche Beiträge ein. Auf der Istanbuler Überprüfungskonferenz 1999 vor dem Treffen der Staats- und Regierungschefs hatten sich 215 nichtstaatliche Organisationen registriert. Sie kamen aus 36 der 55 OSZE-Staaten und eine je aus dem Kosovo und aus Syrien. Die meisten, 79 aus der Türkei, dem Gastland. An zweiter Stelle folgten mit 13 die amerikanischen, dann kamen mit neun rumänische, mit acht aserbeidschanische, mit sieben britische, mit je sechs albanische, russische, griechische, schweizer und österreichische NOs; aus Frankreich, Deutschland, Norwegen, Finnland, Kroatien, Weißrussland, Usbekistan waren je vier NOs anwesend. Sogar aus Jugoslawien, das regierungshalber von der Teilnahme suspendiert war, waren drei – regierungskritische – NOs gekommen. Doch gar nicht durch NOs vertreten waren u.a. erstaunlicherweise die Niederlande, Italien und Kanada.

Schon diese Zusammensetzung verrät eine dem Tagungsort entspringende Zufälligkeit und Nichtrepräsentativität der anwesenden Organisationen, die oft als Vertretungen der Zivilgesellschaft euphorisch betrachtet werden.

Bei näherer Sicht auf diese zum Istanbuler Gipfel angereisten NOs zeigt sich ferner, dass sie fast alle nationale, ja lokale Anliegen vertreten. Oft hatten diese dann auch noch wenig oder gar nichts mit den Themen zu tun, die auf der Konferenz behandelt werden sollten.

Zu einer OSZE-NOs-Versammlung hätten ihnen alle nötigen Voraussetzungen, wie Repräsentativität, vergleichbares Eigenverständnis oder gemeinsame Vorstellungen über Ziele und Zweck ihrer Anwesenheit, gefehlt. Soweit erkennbar, hat es auch niemals den Versuch zu einem gemeinsamen Forum der OSZE-NOs gegeben – vergleichbar den Veranstaltungen der NOs bei den Welt-Konferenzen der VN (z.B. über Umwelt, Frauen, Soziales), wenn man von der einstigen Helsinki Citizen Assembly (HCA) absieht. Bemerkenswert ist auch, dass im Rahmen der Parlamentarischen Versammlung (PV) der OSZE die NOs noch nicht aufgetreten sind. Allerdings ist die PV selbst nur ein Forum für Deklarationen und hat keinerlei Befugnisse, die Politik der OSZE in irgendeiner Weise zu bestimmen, weil die OSZE eine Angelegenheit der Exekutive ist.

Nichtstaatlichen Organisationen werden im OSZE-Prozess vornehmlich vier Funktionen zugesprochen, eine Anwaltsfunktion interessierter Bürger, eine Monitorfunktion in Bezug auf das öffentliche Leben, eine Hilfsfunktion gegenüber den Regierungen und eine Informationsfunktion.[13] Freilich wird das dem Selbstverständnis mancher NOs nicht gerecht.[14]

Im Großen und Ganzen wurden die Beziehungen zwischen der OSZE und den NOs als befriedigend bewertet.[15] Doch bei der Vielzahl und Vielfältigkeit unterschiedlicher Basisgruppen, nichtstaatlicher Großorganisationen und ihrer transnationalen Netzwerke, wie Amnesty International, Human Rights Watch/Helsinki, Internationale Helsinki Föderation und Helsinki Citizen Assembly, die im Zusammenhang mit der menschlichen Dimension der OSZE tätig sind, bestehen naturgemäß unterschiedliche Wünsche über die eigene Rolle im wechselseitigen Verhältnis. Die OSZE fördert den Dialog, nutzt ihr Fachwissen oder ihre lokale Verbundenheit, um auch so zur Entfaltung der Zivilgesellschaft im OSZE-Raum beizutragen und um Konfliktverhütung zu verbessern. Auffällig ist, dass den Zugang zur OSZE wichtige Organisationen, wie beispielsweise die Gewerkschaften, bislang nicht genutzt haben, während marginale gesinnungspolitische Aktivisten sich z.B. bei Überprüfungstreffen zu Gehör bringen.[16]

Eine materielle Unterstützung, worum manche NOs ersuchen, ist die OSZE weder bereit noch fähig zu gewähren. Die OSZE anerkennt die Rolle der NOs und will ihren Beitrag gebrauchen, doch sieht sie es nicht als ihre Aufgabe an, den NOs bei ihrer Arbeit unter die Arme zu greifen. Grenzen für die Entwicklung von OSZE-NOs-Beziehungen bestehen allein schon dadurch, dass NOs an Entscheidungen definitionsgemäß nicht teilnehmen können, denn a limine ist die OSZE eine intergouvernementale Organisation, bei der auch Parlamentarier nicht mitentscheiden können. Umgekehrt stößt definitionsgemäß die Öffnung der OSZE für NOs an die Grenze, die Regierungs- von Nichtregierungsorganisation oder gar „Staat" und „Zivilgesellschaft" faktisch unterscheidet und normativ unterscheiden muss.

Damit erledigt sich auch die Frage, ob zwischen der OSZE und den NOs ein Mitwirkungs- oder ein Zusammenarbeitsverhältnis besteht. Naturgemäß wird es sowohl im internationalen Maßstab großen Verbänden, wie etwa dem Internationalen Roten Kreuz, als auch in spezifischen lokalen Konflikten kleinen autochthonen Organisationen schwer fallen, nur die Rolle einer Mitwirkung zu erhalten.[17] Doch mehr sieht die OSZE nicht vor.[18]

Die Nähe oder Distanz von NGOs zur OSZE hat ihre Bedeutung, wie das Beispiel der Helsinki Citizen Assembly (HCA) zeigt, die nach 1990 zwischen alter – „heroischer" – Bewegung und neuer „professioneller" Institution schwankte.[19] Die Entwicklung der HCA zu einer sozialen Bewegung statt zu einer „Institution" hatte verhütet, dass es zu einem Bruch in den Beziehungen zwischen der HCA und „Helsinki" kam. Wie in den achtziger Jahren ist die wichtigste Funktion der HCA nach ihrem Selbstverständnis die eines „Gewissens" für die Unterzeichnerstaaten der KSZE-Schlussakte geblieben. Das setzt einen Abstand voraus, der bei einer Institutionalisierung verloren gehen könnte. Die Beziehungen zur OSZE sind zwar anders als in den achtziger Jahren geworden. Sie sind stärker durch Komplementarität und Zusammenarbeit als durch Gegensätze charakterisiert. Aber auch bei solch einer Beziehung ist eine gewisse Distanz wünschenswert, wenn die NOs kein Subunternehmer werden oder eine Alibi-Funktion erfüllen wollen. Subunternehmer wird eine NO, wenn sie Aufgaben im Auftrag von Staaten ausführt, ohne die

Möglichkeit, sich selbst mit Kritik zu profilieren. Eine Alibi-Funktion erfüllen NOs, wenn Regierungen ihre Arbeit nutzen oder missbrauchen, um eigene Inaktivitäten zu legitimieren. Beide Gefahren drohen beim Zusammenwirken von staatlichen Instanzen und NOs in Situationen, in denen letztere ersucht werden, gewaltsame Konflikte zu verhüten oder zu beenden. Die HCA meint verstanden zu haben, solche Fallen durch Abstand von staatlichen Instanzen und zugleich durch Orientierung an den Werten und Normen, zu denen die Staaten sich im Helsinki-Prozess bekannt haben, zu meiden. Viel Arbeit, die die HCA seit der europäischen Wende geleistet hat, wäre ihrer Auffassung nach unmöglich gewesen ohne jenen Abstand und die Berufung auf die gemeinsamen Werte. Beides sei wesentlich für die Erfüllung der „Gewissensfunktion", die die HCA anstrebt, aber auch als Kitt für die Zusammenarbeit zwischen Aktivisten aus sehr verschiedenen Gesellschaften und Kulturen.[20]

Der für eine kritische Funktion nötige Abstand sollte nicht ausschließen, dass NOs – auch finanziell – seitens der OSZE geholfen werden könnte, ohne dass sie damit in Abhängigkeit gebracht werden. Immerhin hat die OSZE sich auch schon um die Fortbildung von NOs bemüht. Zahlreiche Staaten unterstützen im übrigen regierungskritische Gruppen, ohne sie damit kontrollieren zu wollen. Grund für solche Unterstützung ist die Einsicht, dass sie für das gute Funktionieren von Demokratie zwar unbequem, doch unentbehrlich sind. Auch für die OSZE wären solch kritische Resonanzkräfte wichtig.

1   Schlussakte von Helsinki, u.a. abgedruckt in: Auswärtiges Amt (Hrsg.), Von der KSZE zur OSZE, Bonn 1998, S. 56f.
2   Ebenda, S. 75
3   Ebenda, S. 81
4   Auswärtiges Amt (Hrsg.), Sicherheit und Zusammenarbeit in Europa, Dokumentation zum KSZE-Prozess, Bonn 1990, S. 160f.
5   Ebenda, S. 176
6   Ebenda, S. 196
7   Ebenda, S. 225
8   Ebenda, S. 279
9   Auswärtiges Amt (Hrsg.), Sicherheit und Zusammenarbeit in Europa, Bonn 1991, S. 42ff.
10 Ebenda, S. 158
11 Auswärtiges Amt (Hrsg.), 20 Jahre KSZE 1973-1993, Bonn 1993, S. 198f.
12 Knut Ipsen, Die OSZE und die Rotkreuz-Bewegung, in: Institut für Friedensforschung und Sicherheitspolitik Hamburg (Hrsg.), OSZE-Jahrbuch 1997, Baden-Baden 1997, S. 430
13 Shaun R. Barcavage, NGOs in the System of European Security, in OSCE ODIHR Bulletin Vol. V. No 1, Winter 1996/97 S. 24f.
14 Dazu Knut Ipsen, a.a.O.; ferner zum Selbstverständnis einer OSZE-nahen NO: Aaron Rhodes, Die beständige Herausforderung der Internationalen Helsinki-Föderation für Menschenrechte (IHF), in: Institut für Friedensforschung und Sicherheitspolitik Hamburg (Hrsg.), OSZE-Jahrbuch 1996, Baden-Baden 1996, S. 435-445

15 So Paula Gutlove/Gordon Thompson, The Potential for Cooperation by the OSCE and Non-Governmental Actors on Conflict Management, in: Helsinki Monitor 3/1995, S. 52-64

16 Vgl. Tom Etty/Kurt P. Tudyka, Kein Platz für die Gewerkschaften innerhalb der wirtschaftlichen und menschlichen Dimension der OSZE?, in: Institut für Friedensforschung und Sicherheitspolitik Hamburg (Hrsg.), OSZE-Jahrbuch 1997, Baden-Baden 1997, S. 337-348

17 Dazu Knut Ipsen, a.a.O.

18 So auch Jens Bortloff, Die Organisation für Sicherheit und Zusammenarbeit in Europa: Eine völkerrechtliche Bestandsaufnahme, Berlin 1996, S. 426.

19 Dazu ausführlich: Ben Schennink, Helsinki von unten – Entstehung und Entwicklung der Helsinki-Citizens Assembly, in: Institut für Friedensforschung und Sicherheitspolitik Hamburg (Hrsg.), OZSE-Jahrbuch 1997, Baden-Baden 1997, S. 435-452

20 Ben Schennink, a.a.O., S. 449

9. Deutschland und die OSZE

Die deutsche OSZE-Politik hat sich gewandelt, indem sie den Erwartungen, die sie 1990 weckte und die in sie gesetzt wurden, nicht gerecht geworden ist. Freilich auch das Verhältnis anderer Staaten zur OSZE hat sich geändert und zwar im Zuge einer Gewichtsverlagerung im europäischen Multilateralismus. Endlich zeichnen sich strukturelle Krisen und darauf reagierende Reformbemühungen im überkommenen Multilateralismus ab, in die auch deutsche Politik verwickelt ist.

Das deutsche Engagement für die OSZE hat sich nach 1992 relativ abgeschwächt. Dafür sind drei Faktoren verantwortlich, zum einen die Veränderung des Umfelds der Bundesrepublik – die NATO-Hinwendung in Ostmitteleuropa und die Wende Russlands zur Intransigenz, zum andern der Abschluss des deutschen Vereinigungsprozesses, – die KSZE hatte ihre Schuldigkeit getan –, und zum dritten die persönlichen Präferenzen des für die Außenpolitik verantwortlichen Personals. Ohnehin schenken die Ressortchefs im allgemeinen den bilateralen Beziehungen aus psychologischen und kognitiven Gründen immer größere Aufmerksamkeit als den multilateralen; freilich teilt die KSZE/OSZE dieses Schicksal mit den anderen großen Organisationen.

9.1 Amtsperiode Hans-Dietrich Genscher: KSZE als Faktor der Vereinigung

Seit den Anfängen der KSZE hat sich die Bundesrepublik für den Ausbau des Normenkataloges der Schlussakte von Helsinki eingesetzt. Sie hat sogar normative KSZE-Formeln in die bilateralen Verträge mit Polen und der CSFR übernommen.

Angesichts der sich verändernden Ost-West-Verhältnisse und der sich auch mittels der KSZE begünstigten Perspektive für eine deutsche Vereinigung hatte sich die Bundesrepublik Deutschland durch ihren damaligen Außenminister Hans-Dietrich Genscher mit besonders großem Einsatz zwischen den Verhandlungen zum Wiener KSZE-Dokument 1989 und zum Helsinki-Dokument 1992 der KSZE zugewandt. Sie befürwortete die Erweiterung und Stärkung der Prinzipien der Schlussakte von Helsinki; Genscher wertete sie als „Magna Charta der europäischen Stabilität"; diese sollten „in verbindlicher Form" bekräftigt werden, was ein deutlicher Wunsch nach Verrechtlichung war. Die Bundesregierung wollte „gesamteuropäische Institutionen" der KSZE schaffen und die KSE- und VSBM-Verhandlungen weiterführen, koordinieren – was später „harmonisieren" hieß – und zu kooperativen Strukturen machen.[1]

Die Bundesrepublik hatte sich schon im Zeichen der Wende von 1990 aus den genannten Gründen wie kein anderer Staat für die Institutionalisierung der KSZE bzw. der OSZE ausgesprochen, vor allem für regelmäßige Außenministertreffen, für ein europäisches Zentrum zur frühzeitigen Erkennung und politischen Schlichtung von Konflikten und für eine europäische Umweltagentur.

Außenminister Hans-Dietrich Genscher wurde der erste Amtierende Vorsitzende der KSZE; dank seines Drängens war es zur Charta von Paris gekommen, die die Voraussetzungen für den Beginn der Institutionalisierung der KSZE festlegte. Unter seiner Leitung kam es auch zur Bildung des sogenannten Berliner Mechanismus sowie dem Konsens-1-Verfahren, das einmal angewandt dann zur Stornierung Jugoslawiens als Teilnehmerstaat bis zum Jahr 2000 führte.

Die Bundesrepublik lud 1989 zur ersten und bisher einzigen KSZE-Wirtschaftskonferenz nach Bonn ein, die dort im Frühjahr 1990 als erste internationale Konferenz nach der Wende mit den neuen, postsozialistischen Regierungen Osteuropas stattfand.[2] Das damals verabschiedete Bonner Dokument war das Manifest für die soziale und wirtschaftliche Transformation der ehemaligen RGW-Länder und ist heute noch die Grundlage für die wirtschaftliche und ökologische Dimension der OSZE-Sicherheitspolitik.

Insbesondere bot die KSZE in zweifacher Hinsicht ein Gerüst, das den Verlauf der europäischen Wende und damit schließlich auch der deutschen Vereinigung stützte, wie sich das im Wiener Dokument 1989, über das Bonner Dokument 1990 bis zur Pariser Charta „für ein neues Europa" 1990 niederschlug. Der retrospektive Bezug auf die KSZE-Schlussakte von Helsinki von 1975 mit dem Recht (erstes Prinzip) der freien Bündniswahl und der perspektivische Hinweis auf die Ausbaufähigkeit des KSZE-Prozesses schufen Prämissen für die Vereinigung der beiden deutschen Staaten. In einem ausführlichen Memorandum an die KSZE-Staaten vom 23.2.1990 beschrieb das schon gleichgesinnte Ministerium für Auswärtige Angelegenheiten der DDR ausführlich die „Einbettung der Vereinigung beider deutscher Staaten in den gesamteuropäischen Einigungsprozess" und machte dabei gleichzeitig detailliert Vorschläge zum Ausbau der KSZE.[3] Ähnliche Vorschläge enthielt nur wenige Wochen später eine Rede des westdeutschen Außenministers; dazu gehörten u.a. eine gesamteuropäische Institution für die Sicherung der

Menschenrechte, ein Zentrum für die Schaffung des europäischen Rechtsraumes mit dem Ziel einer Rechtsangleichung, eine (gesamt)europäische Umweltagentur, ein Zentrum für die Entwicklung einer europäischen Telekommunikationsstruktur, einer europäischen Verkehrsinfrastruktur und einer europäischen Verkehrspolitik.[4] Und der letzte DDR-Ministerpräsident, Lothar de Maizière, erklärte im Juni 1990 zum Ziel seiner Regierung, den KSZE-Prozess zu einer „Gesamteuropäischen Sicherheits- und Friedensunion" zu machen.[5] Diesen Begriff übertraf nur noch der von Hans-Dieter Genscher im Oktober 1990 (von der französischen Diplomatie) aufgenommene Vorschlag, die KSZE zu „konföderativen Strukturen in ganz Europa" zu entwickeln.[6]

Nach so großer ost-west-deutscher Übereinstimmung im Jahre 1990 war es konsequent, wenn der Bundeskanzler nach der staatlichen Vereinigung auf dem KSZE-Gipfeltreffen in Paris am 20.11.1990 ausrief: „Nicht zuletzt bekennt sich das geeinte Deutschland auch in Zukunft zur KSZE als Motor einer gesamteuropäischen Friedenspolitik".[7]

Die Bundesrepublik betonte ihr KSZE-Engagement, um die Hinnahme einer NATO-Zugehörigkeit für das zu vereinigende Deutschland durch die UdSSR zu ermöglichen.[8] Tatsächlich kam sie so Forderungen der Sowjetunion nach einer Institutionalisierung der KSZE als Kompensation für den Verbleib der neuen Bundesrepublik in der NATO entgegen. „Die Umfeldveränderungen sollten Fortschritte in den Kernbereichen erleichtern".[9] Der Ausbau, die Vertiefung und die Institutionalisierung des KSZE-Prozesses wurden bei den 2+4-Gesprächen beschworen, ohne damit einer KSZE-Konferenz den Status einer deutschen Friedensvertragskonferenz zu verleihen.

Als Visionär „für das ganze Europa" erklärte Hans-Dietrich Genscher in Davos noch im Februar 1991, dass die inzwischen geschaffenen Institutionen „den Keim zu Großem" in sich trügen: „Am Horizont zeichnet sich die Struktur eines geeinten Europas im 21. Jahrhundert ab. Die jetzige EG-Zwölfergemeinschaft wird sich um die nordeuropäischen und mittel- und osteuropäischen Staaten erweitern und damit ein bedeutsamer Baustein der großen Konföderation" werden.[10]

Nüchterner konkretisierte der damalige Bundeskanzler Helmut Kohl dann im Sommer 1991 während des ersten Ratstreffens der KSZE-Außenminister den Platz der KSZE in der „Europäischen Architektur" neben Europarat, Europäischer Gemeinschaft und Nordatlantischer Allianz mit der Absicht, die politischen Konsultationen und die bestehenden Institutionen zur Problembewältigung und Krisenverhütung auszubauen und neue Mechanismen für die Konfliktbewältigung und Streitbeilegung zu schaffen.[11]

Tatsächlich beließ es die Bundesregierung nicht bei Deklamationen für die KSZE. Sie forderte ein effektives Sekretariat unter Leitung eines Generalsekretärs, der auch den Amtierenden Vorsitzenden vertreten sollte. Es gelang, das Sekretariat und die Stellung des Generalsekretärs 1992 zu schaffen, der freilich auf reine Verwaltungsaufgaben beschränkt wurde. Die Bundesregierung setzte sich dann nachdrücklich und schließlich auch mit Erfolg für einen deutschen Diplomaten als ersten Inhaber des neugeschaffenen Amts des Generalsekretärs ein; es wurde der Botschafter Wilhelm Höynk.

In Vorbereitung des KSZE-Gipfeltreffens von Helsinki 1992 fassten der deutsche Außenminister am 24.4.1992 – es war noch Genscher, der freilich schon beschlossen hatte, abzutreten – und sein französischer und polnischer Kollege eine gemeinsame Erklärung zur weiteren Stärkung der Strukturen und Institutionen der KSZE ab. Es ging um die Schaffung des Europäischen Schlichtungs- und Schiedsgerichtshofes, um Interventionen der KSZE in Jugoslawien, Berg-Karabach und nötigenfalls anderenorts, um einen Verhaltenskodex der KSZE-Staaten auf dem Gebiet der Sicherheit, „der zu gegebener Zeit zu einem KSZE-Sicherheitsvertrag weiterentwickelt werden könnte" sowie schließlich um eine Beförderung der KZSE zur regionalen Abmachung im Sinne der Charta der Vereinten Nationen.[12] Man kann in dieser Absichtserklärung die Politik erkennen, die wenigstens deutscherseits durch den Nachfolger Genschers zu einem Kern seiner gesamteuropäischen Politik wurde: „Zuerst KSZE" und zwar bezogen auf die Vereinten Nationen.

9.2 Amtsperiode Klaus Kinkel: OSZE als europäische VN

Zunächst setzte der Amtsnachfolger des langjährigen deutschen Außenministers Hans-Dietrich Genschers, Klaus Kinkel, die KSZE-Politik seines Vorgängers fort, indem er weiterhin eine Institutionalisierung der KSZE betrieb. Das drückte sich noch mit Erfolg im Helsinki-Dokument von 1992 aus. Das Bemühen sollte aufgrund einer deutsch-niederländischen Initiative auf dem folgenden Gipfel-Treffen 1994 in Budapest eine Fortsetzung finden. Gedacht war u.a. an eine Stärkung der Stellung des Generalsekretärs und des Büros für demokratische Institutionen und Menschenrechte (BDIMR), das überdies von Warschau nach Wien an den Sitz des Ständigen Ausschusses (heute Rat) verlegt werden sollte. Ferner sollte ein politisch-militärischer Verhaltenskodex und ein harmonisiertes Rüstungskontrollregime erarbeitet werden.[13]

Ausgerechnet auf der Generalversammlung der VN im September 1992 setzte Klaus Kinkel einen neuen Akzent deutscher Außenpolitik, als er ausführte, die Vereinten Nationen dürften nicht überfordert werden: „So ist es in erster Linie Sache der Europäer, ihr gemeinsames Haus in Ordnung zu bringen." Dieser Verantwortung seien sie nachgekommen, indem sie die KSZE gerade in Helsinki zur regionalen Abmachung der VN im Sinne von Kapitel VIII der VN-Charta erklärt hätten. „In diese Rolle muss sie nun hineinwachsen".[14] Konkreter erklärte er dazu im Dezember 1993, die KSZE kann und sollte als regionale Kapitel-VIII-Einrichtung der VN „die KSZE-Konflikte in ihrem Anwendungsbereich zunächst in eigener Verantwortung friedlich zu lösen versuchen. Dies schließt ... die Entsendung eigener Friedensmissionen ein. Sie kann hierfür ihrerseits Organisationen wie die NATO oder die WEU heranziehen".[15] Dieser Ansatz mündete schließlich einige Monate später u.a. in eine sogenannte „gemeinsame Agenda für Budapest", die Klaus Kinkel zusammen mit dem niederländischen Außenminister Peter Kooijmans im Mai 1994 der KSZE zur Vorbereitung des Gipfeltreffens 1994 in Budapest vorlegte.[16] Die zentralen Aussagen lauteten: „In Übereinstimmung mit dem Ziel einer Entwicklung des Potenzials der KSZE als regionale Abmachung ... sollten sich die Teilnehmerstaaten dazu verpflichten, ‚sich nach besten Kräften' zu bemühen, ‚örtlich begrenzte Streitigkeiten' durch Inanspruchnahme der KSZE ‚friedlich beizulegen', bevor sie die Vereinten Nationen damit befassen. Das Ziel sollte daher lauten: ‚Zuerst die KSZE'. .... Zur Gewährleistung einer wirksameren Zusammenarbeit zwischen den Vereinten Nationen und der KSZE sollten die Teilnehmerstaaten ... übereinkommen, wenn nötig ohne Zustimmung des/der direkt von einer Krise oder Konfliktsituation betroffenen Staates/Staaten über die Anrufung des Sicherheitsrates der Vereinten Nationen und über Empfehlungen zu entscheiden, die zusammen mit einer solchen Anrufung übermittelt werden können; ....".[17]

Diese vielversprechende Initiative – bald nach ihren Urhebern Kinkel und Kooijmans benannt – scheiterte am Misstrauen kleinerer Staaten, die sich den direkten Zugang zum Weltsicherheitsrat nicht verstellen lassen wollten, und im Hintergrund durch andere Staaten, die gerade im Weltsicherheitsrat durch ihre permanente Mitgliedschaft über mehr Gewicht als in der paritätisch strukturierten KSZE verfügen. Da Deutschland weder zur ersten noch zur zweiten Gruppe gehört, vergab es sich nichts, eine solche Stärkung der KSZE/OSZE voranzutreiben. In der Logik einer Stärkung der KSZE im Verhältnis zu den VN liegt es freilich auch, der NATO eine dienende Funktion und nicht die Wirkung einer „lead organization" zuzuerkennen. Darum sollte die NATO, wie Kinkel im November 1993 erklärte, „als Sicherheitspartner der UNO und der KSZE nationaler Machtpolitik und Gewalt einen Riegel vorschieben. ... Diese Kraft des Bündnisses darf nicht verloren gehen, wenn es im KSZE-Raum erweiterte Sicherheit bieten soll. Deshalb darf die NATO weder vorschnell überdehnt werden, noch darf sie neue Gräben in der KSZE-Gemeinschaft aufreißen".[18]

Freilich, solche Warnungen scheiterten einerseits an der unflexiblen Haltung Russlands, die andererseits frühere Warschau-Pakt-Staaten zu Antragsstellern bei der NATO werden ließ. Die Kontinuität einer Furcht vor „dem Osten" begünstigte die NATO, so vor allem als Präsident Boris Jelzin 1993 die Duma vertrieb und Russland mit Operationen in Georgien und in anderen Regionen Transkaukasiens seine destabilisierende Einflusspolitik betrieb. So hat sich während der Periode Kinkel auch mit aktivem Zutun der Bundesrepublik vor allem dank des ebenfalls 1992 berufenen Verteidigungsministers Volker Rühe und des bis 1994 tätigen deutschen NATO-Generalsekretärs Manred Wörner die „neue NATO" viel kräftiger entwickelt als die „neue KSZE". Endlich ließ sich die Logik einer deutschen Politik, die die Bedeutung der VN in Europa zugunsten der KSZE/OSZE mindern wollte, nicht mit der Absicht deutscher Politik vereinbaren, einen ständigen Sitz im Sicherheitsrat zu erhalten.

Nach dem Beitritt Polens und Tschechiens zur NATO und ihrer antizipatorischen Politik der EU-Kandidatur hat sich jedoch die Lage der Bundesrepublik, wie sie sich noch nach 1992 ergeben hatte, im Verhältnis zur OSZE verändert und zwar nicht nur rein geopolitisch, sondern auch durch die gewandelten Einstellungen der benachbarten Länder zur OSZE im Vergleich zu NATO und EU.[19]

Gegen Ende der Periode von Klaus Kinkel initiierte die deutsche Außenpolitik noch einen Vorschlag zu Stärkung der Institution. Es ging um die Einrichtung eines unabhängigen Beauftragten für die Freiheit der Medien. Nach erheblichen Anstrengungen der deutschen Diplomatie gelang es gegen hinhaltende Blockaden, z.B. der Russischen Föderation (RF), einen solchen Beschluss beim Außenministertreffen in Kopenhagen 1998 herbeizuführen. Dann wurde das Amt nach seiner Einrichtung auch einem Deutschen, dem früheren Bundestagsabgeordneten Freimut Duve, übertragen.

9.3 Amtsperiode Josef Fischer: OSZE ein Nebenschauplatz

Die Amtsperiode des dritten deutschen Außenministers nach der europäischen Wende beginnt mit den Absichtserklärungen der Regierungsparteien, die sie in ihrer Koalitionsvereinbarung 1998 festlegten; sie ließen erkennen, besonders die OSZE stärken zu wollen.

Das deklarierte Vorhaben wurde jedoch verdrängt durch die seitens der USA aufgezwungene Kosovo-Politik, die unter starker deutscher Beteiligung zunächst zu einer großen Aufwertung der OSZE, dann zu ihrer Marginalisierung durch die NATO-Intervention und schließlich zu ihrer Unterordnung unter die VN führte.

Diese Politik wurde durch Josef Fischer mit dem Einsatz für Menschenrechte begründet, der Deutschland durch seine Vergangenheit besonders verpflichtet sei. Neben dieser idealistisch flankierten Konfrontationspolitik wurde durch die Bundesregierung eine realpolitisch begründete Kooperationspolitik mit den südosteuropäischen Staaten initiiert und betrieben, die sich im Stabilitätspakt für Südosteuropa ausdrückte, der unter die Ägide der OSZE gestellt wurde.

In ihrem Koalitionsabkommen erklärten SPD und Bündnis 90/Die Grünen, dass die neue Bundesregierung Initiativen ergreifen werde, um die rechtliche Basis der OSZE zu stärken. Auch die obligatorische friedliche Streitschlichtung im OSZE-Raum solle durchgesetzt werden. Die Instrumente und Kompetenzen der OSZE seien durch bessere personelle und finanzielle Ausstattung zu stärken. Ihre Handlungsfähigkeit auf dem Feld der Krisenprävention und Konfliktregelung sollte verbessert werden.

Im Rahmen der Friedenskonsolidierung soll zur Schaffung einer stabilen Ordnung das Instrument nicht-militärischer internationaler Polizeieinsätze entwickelt und genutzt werden. Die neue Bundesregierung soll sich für den Aufbau einer Infrastruktur zur Krisenprävention und zivilen Konfliktbearbeitung einsetzen. Diese deutschen Vorhaben fanden bereits in den Beschlüssen des Instanbuler Gipfels 1999 eine Grundlage.

Noch aus der Zeit der Vorbereitung des Istanbuler Gipfels von 1999 unter Klaus Kinkel stammte der mit der Schweiz zusammen unternommene Vorstoß für eine Erklärung der OSZE, die Situation von Minderheiten zu verbessern, indem sie unter bestimmten Voraussetzungen autonome Rechte erhalten sollten. Dieser Einsatz für eine neue Norm stieß bei den Vorverhandlungen über das Istanbuler Gipfeldokument auf unüberwindliche Einwände einer Reihe von Staaten, wie Bulgarien. Nur eine vergleichsweise sehr abgeschwächte Version des ursprünglichen Entwurfs fand sich im Istanbuler Dokument vom November 1999 wieder.

Immerhin gelang es, einen alten deutschen Wunsch ein wenig erfüllt zu bekommen: Eine neue deutsche Initiative führte über einen Umweg zu einem politischen Mandat und damit einer Statusverbesserung für den Generalsekretär dadurch, dass er – seit 1999 ein slowenischer Diplomat – zusätzlich zum Beauftragten des Amtierenden Vorsitzenden für Mittelasien ernannt wurde.

Wie auch im Koalitionsabkommen angekündigt worden war, schuf die Bundesregierung eine Schulungseinrichtung für die Ausbildung und den Einsatz von Personal zu Aufgaben im Bereich von Friedenseinsätzen im Rahmen der OSZE- (oder auch VN-)Missionen.

Zusammenfassend ist zwar festzustellen, dass die Bundesrepublik neben den sich ändernden strategischen Erwägungen nicht aufgegeben hat, sich für eine Stärkung der OSZE einzusetzen. Ihr Einsatz galt der Verbesserung der Normen; auch eine Steigerung der instrumentellen Wirkungsmöglichkeiten wurde sowohl organisatorisch als auch operativ durch die deutsche Regierung unterstützt. Doch das Engagement dafür hat nach 1992 einen punktuellen und nicht einen konzeptuellen Charakter, der von einer Vorstellung über eine gesamteuropäische Friedensordnung herrührte.

9.4 Die Bundesrepublik als Akteur in verschiedenen Rollen

Deutsche Außenpolitik erscheint im Zusammenhang mit der OSZE in verschiedenen Rollen. Sie tritt direkt oder indirekt auf, nämlich in nationalstaatlicher, EU-verbundener und OSZE-kollektiver Gestalt. Der EU-Verbund äußert sich noch in unterschiedlicher Form abhängig von Anlässen und Inhalten, nämlich als intergouvernementale Gemeinsame Außen- und Sicherheitspolitik, vertreten durch die Präsidentschaft und als integrierte Politik, vertreten durch die Kommission. Endlich ist die deutsche Außenpolitik noch außerhalb dieses Rahmens multilateral gebunden, vor allem durch die NATO und schließlich die Vereinten Nationen, deren Politik die Wirkungsmöglichkeiten der OSZE oft bestimmt haben.

Von der OSZE aus auf ihre Felder gesehen, verdoppelt sich dieser mehrfache Auftritt Deutschlands sogar noch, weil die Bundesrepublik intern und extern als Akteur wirksam ist, also beispielsweise als EU-Mitglied, das einerseits in den Organen der OSZE EU-Politik durchzusetzen sucht und das andererseits auf den politischen Feldern namens der EU (konkurrierend) tätig und damit von außen OSZE-Politik beeinflusst.

Derartige Konstellationen entspringen keineswegs nur modellanalytischen, abstrakten Überlegungen, sondern zeigten sich fortlaufend, seit die OSZE (damals noch KSZE) 1990 operativ geworden ist. Inwieweit solche „Mehrebenen-Außenpolitik" oder vielleicht besser „Mehrrollen-Außenpolitik" konzeptionell in sich stimmig ist, und ihre Teile sich in der Ausführung miteinander vertragen, hängt von den Umständen, ihren Adressaten und den jeweiligen Partnern ab. Eine Koordination und damit auch eine Setzung der Prioriäten hat der politische Direktor des Auswärtigen Amtes zu leisten. Es ist schwer vorstellbar, dass die deutsche Außenpolitik allen drei Rollen immer oder auch nur zur gleichen Zeit optimal gerecht werden konnte und künftig auch können wird.

Eine Reihe von Initiativen und entsprechende Bekundungen belegen, dass sich die Bundesregierung auch über die EPZ und die GASP bemüht hat, die KSZE/OSZE als Institution zu fördern. Freilich hat sie sich gegenüber den oft unterschiedlichen Haltungen anderer EG/EU-Mitglieder – vor allem dem Vereinigten Königreich als Gegner von Institutionalisierungen – nicht so durchsetzen können wie gewünscht. Apodiktisch bekannte Hans-Dietrich Genscher im Januar 1990, dass „die Europäische Gemeinschaft ihre gesamteuropäischen Ziele und Vorstellungen in dem KSZE-Prozess einbringen (wird), der sich für alle Beteiligten immer mehr als Grundlage und Rahmen, als die Hauptrichtschnur des gesamteuropäischen Einigungsprozesses erweist"[20]. Und während die Bundesregierung in vielen Verlautbarungen einen Stapel von Vorschlägen für Institutionen einbrachte, so noch einmal der Bundeskanzler im Mai 1990, kam der – britische – Vorsitz des Europäischen Rates in Dublin im April 1990 auf dem bevorstehenden KSZE-Gipfeltreffen nur zu dem Schluss, „die Einrichtung eines kleinen Verwaltungssekretariates zu prüfen"[21].

Tatsächlich ist formal die gemeinsame Außen- und Sicherheitspolitik in Hinsicht auf die OSZE stärker verwirklicht worden als im Bezug auf andere internationale Organisationen, wie z.B. den Vereinten Nationen. Die Sitzungen des Ständigen Rates der OSZE, die wöchentlich mindestens einmal stattfinden, werden gemeinsam vorbereitet und eine Stellungnahme wird abgestimmt. Zu ihrer Vorbereitung kommen jeweils die in Wien bei der OSZE akkreditierten ständigen Vertreter der EU-Mitglieder unter Leitung des Vertreters der Präsidentschaft zusammen. Bei der Ratssitzung spricht dann auch stets der Vertreter des Landes, das die EU-Präsidentschaft einnimmt, für alle anderen und meist auch für alle Länder, die der EU assoziiert sind. Im Allgemeinen bleibt es bei dieser gemeinsamen Stellungnahme und der deutsche Botschafter kann nur schweigend die Vertreter der Schweiz oder Norwegens beneiden, die sich namens ihrer Regierungen durch eigene Akzente profilieren können. Obwohl die EU nicht einmal Beobachterstatus bei der OSZE hat (allerdings wegen des rechtlichen Status der OSZE auch nicht haben kann), haben die übrigen OSZE-Länder, die nicht Mitglieder der EU sind, dieses Verhalten des EU-Blocks hingenommen. (Für ein solch permanent geschlossenes Auftreten gibt es inzwischen allerdings noch das Beispiel der sogenannten GUAM-Gruppe, die Georgien, Ukraine, Armenien und Moldau umfasst). Auch in den anderen Gremien, die Teil der OSZE sind, wie in diversen Ausschüssen, oder mit ihr in Zusammenhang stehen, wie das Forum für Sicherheitskooperation oder der Art. 5-Dayton-Abkommen-Ausschuss, gehen die EU-Länder gemeinsam vor.

Solch abgestimmtes Auftreten von Teilnehmerstaaten, die unter Führung der EU-Staaten manchmal die Hälfte aller 54 OSZE-Staaten ausmachen, verfehlt seine erfolgsträchtige Wirkung gegenüber den anderen nicht; die empfinden sich freilich durch diesen EU-Block, der neben den USA und der RF den dritten respektablen Machtfaktor bildet, marginalisiert. Wer ihm angehört, hat die Chance, dass seinen Initiativen mehr Beachtung geschenkt wird als bei einem alleinigen Vorgehen und er sogar in den Mittelpunkt der Aufmerksamkeit rückt. Das gelang beispielsweise der irischen Delegation, die über die EU den Entwurf einer „Europäischen Plattform für kooperative Sicherheit" lancierte, der schließlich seinen Weg in das Istanbuler Dokument von 1999 fand.

Inwieweit andererseits solche Konzertierung der 15 Staaten der Beschlussfassung innerhalb der OSZE im allgemeinen oder der Durchsetzung von Initiativen einzelner EU-Mitglieder, wie Deutschland, z.B. im Ständigen Rat nur nützt, oder mögliche interessante Initiativen einzelner Teilnehmerstaaten bremst und damit einer OSZE-weiten Debatte entzieht, ist eine Frage, die die Beteiligten unterschiedlich beantworten. Manchmal mussten Sitzungen länger unterbrochen werden und eine Beschlussfassung verzögerte sich, was den Unwillen anderer Delegationen auf sich zog, weil die EU-Mitglieder sich erst noch einen gemeinsamen Standpunkt zu einer plötzlich aufgekommenen Frage bilden mussten. Solcher EU-interner Kompromiss-Zwang hat gelegentlich auch Initiativen der deutschen Regierung verwässert. Wahrscheinlich ist der Mangel an reformerischem Elan der Bundesrepublik Deutschland in der OSZE heute im Unterschied zu früheren Perioden in der KSZE auch dieser EU-Konzertierung geschuldet.

Manchmal kommt es vor, dass der Vertreter eines anderen Mitgliedslandes der EU unter Bezug auf den gemeinsamen Standpunkt eine ergänzende Erklärung abgibt. Das ist auch immer wieder durch den Leiter der deutschen Delegation geschehen. Dieses Verhalten kann politische Präferenzen und Optionen verraten, die nicht oder nicht ausreichend bei der gemeinsamem Beratung berücksichtigt worden sind.

Die Bundesrepublik hat sich zur Unterstützung ihrer Vorhaben auch schon mit Nicht-EU-Teilnehmerstaaten verbunden, wie anlässlich der Beratung über die Sicherheitscharta in ihrer schon erwähnten Initiative zur Stärkung der Minderheitenrechte mit der Schweiz.

Die Wirkungsmöglichkeit eines Teilnehmerstaates, der wie Deutschland auch Mitglied der EU ist, wird nicht nur durch das partnerschaftliche Verhältnis zu den anderen EU-Mitgliedsstaaten beeinflusst, sondern gegebenenfalls auch durch den Anspruch der Europäischen Kommission auf die Zuständigkeit in den Fragen, die der wirtschaftlichen Dimension von Sicherheit zuzuordnen sind. Das äußert sich unter anderem im Wirtschaftsforum der OSZE, das einmal jährlich in Prag zusammentritt. Hier haben Vertreter der Kommission wiederholt demonstriert, dass sie vor dem Land der Präsidentschaft für die EU sprechen.

Solche Fälle belegen, wie internationale Organisationen, selbst wenn ihnen die gleichen Staaten angehören, eine Eigendynamik entwickeln, die weniger zu Konvergenz und Kooperation, als zu Divergenz und Rivalitäten führen. Diese entstehen, weil die jeweiligen Sekretariate ihre Eigeninteressen verfolgen (was allerdings bei der politischen Schwäche des OSZE-Sekretariats nur marginal möglich erscheint) oder die Mitgliedsstaaten die Chance der Durchsetzung ihrer Politik innerhalb der verschiedenen multilateralen Verbände unterschiedlich einschätzen und darum sich dieser unterschiedlich bedienen.

Es ist hier thematisch nicht der Platz, das gesamte Beziehungsgeflecht zwischen EU und OSZE darzustellen. Interessant ist noch die theoretische Frage, ob die Außen- und Sicherheitspolitik der Bundesrepublik im KSZE/OSZE-Rahmen mit der Einbindung in die GASP und die künftige Europäische Verteidigungs- und Sicherheitspolitik kompatibel ist. Im Prinzip richtet sich die Frage auch an die NATO- und teilweise selbst an die VN-Mitgliedschaft, wie freilich noch unter anderen Voraussetzungen das Beispiel der Schweiz zeigt. Die OSZE ist den Prinzipien einer kooperativen Sicherheitspolitik verpflichtet, die konfrontative Elemente, wie sie auch Institutionen der kollektiven Sicherheitspolitik enthalten, prinzipiell ausschließt.

Von einem objektiven OSZE-Blickwinkel aus gesehen muss Deutschland im Großen und Ganzen als ein konstruktiver und förderlicher Teilnehmerstaat gelten. Diesen Ruf erwarb sich die BRD, wie schon ausgeführt, besonders in der Periode zwischen der Verabschiedung des Wiener Dokuments 1989 und des Budapester Dokuments 1994, als wechselseitige Interessen zusammenkamen; indem für die Bundesrepublik als Nationalstaat die KSZE ihrer Interessenlage entsprach, gewann auch die KSZE dadurch ein an ihrer positiven Entwicklung engagiertes Mitglied. So ist es dem Einsatz der Bundesrepublik zuzuschreiben, dass alle UdSSR-Nachfolgestaaten, also insbesondere die damals strittigen mittelasiatischen Republiken, in die KSZE aufgenommen wurden. Umgekehrt fällt auch der Bundesrepublik das zumindest im nachhinein zweifelhafte Verdienst zu, dass Jugoslawien 1992 von der Teilnahme an der KSZE/OSZE bis 2000 ausgeschlossen wurde.

Im gesamten Verhältnis zur OSZE hat die Bundesregierung öffentlich bislang immer noch eine positive Grundhaltung eingenommen und das auch dadurch bekräftigt, dass sie abgesehen von diffus gewordenen strategischen Interessen ihr Engagement für die Verbesserung des Normenkatalogs, der Stärkung der institutionellen Strukturen und der Bereitstellung von personellen und materiellen Ressourcen für die operativen Einsätze bekundet hat.

Über den EU-Verband hat die Bundesrepublik die OSZE geschwächt und gestärkt. Die Schwächung besteht – der Raison der EU folgend – darin, dass alle EU-Länder, voran Deutschland, an einer Vitalisierung der wirtschaftlichen Dimension der Sicherheitspolitik, wie sie der OSZE überantwortet ist, kein Interesse gezeigt haben. Auch unterstützt die Bundesrepublik eine expansive gesamteuropäische Politik der Europäischen Kommission auf Feldern wie Demokratie, Menschenrechte und Rechtsstaat, die – wenn schon nicht der OSZE – dann dem Europarat zukämen. So hat ausgerechnet in Wien, am Sitz der OSZE, die EU mit deutscher Förderung eine Stelle zur Beobachtung von Rassismus und Fremdenfeindlichkeit in Europa eingerichtet, die von einer deutschen Diplomatin geleitet wird und die über mehr Personal verfügt als die meisten OSZE-Missionen.

Andererseits wurde unter Führung und Verantwortlichkeit der Bundesrepublik der Stabilitätspakt für Südosteuropa, dessen wirtschaftliche Verwirklichung vor allem der EU überantwortet ist, insgesamt unter die Ägide der OSZE gestellt.

Im Großen und Ganzen ist die OSZE für die Bundesrepublik Deutschland unabhängig von der jeweiligen Rolle, in der sie auftreten kann, immer noch ein Terrain, das sie relativ noch stärker als jenes der anderen Organisationen bespielen könnte, weil die objektiven Bedingungen dafür gegeben sind, und sollte, weil es ihre Interessenlage gebietet. Und der entspricht die OSZE durch ihre gesamteuropäische Mitgliedschaft, die sicherheitspolitische Reichweite und die politische Zielsetzung. Für die Bundesrepublik ist sie wegen der geopolitischen Lage und den zahlreichen, benachbarten Staaten eine notwendige und unersetzliche Organisation gewesen und geblieben. Die KSZE stellte ferner von vornherein einen Bereich dar, auf dem die Bundesrepublik ihre eigene Rolle spielen konnte. Anders als ursprünglich NATO und EWG/EG/EU, war die KSZE nicht auch zur „Einbindung" der Bundesrepublik gedacht, die deswegen hier nicht als „Juniorpartner" der Interessen Frankreichs oder der USA erschien.

Eine Bilanz der deutschen Außenpolitik gegenüber der KSZE/OSZE nach 1990 zeigt jedoch, dass die Differenz zwischen Soll und Haben seit der Periode Genscher immer größer geworden ist. Das liegt nicht an den übersteigerten Ansprüchen, die eher konstant blieben oder wegen Konzeptlosigkeit diffus wurden, als vielmehr am nicht ausreichenden Einsatz. Diesem Negativsaldo ist das Paradox zu verdanken, dass die USA und verhältnismäßig Norwegen und die Schweiz stärker als Deutschland bei der OSZE engagiert sind.

Noch ein anderes Paradox ist im Kontext der deutschen OSZE-Politik zu entdecken. Während die Exekutive der deutschen Außenpolitik ein degressives Interesse an der OSZE erkennen lässt, stimmten im Bundestag die an der OSZE interessierten Parlamentarier aller Fraktionen über die Legislaturperioden hinweg konvergierend darin überein, dass die OSZE verstärkt durch die Bundesregierung gefördert werden sollte. Der OSZE gegenüber nehmen nun alle Bundestagsparteien fast identische Positionen ein. Anlässlich des bevorstehenden OSZE-Gipfeltreffens der Staats- und Regierungschefs 1999 in Istanbul brachten die Fraktionen von SPD, CDU/CSU, BÜNDNIS 90/DIE GRÜNEN und F.D.P. sogar gemeinsam einen Antrag „für eine Stärkung der Handlungsfähigkeit der OSZE" ein, mit dem sie erklärtermaßen die Bemühungen der Bundesregierung unterstützen wollten;[22] ein eigener Antrag der PDS-Fraktion „Neue europäische Sicherheitsarchitektur" hatte einen von den übrigen Fraktionen nicht nur abweichenden Tenor, sondern war ausführlicher und enthielt viele weitergehende Anregungen, die beispielsweise auch ein „regionales Peacekeeping" für die OSZE und die Bildung eines Exekutivrates umfassten.[23] Entsprechend verlief die Bundestagsdebatte unkontrovers, indem die Sprecher der Fraktionen sich wechselseitig auch noch einmal versicherten, wie sehr sie in der Wertschätzung der OSZE übereinstimmten.[24] Eine ähnliche Konstellation zeigte sich schon während der vorangehenden 13. Legislaturperiode.[25] Freilich in der Aufmerksamkeit, die sie der OSZE widmen, unterscheiden sich die Parteien doch, wie ein Vergleich ihrer Programme zur Bundestagswahl zeigt. So machten überraschenderweise die F.D.P. und erwartungsgemäß die BÜNDNIS 90/DIE GRÜNEN die ausführlichsten Vorschläge für eine Stärkung der OSZE, während diese im CDU/CSU-Programm nicht einmal erwähnt wurde; die Äußerungen der SPD waren dagegen unauffällig und bewegten sich im traditionellen Rahmen.[26] Die Parteien – mit Ausnahme der PDS – führen keine außenpolitische Debatte, die erkennen ließe, ob und worin sie sich beispielsweise in der Frage unterschieden, welche Stellung die OSZE innerhalb der internationalen Gemeinschaft einnehmen soll und wie die zukünftige Sicherheitsarchitektur für die Bundesrepublik und die EU aussehen soll.

Eine Prüfung der von der Bundesregierung bei der OSZE eingebrachten Vorschläge ergibt, dass nach 1992 wichtige Vorhaben scheiterten. So ist es bisher nicht, wie von deutscher Seite immer gewünscht, zu einer starken Institutionalisierung, gar Verrechtlichung, gekommen. Eine Konsolidierung des Sekretariats durch Konzentration aller Büros in Wien fand nicht statt. Die Bildung einer Art europäischen Sicherheitsrates innerhalb der OSZE – also die Verstetigung und sachliche Ausbreitung der Jugoslawien-Kontaktgruppe – war nicht durchsetzbar. Eine Ablösung gar der VN in Europa durch die OSZE ist nicht in Sicht; im Kosovo ist schließlich sogar das Gegenteil eingetreten, die VN haben sich über die OSZE platziert. Die im KSZE/OSZE-Verband angelegte und von der BRD einmal besonders angestrebte Form kooperativer Sicherheitspolitik in der Periode Genscher von 1989 bis 1992 wurde substanziell durch die Einbindung in die GASP und die angestrebte Europäische Verteidigungs- und Sicherheitspolitik (EVSP) des 15er-Blocks zurückgestuft.

„Die OSZE ist die einzige gesamteuropäische Sicherheitsorganisation. Das macht sie unersetzlich", beginnt der Abschnitt, der eigens der OSZE in der Koalitionsvereinbarung zwischen den Parteien gewidmet ist, die nach 1998 die Bundesregierung bildeten (SPD und BÜNDNIS 90/DIE GRÜNEN, 1998). In seinem Kern findet sich dieser Satz auch in vielen Aussagen der früheren Bundesregierungen. Doch ist die lakonische Feststellung eines Faktums mager im Vergleich, was die KSZE/OSZE zumindest perspektivisch 1990 einmal auch für die Bundesrepublik werden sollte. Die in der OSZE liegenden Möglichkeiten gesamteuropäischer Stabilitätspolitik würden weithin vernachlässigt, beklagte darum treffend vier Jahre nach seinem Ausscheiden aus seinem Amt der frühere deutsche Außenminister Hans-Dietrich Genscher.[27] Und anlässlich des 25. Jahrestages der Unterzeichnung der Schlussakte von Helsinki bezeichnete er es als eine „Verkümmerung der OSZE", sie so zu verstehen, als wäre sie „eine Art Dienstleistungsorganisation für die Durchsetzung von politischen Entscheidungen, die innerhalb anderer Organisationen getroffen werden". Die Mitgliedsstaaten müssten sich fragen lassen, ob sie bereit sind, eine „Repolitisierung der OSZE" vorzunehmen.[28] Diese Frage richtet sich auch und angesichts ihrer bei ihrem Antritt verkündeten Politik besonders an die amtierende Bundesregierung, deren Vertreter in ihren Reden zur internationalen Politik der OSZE kaum mehr als ein Pflichtquantum an Aufmerksamkeit schenken.

1 Auswärtiges Amt (Hrsg.), Deutsche Außenpolitik 1990/91, Auf dem Weg zu einer Europäischen Friedensordnung. Eine Dokumentation. München 1991, S. 77
2 Hans Dietrich Genscher, Erinnerungen. Berlin 1995, S. 757ff.
3 Auswärtiges Amt (Hrsg.), a.a.O. S. 84
4 Ebenda, S. 104, 109f.
5 Ebenda, S. 126
6 Ebenda, S. 228
7 Ebenda, S. 263
8 Genscher, a.a.O, S. 95; 687, 717, 749
9 Genscher, ebenda S. 95, 760
10 Auswärtiges Amt (Hrsg.) a.a.O. S. 335
11 Helmut Kohl, in: Auswärtiges Amt (Hrsg.) Deutsche Außenpolitik nach der Einheit 1990-1993. Eine Dokumentation. Meckenheim 1994, S. 73
12 Auswärtiges Amt (Hrsg) 1994, a.a.O. S. 149
13 Auswärtiges Amt (Hrsg.) Deutsche Außenpolitik 1997, Bonn 1998, S. 242
14 Auswärtiges Amt (Hrsg.) 1994 a.a.O. S. 196
15 Ebenda, S. 410
16 Auswärtiges Amt (Hrsg.), Von der KSZE zur OSZE. Grundlagen, Dokumente und Texte zum deutschen Beitrag 1993-1997, Bonn 1998 S. 238
17 Ebenda, S. 240
18 Auswärtiges Amt (Hrsg.) 1994, a.a.O. S. 373

19 Vgl. Jerzy M. Nowak, „Polen und die OSZE: Auf der Suche nach effektiver Sicherheit in Europa". In: IFSH (Hrsg.), OSZE-Jahrbuch 1996, Baden-Baden 1996, S. 117-138; Jan Pechácek, „Die Tschechische Republik und die OSZE". In: ebenda, S. 109-116

20 Auswärtiges Amt (Hrsg.) 1991 a.a.O. S. 65

21 Ebenda S. 112

22 Deutscher Bundestag, Drs. 14/1959

23 Deutscher Bundestag 14/1771

24 Deutscher Bundestag – Plenarprotokoll 14/66, 4.11.1999 S. 5884D-5898C

25 Deutscher Bundestag, Drs. 13/5622/5800/5888; Plenarprotokoll 13/138 von 14.11.1996, S. 12455C-12468D

26 Dieter Lutz, Die Parteien und die OSZE, Manuskr. Hamburg 1998, S. 7

27 Hans-Dietrich Genscher, „Die OSZE stärken – unverzichtbare Voraussetzung einer dauerhaften und gerechten Friedensordnung van Vancouver bis Wladiwostok". In: IFSH (Hrsg.), OSZE-Jahrbuch 1996 Bd. 2, Baden-Baden 1996, S. 50-54

28 Hans Dietrich Genscher, Rede bei der Festveranstaltung anlässlich 25 Jahre Schlussakte von Helsinki am 19.7. 2000 in Wien, OSZE-Sekretariat PC.DEL/407/00-18.7.2000, S. 5

10. Die Vernetzung der europäischen Institutionen OSZE-EuR-EU-NATO

Die OSZE versteht sich als die umfassendste europäische Organisation und so wird sie auch oft charakterisiert. Die Bezeichnung wird auf zweierlei Weise gebraucht, einmal für die Zahl der zugehörigen Staaten, zum anderen für den Inhalt des eigenen Sicherheitsbegriffs.

In den letzten Jahren haben dank der veränderten internationalen Umstände die anderen drei großen europäischen Organisationen, also die Nordatlantikorganisation (NATO), der Europarat und die Europäische Union (EU) sowohl die Zahl ihrer Mitglieder bzw. Mitglieder-Kandidaten erhöht, als auch ihre Aufgaben erweitert bzw. vertieft.[1] Wie verläuft diese quantitative und qualitative Expansion der Organisationen und was bedeutet sie für die OSZE? Was könnte aus dem Wachstum und eventuellen, zumindest partiellen Zusammenrücken des europäischen Institutionenquartetts gemacht werden?

Bei einer Betrachtung von NATO, Europarat und EU fällt zweierlei sofort auf: Sie sollen bzw. wollen noch größer werden, und sie sollen bzw. wollen noch mehr Aufgaben an sich ziehen; das „Sollen" kommt aus den Reihen der Mitgliedsstaaten, das „Wollen" geht eher von den Sekretariaten aus. Beide weisen rechtfertigend darauf hin, dass bisher abseits gestandene bzw. gehaltene Staaten sich um Mitgliedschaft bewürben und dass manche Probleme eine internationale Herangehensweise geböten. Die Institutionalisierung Europas scheint sich demnach in verschiedenem Gewande zu verstärken.[2]

Es gibt auch Gegentendenzen unterschiedlicher Art, wie Ausgrenzungen, Absonderungen, Annäherung und Zugehörigkeiten mit Vorbehalten, was oft pauschal „Renationalisierung" genannt wird. Auch bewahrt die Erweiterung einer Organisation nicht notwendig ihre bisher erreichte substanzielle Tiefe; und auf eine Vertiefung wird zugunsten einer Erweiterung kurzfristig verzichtet. Aber auch vor einer Erweiterung kann eine substanzielle Veränderung erforderlich werden, um das bisherige Funktionieren der Organisation nach der vollzogenen Erweiterung noch zu gewährleisten. Die Vergrößerung der Mitgliederzahl bleibt erfahrungsgemäß nicht ohne Einfluss darauf, auf welche Art und Weise die Organisation ihre Aufgaben leistet und ihre Ziele erreicht. Was beispielsweise der EWG mit Sechs vielleicht möglich schien, ist für eine EU der 20 oder gar 25 unerreichbar. Nicht nur die Beitrittskandidaten müssen sich anpassen, um den Stand der „acquis" zu erreichen, auch die Organisation bzw. die Altmitglieder müssen Gewohntes aufgeben und sich an das Verhalten der Hinzugetretenen gewöhnen.[3]

Bei der Werbung um neue Mitglieder haben einige Organisationen einen größeren Nachholbedarf als andere. Das hängt von der bereits erreichten Mitgliederzahl und von den Aufnahmebedingungen ab, die jeweils gestellt werden. Der Europarat beispielsweise hat seit 1990 seine Mitgliederzahl sprunghaft von 23 auf 40 erhöht und gleichzeitig seine Aufnahmebedingungen gelockert. Die EU hat nach 1990 drei neue Mitglieder aufgenommen, prüft inzwischen stufenweise zwölf weitere Kandidaten und zugleich ihre eigene Aufnahmekapazität. Auch die NATO hat ihren Mitgliederstand von 1990 um drei Staaten erhöht und hat versprochen, die strukturellen Möglichkeiten einer fortgesetzten Vergrößerung zu untersuchen. Auch die OSZE hat nach 1990 die Zahl ihrer Mitglieder wenigstens formal von 35 auf 55 vermehrt, allerdings vornehmlich durch Teilung einiger ihrer bisherigen Teilnehmerstaaten. Ihr gehören alle europäischen Staaten an. So nimmt jeder Staat zumindest an einer der großen Organisationen, nämlich der OSZE teil; von den 55 OSZE-Teilnehmerstaaten sind nur 15 in keiner weiteren, 18 in einer zweiten (davon 16 im EuR und zwei, die USA und Kanada in der NATO), zehn sind in noch zwei weiteren, und elf in noch drei weiteren, also in allen vier Großorganisationen Mitglied. Diese „vertikale" Vernetzung verdichtet sich noch durch die Mitgliedschaft der Staaten in subregionalen Organisationen, wie der Gemeinschaft Unabhängiger Staaten, dem Nordischen Rat, dem Schwarzmeer-Kooperationsabkommen, oder der Zentraleuropäischen Initiative.

Aus jeweils unterschiedlichen Gründen sind dem Wachstum aller Organisationen – und umgekehrt der internationalen Institutionalisierung der Staaten – definitorische und wenigstens vorerst auch enge politische Grenzen gesetzt. Eine potenzielle äußerste EU-Erweiterung bezieht geografisch ostwärts Polen, südostwärts Bulgarien (also keine Mitglieder der Gemeinschaft Unabhängiger Staaten/GUS), und südlich Zypern (und mit Vorbehalten die Türkei) noch ein. Der Europarat hat einen weiteren Europa-Begriff, der auch Russland, die Ukraine, Georgien und die Türkei (aber noch nicht Armenien oder Aserbeidschan) einschließt. Die potenziellen NATO-Mitgliedschafts-Grenzen sind weniger klar umrissen, zumal sie sich ebenso wie die OSZE nicht als ausschließlich „europäische" Organisation definiert. Die OSZE hat den Kreis ihrer Teilnehmerstaaten auf dem Territorium „zwischen Vancouver und Wladiwostok" (unter Einschluss der drei transkaukasischen, fünf zentralasiatischen und zwei nordamerikanischen) Staaten als Organisation der „nördlichen Hemisphäre" gefunden.

Bei der Übernahme neuer Aufgaben richteten sich die Organisationen nach den veränderten Umständen; sie schnürten ihr bisheriges Aufgabenpaket um, sie nahmen entweder bisher Vernachlässigtes oder sich neu Ergebendes auf und sie konnten ihre Kompetenzen stärken. Das geschah unter Mitwirkung der Mitglieder teils aus Selbsterhaltungstrieb der Organisation, teils aus einem allen Bürokratien eigenen Expansionsstreben oder teils auch aus sachlichen Zwängen. Dabei blieb es nicht aus, mehr noch es wurde auch absichtsvoll betrieben, Aufgaben an sich zu ziehen, die sachlich auch in die Zwecksetzung einer anderen Organisation gehörten oder es wurde selbst die Ausbreitung auf einem Feld nicht gescheut, auf dem schon andere tätig waren. Auch dieser Zuständigkeits-Imperialismus hat seine Grenzen. Das hat verschiedene Gründe; die ergeben sich jeweils unterschiedlich aus der Natur der beanspruchten Sache, die zu fern dem Zweck und der Kompetenz der Organisation liegt, oder aus der Haltung von Mitgliedern, wie deren Souveränitätsvorbehalte, und Nichtmitgliedern, wie deren strategische Interessen.

Wenn die Institutionalisierung in Formen der programmatischen oder prozessualen Vertiefung bzw. des Mitgliederzuwachses auf Grenzen stößt, dann verdient die Zusammenarbeit, die Vernetzung und die Verflechtung der Organisationen als Handlungsperspektive Aufmerksamkeit. Hier bieten sich politische Gestaltungsräume, die größer und wichtiger sind als jene, die beim weiteren Ausbau jeder bestehenden Institution für sich allein gesucht und gefunden werden können.

Ein strukturelles Problem für die Umsetzung des Konzeptes der engen interinstitutionellen Zusammenarbeit ist, dass elf der Teilnehmerstaaten der OSZE allen Organisationen angehören und 15 nur in einer – der OSZE – mitwirken (können). Die Folge ist eine unterschiedliche, den Interessen ihrer Mitglieder gemäße Ausstattung von Kompetenzen, Ressourcen und Personal der europäischen Organisationen. Deren Sekretariate neigen überdies statt zu Arbeitsteilung und Kooperation zu Eifersucht, Konkurrenz und Dominanz bei Zuständigkeiten, Instrumenten und Prozeduren. Das ergibt Doppelungen, Überschneidungen und Unübersichtlichkeiten sowie dadurch verursacht Fehlausgaben.[4]

Schon den Gründungsakt einer internationalen Organisation begleitet nach 1945 ihr Verhältnis zu anderen bereits bestehenden internationalen Institutionen, vornehmlich den Vereinten Nationen. So bezieht beispielsweise sich 1948 der Nordatlantikvertrag auf die Grundsätze und Ziele der Satzung der Vereinten Nationen und 1957 der Vertrag zur Gründung der EWG auf Verpflichtungen der Mitgliedsstaaten aus anderen internationalen Abkommen.[5] Freilich sind das nur Bekenntnisse, die der Legitimation für eigenes, wenn damit auch eingeschränktes Handeln dienen.

Die Charta von Helsinki geht 1975 schon weiter, indem sie sich nicht nur allgemein auf die Prinzipien der Vereinten Nationen beruft, sondern für die Durchführung der Zusammenarbeit in den Bereichen der Wirtschaft, der Wissenschaft und der Technik sowie der Umwelt andere Organisationen, insbesondere die Wirtschaftskommission der Vereinten Nationen für Europa beanspruchen will.[5]

Das Verhältnis einer europäischen Organisation zu den Vereinten Nationen kann im Vergleich mit anderen Organisationen ihren rechtlichen Status, ihre politische Wirkungsmöglichkeit und ihre Reputation beeinflussen. Die KSZE/OSZE hat sich um enge formale und materielle Beziehungen zu den Vereinten Nationen von Beginn an mit Erfolg bemüht, was sich besonders in der Erklärung von 1992 ausdrückt, sie zu einer regionalen Abmachung der Vereinten Nationen nach Kapitel VIII der UN-Charta zu machen.[6] Hier und damit auch in der Stellung zu den anderen europäischen Organisationen hatte die Frage des rechtlichen Status der KSZE/OSZE immer eine prekäre Bedeutung.[7]

Ein auf wechselseitige Kenntnisnahme, Abstimmung oder gar Arbeitsteilung gerichtetes interinstitutionelles Verhältnis kommt erst nach 1990 für die europäischen Organisationen angesichts der veränderten politischen Verhältnisse, vor allem dem Wegfall der osteuropäischen „Gegenorganisationen", wie WPO und RGW, in Betracht. So heißt es in der Charta von Paris nach Aufzählung einer Reihe von internationalen Wirtschafts- bzw. Umweltorganisationen, darunter die Europäische Gemeinschaft: „Zur Verfolgung unserer Ziele betonen wir die Notwendigkeit einer verstärkten Zusammenarbeit zwischen ihnen", und an anderer Stelle der Pariser Charta erklärten die Staats- und Regierungschefs, „die Arbeit dieser Organisationen sorgfältig zu koordinieren und Methoden zu finden, die allen unseren Staaten eine Teilnahme an dieser Arbeit ermöglichen."[8]

Seitdem erklärten die beteiligten Staaten bei verschiedenen Anlässen, die bestehenden Organisationen zu einem Netzwerk zusammenwirkender Institutionen („interlocking institutions") zu verbinden, wo jede ihren Platz gemäß ihres „komparativen Vorteils" finden soll. So heißt es schon im Kommuniqué der Kopenhagener NATO-Ratstagung 1990 mit Blick auf Mittel- und Osteuropa: „Unsere gemeinsame Sicherheit kann am besten durch die Weiterentwicklung eines Geflechts ineinandergreifender Institutionen und Beziehungen gesichert werden, die eine umfassende Architektur bilden, deren wesentliche Elemente das Bündnis (also die NATO, d.Verf.), der europäische Integrationsprozeß (also die EU, d.Verf.) und die KSZE sind."[9]

Seit dem Prager Rats-Treffen der KSZE von 1992 wird den Beziehungen zu internationalen Organisationen in den einschlägigen Dokumenten der KSZE/OSZE ein eigenes Kapitel gewidmet; so wurde in Prag von der Notwendigkeit einer „vollständigen Koordinierung" zwischen KSZE einerseits und Europarat, Nordatlantischer Allianz, Westeuropäischer Union u.a. andererseits gesprochen; später ist im Helsinki-Dokument von 1992 unter Berufung auf Prag von „Informationsaustausch" und im Dokument des Stockholmer Ratstreffens von „Verbesserung der Zusammenarbeit und Kontakte" die Rede.[10] Das bezog sich vorwiegend und explizit, doch nicht ausschließlich auf die Vereinten Nationen und ihre Organe. Das Ratstreffen von Rom 1993 beschloss, die Einrichtung organisierter Formen für die Konsultation und für die Koordination von Aktivitäten mit anderen „europäischen und transatlantischen Institutionen".[11]

Längst sind den Absichtserklärungen die geforderten Kontakte zu Europarat und NATO gefolgt. Seit 1993 berichtet der Generalsekretär der OSZE zunehmend darüber.[12] Diese Kontakte finden auf verschiedenen Ebenen und in verschiedenen Bereichen statt. Es gibt die schlichte Teilnahme von Vertretern anderer Organisationen bei Zusammenkünften der OSZE wie auch umgekehrt von OSZE-Vertretern, vornehmlich des Generalsekretärs, bei Zusammenkünften der anderen. Hervorhebenswert sind die sogenannten 2+2-Gespräche zwischen den Vorsitzenden und den Generalsekretären von OSZE und Europarat, die inzwischen zu einem festen Bestandteil der wechselseitigen Beziehungen geworden sind. Es gibt Beziehungen auf der „Arbeitsebene" und endlich hat sich eine operative Zusammenarbeit „vor Ort", also bei den Missionen der OSZE entwickelt. Man kann die Vielzahl der inzwischen gegebenen Fälle und Situationen nach Information, informeller, ad hoc- und formaler Konsultation, nach Koordination und nach operativer Kooperation in den Bereichen der allgemeinen Sicherheitspolititk sowie deren menschlicher und wirtschaftlicher Dimension unterscheiden.[13]

Eine besondere sicherheitspolitische Rolle der OSZE im Verhältnis zu den Vereinten Nationen – und damit hinsichtlich des Status implizit auch zu den anderen europäischen Organisationen – sollte eine Art von Subsidiarität regeln, die unter der Formel „OSZE zuerst" („OSCE first") durch eine gemeinsame Initiative des deutschen und des niederländischen Außenminister 1994 im Jahr des Budapester Gipfels vorgeschlagen worden ist (Kinkel-Kooijmans-Initiative).

Die beiden Außenminister hatten im Mai 1994 dem Ständigen Rat ihre Vorschläge unter dem Motto „Auf dem Weg zur kollektiven Sicherheit im KSZE-Gebiet" und „Stärkung der operativen Fähigkeiten der KSZE" vorlegen lassen. Damit sollte das kollektive Sicherheitssystem der Vereinten Nationen effektiver anwendbar gemacht werden. Künftig sollte beim Aufkommen von Spannungen und Streitigkeiten in Europa zunächst die OSZE um deren Bewältigung bemüht sein; erst wenn ihre eigenen Bemühungen erfolglos blieben, wäre der VN-Sicherheitsrat damit zu befassen. Zugleich sollte die Beschlussfähigkeit der OSZE durch die Einführung der Mehrheitsregel für prozedurale und administrative Entscheidungen sowie des Prinzips „Konsens minus N" im Falle von bestimmten Beschlüssen zur Konfliktbewältigung gestärkt werden.

Eine Einführung von Mechanismen regionaler Kollektivsicherheit könnte prinzipiell angesichts des bestehenden Völkerrechts nicht strittig sein. Die Bestimmungen der UN-Charta im Kapitel VIII, Art. 52 Abs. 2 geben den Mitgliedern regionaler Organisationen die Möglichkeit, sich durch die Inanspruchnahme der entsprechenden Abmachungen um die friedliche Beilegung lokaler Streitigkeiten zu bemühen, bevor sie den Sicherheitsrat damit befassen. Doch kontrovers war eine Formulierung, derzufolge eine solche eventuelle weitere Befassung des Sicherheitsrates, erstens, eine Einschätzung der Lage sowie geeignete Aktionsvorschläge enthalten und zweitens auch ohne die Zustimmung der in den Konflikt verwickelten Staaten beschlossen werden könnte. Nachdem kein Konsens erreicht worden war, erklärte der Amtierende Vorsitzende im Anschluss an die Annahme des Budapester Dokuments, dass die Angelegenheit dem Ständigen Rat zur weiteren Behandlung unterbreitet würde; nach der Annahme sollte die Regelung als integraler Bestandteil der Budapester Beschlüsse gelten. Ein entsprechender Vorstoß des Vorsitzenden des Ständigen Rates im ersten Vierteljahr 1995 blieb allerdings erfolglos.

Mit der Debatte um die Sicherheitscharta und die darin aufzunehmende sogenannte Plattform für Sicherheitskooperation hat die Frage der wechselseitigen Beziehungen eine neue Qualität gewonnen, denn es geht nun um ihre gemeinsame Formalisierung besonders zwischen allen vier Organisationen.

Die Staats- und Regierungschefs beschlossen auf dem Budapester Gipfel 1994, „Diskussionen über ein Modell für eine gemeinsame und umfassende Sicherheit" aufzunehmen. Der Beschluss enthielt eine Reihe von Empfehlungen, wie diese Diskussion durchgeführt und wie ihr Ergebnis durch den Amtierenden Vorsitzenden dem Gipfel 1996 in Lissabon vorgelegt werden sollte. Daraufhin haben während des Lissabonner Gipfeltreffens 1996 die Staats- und Regierungschefs eine 12-Punkte-Erklärung über ein Modell der gemeinsamen und umfassenden Sicherheit für Europa für das 21. Jahrhundert beschlossen. Das Ergebnis mündete nach weiteren Beratungen in eine Charta über Europäische Sicherheit, die auf dem Istanbuler Gipfel im November 1999 zusammen mit einer Plattform für kooperative Sicherheit beschlossen wurde.

Für diese Beratungen konnten sich die Delegierten noch durch den Zuspruch in einer Reihe von NATO-Dokumenten zusätzlich motiviert fühlen, wie z.B. der Madrider Erklärung der NATO-Gipfelkonferenz vom 8./9.7.1997, in der es u.a. zur OSZE heißt: „Wir bekräftigen unser Bekenntnis zur weiteren Stärkung der OSZE als einer regionalen Abmachung im Sinne des Kapitels VIII der Charta der Vereinten Nationen und als eines Hauptinstruments für die Konfliktverhütung, die Stärkung der kooperativen Sicherheit und die Förderung von Demokratie und Menschenrechten. Die OSZE als umfassendste europäische Sicherheitsorganisation spielt eine entscheidende Rolle bei der Sicherung von Frieden, Stabilität und Sicherheit in Europa. Die von der OSZE verabschiedeten Verpflichtungen und Standards bilden eine Grundlage für die Entwicklung einer umfassenden und kooperativen europäischen Sicherheitsarchitektur. Unser Ziel ist es, durch eine möglichst breitangelegte Zusammenarbeit unter den OSZE-Staaten in Europa einen gemeinsamen Sicherheits- und Stabilitätsraum ohne Trennlinien oder Einflußsphären zu schaffen, die die Souveränität einzelner Staaten beschränken...".[14]

Andererseits können solche Umarmungen auch einen erdrückenden Charakter annehmen. Am 30. Mai 1997 ist in Sintra/Portugal der Euro-Atlantische Partnerschaftsrat (EAPR) ins Leben gerufen worden, der den bisherigen Nordatlantischen Kooperationsrat ablöste und dem alle OSZE-Staaten beitreten können.[15] Dieser Rat soll sich „durch praktische Arbeit weiterentwickeln" und seinen Mitgliedern einen „übergreifenden Rahmen für Konsultationen ... über ein breites Spektrum politisch und sicherheitsrelevanter Fragen bieten". Der Rat will seinen Mitgliedern eine differenzierte und intensive Beratungstätigkeit ermöglichen, allein die Außen- und Verteidigungsminister der Mitglieder sollen sich je zweimal jährlich treffen. Als konkrete Themen für Konsultationen nennt das verabschiedete Grunlagendokument u.a.: Krisenbewältigung, regionale Angelegenheiten, Rüstungskontrolle, Fragen der Verbreitung atomarer, biologischer und chemischer (ABC-)Waffen und der Verteidigung, Probleme des internationalen Terrorismus, Verteidigungsplanung und Verteidigungshaushalte sowie Verteidigungspolitik und -strategie, sicherheitsrelevante Auswirkungen wirtschaftlicher Entwicklungen. Für eine mögliche Zusammenarbeit und Konsultation werden ferner u.a. zivile Notstandsplanung und Katastrophenschutz, Rüstungszusammenarbeit, nukleare Sicherheit, verteidigungsbedingte Umweltfragen, Fragen in Zusammenhang mit internationalen Friedensmissionen aufgeführt.[16] Durch eine Reihe von Organen ist der EAPR nicht nur mit dem Progamm Partnerschaft für den Frieden, dem bisher schon 27 Staaten folgten, sondern direkt mit der NATO und ihren operationellen Möglichkeiten verbunden.

Zweifellos konnte dieser neue Rat die Aufmerksamkeit vieler OSZE-Staaten beanspruchen und auf sie wahrscheinlich eine hohe Attraktivität ausüben. Dabei war noch dreierlei zu ergänzen. Zwölf OSZE-Staaten hatten sich um direkte NATO-Mitgliedschaft beworben, von denen drei, Polen, Ungarn, Tschechien inzwischen aufgenommen worden sind. Die NATO hatte am 27.5.1997 in Paris mit der Russischen Föderation eine umfängliche Grundakte beschlossen, die u.a. die Bildung eines Ständigen Gemeinsamen Rats „auf verschiedenen Ebenen und in unterschiedlicher Zusammensetzung je nach Thema" für die Konsultation und Zusammenarbeit für einen ebenfalls umfassenden Katalog von Bereichen vorsah.[17] Endlich hatte drittens die NATO mit der Ukraine eine ebenfalls umfängliche „Charta über eine ausgeprägte Partnerschaft" am 9.7.1997 in Madrid vereinbart, die detailliert Aufgaben und Konsultationsmechanismen umschrieb.[18]

Diese Räte und Strukturen haben sich – zusätzlich bedingt durch den Kosovo-Krieg – nicht so entfaltet, dass sie zu einer Konkurrenz-Veranstaltung der OSZE geworden sind. Doch nachdenklich konnte die offene Liste der Arbeitsbereiche der neuen Räte und ihre Überlappung oder zumindest Berührung mit den gewachsenen oder präsumptiven Zielen, Aufgaben und Aktionsfeldern der OSZE machen. Unter den 55 Teilnehmerstaaten der OSZE sind also in den „Einzugsbereich" der 19 NATO-Staaten die neun NATO-Kandidaten und die zwei anscheinend NATO-privilegierten Staaten Russland und Ukraine getreten. Das nun schon bestehende Zahlenverhältnis zeigt, wohin sich das Schwergewicht innerhalb des Kreises aller Teilnehmerstaaten auch qualitativ künftig verlagern kann, zumal neben dem EAPR das NATO-Programm „Partnerschaft für den Frieden" unter Mitwirkung nicht nur ehemaliger Mitglieder des Warschauer Paktes sondern selbst neutraler Staaten operativ ausgeführt wird.

Die niederländische Regierung versuchte 1998 mit einer beachtlichen Initiative für eine Allianz von OSZE und Europarat über Menschenrechte und Demokratie, einen Akzent eigener Art in einem Zwischenschritt zu setzen.[20] Dieses aufwendige Unternehmen war riskant und blieb am Ende für seine Initiatoren wahrscheinlich unter deren Erwartungen. Gleichwohl war es nützlich, weil es allen die Defizite der Institutionenpolitik ins Bewusstsein rief, weil es die Beteiligten aus einer Haltung der Indolenz löste und weil es die Möglichkeiten und Grenzen des Zusammenwirkens aufzeigte und zur Debatte stellte.[21]

Aus verschiedenen Gründen besteht die Gefahr, dass die erreichte Institutionalisierung Europas als „Bauruine" endet. Die weitere Expansion der bestehenden Organisationen stößt auf Widerstand.

Ein Ausweg aus einer festgefahrenen Situation institutioneller Erweiterung wäre die direkte Vernetzung und arbeitsteilige Umstrukturierung der europäischen Institutionen selbst und ihre Einfügung in ein „Gemeinsames Haus".

Wollte man den Verlauf der bisherigen Bemühungen um die Gestalt der „interlocking institutions" auf der Grundlage „komparativer Vorteile" als ein ständiges Drehen im Kreis beharrender Akteure resignativ verspotten, dann ginge es – an dem Bild anknüpfend – um die Quadratur dieses Kreises, nämlich um den Entwurf *einer* Institution für die vier Institutionen oder anders gesagt, die Institutionalisierung der Institutionen selbst.

Die weitere Institutionalisierung Europas mit den Mitteln interinstitutioneller Verflechtung könnte sich in zwei Stadien vollziehen. Die vier Großorganisationen überführen die auf dem Istanbuler Gipfel 1999 beschlossene Plattform für kooperative Sicherheit in ein Rahmenabkommen, das für ein bestimmtes zeitliches Stadium gilt und danach abgelöst wird von einem gemeinsamen Statut. Das Rahmenabkommen verpflichtet die Organisationen und damit ihre Mitglieder zur Aufgabenumschichtung und zur Öffnung für beitrittswillige Staaten.

Wenn neue Grundlagen und andere Formen der Konsultation, Koordination und Kooperation zwischen den vier Großorganisationen geschaffen werden, dann muss an eine Reform der vier Großorganisationen hinsichtlich Aufgaben, Arbeitsweise und Mitgliedschaft gedacht werden. Vor allem müssen zwei Gravanima angegangen werden. Als erstes müssen die bestehenden und schon oft beklagten Aufgaben- und Kompetenzüberschneidungen, zahlreichen Doppelungen und Überlappungen erfasst und abgebaut werden. Als zweites muss die Mitgliedschaft der Organisationen angeglichen werden.

Bevor in dem folgenden Stadium die Organisationen miteinander weiter verflochten werden, müssen sie also erst für ihr reibungsloses Funktionieren von bestimmten ihrer bisherigen Aufgaben entflochten werden. Das wuchernde sicherheitspolitische Netzwerk von Institutionen (Abkommen, Verträgen und Organisationen), durch das Staaten auf unterschiedliche Weise miteinander verbunden sind, sollte zur Stärkung seiner gewünschten Wirksamkeit durchforstet und dann klarer auf eine der vier Organisationen bezogen werden. Ein Beispiel für ein solches Verfahren bietet die Übertragung des Sicherheitspaktes und damit der vielen bi- und multilateralen Verträge auf die OSZE.

Zu den Standardbekenntnissen westlicher Politiker gehört die Feststellung, dass niemand eine neue Aufspaltung des Kontinents will und dass es keine geteilte Sicherheit gäbe. Die Aufteilung des Kontinents in ein Groß-Europa und ein Klein-Europa ist obsolet geworden. Daher sollte jeder Staat, der einer Organisation angehört, als Kandidat für die Aufnahme in die anderen Organisationen gelten, soweit er dort nicht schon Mitglied ist.

Ab- und Ausgrenzungen beseitigen keine Konfliktherde, auch wenn sie die aus dem Gesichtskreis der wenigen Privilegierten eine Zeit lang verdrängen können, verstärkt letztlich das Ignorieren bestehender und schafft neue Konfliktlagen. Soll ein solcher, nur destruktive Kräfte des Nationalismus und Chauvinismus weckender Zustand auf dem europäischen Kontinent vermieden werden, dann bedarf es in diesem Stadium einer pragmatischen *und* kreativen Gestaltungskraft.

Angesichts der beschränkten Zahl von Sicherheits- und Außenpolitik-Experten in allen Ländern und der Vielzahl von europäischen ad hoc-parlamentarischen Gremien, wie der Parlamentarischen Versammlung der OSZE, des Europarats, der Versammlung der Westeuropäischen Union, der Nordatlantischen Versammlung, der Interparlamentarischen Versammlung der GUS und der Plenarversammlung des Nordischen Rats – abgesehen vom privilegierten und ständigen Europaparlament – stellt sich die Frage, ob nicht eine Verflechtung dieser parlamentarischen Gremien die Qualität und die Wirkung internationaler parlamentarischer Tätigkeit erhöhen würde. Man könnte sich eine Parlamentarische Versammlung vorstellen, die dann Ausschüsse hat für die OSZE, den Europarat, die Westeuropäische Union/WEU, die NATO usw. Die Abgeordneten sind also aufgerufen, die ersten Schritte in das Gemeinsame (Hohe) Haus zu machen!

Im folgenden Stadium gilt es, das Rahmenabkommen zu einem Statut einer UN-Regionalorganisation und zu einer Verfassung einer Konföderation der europäischen Staaten zu überführen.

Die europäischen Regierungen sind schon auf dem Weg zum Gemeinsamen Haus als einer Art „Clearing House"; sie sollten ihn offen und ohne Furcht vor Widersprüchen und Stolpern zu einem erreichbaren Ende begehen, einer in der Europäischen Bewegung immer wieder beschworenen „Finalität". Immerhin besäße das „Gemeinsame europäische Haus" schon vier Kammern in statu nascendi, eine sicherheitspolitisch-allgemeine mit den OSZE-Teilnehmerstaaten, eine wirtschafts- und sozialpolitische mit den EU-Mitgliedern, eine rechts- und kulturpolitische mit den Mitgliedern des Europarats und eine militärisch-sicherheitspolitische mit den Mitgliedern der NATO bzw. der WEU.

Die europäischen Staaten sind also in mehreren „Kammern" oder „Versammlungen" vertreten. Am Anfang gibt es für manche noch inklusive und exklusive Organe, Vollmitgliedschaft, assoziierte Mitgliedschaft, Beobachter- und Beratungs-Status. Im Zuge der vorangegangenen Entwicklung wird sich die formale Parität der europäischen Staaten jedoch durchsetzen; ebenso wird sich der Status der nordamerikanischen in ein Assoziationsverhältnis überführen lassen. (Dabei sollte grundsätzlich gelten, dass gemeinsame Institutionen mit den USA und Kanada auch Russland, die Ukraine und die anderen GUS-Staaten einschließen. Umgekehrt sollte ein Ausschluss Russlands, der Ukraine u.a. von europäischen Institutionen grundsätzlich auch die USA und Kanada ausschließen.)

Das gemeinsame Dach sollte für eine Politik umfassender Sicherheit eine enge Kooperation der Institutionen institutionalisieren. Damit sind Ansätze zu einer gesamteuropäischen Konföderation gegeben. Das kann einen Synergie-Effekt haben, indem die Staaten das „zusammenfügen, was zusammen gehört."

Wie schnell und weit diese Entwicklung eintritt, hängt freilich immer von der Einsicht, dem Mut und dem Willen der 55 Regierungen ab, namentlich auch von jenen, die im Verband der Europäischen Union eine Gemeinsame Außen- und Sicherheitspolitik – im wesentlichen vergebens – anstreben und diese im Rahmen der OSZE und nicht in Konkurrenz zur OSZE zur Geltung bringen sollten.

Noch ist es nicht vorstellbar, dass die der OSZE durch die Teilnehmerstaaten aufgetragenen Aufgaben einmal durch und namens der NATO ausgeführt werden könnten, es sei denn, eines Tages gehörten alle 55 Staaten zwischen Vancouver und Wladiwostock nicht nur der OSZE, sondern auch der NATO an und die hieße analog zum EAPR dann EATO. Vorerst besteht für diesen gesamteuropäischen Raum die Stärke der OSZE in ihrer unübertroffenen Multilateralität und damit in den Möglichkeiten kooperativer Sicherheitspolitik. Inwieweit diese Stärke zum Zuge kommt, hängt freilich immer von der Einsicht und dem Willen der 55 Regierungen ab, namentlich auch von jenen, die im Verband der Europäischen Union eine Gemeinsame Außen- und Sicherheitspolitik anstreben und diese im Rahmen der OSZE und nicht in Konkurrenz zur OSZE zur Geltung bringen sollten.

Wenn die europäischen Staaten ihre Systeme der Koordination und Kooperation über das kontinental-regionale Clearing-House zu der Regionalorganisation der Vereinten Nationen in Form einer Konföderation verdichten, werden sie sich beispielhaft auch zur Führung einer globalen, kooperativen Politik befähigen.

Das Konzept der gesamteuropäischen Vernetzung stellt den Versuch zu einer Durchsetzung einer normativen Hegemonie basierend auf der Entwicklung der Helsinki Charta von 1975 dar. Im gesamteuropäischen Zusammenhang bietet es unter Kosten-Nutzen-Betrachtungen die optimale Perspektive für eine europäische Institutionenpolitik.

1   „Erweitert" heißt Übernahme neuer Aufgaben; „vertieft" steht für Zuwachs an Kompetenz für bereits übernommene Aufgaben. Dieser Unterschied lässt sich auch mit „horizontaler" versus „vertikaler" Erstreckung andeuten, wie durch Ingo Peters, Die Beziehungen der OSZE zu anderen internationalen Organisationen, in: Institut für Friedensforschung und Sicherheitspolitik/IFSH (Hrsg.), OSZE-Jahrbuch 1996, Baden-Baden 1996, S. 418

2   Zu Begriff und verschiedenen, vornehmlich westeuropäischen Aspekten der Institutionalisierung siehe: Thomas König, Elmar Rieger, Hermann Schmitt (Hrsg.), Europäische Institutionenpolitik, Frankfurt/New York 1997

3   Dazu auch empirisch aufschlussreich: Lykke Friis, And then they were 15: The EU-EFTA-Enlargement Negotiations, in: Cooperation and Conflict, Vol.33, Nr. 1, 1998, S. 84f.

4   Dazu kritisch zusammenfassend Ingo Peters, a.a.O. S. 431f.

5   Präambel, Art. 1 und 5, Nordatlantikvertrag; Art 37,5 EWG Vertrag

6   Schlussakte von Helsinki, in: Auswärtiges Amt (Hrsg.) 20 Jahre KSZE, S. 32, Bonn 1993; zu den Beziehungen OSZE und Vereinte Nationen, siehe Ralf Roloff, Die OSZE und das Verhältnis zu den Vereinten Nationen – Im Wechsel von Kooperation, Konkurrenz und Subsidiarität, in: Institut für Friedensforschung und Sicherheitspolitik/IFSH (Hrsg.), Das OSZE-Jahrbuch, Baden-Baden 1995, S. 375-383

7   Dazu Ralf Roloff, a.a.O.

8   Dazu Marcus Wenig, Der völkerrechtliche Status der OSZE – Gegenwärtiger Stand und Perspektiven, in: Institut für Sicherheitspolitik und Friedensforschung an der Universität Hamburg/IFSH (Hrsg.) OSZE-Jahrbuch 1997, Baden-Baden 1997, insbes. S. 402-411

9   Charta von Paris für ein Neues Europa, Auswärtiges Amt, a.a.O, S. 152 u. 153

10 Presse- und Informationsamt der Bundesregierung (Hrsg.), Bulletin 66/1991, S. 526

11 Prager Treffen des Rates der KSZE 30. bis 31.1.1992, in: Auswärtiges Amt a.a.O., S. 249f.; Helsinki-Dokument 1992, in: ebenda, S. 197; Stockholmer Treffen des Rates der KSZE, 14. bis 15.12.1993, in: ebenda, S. 265f.

12 CSCE Decisions Reference Manual: From Rome to Budapest 1993-1994, S. 29

13 Die Jahresberichte sind seit 1993 wiedergegeben im Anhang der vom Institut für Friedensforschung und Sicherheitspolitik an der Universität Hamburg/IFSH herausgegebenen OSZE-Jahrbücher, Baden-Baden 1995ff.

14 Dazu im einzelnen mit einer Vielzahl von Fällen Ingo Peters, a.a.O. S. 419-431

15 Erklärung von Madrid zur euro-atlantischen Sicherheit und Zusammenarbeit vom 8.7.1997, Pkt. 21, in: Bulletin des Presse- und Informationsamtes der Bundesregierung Bonn, 31.7.1997, Nr. 64/S. 769

16 Bulletin des Presse- und Informationsamtes der Bundesregierung, Bonn 16.6. 1997, Nr. 50/S. 579ff.

17 ebenda, S. 579-581

18 Grundakte über gegenseitige Beziehungen, Zusammenarbeit und Sicherheit zwischen der Nordatlantikvertrags-Organisation und der Russischen Föderation, in: Bulletin des Presse- und Informationsamtes der Bundesregierung, Bonn 3.6.1997, Nr. 43/S. 449-453

19 Charta über eine ausgeprägte Partnerschaft zwischen der Nordatlantikvertrags-Organisation und der Ukraine, in: Bulletin des Presse- und Informationsamtes der Bundesregierung, Bonn 31.7.1997 Nr. 64/S. 771-774

20 Siehe: Address by Hans van Mierlo, Minister for Foreign Affairs of the Netherlands to the OSCE Permanent Council, Vienna, 26 March 1998, S. 4-6

21 Vgl. Discussion paper for the 5 June OSCE-CoE-Seminar „Alliance for Human Rights and Democracy" in Den Haag mit Summary of the Seminar.

Stichworte

Abrüstung

Abrüstung heißt Verminderung oder Abschaffung militärischer Machtpotenziale, also von Streitkräften und Waffen sowie von industriellen und technischen Kapazitäten zur potenziellen Entwicklung und Herstellung militärischer Mittel (Konversion) und infolgedessen Senkung oder Streichung von öffentlichen Militär- und Rüstungshaushalten. Von Abrüstung ist Rüstungskontrolle oder Rüstungssteuerung zu unterscheiden, die auf Stabilisierung, Begrenzung und Transparenz und damit auch auf Vertrauens- und Sicherheitsbildung bestehender Rüstungsprozesse und Militärpotenziale gerichtet ist. Programme der Rüstungskontolle können Abrüstung und Aufrüstung einschließen, umgekehrt wird planmäßig durchgeführte Abrüstung erfahrungsgemäß mit Rüstungskontrollmaßnahmen verbunden.

Mit Abrüstung haben die Teilnehmerstaaten die KSZE/OSZE seit ihren frühen Ursprüngen in 1973 nicht befasst. Abrüstung in Europa und zwar bezogen auf konventionelle Waffen und Streitkräfte blieb zunächst einem anders zusammengesetzten Kreis von 22 Staaten, die der NATO und der Warschauer Vertragsorganisation angehörten, überlassen. Sie beriefen die Konferenz über einen wechselseitig und ausgeglichenen Truppenabbau (Mutual Balanced Force Reduction = MBFR) 1973 in Wien ein; nach deren Stagnation kam es 1989 in einem neuen Beginn zu den Verhandlungen über konventionelle Streitkräfte in Europa (VKSE) und schließlich 1990 zu einem Abrüstungsvertrag, dem → KSE-Vertrag.

Die in der → Schlussakte von Helsinki 1975 im ersten der drei → Körbe zusammengefassten Erklärungen zu militärisch-sicherheitspolitischen Themen sind der Stockholmer Konferenz über vertrauensbildende Maßnahmen und Abrüstung in Europa (KVAE) zwischen 1984/1986 übertragen und in ·den → Wiener Dokumenten der Verhandlungen über → vertrauens- und sicherheitsbildende Maßnahmen 1990, 1992, 1994 und 1999 stärker konkretisiert worden. Dabei handelt es sich jedoch nicht um abrüstungs-, sondern um rüstungskontrollpolitische Regime.

Durch die → Charta von Paris 1990 und vor allem durch das Dokument von → Helsinki 1992 ist der KSE-Vertrag von 1990 dem neu geschaffenen, der OSZE angegliederten → Forum für Sicherheitskooperation zur weiteren Verhandlung zugeordnet worden. Das ging mit der erklärten Absicht einher, die verschiedenen bestehenden Übereinkünfte der Rüstungskontrolle, Abrüstung sowie Vertrauens- und Sicherheitsbildung zu „harmonisieren" und neue Bemühungen um Rüstungskontrolle, Abrüstung, Vertrauens- und Sicherheitsbildung, Sicherheitskooperation und Konfliktverhütung im Forum für Sicherheitskooperation „kohärent miteinander zu verknüpfen und zu ergänzen". Ein partielles Ergebnis solcher Bemühungen stellen die Vereinbarungen von 1996 dar, mit deren Erarbeitung die OSZE durch das Dayton-Friedens-Abkommen für Bosnien-Herzegowina beauftragt worden ist.

Obwohl eine auch so genannte Harmonisierung der gesamten Abrüstungspolitik bislang formell noch nicht gelungen ist, sind die Ausführung, Prüfung und Fortschreibung der Maßnahmen, die in den Wiener Dokumenten 1990, 1992, 1994 und 1999 aufgrund des KSE-Vertrages, die im Vertrag über den → Offenen Himmel sowie die, die im Friedens-Abkommen von Dayton beschlossen worden sind, faktisch dem politischen OSZE-Prozeß eng verbunden. Die Bemühungen um eine Harmonisierung der verschiedenen Abrüstungskomplexe stagnieren.

Literatur: Erwin Müller/Götz Neuneck (Hrsg.), Abrüstung und Konventionelle Stabilität in Europa, Baden-Baden 1990; Hans-Joachim Schmidt, Konventionelle Abrüstung in der Krise?, in: Hessische Stiftung für Friedens- und Konfliktforschung, u.a. (Hrsg.), Friedensgutachten 1996, Münster 1996; Hans-Joachim Schmidt/Wolfgang Zellner, Konventionelle Rüstungskontrolle vor neuen Herausforderungen: Der KSE-Vertrag im Belastungstest, in: Hessische Stiftung für Friedens- und Konfliktforschung, u.a. (Hrsg.), Friedensgutachten 1999, Münster 1999, S. 248-256; Hans-Joachim Schmidt/Wolfgang Zellner, Konventionelle Rüstungskontrolle im Belastungstest: Der Einfluß regionaler Gewaltkonflikte, in: Forschungsstätte der Evangelischen Studiengemeinschaft u.a., (Hrsg.), Friedensgutachten 2000, Münster 2000, S. 269-278

Amtierender Vorsitzender

Der Amtierende Vorsitzende trägt die Verantwortung für exekutive Maßnahmen. Die Funktion übt jeweils der Außenminister des Staates aus, der über zwölf Monate vor Amtsantritt durch die Teilnehmerstaaten damit betraut wurde. Schon als gewählter Nachfolger konnte er in der → Troika ein Jahr lang wirksam werden. Den Amtierenden Vorsitzenden vertritt im → Hohen Rat der jeweilig entsandte hochrangige Beamte und im → Ständigen Rat der Botschafter seines Landes.

Seit 1991 amtierten als Vorsitzende jeweils die Außenminister Deutschlands (1991), der Tschechoslowakei (1992), Schwedens (1993), Italiens (1994), Ungarns (1995), der Schweiz (1996), Dänemarks (1997), Polens (1998), Norwegens (1999), Österreichs (2000). Im Jahr 2001 stellt Rumänien den Vorsitzenden. Auf dem Budapester Gipfel 1994 wurde die Amtsdauer auf ein Kalenderjahr festgelegt. Das Amt des Vorsitzes entstand durch die → Charta von Paris. Durch Beschlüsse auf dem Gipfel von → Helsinki 1992 wurden die Stellung und die Funktion des Amtierenden Vorsitzenden ausgebaut, indem zu seiner Unterstützung eine → Troika und bei Bedarf sogenannte ad-hoc-Lenkungsgruppen für Konfliktprävention, Krisenmanagement und Streitbeilegung geschaffen wurden; auch wurde ihm die Berufung persönlicher Vertreter, ausgestattet mit einem Mandat, ermöglicht. Lenkungsgruppen können vom → Ständigen Rat oder vom → Hohen Rat auf Empfehlung des Amtierenden Vorsitzenden eingerichtet werden, persönliche Vertreter beruft und entsendet er im Falle einer Krise oder eines Konflikts; darüber hat er den Hohen oder den Ständigen Rat zu informieren und ihnen danach über die Tätigkeiten seiner Beauftragten zu berichten. Persönliche Vertreter entsandte der Amtierende Vorsitzende in den letzten Jahren beispielsweise an die Konfliktherde Moldau, Georgien und Tschetschenien.

Der Amtierende Vorsitzende bildet das Zentrum aller politischen Konsultationen, er regt die Meinungsbildung an und sorgt für das Zustandekommen eines tragbaren Konsenses. Er hat die Tätigkeiten der → Organe zu koordinieren. Der Amtierende Vorsitzende bereitet die Sitzungen und Konferenzen durch Entwurf von Tagesordnungen und Vorlage von Entscheidungen vor. Er formuliert das Arbeitsprogramm für die OSZE. Sein Amt ist entscheidend für Konfliktverhütung und Krisenbewältigung, indem er den Kontakt zu den Parteien aufnimmt, sie konsultiert und eventuelle Verhandlungen leitet. Gegebenenfalls hängt von ihm ab, wie die sogenannten → Mechanismen (insbesondere der Berliner Dringlichkeitsmechanismus) durchgeführt werden. Er ist für die Arbeit der → Missionen und anderer Mittel der Krisenbewältigung verantwortlich. Er nominiert die Leiter der Missionen. Er ist Adressat des → Hohen Kommissars für nationale Minderheiten.

Der Vorsitzende repräsentiert die OSZE in den Beziehungen zu internationalen Organisationen, Nicht-Mitgliedsstaaten und → Nichtstaatlichen Organisationen. Er gibt politische Erklärungen im Namen der OSZE ab.

Der Status eines Vorsitzenden, der gleichzeitig Außenminister eines Mitgliedes ist, birgt Chancen und Risiken für die betreffende internationale Organisation. Die Vorteile liegen in seiner Mitgift, soweit sie durch seine Reputation sowie das Ansehen, die Stärke und den Einfluss seines Landes einschließlich dessen amtlichen Apparat gegeben sind. Im umgekehrten Fall befinden sich hier ebenso die Nachteile. Das erwies sich eklatant, nachdem die Sanktionsmaßnahmen der 14 Mitgliedsländer der Europäischen Union im Frühjahr 2000 gegen Österreich beschlossen worden waren und das Land den OSZE-Vorsitz innehatte. Insbesondere überlastet die Ausübung beider Funktionen – des Außenministers und des Amtierenden Vorsitzes – den Inhaber quantitativ und macht ihn zusätzlich qualitativ ambivalent, sofern er Ansichten zu Problemfeldern vertreten und Aktionen unternehmen soll, die nicht im Interesse seines eigenen Landes liegen oder umgekehrt den Auffassungen der Teilnehmerstaaten widersprechen oder auch nur so gesehen werden. In jedem Fall hängt von seiner Bereitschaft und Fähigkeit zur Initiative und Führung auch die Entwicklung der OSZE ab.

Literatur: Pál Dunay, Zusammenarbeit in Konflikten: Der Amtierende Vorsitzende und der Generalsekretär, in: IFSH (Hrsg.), OSZE-Jahrbuch 1995 Bd. 1, Baden-Baden 1995, S. 399-410; Piotr Switalski, Der OSZE-Vorsitz: Entwicklung einer Institution, in: IFSH (Hrsg.), OSZE-Jahrbuch 1996 Bd. 2, Baden-Baden 1996, S. 361-368

Beauftragter für die Medienfreiheit

Die Einrichtung des Amtes für einen OSZE-Beauftragten für Medienfreiheit wurde auf dem Lissabonner Gipfel am 2./3.12.1996 in Aussicht genommen. Das durch den Ständigen Rat im November 1997 beschlossene Mandat wurde durch den Ministerrat in Kopenhagen im Dezember 1997 bestätigt. Erster Beauftragter für die dreijährige Amtsperiode wurde der frühere deutsche Bundestagsabgeordnete Freimut Duve.

Der Beauftragte hat außerhalb des Sekretariats ein selbstständiges Büro in Wien, das Informationen sammelt und Materialien archiviert. Er ist dem Ständigen Rat verantwortlich.

Das Mandat nennt als Zweck der Institution, die Verwirklichung der relevanten OSZE-Prinzipien und -Verpflichtungen im Bereich der → menschlichen Dimension zu stärken und die Wirksamkeit gemeinsamer Aktionen der Teilnehmerstaaten zu verbessern. Aufgabe des Beauftragten ist die Beobachtung der Medienentwicklung in allen Teilnehmerstaaten und in enger Koordination mit dem Amtierenden Vorsitzenden die restlose Befolgung der OSZE-Prinzipien und -Verpflichtungen über Meinungsfreiheit und Pressefreiheit anzumahnen und zu fördern. Er soll sowohl mit den Teilnehmerstaaten, dem → Ständigen Rat, dem → Hohen Kommissar für nationale Minderheiten und dem → Büro für Demokratische Institutionen und Menschenrechte als auch mit nationalen und internationalen Medienorganisationen eng zusammenarbeiten.

Der Beauftragte berichtet regelmäßig oder in außergewöhnlichen Umständen unmittelbar dem Amtierenden Vorsitzenden und dem Ständigen Rat. Das Amt ist offensichtlich dem des Hohen Kommissars für nationale Minderheiten nachgebildet, der aber keine Einrichtung der menschlichen Dimension ist. So ist auch dem Beauftragten untersagt, Beziehungen zu Personen oder Organisationen aufzunehmen, die Terrorismus oder Gewalt entschuldigen oder praktizieren.

Der Beauftragte hat durch seine Berichte und Stellungnahmen nach einer Vielzahl von Interventionen und Besuchen vor allem in den ost- und südosteuropäischen sowie den mittelasiatischen Staaten Aufmerksamkeit und Wirksamkeit erzielt. Seine Arbeit ist gemäß seinem Mandat allerdings nur auf die Einschränkungen der Medienfreiheit gerichtet, die traditionell von Obrigkeiten drohen, und nicht auf jene, die von wirtschaftlicher Konzentration, Inserenten-Interessen, Werbe- und Marktstrategien ausgehen.

Literatur: Representative on Freedom of the Media, Freedom and Responsibility, Yearbook 1998/99, Wien 1999ff.

Büro für Demokratische Institutionen und Menschenrechte

Das Büro für Demokratische Institutionen und Menschenrechte (BDIMR, engl. ODIHR = Office for Democratic Institutions and Human Rights), vormals Büro für freie Wahlen, mit Sitz in Warschau, ist eine Einrichtung der sogenannten → menschlichen Dimension. Es fördert den Prozess der Demokratisierung und des Aufbaus rechtsstaatlicher Einrichtungen, beobachtet die Durchsetzung der OSZE-Standards der Grund- und Menschenrechte und bringt damit den Bereich der menschlichen Dimension in dem umfassenden OSZE-Begriff von → Sicherheit zur Geltung. Es entsendet Beobachter, organisiert Tagungen und → Seminare, überprüft Standards, sammelt Informationen und stellt sie zur Verfügung, publiziert Anleitungen, hilft durch Berater und Ausbilder beim Aufbau demokratischer und rechtsstaatlicher Institutionen, auch zur Klärung rechtlicher, insbesondere verfassungsrechtlicher Fragen, und es berichtet anderen → Organen der OSZE.

Das BDIMR ist zur zentralen Instanz für die OSZE-interne Koordinierung im Bereich der menschlichen Dimension geworden. Nach außen unterhält es Beziehungen zum Europarat, zu den Vereinten Nationen, insbesondere dem Hochkommissar für Menschenrechte, der Hochkommissarin für Flüchtlingsfragen, dem VN-Menschenrechtstribunal, der Europäischen Kommission der EU und zur UNESCO. Das BDIMR sucht die nötige Zusammenarbeit mit den Teilnehmerstaaten und mit den nichtstaatlichen Organisationen, die es seinerseits fördert. Die freiwillige Mitarbeit von Experten ist für seine Wirksamkeit unerlässlich.

Kurz nachdem die KSZE in ihrem Kopenhagener Dokument von 1990 gemeinsame Standards für demokratische Institutionen und Rechtsstaatlichkeit formuliert hatte, gründete sie ein Büro für freie Wahlen als eine Einrichtung für internationale → Wahlbeobachtung. Das erschien damals als vorübergehende Maßnahme, die nur so lange nötig wäre, bis die ehemaligen Mitgliedsstaaten des Warschauer Paktes mit demokratischen Formen vertraut sein würden. Daher und im Einklang mit den angelsächsischen Vorbehalten gegen die Schaffung umfassender und mit weitreichenden Kompetenzen ausgestatteter Gremien wurde das Büro mit nur zwei Fachkräften besetzt, die durch die Teilnehmerstaaten unterstützt werden sollten. Die Dokumente von

→ Helsinki 1992 und → Budapest 1994 sowie die Beschlüsse des → Ministerrats von Rom 1993 stärkten seine Stellung durch Ausweitung des Mandats und die Zuweisung von Mitteln. Diese Stärkung erhielt das Büro, das sich seit 1992 explizit dem Aufbau demokratischer Institutionen und der Situation der Menschenrechte widmen sollte, angesichts der instabilen Verhältnisse in den meisten Reformstaaten.

1997 wurde das BDIMR neu strukturiert und ihm drei Hauptaufgaben angewiesen: Förderung freier und fairer Wahlen, Demokratieaufbau durch die Förderung von Zivilgesellschaft und demokratischen Institutionen und die praktische Beteiligung an der Überwachung der Umsetzung der OSZE-Verpflichtungen in der menschlichen Dimension.

Die → Wahlbeobachtung (dazu gehören Präsidenten-, Parlaments- oder Kommunalwahlen, Referenden und Volkszählungen) findet in enger Kooperation mit anderen internationalen Gremien statt, wie vor allem mit der → Parlamentarischen Versammlung der OSZE und dem Europarat. Das Büro versucht inzwischen, stärker Beobachter vor den Wahlen zu entsenden oder anderweitig Informationen einzuholen, um bei der Planung von Wahlen zu helfen und – falls erwünscht – um festzustellen, ob die Vorbereitungen freie und allgemeine Wahlen gewährleisten. Solche Hilfe kann von der Wahlgesetzgebung bis zur Anfertigung der Wählerverzeichnisse reichen. Die Wahlbeobachtung widmet ihre Aufmerksamkeit schon der Registrierung von Parteien und Kandidaten sowie den Vorgängen vor den Wahlen, wie der Finanzierung der Wahlwerbung oder dem Zugang zu den Medien. Eventuell sind Wähler und Wahlhelfer über die Modalitäten der Wahl und die aufgestellten Kandidaten zu informieren. Anlässlich einer Wahl sollen die BDIMR-Vertreter mit anderen internationalen Beobachtern zusammenarbeiten, um die Umstände während, vor und unmittelbar nach einer Wahl gründlicher untersuchen zu können, als es die geringen Mittel mit üblicherweise etwa zwei Mitarbeitern vor Ort zulassen. Das BDIMR veröffentlicht nach der Wahl Berichte, die manchmal mit Empfehlungen versehen sind, und steht den Regierungen für weitere Beratung zur Verfügung oder hilft beim Einholen geeigneter unabhängiger Expertisen. Die Aktivitäten des BDIMR gehen allerdings über die Beobachtung und die Veröffentlichung der Einschätzung des Wahlverlaufs nicht hinaus. Auf dem → Budapester Gipfel wurden erste Ansätze zu einer umfassenderen Begleitung von Wahlen vereinbart, beispielsweise durch verstärkte Begutachtung der Rolle der Medien, die enge Kooperation zwischen den Wahlbeobachtern verschiedener Organisationen und die Herausgabe eines Handbuchs für die Durchführung demokratischer Wahlen.

Neben der Wahlbeobachtung hilft das BDIMR dem Aufbau demokratischer Institutionen durch Ausbildungsprogramme, Verbreitung von Informationen, Beratung und Berichterstattung über Grund- und Freiheitsrechte, Verfassung, Justizwesen und Rechtsstaat. Kleine Treffen werden vom BDIMR in Eigenverantwortung auf Ersuchen eines OSZE-Mitgliedsstaates oder in Verbindung mit einer außenstehenden Organisation arrangiert. Dabei nimmt es vor allem beratende Tätigkeiten wahr. Das BDIMR hat Gerichtsverhandlungen überwacht und z.b. die Menschenrechts-Ombudsleute für die Bosnische Föderation ausbilden helfen. BDIMR-Experten haben den georgischen und den tadschikischen Verfassungsentwurf kommentiert sowie mit armenischen Verfassungsrichtern, Parlamentariern und Rechtsanwälten die juristische Modernisierung des Landes und den Verfassungsentwurf diskutiert.

Der dritte große Aufgabenbereich des BDIMR gilt dem Bemühen um die Durchsetzung der OSZE-Standards der menschlichen Dimension. Dazu gehört der Auftrag der OSZE an das BDIMR, einmal jährlich zwei größere Seminare über Themen abzuhalten, die mit den Teilnehmerstaaten vereinbart werden. Seminare wurden über Themen wie „Zivilgesellschaft", „Rechtsstaatlichkeit", „Freie Medien", „Wanderarbeiter", „kommunale Demokratie", „Roma", „Toleranz" abgehalten. Diese Seminare bestehen aus Teilnehmern, die durch die Staaten und durch nichtstaatliche Organisationen entsandt sind. Sie können keine bindenden Ergebnisse herbeiführen, ihre Berichte und Empfehlungen (die im Allgemeinen von Berichterstattern und nicht per Konsens erstellt werden) müssen dem Ständigen Rat der OSZE zur Begutachtung und weiterer Bearbeitung vorgelegt werden.

Die größte Veranstaltung des BDIMR und gleichzeitig die beste Gelegenheit, die Durchführung der Verpflichtungen der menschlichen Dimension zu überprüfen, ist das Expertentreffen der Teilnehmerstaaten über die Durchführung der Verpflichtungen im Bereich der menschlichen Dimension, das alle zwei Jahre in Warschau stattfindet. Diese dreiwöchige Konferenz bietet den Staaten und vor allem den nichtstaatlichen Organisationen Gelegenheit, Fragen der Implementierung der OSZE-Normen in den einzelnen Teilnehmerstaaten zu erörtern, die Arbeit der OSZE-Institutionen und Prozeduren im Zusammenhang mit der menschlichen Dimension zu diskutieren und der OSZE – nicht bindende – Empfehlungen für Verbesserungen, neue Verpflichtungen oder Aktivitäten zu geben.

Das BDIMR ist Kontakt- und Koordinierungsstelle innerhalb der OSZE-Staaten für die nichtstaatlichen Organisationen im Bereich der menschlichen Dimension. Hervorhebenswert ist ferner der Einsatz für Sinti und Roma-Belange seit Einrichtung einer eigenen Kontaktstelle für die Bevölkerungsgruppe 1994.

Die Tätigkeit des BDIMR ist Teil der Politik der umfassenden Sicherheit, die dem OSZE-Verständnis von Sicherheit entspricht. Das BDIMR kann sich beratend an den Diskussionen des → Hohen Rates und des → Ständigen Rates beteiligen, indem es in regelmäßigen Abständen über seine Tätigkeit berichtet. Das BDIMR ist bei der Abfassung von Mandaten der Missionen zu konsultieren, und es entsendet häufig Experten zu kurzfristigen Aufenthalten. Es kann auch von OSZE-Teilnehmerstaaten oder dem Amtierenden Vorsitzenden gebeten werden, Missionen zu leiten. Das BDIMR würde den Moskauer → Mechanismus der menschlichen Dimension der OSZE leiten, falls er beansprucht würde. Das ist eine Einrichtung, bei der die Staaten Erläuterungen, bilaterale Treffen oder sogar Untersuchungsmissionen sowie Vermitt-lungsversuche in Fällen von Belang für die menschliche Dimension an-fordern können. Das BDIMR würde dann beauftragt werden, die Mission zu organisieren, deren Teilnehmer aus einer Liste von vorher gebilligten Exper-ten ausgewählt werden.

Das BDIMR verfügt – verglichen mit dem Europarat oder den Vereinten Nationen – über geringe Ressourcen für die Ausführung seiner Programme. Obwohl es eine eigenständige Aufgabe hat, muss es seinen Platz unter den verschiedenen staatlichen und nichtstaatlichen Organisationen behaupten, die auch in Mittel- und Osteuropa tätig sind. Angesichts der Größe der Men-schenrechtsprobleme in der Region ist das eine ambitiöse Aufgabe. Der von den übrigen OSZE-Aktivitäten entfernte Sitz in Warschau erweist sich für die Kommunikation intern als Nachteil, extern eher als Vorteil. Manchen Staaten gilt er als Symbol einer notwendigen Autonomie, anderen eher als unan-genehmer Mangel an Aufsicht. Polen will das BDIMR in Warschau behalten, das es 1990 zum Ausgleich für das gewünschte Konfliktzentrum zugespro-chen erhielt.

Während die OSZE-Staaten weiterhin daran interessiert sind, einen Men-schenrechtszweig zu haben und nationale Prozesse demokratischer Entwick-lung weiter fördern wollen, sind diese Themen – betrachtet man die Aufmerk-samkeit sowie die finanzielle Unterstützung, die der menschlichen Dimension zukommen – zugunsten direkterer Konfliktlösungsaktivitäten (oft auch ohne Bezug zu den Menschenrechten) in den Hintergrund getreten.

Die Unterstützung der Transformationsstaaten ist sinnvoll, gleichwohl jedoch gänzlich vom Interesse der betreffenden Staaten abhängig. Die lange andauernden und schwierigen Übergänge zur Demokratie und mancherlei Rückschläge im östlichen und südöstlichen OSZE-Gebiet haben den einstigen Enthusiasmus und damit Interesse und finanzielle Unterstützung sinken lassen. Außerdem ist der Erfolg von Aus- und Fortbildungsprogrammen, Ergebnisse aus Diskussionsveranstaltungen oder nach Beratungen von Regierungsstellen kaum nachweisbar oder gar messbar. Da kleine vorbeugende Initiativen und ganz allgemein die Förderung der Demokratie selten einer prominenten oder medialen Beachtung für Wert befunden werden, sind sie im Streit um die knap-pen finanziellen und personellen Ressourcen innerhalb der OSZE noch stärker benachteiligt. Der Mangel an diesen Ressourcen begrenzt wiederum ihre po-tenzielle Wirksamkeit. Weder innerhalb noch außerhalb der OSZE hat man sich um Evaluationsprogramme bemüht, weshalb wenig über nachhaltige Er-folge internationaler Projekte zum Aufbau der Demokratie gesagt werden kann.

Das BDIMR ist mit den Problemen konfrontiert, die sich aus den Per-spektiven und Bedürfnissen einer sehr heterogenen Staatengemeinschaft er-geben. Die Bemühungen, das BDIMR zum Gremium der Überwachung von Menschenrechten zu machen, mit der Möglichkeit, bestimmte, die OSZE be-treffende Themen dem Ständigen Rat vorzutragen, sind bisher an der Abnei-gung der Staaten gescheitert, ein unabhängiges Gremium zur Durchführung von Überprüfungen – und somit Kritik – zuzulassen. Schon Wahlbeobachtung kann als Stigmatisierung empfunden werden. Die Möglichkeiten des BDIMR sind begrenzt, die Reichweite der menschlichen Dimension über die Veranstaltung von Treffen hinaus zu überwachen. Eine explizite Verpflichtung für das BDIMR, Verstöße den Teilnehmerstaaten zu melden, besteht nicht. Das Hauptproblem für das BDIMR bleibt das Interesse der europäischen Staaten, die Fortsetzung ihres Experiments zuzulassen.

In dem Maße, wie die Erziehung zur Einhaltung von Menschenrechten und deren Überwachung sowie der Aufbau demokratischer Institutionen als wichtige Elemente der Konfliktverhütung durch die Teilnehmerstaaten angesehen werden, wird das BDIMR an Bedeutung zunehmen und seine ihm zugedachte Rolle ausüben können.

Literatur: Stefano Guerra, The multi-faced role of the ODIHR, in: OSCE/ODIHR-Bulletin, Vol. 4/No 2, 1996, S. 10-20; Heather F. Hurlburt, Das Büro für Demokratische Institutionen und Menschenrechte: Die Antwort der OSZE auf die Herausforderungen der Demokratisierung, in: IFSH (Hrsg.) OSZE-Jahrbuch 1995 Bd. 1, Baden-Baden 1995, S. 277-285; Audrey Glover, Das Büro für Demokratische Institutionen und Menschenrechte 1994-1997, in: IFSH (Hrsg.) OSZE-Jahrbuch 1997 Bd. 3, Baden-Baden 1997, S. 349-358; Fatimah Daftary, Das dritte OSZE-Implementierungstreffen über Fragen der menschlichen Dimension in Warschau 1997, in: IFSH (Hrsg.) OSZE-Jahrbuch 1998 Bd. 4, Baden-Baden 1998, S. 275-296; Paulino Merino, Das neue Büro für Demokratische Institutionen und Menschenrechte, in: IFSH (Hrsg.) OSZE-Jahrbuch 1998 Bd. 4, Baden-Baden 1998, S. 415-424. Über seine Tätigkeit berichtet das BDIMR in halbjährlich erscheinenden OSCE/ODIHR-Reports (vor 1998 Bulletin) und in Jahresberichten.

Budapester Dokument

Auf ihrem Treffen am 5./6.12.1994 verabschiedeten die Staats- und Regierungschefs das Budapester Dokument, das aus einer Gipfelerklärung mit dem Titel „Der Weg zu echter Partnerschaft in einem neuen Zeitalter" und aus sechs Beschlüssen zur weiteren instrumentellen Entwicklung der OSZE besteht. Dem Gipfel war seit dem 10.10.1994 in Budapest die Überprüfungs- und Vorbereitungskonferenz, früher Folgekonferenz genannt, vorangegangen, während der die Vertreter der Teilnehmerstaaten in mehreren Arbeitsgruppen den erreichten Stand und die mögliche weitere Entwicklung der damals noch KSZE genannten OSZE berieten und die Vorlagen an den Gipfel vorbereiteten.

In der Gipfelerklärung des Dokuments heißt es zum Zustand der Region, dass die Ausbreitung der Freiheiten einherging mit der Entstehung neuer und dem Wiederaufleben alter Konflikte. In der Region würde im Streben nach Hegemonie und territorialer Expansion weiterhin Krieg geführt. Menschenrechte und Grundfreiheiten würden noch immer mit Füßen getreten. Intoleranz dauere an, und Minderheiten würden nach wie vor diskriminiert. Aggressiver Nationalismus, Rassismus, Chauvinismus, Fremdenfeindlichkeit, Antisemitismus und ethnische Spannung geißelten die Menschen in starkem Maße. Dies seien, zusammen mit der sozialen und wirtschaftlichen Instabilität, die Hauptursachen für Krisen und menschliches Elend. Es sei also nicht gelungen, die beschlossenen Prinzipien und Verpflichtungen zu verwirklichen. Nach diesem Bekenntnis fordern sich die Regierungen auf, entschlossen zu handeln.

Das Dokument enthält Beschlüsse zur Stärkung der KSZE, darunter die für ihren formellen Status folgenlose Umbenennung in OSZE, zu regionalen Fragen (zu Berg-Karabach, Georgien, Moldau), zum → Verhaltenskodex zu politisch-militärischen Aspekten der Sicherheit, zu weiteren Aufgaben des → Forums für Sicherheitskooperation sowie zu Prinzipen zur Regelung der Nichtverbreitung atomarer, biologischer und chemischer Waffen.

Viele vom Helsinki-Gipfel 1992 aufgetragenen Vorhaben waren kaum vorangekommen, wie die Erarbeitung von Maßnahmen zur regionalen (auf begrenztere Spannungsfelder innerhalb des OSZE-Raums bezogenen) Sicherheitsförderung und Rüstungskontrolle, die Harmonisierung der Maßnahmen zur Abrüstung und Rüstungskontrolle zwischen den → KSE-Vertragspartnern einerseits und den übrigen OSZE-Teilnehmerstaaten andererseits. Diese Aufgaben wurden erneut und zusammen mit der Aufforderung zu einer Diskussion über ein → Sicherheitsmodell für das 21. Jahrhundert den entsprechenden Organen der OSZE übertragen.

Der Gipfel und die Überprüfungs- und Vorbereitungskonferenz waren teilweise geprägt durch Kontroversen über die Kriegslage in Bosnien, die Bedingungen für die Durchführung von (→ Drittpartei-) Peacekeeping-Operationen im OSZE-Raum, insbesondere für den Berg-Karabach-Konflikt, die strukturelle Entwicklung der OSZE und in Verbindung damit die Aufgabenverteilung („OSZE zuerst") zwischen der OSZE und den Vereinten Nationen sowie durch Auseinandersetzungen über die Osterweiterung der NATO.

Literatur: Heinrich Schneider, Das Budapester Überprüfungstreffen und der Budapester Gipfel, in: IFSH (Hrsg.), OSZE-Jahrbuch 1995 Bd. 1, Baden-Baden 1995, S. 411-426; John Borawski, The Budapest Summit Meeting, in: Helsinki Monitor 1/1995, S. 5-17

Charta für Europäische Sicherheit

Die seit dem Budapester Gipfeltreffen angeregte Debatte um ein → Sicherheitsmodell für das 21. Jahrhundert in Europa wurde im → Lissabonner Dokument mit dem Ergebnis abgeschlossen, sich um die „Entwicklung einer Charta für Europäische Sicherheit" zu bemühen. Dieses Vorhaben ist nach schwierigen dreijährigen Beratungen in drei Arbeitsgruppen am Sitz des Ständigen Rates kurz vor dem Treffen der Staats- und Regierungschefs am

18./19.11.1999 in Istanbul gelungen, und das Ergebnis ist Teil des → Istanbuler Dokuments.

Die Charta ist kein völkerrechtlicher Vertrag, sondern eine Willens- und Absichtserklärung der – ohne Jugoslawien – 54 Staats- und Regierungschefs, die oder deren Vertreter das Dokument unterzeichneten und damit ihre Staaten politisch banden; Jugoslawien unterschrieb die Charta im Jahr 2000.

Die 50 Paragrafen der Charta sind in fünf Kapitel gegliedert, nämlich „Unsere gemeinsamen Herausforderungen", „Unsere gemeinsamen Grundlagen", „Unsere gemeinsame Antwort", „Unsere gemeinsamen Instrumente" und „Unsere Partner für Zusammenarbeit". Sie beinhalten die gesamte Spannweite des umfassenden Sicherheitskonzepts der OSZE durch Bekräftigung bestehender und Ankündigung neuer politischer, normativer und institutioneller Elemente.

Statt einer Präambel ist den fünf Kapiteln ein Paragraf vorangesetzt, der schon die sechs Neuerungen ankündigt, zu denen sich die Unterzeichner in ihrem „Bemühen um einen freiheitlichen, demokratischen und stärker integrierten OSZE-Raum" entschlossen haben. Es handelt sich um (1) die Plattform für Kooperative Sicherheit, (2) die Entwicklung der OSZE in ihrer „peacekeeping"-Rolle, (3) den Aufbau einer Schnellen-Experten-Unterstützungs- und Kooperations-Einheit (engl. Rapid Expert Assistance and Cooperation Teams = REACT), (4) die Einrichtung eines Operationszentrums, um die OSZE-Feldoperationen zu planen und auf den Weg zu bringen, sowie (5) die Beratungen des → Ständigen Rates durch Bildung eines Vorbereitungs-Ausschusses zu stärken.

Mit der Charta scheint der gesamteuropäische Prozess der Formulierung gemeinsamer Prinzipien und Normen auf absehbare Zeit ein Endstadium erreicht zu haben. Der erreichte Grenznutzen der Beratungen zwischen den 55 Staaten ist seit der → Pariser Charta vom Anfang der neunziger Jahre in ihrem Verlauf über die Stationen der Gipfeltreffen von Helsinki, Budapest, Lissabon und Istanbul am Ende der neunziger Jahre immer kleiner geworden.

Dimensionen

In der Terminologie der OSZE bezeichnen Dimensionen sachliche Gebiete oder Bereiche. In Nachfolge der sogenannten → Körbe werden mit Dimensionen somit bestimmte Politikfelder umschrieben, denen sich die OSZE im Zusammenhang mit ihrem umfassenden Begriff von Sicherheit widmet.

Der Begriff wird zum ersten Mal in einem Sonderteil des → Wiener Dokuments von 1989 gebraucht, der als „menschliche Dimension der KSZE" überschrieben ist. Er enthält Beschlüsse über die „Achtung der Menschenrechte und Grundfreiheiten, die menschlichen Kontakte und andere Fragen von gleichfalls humanitärer Art". Auch wird darin eine „Konferenz über die menschliche Dimension" einberufen, die dann wie geplant mit drei Treffen in

Paris, Kopenhagen und Moskau zwischen 1989 und 1991 stattfand und substanziell bedeutende Ergebnisse brachte.

Von „wirtschaftlicher Dimension der KSZE" ist in den Beschlüssen des Treffens der Außenminister in Rom 1993 die Rede, wobei das Gebiet wirtschaftlicher Zusammenarbeit gemeint ist, das seit der → Schlussakte von Helsinki als Korb II bezeichnet wurde und dem ausschließlich die Bonner KSZE-Konferenz von 1990 galt. Seit 1993 ist die → wirtschaftliche Dimension dem als Wirtschaftsforum tagenden → Hohen Rat übertragen, das einmal jährlich in Prag stattfindet. Im Bericht des Amtierenden Vorsitzenden an den Osloer → Ministerrat 1998 und in der → Charta für Europäische Sicherheit von 1999 ist von „ökonomischer und ökologischer Dimension" die Rede.

Die OSZE-Terminologie kannte also nur zwei Dimensionen von Sicherheitspolitik, die wirtschaftliche und die menschliche, während sie andere Bereiche wie Konfliktverhütung oder Vertrauens- und sicherheitsbildung nicht durch die gleichartige Begrifflichkeit erfasst, die ursprünglich zu den materiellen Inhalten des ersten Korbes der Schlussakte von Helsinki gehörten. Das ließ die Interpretation zu, dass Konfliktverhütung, Vertrauens- und Sicherheitsbildung auf Felder bezogen sind, wo es zu kollektiven Gewalthandlungen kommen kann; diese werden als das der OSZE wesentlich übertragene Aufgabengebiet betrachtet, das zwei Dimensionen hat – die sogenannte menschliche und wirtschaftliche, und diese ergänzt um das ökologische Attribut. Diese Logik brach die Charta für Europäische Sicherheit auf, die während des Gipfeltreffens 1999 in Istanbul beschlossen wurde: Darin wird in je einem Abschnitt die menschliche Dimension mit neun Paragrafen, die politisch-militärische Dimension mit drei Paragrafen und die wirtschaftliche und Umwelt-Dimension mit zwei Paragrafen gewürdigt.

Drittpartei

Der Begriff ist im Zusammenhang der Vermittlung, Schlichtung und Bewältigung von Konflikten zwischen Nachfolgestaaten der UdSSR außerhalb der Russischen Föderation relevant geworden, indem der RF die gewollte Rolle eines Garanten für Sicherheit und Stabilität in der Gemeinschaft Unabhängiger Staaten eventuell unter Einschluss der dort (noch) präsenten russischen Streitkräfte durch die OSZE zugesprochen wird. Eine solche Legitimation hielt grundsätzlich der → Ministerrat 1993 in Rom für möglich, der die Inanspruchnahme der Hilfe von sogenannten Drittstreitkräften in Konfliktgebieten anerkannte (wenn deren Rolle und Aufgaben mit den OSZE-Prinzipien vereinbar sind).

Nach dem Beschluss des Ministerrats im Dezember 1993 in Rom könnte die OSZE von Fall zu Fall und unter bestimmten Bedingungen erwägen, kooperative OSZE-Vorkehrungen zu schaffen, um u.a. zu gewährleisten, dass

Rolle und Aufgaben von Drittstreitkräften in einem Konfliktgebiet mit OSZE-Prinzipien und -Zielen in Einklang stehen. Der Hohe Rat und der Ständige Rat wurden beauftragt, Voraussetzungen und notwendige Maßnahmen für mögliche OSZE-Vorkehrungen dieser Art weiter auszuarbeiten. Künftige mögliche Aktionen von Drittstreitkräften sollten den folgenden Prinzipien unterworfen sein: Achtung der Souveränität und territorialen Integrität, Zustimmung der Parteien, Unparteilichkeit, multinationaler Charakter, klares Mandat, Transparenz, feste Bindung an einen politischen Prozess der Konfliktlösung, Plan für geordneten Rückzug.

Zu einer Ausarbeitung dieses verklausulierten Beschlusses oder gar eines operativen Einsatzes in seinem Sinn ist es bisher nicht gekommen. Ein möglicher Einsatz käme für den Konflikt zwischen Armenien und Aserbaidschan in der Berg-Karabach-Region in Frage, er ist abhängig von den Verhandlungen der sogenannten → Minsk-Gruppe. Vor allem die Vertreter der baltischen neben denen anderer osteuropäischer Staaten haben sich bislang dagegen ausgesprochen, dritten Parteien (wobei an Russland gedacht wird) das Recht zur Friedensbewahrung in der OSZE-Region zu geben und derartige Missionen unter die Schirmherrschaft der OSZE zu stellen.

Europäische Union (EU)-Beziehungen

Die Beziehungen zwischen OSZE und EU sind von dreifacher Natur, zum einen sind alle EU-Mitglieder OSZE-Teilnehmerstaaten, und sie treten in den Organen als eine Formation auf, zum zweiten bestehen zwischen der EU und der OSZE institutionelle Beziehungen, und zum dritten gibt es zwischen beiden einige Politikfelder der Kooperation und der Konkurrenz.

Die Mitgliedschaft der EU-Staaten in der OSZE äußert sich in ihren kontinuierlichen Beratungen auf der Grundlage der Gemeinsamen Außen- und Sicherheitspolitik, um einheitliche Stellungnahmen innerhalb der Organe der OSZE vertreten zu können. Tatsächlich ist formal die Gemeinsame Außen- und Sicherheitspolitik in Hinsicht auf die OSZE stärker verwirklicht worden als im Bezug auf andere internationale Organisationen, wie z.B. den Vereinten Nationen. Die Sitzungen des Ständigen Rates der OSZE, die wöchentlich mindestens einmal stattfinden, werden gemeinsam vorbereitet und eine Stellungnahme wird abgestimmt. Zu ihrer Vorbereitung kommen jeweils die in Wien bei der OSZE akkreditierten ständigen Vertreter der EU-Mitglieder unter Leitung des Vertreters der Präsidentschaft zusammen. Bei der Ratssitzung spricht dann auch stets der Vertreter des Landes, das die halbjährige EU-Präsidentschaft einnimmt, für alle anderen und meist auch für die Länder, die der EU assoziiert sind. Im Allgemeinen bleibt es bei dieser gemeinsamen Stellungnahme. Obwohl die EU nicht einmal Beobachterstatus bei der OSZE hat (allerdings wegen des rechtlichen Status der OSZE auch nicht haben kann), haben die übrigen OSZE-Länder, die nicht Mitglieder der EU sind, dieses Verhalten des EU-Blocks hingenommen. Auch in den anderen Gremien, die Teil der OSZE sind, wie in diversen Ausschüssen, oder mit ihr in Zusammenhang stehen, wie das Forum für Sicherheitskooperation oder der Art. 5-Dayton-Abkommen-Ausschuss, gehen die EU-Länder gemeinsam vor.

Solch abgestimmtes Auftreten von Teilnehmerstaaten, die unter Führung der EU-Staaten manchmal die Hälfte aller 54 OSZE-Staaten ausmachen, verfehlt seine erfolgsträchtige Wirkung gegenüber den anderen nicht; die empfinden sich freilich durch diesen EU-Block, der neben den USA und der RF den dritten respektablen Machtfaktor bildet, marginalisiert. Wer ihm angehört, hat die Chance, dass seinen Initiativen mehr Beachtung geschenkt wird als bei einem alleinigen Vorgehen, und er sogar in den Mittelpunkt der Aufmerksamkeit rückt. Das gelang beispielsweise der irischen Delegation, die über die EU den Entwurf einer „Europäischen Plattform für kooperative Sicherheit" lancierte, der schließlich seinen Weg in das → Istanbuler Dokument von 1999 fand.

Inwieweit andererseits solche Konzertierung der 15 Staaten der Beschlussfassung innerhalb der OSZE im Allgemeinen oder der Durchsetzung von Initiativen einzelner EU-Mitglieder, wie Deutschland, z.B. im Ständigen Rat nur nützt, oder mögliche interessante Initiativen einzelner Teilnehmerstaaten bremst und damit einer OSZE-weiten Debatte entzieht, ist eine Frage, die die Beteiligten unterschiedlich beantworten. Manchmal mussten Sitzungen länger unterbrochen werden und eine Beschlussfassung verzögerte sich, was den Unwillen anderer Delegationen auf sich zog, weil die EU-Mitglieder sich erst noch einen gemeinsamen Standpunkt zu einer plötzlich aufgekommenen Frage bilden mussten. Solcher EU-interner Kompromiss-Zwang hat gelegentlich auch Initiativen der deutschen Regierung verwässert. Manchmal kommt es vor, dass der Vertreter eines anderen Mitgliedslandes der EU unter Bezug auf den gemeinsamen Standpunkt eine ergänzende Erklärung abgibt. Dieses Verhalten kann politische Präferenzen und Optionen verraten, die nicht oder nicht ausreichend bei der gemeinsamem Beratung berücksichtigt worden sind.

Die EU-Kommission entsendet zu bestimmten Treffen der OSZE einen Vertreter und manchmal sogar eine größere Delegation, so zum → Ministerrat oder den → Gipfelkonferenzen. Gelegentlich – wie zur Eröffnung der Budapester Überprüfungskonferenz 1994 – ist es auch schon vorgekommen, dass ein Vertreter der Europäischen Kommission das Rederecht für die Union beanspruchte, was nicht vorbehaltlos von dem Land, das die Präsidentschaft einnimmt – damals Deutschland – mit Freude gesehen wird. Auch als im ersten Halbjahr 1999 wiederum Deutschland die EU-Präsidentschaft hatte, beanspruchte die EU-Kommission ihre Prärogativen hinsichtlich Status und Wirkungsrecht im Hohen Rat der OSZE, der als Wirtschaftsforum in Prag tagte.

Solche Fälle belegen, wie internationale Organisationen, selbst wenn ihnen die gleichen Staaten angehören, eine Eigendynamik entwickeln, die weniger zu Konvergenz und Kooperation, als zu Divergenz und Rivalitäten führt. Diese entstehen, weil die jeweiligen Sekretariate ihre Eigeninteressen verfolgen oder die Mitgliedsstaaten die Chance der Durchsetzung ihrer Politik innerhalb der verschiedenen multilateralen Verbände unterschiedlich einschätzen und darum sich dieser unterschiedlich bedienen.

Eine enge Verbindung zwischen EU und OSZE entstand durch den sogenannten → Stabilitätspakt für Europa von 1995. Dieses auf Initiative der EU zustande gekomme Vorhaben der ineinandergreifenden europäischen Institutionen wurde schließlich der OSZE mit dem Auftrag übertragen, seine Durchführung zu verfolgen. OSZE und EU wirken – auch durch den wechselnden Vorsitz – bei der Unterstützungsgemeinschaft „Freunde Albaniens" zusammen.

Eine andere Zusammenarbeit zwischen EU und OSZE hat sich im Zusammenhang mit Kurz- und Langzeit-Missionen ergeben, so bei der González-Mission 1996 nach Belgrad, bei der Belarus-Mission 1997 nach Minsk, und permanent besonders bei der → Bosnien-Herzegowina-Mission der OSZE und bei der → UN-Mission für den Kosovo.

Neben den Beiträgen der EU-Staaten, die sich auf etwa zwei Drittel des gewöhnlichen OSZE-Haushalts belaufen, trägt die Kommission aus dem EU-Haushalt zur Finanzierung bestimmter OSZE-Vorhaben bei, wie der Wahlbeobachtung des → Büros für Demokratische Institutionen und Menschenrechte oder des gemeinsamen Medienzentrums.

Ein heikles, auf Kooperation und Konkurrenz beruhendes Verhältnis stellen die Erweiterungs-, Assoziierungs- und Partnerschaftspolitik der EU nach Mittel- und Osteuropa, – finanziell unterbaut durch PHARE –, TACIS- und MEDA-Hilfsprogramme – und die OSZE-Aktivitäten im Bereich der → wirtschaftlichen Dimension der OSZE dar. Die EU-Mitgliedsstaaten haben in ihrer Eigenschaft als → Teilnehmerstaaten der OSZE zu erkennen gegeben, dass sie – im Gegensatz zu den USA und der Russischen Föderation – keine Stärkung der wirtschaftlichen Dimension der OSZE wünschen.

Literatur: Fraser Cameron, Das Krisenmanagement in der KSZE und den Vereinten Nationen – die EG und ihre Mitgliedsstaaten als bedeutende Kraft und bescheidener Beobachter, in: Elfriede Regelsberger (Hrsg.), Die Gemeinsame Außen- und Sicherheitspolitik der Europäischen Union, Bonn 1993, S. 95-105; ders., The European Community and the CSCE, in: Michael R. Lucas, The CSCE in the 1990s: Constructing European Security and Cooperation, Baden-Baden 1993, S. 265-277; ders., The European Union and the OSCE: Future Roles and Challenges, in: Helsinki Monitor 2/1995, S. 21-31; Stabilitätspakt für Europa, in: Bulletin der Bundesregierung 24/1995, auch in: OSZE-Jahrbuch 1995 Bd. 1, Baden-Baden 1995, S. 486-496; Günter Burghardt, Frühwarnung und Konfliktprävention als Aufgaben der Europäischen Union und der Zusammenarbeit zwischen EU und OSZE, in: OSZE-Jahrbuch 1999 Bd. 5, Baden-Baden 1999, S. 473-480.

Forum für Sicherheitskooperation (FSK)

Ein parallel zum → Ständigen Rat in Wien arbeitendes Gremium ist das Forum für Sicherheitskooperation (FSK), das Organ der OSZE für die militärischen Aspekte der Sicherheit. Die Teilnehmerstaaten haben hier die Gelegenheit zu regelmäßiger Konsultation und intensiver Zusammenarbeit in Sicherheitsfragen. Sie verhandeln im FSK hauptsächlich über Rüstungskontrolle, Abrüstung sowie vertrauens- und sicherheitsbildende Maßnahmen (VSBM). Seit seiner Gründung 1992 hat das FSK eine Reihe von Dokumenten erarbeitet, wie den „Verhaltenskodex zu politisch-militärischen Aspekten der Sicherheit", die „Stabilisierenden Maßnahmen für örtlich begrenzte Krisensituationen", die „Prinzipien zur Regelung des Transfers konventioneller Waffen", den „Weltweiten Austausch militärischer Information" sowie die → Wiener Dokumente 1994 und 1999 (einschließlich der „Regeln für den institutionalisierten Informationsaustausch über Verteidigungsplanung" und das „Programm für militärische Kontakte und Zusammenarbeit"). Das FSK ist betraut mit der Beurteilung der Durchführung der gefassten Beschlüsse, wozu jährlich ein eigenes großes Überprüfungstreffen mit Beteiligung von Experten aus den Hauptstädten der Teilnehmerstaaten stattfindet. Das FSK ist auch zuständig für die Veranstaltung von → Seminaren über Sicherheits- und Verteidigungspolitik sowie Militärdoktrinen, die in regelmäßigen Abständen mit hohen Offizieren aus den Teilnehmerstaaten stattfinden.

Das FSK wurde durch den → Helsinki-Gipfel 1992 gebildet, der ihm sein Mandat erteilte. Im Januar 1995 wurden aufgrund der allgemeinen Aufforderungen des → Budapester Dokuments die Verfahrensweisen erneuert, die die Effektivität des FSK erhöhen sollen. Die Amtszeit des Vorsitzes wurde von einer auf vier Wochen verlängert, wobei dieselbe Delegation jeweils den formellen subsidiären Arbeitsgruppen des FSK vorsteht. Um mehr Kontinuität zu gewährleisten und mit dem Ziel, die Arbeit des FSK besser zu steuern, wurde eine Troika-Formel eingeführt. Das Sekretariat bzw. das Konfliktverhütungszentrum wurden aufgefordert, die Arbeit des FSK zu unterstützen.

Das FSK hält wöchentliche Plenarsitzungen ab und hat zwei Expertenarbeitsgruppen. Informelle ad-hoc-Treffen beraten über spezifische Probleme, wie z.B. im Zusammenhang mit dem Vertrag über den → Offenen Himmel.

Das FSK hat vom Konsultativausschuss des Konfliktverhütungszentrums, der duch die Entscheidung des (Minister)Rats 1993 in Rom aufgelöst wurde, die Verantwortung für die Umsetzung der vertrauens- und sicherheitsbildenden Maßnahmen (VSBM) übernommen. Auf dieser Grundlage finden jährlich die Treffen zur Beurteilung der durchgeführten VSBM statt. Seit der Verabschiedung des Wiener Dokuments 1994 widmet sich das FSK vornehmlich einer verbesserten Durchführung der beschlossenen vertrauens- und sicherheitsbildenden Maßnahmen. Eine bislang nicht erledigte Aufgabe, die das FSK schon durch das → Helsinki-Dokument 1992 erhalten hatte, ist die sogenannte Harmonisierung der Rüstungskontroll- und Abrüstungsverein-barungen der → Wiener Dokumente und des → KSE-Vertrages. Durch das → Budapester Dokument wurde dem FSK ein neuer Katalog von Aufgaben gegeben. Das FSK soll unter anderem die Bewältigung regionaler Sicherheits-probleme in Angriff nehmen, einen umfassenden Rahmen für die Rüstungs-kontrolle entwickeln, der als Grundlage für ein Programm zur Einführung neuer Rüstungskontrollmaßnahmen dienen soll, und sich darum bemühen, dass regionale und OSZE-weite Konzepte einander in zunehmendem Maße ergänzen.

Regionale Rüstungskontrolle ist aufgrund der Nachbarschaft oft unter-schiedlich großer und statusverschiedener Staaten kompliziert und soll durch sogenannte „regionale Tische" vorbereitet werden. Ein „regionaler Tisch" führte die Konfliktparteien 1996 unter der Schirmherrschaft des FSK in Wien zusammen, um über ein Abkommen über vertrauens- und sicherheitsbildende Maßnahmen in Bosnien-Herzegowina auf der Basis des Wiener Dokuments 1994 zu verhandeln. Der Ministerrat hatte in Budapest 1995 beschlossen, dass die OSZE gemäß dem Abkommen von Dayton die Parteien bei ihren Verhandlungen über Rüstungskontrolle und Vertrauens- und Sicherheitsbil-dung sowie bei der Umsetzung und Verifikation der dabei getroffenen Ver-einbarungen unterstützen wird, um auf diese Weise durch niedrigere und ve-rifizierte Rüstungsniveaus Stabilität zu fördern. Am 26.1.1996 wurde in Wien das Abkommen unterzeichnet. Ein Abrüstungsabkommen wurde anschließend zwischen den Kriegsparteien ausgehandelt und am 14.6.1996 in Florenz unter-zeichnet. Das → Lissabonner Dokument des Gipfels von 1996 gab dem FSK neue Aufgaben, dazu gehörten neben der weiteren verstärkten Überprüfung der bestehenden die Vorbereitung neuer Rüstungskontrollvereinbarungen; auch die auf dem Istanbuler Gipfel 1999 beschlossene → Charta für Euro-päische Sicherheit bestätigt die Aufgabenstellung des FSK, ohne allerdings spezifisch neue Ziele zu setzen.

Eine offene Frage bilden die Beziehungem des FSK zu anderen OSZE-Gremien und speziell die Zuordnung zu den Strukturen der politischen Führung, wie dem Hohen Rat und dem Ständigen Rat. Einige Staaten sind der Ansicht, dass das FSK wegen des Gewichts der Verhandlungen über militäri-sche Sicherheit weitgehende Autonomie erhalten solle und vor den Prozeduren zusätzlich erforderlicher Zustimmung auch der politischen Gremien bewahrt werden sollte. Andere wiederum meinen, dass ein Autonomiestatus des Fo-rums für Sicherheitskooperation die Integration militärischer Sicherheitsas-pekte in die politischen Beratungen der OSZE behinderte, die Möglichkeit begrenzte, das Potenzial des FSK für Aufgaben des politischen Tagesge-schäftes zu nutzen und die Koordination der OSZE-Arbeit komplizierte. Die Flexibilität der Arbeitsorganisation würde durch die Trennung belastet, die nur künstlich ist, weil beide Gremien – Ständiger Rat und FSK – in fast iden-tischer personeller Zusammensetzung tagen. Die Koordination zwischen

Ständigem Rat und FSK könnte mindestens durch gemeinsame informelle Treffen oder die Einladung des Vertreters des Amtierenden Vorsitzenden zu den FSK-Troika-Sitzungen erfolgen. Eine gewisse Einbeziehung in die OSZE-Aktivitäten in den Bereichen Politik, Konfliktverhütung und Krisenbewältigung könnte die praktische Zusammenarbeit zwischen dem FSK und dem Ständigen Rat bei der Behandlung aktueller, die militärische Sicherheit betreffenden Fragen verbessern. Das erklärten auch die Teilnehmerstaaten auf dem Budapester Gipfel.

Literatur: Mathias Z. Karádi, Das Forum für Sicherheitskooperation, in: IFSH (Hrsg.), OSZE-Jahrbuch 1996 Bd. 2, Baden-Baden 1996; Niels Möller-Guland, The Forum for Security Co-operation and Related Security Issues, in: Michael Lucas (Ed.), The CSCE in the 1990s: Constructing European Security and Cooperation, Baden-Baden 1993, S. 31-60; Detlov van Berg, Das Forum für Sicherheitskooperation, in: Erhard Forndran/Dieter Lemke (Hrsg.), Sicherheitspolitik für Europa zwischen Konsens und Konflikt, Baden-Baden 1995, S. 305-310.

Generalsekretär

Der Generalsekretär ist der höchste Verwaltungsbeamte der OSZE. Er leitet das → Sekretariat einschließlich des → Konfliktverhütungszentrums und ist als Vertreter des → Amtierenden Vorsitzenden ihm, dem → Ministerrat und dem → Hohen Rat für die Arbeit des Personals und für die Führung des → Haushalts verantwortlich. Er unterstützt den Amtierenden Vorsitzenden bei der Vorbereitung von Sitzungen, der Ausführung von Beschlüssen und anderen zur Erfüllung der Aufgaben der OSZE erforderlichen Tätigkeiten. Er nimmt an den Sitzungen der → Organe der OSZE teil, auch an den Treffen der → Troika, und übt dadurch eine zentrale Konsultationsfunktion aus. Der Generalsekretär fungiert gegebenenfalls im Außenverhältnis auch als Repräsentant der OSZE. Er wird vom → Ministerrat für einen Zeitraum von drei Jahren ernannt (mit der Möglichkeit einer zweijährigen Verlängerung).

Das Amt wurde vom Ministerrat in Stockholm im Dezember 1992 geschaffen und geht auf eine Initiative während des Gipfels in → Helsinki im Juli 1992 zurück. Erster Amtsinhaber wurde im Juni 1993 Botschafter Wilhelm Höynck aus Deutschland; auf ihn folgten 1996 Botschafter Giancarlo Aragona aus Italien und 1999 Botschafter Ján Kubis aus der Slowakei.

Das Mandat des Generalsekretärs bildet einen Kompromiss zwischen denen, die den Amtsinhaber mit starken politischen Führungskompetenzen ausstatten wollten, und jenen, die das Amt auf die Rolle rein administrativer Funktionen zu begrenzen beabsichtigten. Einige EU-Staaten wünschten einen hochrangigen Beamten zu ernennen, dessen Einfluss über den eines leitenden Verwaltungsbeamten hinausginge. Andere Staaten schreckte der Autoritätszuwachs einer neuen von ihnen direkt nicht abhängigen Position. Der gegenwärtige Status des Generalsekretärs ist an die Führung und die Weisungen des Ständigen Rats, des Hohen Rats, des Ministerrats und des Amtierenden Vorsitzenden gebunden. Die Stellung des OSZE-Generalsekretärs ist also im Verhältnis zu den Teilnehmerstaaten vergleichsweise viel eingeschränkter als die des Generalsekretärs der NATO oder die des Generalsekretärs der VN. Der Status des 1999 ernannten Generalsekretärs wurde dadurch gestärkt, dass ihn der Amtierende Vorsitzende zu seinem Persönlichen Beauftragten für Mittelasien machte.

Das Mandat ist gestaltbar und beruht auf der Annahme, dass der Amtierende Vorsitzende und der Generalsekretär als „Tandem" zusammenarbeiten. Das Verhältnis zwischen beiden Ämtern kann abhängig von den persönlichen und politischen Merkmalen ihrer Inhaber unterschiedliche Gestalt gewinnen. Eine starke Profilierung des Generalsekretärs würde einerseits die Position des Amtierenden Vorsitzenden schwächen und unter Umständen selbst unterminieren können. Andererseits müsste im Interesse der OSZE der Generalsekretär einen durch seine Rolle als Außenminister überbeanspruchten Amtierenden Vorsitzenden entlasten. Das Mandat und der Status könnten in Zukunft formell auch anders formuliert werden. Denkbar wäre, das heutige Amt des Generalsekretärs aufzulösen und einerseits durch einen reinen Büroleiter sowie andererseits durch einen Vertreter des Amtierenden Vorsitzenden zu ersetzen, der aus dessen Land käme und so lange wie dieser tätig wäre. Eine Alternative zu dieser Verdichtung der Beziehungen zwischen dem Generalsekretär und dem Amtierenden Vorsitzenden könnte umgekehrt sein, einen ständigen Vertreter des Generalsekretärs an das Außenministerium des Amtierenden Vorsitzenden abzuordnen. Die Debatte über die Stellung des Generalsekretärs ist zwischen den OSZE-Staaten nicht abgeschlossen.

Literatur: Pál Dunay, Zusammenarbeit in Konflikten: Der Amtierende Vorsitzende und der Generalsekretär, in: IFSH (Hrsg.), OSZE-Jahrbuch 1995 Bd. 1, Baden-Baden 1995, S. 399-410.

Gipfelkonferenzen

Eine Gipfelkonferenz, das Treffen der Staats- und Regierungschefs der Teilnehmerstaaten, soll alle zwei Jahre im Anschluss an ein Überprüfungs- und Vorbereitungstreffen stattfinden. Dieser Rhythmus ist in der → Charta von Paris festgelegt worden. Bisher fanden solche Treffen, abgesehen von der Grundlegung des KSZE/OSZE-Prozesses durch den Beschluss über die → Schlussakte 1975 in Helsinki und nach dem Ende des Ost-West-Gegensatzes als Sondertreffen 1990 mit dem Beschluss der → Charta von Paris, regulär erstmals 1992 in Helsinki, 1994 in Budapest und 1996 in Lissabon statt; erst 1999 fand aufgrund von hinhaltenden Widerständen aus den Reihen der Teilnehmerstaaten das für 1998 vorgesehene Gipfeltreffen in Istanbul statt.

Die Gipfelkonferenzen gaben der OSZE ihren Stellenwert in der europäischen Sicherheitspolitik, indem sie ihr Prioritäten festlegten, ihr Orientierungen wiesen und die Verfassung gaben. Solche Ergebnisse der Gipfelkonferenzen wurden in den sogenannten Dokumenten festgelegt, also der Charta von Paris „Für ein neues Europa", dem → Helsinki Dokument „Herausforderung des Wandels" sowie dem → Budapester Dokument „Der Weg zu echter Partnerschaft in einem neuen Zeitalter"; erstmals wurde ein solches Motto dem Lissabonner Dokument nicht vorangestellt. Auch die Istanbuler Gipfel-Erklärung hat zwar einen solchen Titel nicht; dafür wurde in Istanbul die lange vorbereitete → „Charta für Europäische Sicherheit" verabschiedet.

Die Gipfel-Dokumente bestehen aus einem deklaratorischen Teil, der allgemeine Absichten, Selbstbild und Lagebeurteilung der Teilnehmerstaaten ausdrückt, und einem konstruktiven, instrumentellen Teil, der sich auf die Organisation richtet und Beschlüsse über ihre Politik enthält.

Auf dem Treffen 1996 in Lissabon sollte nach einem Beschluss beim Budapester Gipfel über die Häufigkeit künftiger Konferenzen entschieden werden, was vermuten lässt, dass sich einige Staats- und Regierungschefs durch häufige internationale Zusammenkünfte überbeansprucht sehen. Die Idee, die Zwei-Jahres-Frequenz einer Revision zu unterziehen, spiegelt den Eindruck wider, dass unter den gegenwärtigen Umständen, angesichts eines ausgearbeiteten Systems ständiger Konsultationen, Gipfeltreffen, die mechanisch alle zwei Jahre abgehalten werden, hinsichtlich ihrer Substanz und der politischen Bedeutung der zu erwartenden Entscheidungen nicht gerechtfertigt erscheinen. Das Plenum der Gipfeltreffen bietet jedem Vertreter eines Teilnehmerstaates die Gelegenheit zu einer etwa siebenminütigen Stellungnahme; daneben kommen auch noch die Vertreter der Partnerstaaten und der großen internationalen Organisationen zu Wort. Die meisten Staats- und Regierungschefs nützen die Gelegenheit zu bilateralen Gesprächen.

Für die den Treffen zuerkannte Bedeutung spricht die bisherige große Beteiligung durch den Umfang der Delegationen der Teilnehmerstaaten. Die deutsche Delegation umfasste beispielsweise in Budapest, ohne elf ebenfalls akkreditierte Angehörige der bilateralen Botschaft, mehr als 60 Personen, allerdings einschließlich 14 Vertretern der EU-Kommission, die üblicherweise der Delegation des Präsidentschaftslandes angehören. Die Delegation der Russischen Föderation bestand aus 60, die kanadische aus 46, die US-amerikanische ebenso wie die türkische aus je 33, die ukrainische aus 29 Mitgliedern. Selbst kleinere Teilnehmerstaaten entsandten nicht nur den Staats- oder Regierungschef sowie den Außenminister (Slowenien, Estland und Island hatten z.B. jeweils neun Delegationsmitglieder entsandt, Bosnien-Herzegowina, Tadschikistan und Turkmenistan je sieben, usw.). Auch einige Delegationen der Partner-Staaten hatten viel Personal (die israelische hatte 14, die japanische 13, die ägyptische acht Mitglieder). Vertreten waren auch zahlreiche internationale Organisationen, nämlich die Vereinten Nationen mit dem Generalsekretär, die ECE und die UNESCO, der Europarat, die NATO, die WEU und die OECD, die GUS, die Zentraleuropäische Initiative, der Schwarzmeer--Kooperationsrat und der Barentsee-Kooperationsrat, die Europäische Bank für Wiederaufbau und Entwicklung sowie die Europäische Investitionsbank.

Neu war ferner die Teilnahme zahlreicher Vertreter von nichtstaatlichen Organisationen am Überprüfungstreffen; es waren vor dem Budapester Gipfel rund 350 Vertreter entsprechender Vereinigungen und Institutionen akkreditiert, die von Kirchen und Menschenrechtsgruppen, von Friedensforschungsinstituten und anderen wissenschaftlichen Instituten, von Umweltschutzverbänden und von Minderheiten (vor allem Sinti und Roma) benannt worden waren. Sie konnten den Delegationen schriftliche Beiträge unterbreiten und hatten in den Arbeitsgruppen Rederecht; beides wurde von vielen beansprucht. Ähnlich verhielt sich das Interesse der NOs bei den Überprüfungstreffen 1996 und 1999 vor dem Lissabonner bzw. Istanbuler Gipfel.

Im Jahre 1998 hätte nach den Beschlüssen von Helsinki 1992 ein Treffen der Staats- und Regierungschefs stattfinden müssen. Ein definitiver Beschluss dazu kam nicht zustande, weil die türkische Regierung nach Istanbul eingeladen hatte und Armenien diesem Veranstaltungsort widersprach. Dieser Widerstand wurde noch unterstützt von einer Haltung unter vielen Teilnehmerstaaten, die die Durchführung eines Gipfeltreffens vom Vorliegen entscheidungsreifer bedeutender, möglichst öffentlichkeitswirksamer Dokumente abhängig machten, und die sich in dem Zusammenhang auf die schleppenden Fortschritte bei den Verhandlungen über das Plattform-Dokument über kooperative Sicherheit beriefen. Eine solche pragmatische Argumentation scheint plausibel, sie greift aber zu kurz, weil sie den Wert einer Institution als Zwang zur Kooperation unterschätzt und weil sie die Bedeutung symbolischer Politik, wie sie ein Gipfeltreffen manifestiert, vernachlässigt. Auch gibt es für ein Treffen der Staats- und Regierungschefs außer einem neuen großen Dokument genügend Stoff durch Einzelfragen, die das Verhältnis der Staaten im Raum zwischen Vancouver und Wladiwostok beschweren, und es käme nur auf eine angemessene Konferenzorganisation an, das Treffen dafür nützlich zu machen. So haben die Teilnehmerstaaten ihre getroffenen Vereinbarungen über die Periodizität der Konferenzen schwer verletzt und eine Stärkung der OSZE vernachlässigt.

Ein substanzielles Dilemma enthält der Ablauf der Gipfeltreffen, bei denen ein befriedigendes Verhältnis zwischen ihren beiden Hauptfunktionen gefunden werden muss, nämlich als öffentliches Forum für die Erörterung der Probleme und der Politik einzelner Staaten zu dienen und die Gelegenheit zu bieten, schwierige und sensible Grundsatzprobleme europäischer Sicherheitspolitik zu beraten.

Literatur: Heinrich Schneider, Das Budapester Überprüfungstreffen und der Budapester Gipfel, in: IFSH (Hrsg.), OSZE-Jahrbuch 1995 Bd. 1, Baden-Baden 1995, S. 411-426; Herbert Honsowitz, Die Wiener Überprüfungskonferenz und der Lissabonner Gipfel vom 2. und 3. Dezember 1996, in: IFSH (Hrsg.), OSZE-Jahrbuch 1997 Bd. 3, Baden-Baden 1997, S. 359-371.

Haushalt/Finanzierung

Die Ausgaben der OSZE für die Tätigkeit ihrer Organe, des Sekretariats und der Missionen werden durch einen Beitrag finanziert, der ihrer Wirtschaftskraft angemessen auf die Teilnehmerstaaten umgelegt ist. Danach tragen sechs Staaten jeweils neun Prozent, einer knapp sechs Prozent, zwölf mehr als oder ein Prozent sowie zwölf mehr und 24 weniger als ein halbes Prozent zum OSZE-Haushalt bei. Die USA, die Russische Föderation sowie die vier großen EU-Länder, Deutschland, Frankreich, Italien und das Vereinigte Königreich, sowie Kanada kommen für rund sechzig Prozent der ordentlichen Einnahmen auf; die 24 Kleinst- und Kleinstaaten tragen zusammen weniger als 4,5 Prozent der ordentlichen Einnahmen des Haushalts bei.

Zu der Gruppe der Staaten, die weniger als ein halbes Prozent zum Haushalt beitragen müssen, gehört das Hauptkontingent der Länder, die ein großes Sicherheitsrisiko für andere darstellen und selbst ein Sicherheitsbedürfnis haben, wie die Slowakische Republik, Albanien, Armenien, Aserbaidschan, Bosnien-Herzegowina, Kroatien, Zypern, Estland, Georgien, Kirgisistan, Lettland, Litauen, Mazedonien, Moldau, Slowenien, Tadschikistan und Turkmenistan. Betrachtet man die OSZE einmal aus einem versicherungstechnischen Blickwinkel, so ist sie als Sicherheitsgesellschaft für die größten Schadensstifter eine vorzügliche Adresse: Die 20 Hauptrisikoträger zahlen etwa ein Sechzehntel des Beitragsaufkommens, und mehr als die Hälfte davon entfällt auf nur sechs Staaten, die keinerlei verursachendes Eigenrisiko haben; freilich versichern sie sich vor dem Fremdrisiko der anderen, und sie haben verglichen mit diesen materiell absolut am meisten zu verlieren.

Die Ausgaben für das Forum für Sicherheitskooperation, für die Beratungsgruppe „Offener Himmel" und für andere spezifische Zusammenkünfte werden von den daran beteiligten Staaten direkt getragen und gehen daher nicht in den OSZE-Haushalt ein.

Ein Teil des für die OSZE tätigen → Personals ist von Teilnehmerstaaten entsandt, die dann auch dessen Gehälter weiter bezahlen. Das Wiener Bürogebäude des Sekretariats und des Konfliktverhütungszentrums ist von der österreichischen Regierung mietfrei zur Verfügung gestellt worden; die Kosten für Versorgungsleistungen gehen zu Lasten der OSZE. Einige Teilnehmerstaaten leisten auch zusätzliche und freiwillige Beiträge für spezifische Projekte, ebenso haben Stiftungen die Tätigkeit des Hohen Kommissars für nationale Minderheiten finanziell unterstützt. 1995 wurde ein Freiwilliger Fonds zur Unterstützung der Integration kürzlich aufgenommener Teilnehmerstaaten eingerichtet. Außergewöhnlich hohe Aufwendungen erforderten die großen Missionen, so die → Bosnien-Herzegowina-Mission, die Kosovo-Mission und die Kroatien-Mission.

Der Haushalt wird jeweils vom Ständigen Rat verabschiedet; der Generalsekretär ist für seine ordnungsgemäße Ausführung verantwortlich. Die im

Jahr 2000 der OSZE insgesamt erforderlichen Mittel wurden mit 207,9 Millionen Euro angesetzt, davon gingen 163,5 Millionen an die großen Missionen und Projekte und nur 17,5 an die Mehrzahl der Missionen, für den HKNM sind 1,5 Millionen, für das BDIMR sind 5,9 Millionen und für den Allgemeinen Fonds 16,7 Millionen Euro veranschlagt worden.

Wie in anderen internationalen Institutionen rührt eines der schwerwiegenden finanziellen Probleme daher, dass viele Beiträge nicht fristgerecht eingezahlt werden. Da die OSZE über kein Betriebskapital und keine anderen bedeutenden Einnahmequellen außer den festgesetzten Beiträgen verfügt, kann sie ihre verschiedenen Aufgaben nicht ordnungsgemäß durchführen, wenn die Beiträge verspätet eingehen.

Literatur: Werner Deutsch, Finanzierung und Finanzierbarkeit der OSZE, in: IFSH (Hrsg.), OSZE-Jahrbuch 1998, Bd. 4, Baden-Baden 1998, S. 425-440

Helsinki Citizen Assembly (HCA)

Die Helsinki Citizen Assembly (HCA) ist eine internationale Koalition von Bürgerinitiativen, vor allem von unabhängigen Friedens- und Menschenrechtsgruppen. Sie versteht sich als transnationale, zivilgesellschaftliche Bewegung, „als OSZE von unten" und als das „Gewissen" der europäischen Regierungen.

Die HCA entstand informell während der zweiten Hälfte der achtziger Jahre aus Kontakten zwischen der westeuropäischen Friedensbewegung und den mittel- und osteuropäischen Dissidentengruppen, wobei der niederländische Interkirchliche Friedensrat, der britische Appell für Europäische Atomare Abrüstung (END/European Nuclear Disarmement), War Resisters International, die westdeutschen GRÜNEN und die französische CODENE sowie die tschechoslowakische Charta '77 eine führende Rolle spielten.

Formell konstituierte sich die HCA im Oktober 1990 in Prag; sie hat seitdem Generalversammlungen in Bratislava (März 1992), in Ankara (Dezember 1993) und in Tuzla/Bosnien (Oktober 1995) abgehalten. Zu dieser Zeit war sie in vierzig Ländern präsent. An den ersten drei Zusammenkünften nahmen 800 bis 1000 Vertreter gesellschaftlicher Gruppen fast aller OSZE-Länder teil; in Tuzla waren 600 Teilnehmer anwesend. Der Bezug zum Helsinki-Prozess unter Betonung der Prinzipien und des dritten Korbes der → KSZE-Schlussakte war anfangs vor allem bei den östlichen Initiatoren stark ausgeprägt, während die westlichen Gruppen sich gegen das atomare Wettrüsten, vor allem gegen die Stationierung von Mittelstreckenwaffen und damit für Entspannung und ein atomwaffenfreies Europa engagiert hatten.

Die HCA hat eine Vorgeschichte, die geprägt ist sowohl durch politische Gegensätze zwischen östlichen Bürgergruppen und westlichen Friedensgruppen als auch durch polizeiliche Verfolgung im Osten und regierungsamtliches Misstrauen im Westen diesen Gruppen gegenüber. Die Initiatoren der HCA hatten sich vorgestellt, den wechselseitigen Dialog als Mittel zu gebrauchen, um „von unten" eine Aufhebung der Teilung Europas zu bewirken. Durch ein zusammenhängendes Programm von Entspannung und Abrüstung sowie durch ihr Zusammenwirken sollten Gruppen aus den Gesellschaften in Ost und West beitragen, den Kalten Krieg endgültig zu beenden. Als die HCA sich konstituierte, war dieses Ziel schon verwirklicht.

Daraufhin ist zu einem Hauptthema der HCA die Frage geworden, was aus der Gesellschaft heraus für das Verhüten und das Beenden von gewaltsamen Konflikten im OSZE-Bereich geleistet werden kann. In dieser Hinsicht unterscheidet sich die HCA nicht sehr von der OSZE.

Die das Gesicht am stärksten bestimmenden Tätigkeiten der HCA sind heute Friedensprojekte in Bosnien-Herzegowina und in Armenien und Aserbaidschan. Die dortige Basisarbeit der HCA tragen Gruppen aus den Regionen, die in der HCA ein geeignetes transnationales Netzwerk zur Unterstützung ihrer Friedensarbeit finden.

Im Zentrum dieser nichtstaatlichen Organisation steht eine unabhängige Kerngruppe, die durch einen Beirat unterstützt wird, an dem sich verschiedene Organisationen beteiligen. Der Einfluss der politischen Geschehnisse und die Weise, wie HCA-Aktivisten darauf reagieren, prägen die HCA. Engagement bei der Verhütung und Lösung gewaltsamer Konflikte in den OSZE-Ländern sind thematisch bestimmend. Das zeigt die Tätigkeit der ständigen Ausschüsse, die folgenden Themen gilt: Zivile Konfliktregelung und Friedenspolitik, Demokratie and Staatsbürgerschaft, Wirtschaft und Ökologie, Frauenfragen. Davon sind die ersten zwei am stärksten mit Projekten und Missionen der HCA verbunden, die sich mit gewaltsamen Konflikten und Minderheitenproblemen befassen. Die Arbeit in diesen Bereichen, eine Kombination von örtlicher und internationaler Tätigkeit, kommt zustande durch eine Zusammenarbeit von HCA-Vertretern in den Regionen und Mitgliedern, die aktiv sind im Präsidium, den ständigen Arbeitsgruppen, dem Prager Sekretariat und interessierten nationalen Abteilungen.

Die HCA will eine „Gewissensfunktion" im Staatengeflecht des OSZE-Bereiches erfüllen, wobei sie sich auf die Werte beruft, zu denen sich die OSZE-Staaten verpflichtet haben. Damit will sie auch die OSZE und die Regierungen der Teilnehmerstaaten beeinflussen.

Die HCA identifiziert sich nicht (mehr) mit einem Programm, das auf einer breiten Grundlage von Bürgerinitiativen die europäische Zivilgesellschaft institutionalisieren wollte, sondern sieht sich eher als locker organisierte soziale Bewegung, die für die Werte eintritt, für die „Helsinki" steht. Darum haben Arbeitsbeziehungen mit OSZE-Organen nicht die höchste Priorität; man fürchtet, selbst eine Alibi-Funktion zu übernehmen oder als Subunternehmer zu wirken. Dort, wo es um konkrete Konfliktverhütung geht, ist die HCA bereit, sich darum gemeinsam mit der OSZE zu bemühen.

Literatur: Ben Schennink, Helsinki von unten: Enstehung und Entwicklung der Helsinki Citizens' Assembly, in: IFSH (Hrsg.), OSZE-Jahrbuch 1997, Baden-Baden 1997, S. 435-449.

Helsinki 1975

Die Staats- und Regierungschefs der 35 europäischen und nordamerikanischen Staaten verabschiedeten als politisch bindend am 1.8.1975 die Schlussakte von Helsinki, die als Höhepunkt und Schlussstein der Entspannungspolitik konzipiert war. Sie enthielt zehn Prinzipien, die die Beziehungen zwischen den beteiligten Staaten leiten sollten („Dekalog"), ein Dokument über vertrauensbildende Maßnahmen und bestimmte Aspekte der Sicherheit und Abrüstung („Korb I"), eine Erklärung über wirtschaftliche, wissenschaftliche, technische und umweltpolitische Zusammenarbeit („Korb II") sowie eine weitere Erklärung über Zusammenarbeit in humanitären und anderen Bereichen, die eine Reihe von Fragen wie menschliche Kontakte, den Austausch von Informationen und kulturelle Beziehungen regelte („Korb III"). Außerdem umfasst die Schlussakte ein Kapitel zu Fragen der Sicherheit und Zusammenarbeit im Mittelmeer und ein Schlusskapitel über die Folgen der Konferenz.

Mit der Verabschiedung der Schlussakte beginnt der sogenannte Helsinki-Prozess, der aus der Überprüfung und der weiteren Ausgestaltung der Prinzipien und Regelungen besteht, wie sie in Helsinki 1975 beschlossen worden waren. Seine Geschichte setzt sich dann auch mit den Überprüfungs- und Folgekonferenzen von Belgrad (1977-1978), Madrid (1980-1983) und Wien (1986-1989) fort und wird mit der → Charta von Paris (1990) durch die Wende umgeprägt, die die gesamten europäischen Verhältnisse mit dem Ende des Ost-West-Gegensatzes genommen hatten.

Die Regierungsdelegationen hatten seit 1972 in Genf und Helsinki die Konferenz für Sicherheit und Zusammenarbeit vorbereitet, an der neben den USA und Kanada alle europäischen Staaten mit Ausnahme Albaniens teilnahmen. Ihre Vertreter hatten sich zu drei Fraktionen gruppiert – als Mitglieder der beiden großen Allianzen, NATO und Warschauer Pakt, und als neun neutrale und ungebundene Länder.

Die allen europäischen Staaten offene Beteiligung und Berechtigung zur Beratung und Beschlussfassung stellte ein Konferenzverfahren dar, das sich als ein Element des gesamten KSZE-Prozesses herauskristallisierte und bis zur Gegenwart im Wesentlichen bewahrt blieb: das Streben nach Konsens in den Sachfragen und die Rotation in der Leitung der Gremien; es schien das einzige Verfahren zu sein, das damals funktionieren konnte, und das hieß auch immer, Übereinstimmung in dem zu erklären, worin man nicht übereinstimmte.

Angesichts der auseinanderklaffenden Interessen von Ost und West stellte die Schlussakte notwendigerweise einen Kompromiss zwischen eng und wechselseitig abhängigen Regelungen dar.

Das Hauptinteresse des Westens richtete sich auf Menschenrechte sowie die Zusammenarbeit in humanitären Bereichen („Korb III") und bestand aus zukunftsorientierten Regelungen der Schlussakte im Bereich der Menschenrechte; ihre Verwirklichung konnte ein zeitraubender Prozess werden. Einige der grundlegenden Interessen der Moskauer Regierung auf der anderen Seite wurden schon befriedigt durch die bloße Unterzeichnung des Helsinki-Dokuments von 1975 in der Annahme, dadurch den Status quo legitimiert zu erhalten; außerdem galt das östliche Interesse den wirtschaftlichen und technologischen Beziehungen („Korb II"). Alle teilnehmenden Staaten betrachteten die Schlussakte als Symbol der Ost-West-Entspannung und als Instrument, das gebraucht werden konnte, bedrohliche und schädigende Folgen der Teilung Europas und Deutschlands zu vermindern.

Sie sollte sogar den „Prozess der Verbesserung der Sicherheit und der Entwicklung der Zusammenarbeit in Europa" fördern. Zu diesem Zweck fassten die Teilnehmerstaaten im letzen Abschnitt der Schlussakte (auch „Korb IV" genannt) zwei Beschlüsse zur Fortsetzung dieses Prozesses, der fortan den Namen „Helsinki-Prozess" erhielt: Erstens sollten ihre Bestimmungen in der Folgezeit in geeigneten Fällen unilateral, durch Verhandlungen bilateral und durch Expertentreffen der Teilnehmerstaaten sowie im Rahmen der bestehenden internationalen Organisationen multilateral „gebührend berücksichtigt und angewandt" werden. Zweitens sollte der durch die Konferenz eingeleitete multilaterale Prozess direkt fortgesetzt werden und zwar durch neue Zusammenkünfte und Konferenzen, wobei sowohl über die Durchführung der Bestimmungen als auch über die zukünftige Entwicklung des Entspannungsprozesses beraten werden sollte. Damit ist als Novum eine Art schwebende Institutionalisierung des Helsinki-Prozesses initiiert worden.

In dem Zusammenhang war auch neu, dass die Beteiligten, vor allem die westlichen, alles vermieden hatten, was nach konventionellem Verständnis ihr Verhandlungsergebnis und ihre Erklärungen als völkerrechtliche Regelungen hätte erscheinen lassen können, und dass sie damit gar nicht unzufrieden waren. Und bei dieser unter den damaligen Umständen nur möglichen Form politisch geltender und zu beanspruchender Übereinkünfte ist es ebenso geblieben wie bei ihrer Bewertung als sinnvoll, weil umstandslos und wirkungsvoll.

Literatur: John T. Maresca, To Helsinki. The Conference on Security and Cooperation in Europe 1973-1975, Durham/London 1985.

Helsinki 1992

Die Staats- und Regierungschefs der europäischen und der beiden nordamerikanischen Staaten verabschiedeten als politisch bindend am 10.7.1992 das
Helsinki Dokument 1992, das den zeitgeschichtlich charakteristischen Titel
„Herausforderungen des Wandels" trägt und aus zwei Hauptteilen, einer
„Gipfelerklärung" und den „Beschlüssen" besteht. Das Helsinki Dokument
1992 begründet die durch die → Pariser Charta 1990 programmatisch
vorweggenommene, strukturelle Umwandlung der Konferenz für Sicherheit
und Zusammenarbeit, wie sie in → Helsinki 1975 entstanden war. Es stellt
die große Zäsur zwischen alter und neuer KSZE dar.

In der Erklärung des Dokuments heißt es u.a., den Zustand der Zeit zunächst sowohl vielversprechend als auch instabil und unsicher beschreibend,
dass wirtschaftlicher Niedergang, soziale Spannungen, aggressiver Nationalismus, Intoleranz, Fremdenhass und ethnische Konflikte die Stabilität be-
drohten.

Die Beschlüsse des Dokuments umfassen zwölf Abschnitte, die für die
Zukunft der OSZE grundlegende Bedeutung gewannen: 1. Stärkung der
KSZE-Institutionen und -Strukturen, 2. Hoher Kommissar der KSZE für nationale Minderheiten, 3. Frühwarnung, Konfliktverhütung und Krisenbewältigung (einschließlich Erkundungs- und Berichterstattermissionen und KSZE-
Friedenserhaltung), Friedliche Beilegung von Streitfällen, 4. Beziehungen zu
internationalen Organisationen, Beziehungen zu Nichtteilnehmenden Staaten,
Rolle nichtstaatlicher Organisationen, 5. KSZE-Forum für Sicherheitskooperation, 6. Die menschliche Dimension, 7. Wirtschaftliche Dimension, 8. Umwelt,
9. Die KSZE und grenzüberschreitende Zusammenarbeit, 10. Mittelmeerraum,
11. Programm zur koordinierten Unterstützung kürzlich aufgenommener
Teilnehmerstaaten, 12. Administrative Beschlüsse.

Dieser Katalog von Beschlüssen enthält die Mandate und ausführliche
Regelungen für das gesamte Spektrum von Organen und operativen Einsätzen der heutigen OSZE und kann als ihr Statut angesehen werden. Nach der
Schlussakte von Helsinki 1975 ist das Helsinki Dokument 1992 der be-
deutendste Akt gesamteuropäischer Politik.

Literatur: Alexis Heraclides, Helsinki II and its Aftermath. The Making of the CSCE into
an International Organisation, London/New York 1993

Hoher Kommissar für nationale Minderheiten

Das Amt eines Hohen Kommissars für nationale Minderheiten (HKNM)
wurde durch das → Helsinki Dokument von 1992 geschaffen. Der Hohe
Kommissar soll zum frühestmöglichen Zeitpunkt eine „Frühwarnung" geben

und eventuell für „Frühmaßnahmen" sorgen, wenn es um Spannungen geht, die sich auf Angelegenheiten nationaler Minderheiten beziehen und den Frieden, die Stabilität oder die Beziehungen zwischen Teilnehmerstaaten so beeinträchtigen könnten, dass sie sich zu einem Konflikt entwickeln. Ein solcher Konflikt sollte die Aufmerksamkeit oder das Eingreifen des → Ministerrates oder des → Hohen Rates erfordern. Er ist kein Instrument der → menschlichen Dimension.

Das Amt schützt nicht die Rechte von Personen, weder als Individuen noch als Gruppe, die zur nationalen Minderheit gehören. Weder ist der HKNM ein Ombudsmann für nationale Minderheiten, noch Instanz für einzelne Menschenrechtsverletzungen. Das drückt sich im englischen Titel seines Amtes aus, das nicht als „for" sondern als „on National Minorities" bezeichnet ist. Wenn OSZE-Standards verletzt sind, kann und sollte der Hohe Kommissar die betroffene Regierung ersuchen, ihre Politik zu ändern, indem er daran erinnert, dass Stabilität und innerem Frieden in der Regel am besten gedient sind durch volle Sicherheit von Rechten für Menschen, die zu einer Minderheit gehören.

Der HKNM hat eine Vermittlungsfunktion und eine Frühwarnfunktion. Er hat zu versuchen, Spannungen einzudämmen und zu mindern und dabei Kompromisse zu finden, die von allen direkt betroffenen Parteien angenommen werden. Er soll auch als ein „Stolperdraht" dienen, indem er die OSZE alarmiert, wenn sich die Spannungen so zu entwickeln drohen, dass er sie nicht mehr mit den ihm zur Verfügung stehenden Mitteln eindämmen kann. Das Mandat beschränkt den Hohen Kommissar daher zunächst und zuvorderst auf eine kurzfristige Konfliktprävention. Doch kann es nicht die wichtigen langfristigen Aspekte eines Konfliktherdes ausschließen, wenn der HKNM wirksam sein will. Er ist sogar berechtigt, über seine Rolle als Beobachter und Vermittler hinauszugehen, denn er kann empfehlen, dass man ihn ermächtigt, weitere Kontakte und eingehendere Konsultationen mit den betroffenen Parteien mit dem Ziel möglicher Lösungen gemäß einem vom Hohen Rat zu beschließenden Mandat aufzunehmen. Das bietet die Möglichkeit der Schlichtung, was eine aktivere Rolle des HKNM bedingt, die bis hin zu Empfehlungen zur Lösung des potenziellen Konflikts reichen würde.

Die Wirksamkeit des Hohen Kommissars setzt einige Bedingungen voraus. Dazu gehören einerseits Unabhängigkeit von den OSZE-Organen und andererseits Verantwortlichkeit der OSZE-Organe für ihn sowie ausreichende politische Unterstützung innerhalb der OSZE, falls er solche Rückenstärkung für seine Politik in einer kritischen Situation benötigt. Ferner sind Vertraulichkeit, die Freiheit in der Wahl der Gesprächspartner, die ihm mit Information und Lagebeurteilung helfen können, sowie endlich strikte Unparteilichkeit wichtig, die er selbst bei seiner Tätigkeit zu beachten hat.

Der Hohe Kommissar hat das Recht, jeden Teilnehmerstaat zu besuchen und mit den Parteien persönlich in Verbindung zu treten, um die Lage beurteilen zu können. Er braucht dazu nicht die formale Zustimmung des fraglichen Staates. Er kann Informationen über die nationalen Minderheitenfragen sammeln und sie sowohl von Seiten der Regierung als auch von Vertretern der nationalen Minderheit entgegennehmen. Allerdings hat er Kontakte mit Gruppen, die Terrorismus ausüben oder öffentlich billigen, zu meiden. Er darf sich überhaupt nicht mit Minderheitenfragen befassen, wenn Akte von organisiertem Terrorismus damit verbunden sind.

Nach dem Besuch eines Mitgliedsstaates unterrichtet der Hohe Kommissar den Amtierenden Vorsitzenden vertraulich über Sachverhalte, Ergebnisse und Schlussfolgerungen. Die Berichte werden fast immer (nicht bindende) Empfehlungen an die fragliche Regierung enthalten.

Das Mandat des Hohen Kommissars enthält einige besondere verpflichtende Verfahren zur Einbeziehung des Ständigen Rates. Eine davon ist die förmliche Bekanntgabe einer sogenannten „frühen Warnung", wenn prima facie das Risiko eines potenziellen Konfliktes besteht, die Situation ernst ist und ein Konflikt unmittelbar bevorsteht. Dann ist eine direkte Beratung zwischen den Teilnehmerstaaten möglich als eine freilich späte Maßnahme präventiver Diplomatie. So kann der HKNM die Stolperdrahtfunktion ausüben. Ein anderer Fall, die OSZE insgesamt pflichtgemäß einzubeziehen, würde für ihn eintreten, wenn die Spannungen sich zu einem Konflikt steigern, und der Hohe Kommissar diese Entwicklung nicht aufhalten kann, oder wenn eine solche Entwicklung zwar noch nicht besteht, doch die Möglichkeiten von Aktionen des Hohen Kommissars erschöpft sind.

Die Einschaltung des Ständigen Rates würde normalerweise den Einsatz des Hohen Kommissars beenden, es sei denn der Rat entschiede, die Frage an den Hohen Kommissar zurückzugeben. Jedoch könnte der Hohe Kommissar ein Ende seines Einsatzes nicht wünschen und doch den Rat einbeziehen wollen, zum Beispiel um politische Unterstützung für eine nachfolgende Aktivität oder selbst ein Mandat für eine „frühe Aktion", oder Unterstützung hinsichtlich eines nicht kooperierenden Staates, besonders im Falle der Weigerung des Zutritts, zu gewinnen. Tatsächlich berichtet er oft mündlich über seine Aktivitäten entweder vor dem Ständigen Rat oder während sogenannter informeller Gespräche für interessierte Delegationen. Offensichtlich hat er sorgfältig die Lage und die Atmosphäre abzuschätzen, bevor er den Ständigen Rat einbezieht. Es würde seine Wirksamkeit unterminieren, wenn der Rat mit seinem Bericht und seinen Empfehlungen nicht übereinstimmte oder ihm keine konkrete Nachfolgeaufgabe übertrüge.

Der Hohe Kommissar kann Schritte unternehmen, ohne dass Einvernehmen nötig ist oder die Zustimmung des Hohen oder des Ständigen Rats oder des betroffenen Staates eingeholt worden sind. Diese Unabhängigkeit ist wesentlich für das rechtzeitige Engagement, das in den meisten Situationen je früher desto besser käme.

Trotz seines Ermessensspielraums kann der Hohe Kommissar nicht richtig funktionieren ohne die politische Unterstützung der Mitgliedsstaaten. Das wird besonders deutlich, wenn er seine Berichte und seine Empfehlungen dem betroffenen Staat und danach dem Ständigen Rat vorlegt. In dieser Phase wird offenbar, ob genügend Unterstützung für seine Frühwarnungen und seine präventiven Maßnahmen besteht und ob Staaten bereit sind, wenn erforderlich, ihre eigenen Nachuntersuchungen anzustellen.

Die Bedingung der Vertraulichkeit, die zur Unauffälligkeit des Amtes führt, soll auch eine mögliche Steigerung eines Konflikts vermeiden helfen, die durch das Engagement des Hohen Kommissars ausgelöst werden könnte. Oft empfinden direkt betroffene Parteien, dass sie kooperativer und entgegenkommender sein können, wenn sie wissen, dass die Erörterungen nicht der Außenwelt zugänglich sind. Umgekehrt können Parteien öffentlich entschiedenere Aussagen machen als in vertraulichen Gesprächen, wenn sie empfinden, dass sie gesehen werden sollten, wie sie hohe Forderungen stellen, oder wenn sie versucht sind, äußere Aufmerksamkeit auszunutzen.

Die Erwartung an die konfliktverhütende Funktion eines HKNM beruht auf Prämissen, z.B. dass der Schutz von Menschen einer Minderheit als wesentlich im Interesse des Staates und der Mehrheit gesehen wird, dass Lösungen so viel wie möglich im Rahmen des bestehenden Staates selbst gesucht werden sollten, dass die Rechte einer nationalen Minderheit sich nicht notwendig territorial ausdrücken müssen, sondern oft auch durch eine Gesetzgebung realisiert werden können, die die Entwicklung der Minderheiten in verschiedenen Bereichen fördert, wie zum Beispiel Kultur, Erziehung und lokale Selbstverwaltung. Zu einem solchen Kanon an Vorüberlegungen gehört besonders, dass Sezession weder hilfreich noch nötig ist und dass Grenzänderungen keine machbare oder wünschbare Lösung sind. Denn soweit Sezessionen in Europa friedlich überhaupt vollziehbar wären, führten sie letztlich eher zu instabilen Staaten mit neuen Minderheiten innerhalb ihrer Grenzen, was die europäische Sicherheit weiter gefährdete. Behutsam ausgehandelte bilaterale Verträge mit Nachbarstaaten, welche die bestehenden Grenzen bestätigen und den Schutz der Minderheiten garantieren können, sind ein besserer Beitrag zur Lösung potenzieller oder bestehender Spannungen zwischen unterschiedlichen nationalen Bevölkerungsgruppen in einem Staat.

Der HKNM muss seine Aufmerksamkeit vielfach trivial erscheinenden Aspekten des zivilen Zusammenlebens widmen, die gleichwohl den Stoff für Konflikte abgeben, wie die Schaffung von Grundlagen für den Dialog zwischen Regierung und Minderheit, die Berufung eines nationalen Ombudsmannes, Minderheitenerziehung, der Status von Fremden, die Regelung einfacher und doppelter Staatsbürgerschaft, das Recht auf den Gebrauch der Minderheitssprachen zum Beispiel bei Gerichtsverhandlungen, in den Medien, bei Sitzungen politischer Organe und in Zusammenhang mit Straßennamen, die Erziehung in einer Minderheitensprache und die Lehre von Minderheitensprachen für den Gebrauch der Minderheitensprachen bei öffentlichen Erziehungseinrichtungen als auch die Einrichtung privater Schulen und Universitäten. Die Frage ist müßig, ob die internationale Aufmerksamkeit für solche Probleme nur ein Kurieren an Symptomen ist, wenn der Ausbruch gewaltsamer Konflikte dadurch vermindert werden kann.

Erster Hoher Kommissar für nationale Minderheiten war von 1993 bis 2001 der Niederländer Max van der Stoel. Er hat sich u.a. mit folgenden Fällen direkt befasst: Lettland und Estland (im Hinblick auf die dort lebenden Russen), Slowakei (die ungarische Minderheit) und Ungarn (die slowakische Minderheit), Rumänien (insbesondere in Bezug auf die dortige ungarische Minderheit), die frühere Jugoslawische Republik Mazedonien (ihre albanische Bevölkerung), Albanien (in Bezug auf die griechische Bevölkerung im Süden des Landes), Ukraine (besonders die Lage auf der Krim) und in Kasachstan und Kirgisien (interethnische Beziehungen). Seit 2001 ist der Schwede Rolf Ekeus Hoher Kommissar.

Manche Länder haben Konfliktherde, wo seitens der OSZE Langzeitmissionen, das BDIMR und der HKNM operieren; außerdem ist das Interesse einer Reihe von internationalen staatlichen und nichtstaatlichen Organisationen an Minderheitsfragen gewachsen. In solchen Fällen ist es wichtig, sowohl interne Missverständnisse und unterschiedliche externe Signale als auch Verdoppelung von Bemühungen und die Verschwendung von Mitteln von vornherein zu vermeiden. Darauf muss der Amtierende Vorsitzende achten in seiner Koordinationsfunktion innerhalb der OSZE und seiner Konsultationstreffen außerhalb der OSZE mit anderen Organisationen, wie Europarat und Vereinte Nationen.

Das Mandat des Hohen Kommissars hat innovativen Charakter, denn im Gegensatz zu den traditionellen Instrumenten, die sich auf die intergouvernementalen Beziehungen beschränken, kann er sich direkt den Spannungen innerhalb der Staaten widmen, die sich potenziell zu einem Konflikt entwickeln können. Die Bereitschaft der Teilnehmerstaaten zu solcher Öffnung ist bemerkenswert, umso mehr da es die politisch hoch sensiblen Angelegenheiten nationaler Minderheiten betrifft. Die Arbeit des Hohen Kommissars hat dazu beigetragen, Verständnis für vorhandene realistische Möglichkeiten bei der Bewältigung von Minderheitenkonflikten zu schaffen.

Literatur: Rob Zaagman, Arie Bloed, Die Rolle des Hohen Kommissars für nationale Minderheiten bei der Konfliktprävention, in: IFSH (Hrsg.), OSZE-Jahrbuch 1995 Bd. 1, Baden-Baden 1995, S. 225-240; Frans Timmermans, Die Konfliktverhütungs-Aktivitäten des Hohen Kommissars für nationale Minderheiten der OSZE, in: IFSH (Hrsg.), OSZE-Jahrbuch 1996 Bd. 2, Baden-Baden 1996, S. 405-408; Wolfgang Zellner, Zur Wirksamkeit des OSZE-Minderheitenregimes: vergleichende Fallstudien zur Umsetzung der Empfehlungen des Hohen Kommissars für nationale Minderheiten (HKNM) der OSZE, Hamburg 1999

Hoher Rat

Der Hohe Rat – bis zum → Budapester Gipfel 1994 Ausschuss Hoher Beamter genannt – ist ein mindestens einmal jährlich in Prag zusammentretendes → Organ, in dem die OSZE-Staaten durch hochrangige Beamte, etwa vom

Rang eines politischen Direktors, vertreten sind. Es berät politisch-strategische und allgemein-budgetäre Richtlinien und fasst darüber Beschlüsse.

Der Hohe Rat wird auch als → Wirtschaftsforum unter Teilnahme von Vertretern der Wirtschaft und → nichtstaatlicher Organisationen einberufen und verkörpert damit die → wirtschaftliche Dimension der OSZE. Seit 1993 ist das → Wirtschaftsforum jährlich einmal zu dreitägigen Sitzungen in Prag zusammengetreten. Es erörtert die Erfahrungen und Perspektiven der Transformation der früheren Staatshandelsländer zur Marktwirtschaft und die Bedingungen verstärkter wirtschaftlicher Zusammenarbeit.

Der Budapester Beschluss zur Umbenennung des Ausschusses Hoher Beamter in Hohen Rat entspricht der Umbenennung des Ständigen Ausschusses in → Ständigen Rat. Diese Umwidmung kann als ein verstärktes Bemühen um die Einrichtung eines permanenten Dialogs gewertet werden, was die charakteristische Form der Institutionalisierung in der Entwicklung von der KSZE zur OSZE geworden ist.

Ursprünglich war dem Ausschuss Hoher Beamter die Funktion des Arbeitsorgans für politische Konsultationen zugeschrieben worden. In der Pariser Charta heißt es dazu, dass er die Arbeit des (Minister-) Rates vorbereite, dessen Beschlüsse durchführe, aktuelle Fragen prüfe und sich mit der künftigen Arbeit der KSZE befasse, einschließlich ihrer Beziehungen zu anderen internationalen Gremien. Die laufende und aktuelle Arbeit ist inzwischen auf den Ständigen Rat in Wien übergegangen, der viele der ursprünglich dem Ausschuss Hoher Beamter/Hohen Rat zugedachten Funktionen übernommen hat.

Der Ausschuss Hoher Beamter trat in Zusammenhang mit der jugoslawischen Krise vom Mai 1991 bis Dezember 1992 23 mal, fast alle drei bis vier Wochen, zusammen. Aus dieser unvorhergesehenen Häufigkeit von Sitzungen über kurz- und längerfristige Angelegenheiten ergab sich eine unspezifische Arbeitsteilung mit dem heutigen Ständigen Rat, dem Gremium der Botschafter bei der OSZE, das an Gewicht gewonnen hat. Die Gewichtsverlagerung belegt auch die Tatsache, dass der Hohe Rat während der Kosovo-Krise 1999 gar nicht einberufen wurde, weil die anstehenden Fragen beim Ständigen Rat behandelt wurden. Inzwischen lassen sich eine Reihe von Teilnehmerstaaten in Prag durch ihre Wiener OSZE-Botschafter beim Hohen Rat vertreten, wenn dieser zusammentritt. Solche personellen und sachlichen Überschneidungen machen den Sinn eines Fortbestehens des Hohen Rates als Organ auf mittlerem Niveau zwischen Ministerrat und Ständigem Rat zweifelhaft.

Internationale Helsinki Föderation für Menschenrechte (IHF)

Die IHF ist ein Bund → nichtstaatlicher Organisationen, die prüfen, ob die OSZE-Teilnehmerstaaten die Menschenrechte gewährleisten, wozu sie sich in der Schlussakte von Helsinki und deren Nachfolgedokumenten verpflichtet haben.

Die IHF wurde 1982 gegründet, um die Helsinki-Überwachungskomitees miteinander zu vernetzen und sie zu unterstützen. Die nationalen Komitees informierten über die Menschenrechtssituation. Ziel war der Aufbau eines Dachverbands unabhängiger Menschenrechtsgruppen, der eine Brücke zwischen den Ländern beiderseits des Eisernen Vorhangs schlug. Die IHF hatte ursprünglich die Aufgabe, die Helsinki-Komitees zu koordinieren und einen Rahmen für die Zusammenarbeit zu schaffen, der mehr Solidarität ermöglichte. Die Helsinki-Überwachungskomitees in den Warschauer-Pakt-Staaten waren starkem Druck und Drohungen ausgesetzt, die durch eine Mitgliedschaft in einer internationalen Vereinigung gemindert werden konnten.

Seit der Wende von 1989 hat sich die IHF vergrößert und weiter entwickelt. 1999 bestehen 40 Helsinki-Komitees oder ähnliche Gruppen in den OSZE-Ländern, die mit der IHF verbunden sind, darunter auch in den ehemaligen Sowjetrepubliken und in allen Nachfolgestaaten des früheren Jugoslawiens.

Helsinki-Komitees beobachten etwaige Verletzungen von Menschenrechten und informieren darüber das IHF-Sekretariat, das sie auswertet und in Form verschiedenartiger Berichte an OSZE, UNO, Europarat, Regierungsstellen und Medien verbreitet. Beispielsweise nimmt die IHF auch mit solchen Berichten an den OSZE-Implementierungstreffen der menschlichen Dimension teil. In einigen Fällen empfehlen die Berichte, wie Politik und Praxis der jeweiligen Länder mit internationalen Menschenrechtsstandards in Einklang gebracht werden können.

Die Helsinki-Komitees treten auch als Missionen vor Ort dort auf, wo Verstöße gegen Menschenrechte andauern. Human Rights Watch/Helsinki beispielsweise organisierte mehrere Missionen nach Tschetschenien und berichtete darüber der OSZE.

Eine andere Form der Missionen dient der Begegnung mit Regierungsvertretern. Eine kleine IHF-Delegation traf im Herbst 1995 mit Vertretern der türkischen Regierung zusammen. Sie sprach eine Reihe von Problemen an, unter anderem Folter in Gefängnissen und anhaltende Einschränkungen der Meinungsfreiheit.

Helsinki-Komitees unterstützen auch andere Menschenrechtsgruppen, z.B. durch Einrichtung von Dokumentationszentren und Bibliotheken zu Menschenrechtsthemen, Ausbildung in Menschenrechtsfragen, Menschenrechts-Sommerschulen mit Programmen für Journalisten, Anwälte, Richter, Grundschullehrer. Die Komitees Griechenlands, Albaniens, Bulgariens und Rumäniens haben gemeinsam an einem internationalen Projekt über Minderheitenrechte und internationale Sicherheit gearbeitet. Andere Komitees sorgen für rechtlichen Beistand. Einige Komitees richten sich dabei auf die Bedürfnisse bestimmter Gruppen, beispielsweise Asylbewerber, Flüchtlinge, Roma und Ausländer.

Das IHF-Sekretariat in Wien ist nicht nur zentraler Adressat für die einzelnen Komitees, sondern führt auch eigene Projekte aus, z.B. über Menschenrechtsstandards und ihre Verwirklichung. Ein Projekt widmete sich z.b. der Beobachtung von Pressefreiheit und „Hetzsprache" in den elektronischen und Printmedien in Südosteuropa und besonders im ehemaligen Jugoslawien. Die regelmäßigen Informationen von Berichterstattern in den betreffenden Ländern und Provinzen wurden gesammelt und in einem Abschlussbericht veröffentlicht, um bei Journalisten und Öffentlichkeit das Bewusstsein für die Merkmale und die Folgen von Verhetzung zu schärfen.

Das Interessenvertretungs-Projekt der IHF ermöglicht es der Organisation, die Teilnahme von Helsinki-Komitees und anderen Menschenrechtsgruppen an Seminaren und Veranstaltungen der OSZE zu fördern, Erkundungsmissionen durchzuführen und Berichte zu verfassen, einen umfangreichen Bericht für das halbjährliche Implementierungstreffen zur menschlichen Dimension vorzulegen, das vom → Büro für Demokratische Institutionen und Menschenrechte der OSZE organisiert wird, sowie fortlaufend bei OSZE-Delegationen in Wien und andernorts über Menschenrechtsverletzungen in bestimmten Regionen zu informieren.

Da die Länder der gesamten OSZE-Region nach gemeinsamen Menschenrechtsstandards streben, will die IHF an die Stelle der West-Ost-Orientierung ein gemeinsames Engagement für die Einhaltung der Menschenrechtsverpflichtungen aller OSZE-Staaten setzen – der Integrität der OSZE und der IHF wegen.

Literatur: Aaron Rhodes, Die beständige Herausforderung der Internationalen Helsinki Föderation für Menschenrechte (IHF), in: IFSH (Hrsg.), OSZE-Jahrbuch 1996 Bd. 2, Baden-Baden 1996, S. 435-445. Zu den regelmäßigen Publikationen der IHF gehören der Jahresbericht, der IHF-Newsletter, Human Rights and Civil Society (vierteljährlich), Fax-Bulletin (monatlich, interne Informationsschreiben der IHF), Handbook for Helsinki-Committees sowie die Zeitschrift Helsinki-Monitor (Den Haag).

Istanbuler Dokument

Auf ihrem Gipfeltreffen am 18./19.11.1999 in Istanbul verabschiedeten die Staats- und Regierungschefs das Istanbuler Dokument, das aus einer „Gipfelerklärung", der → „Charta für Europäische Sicherheit" und der → „Plattform für kooperative Sicherheit" besteht. Das Istanbuler Dokument kam nach schwierigen, drei Jahre währenden Verhandlungen in eigenen Arbeitsgruppen in Wien erst kurz vor dem Gipfel zustande; es baut teilweise auf dem Ergebnis des → Lissabonner Dokuments auf und es enthält einige neue Elemente. Es verzichtet wie schon sein Vorgänger auf einen Leitsatz.

Lange schien es zweifelhaft, ob das schon 1998 fällige und dann verschobene Gipfeltreffen in Istanbul stattfinden könnte, weil die Teilnehmerstaaten zu keinem Konsens in Sachfragen gelangten oder durch Formelkompromisse diese substanzlos machten, weil es Vorbehalte gegen den Tagungsort gab und weil zuletzt der Kosovo-Krieg alle Bemühungen um eine weitere Verbesserung der kooperativen Sicherheitspolitik in Europa radikal in Frage zu stellen schien. Dem Istanbuler Gipfeltreffen gingen Überprüfungstreffen vom 20.9. bis 10.10.1999 in Wien und neben dem Vorbereitungstreffen vom 8. bis 10.11.1999 in Istanbul durch die ständigen Vertreter der Teilnehmerstaaten voraus. Auf dem Gipfeltreffen haben die davon betroffenen Teilnehmerstaaten auch den neuen, angepassten → KSE-Vertrag unterzeichnet.

In den 48 Punkten der Gipfelerklärung gehen die Staats- und Regierungschefs kurz auf die sicherheitspolitische Lage an den verschiedenen Konfliktherden und auf die organisatorischen Strukturen der OSZE ein. Die mehr als 50 Paragrafen der → Charta für Europäische Sicherheit beinhalten die gesamte Spannweite des umfassenden Sicherheitskonzepts der OSZE durch Bekräftigung bestehender und Ankündigung neuer politischer, normativer und institutioneller Elemente. Die „Plattform für kooperative Sicherheit" ist zu einem zweiseitigen „operativen Dokument" geronnen, das der interinstitutionellen Zusammenarbeit im OSZE-Gebiet eine Basis geben sollte.

Trotz vieler ungünstiger Vorzeichen für das Treffen der Staats- und Regierungschefs markiert das Istanbuler Dokument eine weitere Stufe der Institutionalisierung gesamteuropäischer Sicherheitspolitik.

Literatur: Victor-Yves Ghebali, Der Beitrag des Istanbuler Dokuments 1999 zur europäischen Sicherheit und Zusammenarbeit, in: IFSH (Hrsg.), OSZE-Jahrbuch 2000 Bd. 6, Baden-Baden 2000, S. 307-326.

Körbe

In der Terminologie der Vorbereitung und Überprüfung von Ergebnissen der Konferenz über Sicherheit und Zusammenarbeit in Europa (KSZE) in → Helsinki 1975 hießen Körbe jene drei bzw. vier Abschnitte der Schlussakte der KSZE, die im ersten Abschnitt Fragen der Sicherheit in Europa, im zweiten die Zusammenarbeit in den Bereichen der Wirtschaft, der Wissenschaft und der Technik sowie der Umwelt, sowie im dritten die Zusammenarbeit in humanitären und anderen Bereichen behandeln; ein letzter und vierter Abschnitt, der die Beschlüsse über die Konferenzfolgen enthält, wurde oft als vierter Korb bezeichnet.

Während der multilateralen Vorbereitung der Konferenz in Dipoli/Helsinki seit 1972 und in der Vorphase der in Genf stattfindenden Beratungen sortierten und sammelten die 35 europäischen und nordamerikanischen Staaten-Delegationen in drei – in der Verhandlungssprache so benannten – „Körben" die Übereinkünfte, die sie alle für annehmbar hielten.

Seit der → Charta von Paris von 1990 ist der populäre Ausdruck Körbe ungebräuchlich geworden. Zur Bezeichnung der Sachbereiche wird seitdem teilweise von → Dimensionen gesprochen, vornehmlich für den Bereich des früheren zweiten Korbes von → wirtschaftlicher Dimension, (seit 1998 auch von ökonomischer und ökologischer Dimension) und für den Bereich des dritten Korbes von → menschlicher Dimension.

Konfliktprävention

Die OSZE gilt in den Augen vieler als die Institution für Konfliktprävention; darin wird im Vergleich mit anderen Organisationen ihr komparativer Vorteil gesehen. Konfliktprävention heißt das Verhüten der vor allem gewaltsam ausgetragenen Formen von kollektiven Konflikten. Sie setzt sich in dem Bemühen fort, auch zur Lösung des Konflikts beizutragen und damit dessen Ursachen zumindest eine friedensgefährdende Wirkung zu nehmen. Sie kann als das Kernstück → präventiver Diplomatie gesehen werden. Die Bedeutung von Konfliktprävention ist für die innere Entwicklung größer als für die internationalen Beziehungen vieler Staaten, weil der internationale Frieden und die internationale Sicherheit in Europa heute mehr durch innerstaatliche Konflikte als durch rein internationale Spannungen bedroht sind. In dieser Feststellung steckt das Problem einer Differenzierung und ihrer Folgen: Welche innerstaatlichen Konflikte stören den internationalen Frieden und können oder sollten Maßnahmen einer internationalen Konfliktprävention auslösen?

Konfliktprävention richtet sich wie das umfassende Konzept von Sicherheit der OSZE auf verschiedene Zeiträume und auf mehrere Inhalte oder → „Dimensionen". Zunächst kann zwischen kurz- und langfristigen Maßnahmen der Konfliktprävention unterschieden werden.

Kurzfristige Konfliktprävention will eine unmittelbar drohende Steigerung von Konflikten verhüten oder eindämmen. Präventive Maßnahmen können flagrante Verletzungen von Rechten und des Friedens abwehren oder unterbrechen. Bei Spannungen in der militärischen Sphäre trägt rechtzeitige Information über Maßnahmen zur Zerstreuung von Gerüchten und Misstrauen bei, die steigende Spannungen oder aggressive Optionen vermeiden zu helfen.

Zur kurzfristigen Konfliktprävention gehören Frühwarnung und präventive Diplomatie. Frühwarnung heißt, die OSZE-Organe zu informieren, um rechtzeitig und wirksam zu reagieren. Dann können präventive Diplomatie und andere nicht-zwingende, vorbeugende Mittel eingesetzt werden. Präventive Diplomatie sollte Streitigkeiten und Drohungen dämpfen und ihnen Einhalt gebieten, bevor sie in einen bewaffneten Konflikt ausarten. Man kann ferner unterscheiden zwischen früher und später diplomatischer Prävention. Frühe präventive Diplomatie versucht, Bemühungen der Streitenden um Beilegung ihrer Händel zu ermutigen und zu unterstützen und auf diese Weise Auseinandersetzungen einzudämmen, lange bevor ein Ausbruch in einen bewaffneten Konflikt wahrscheinlich erscheint. Späte präventive Diplomatie hat die Parteien zu überreden, von Gewalthandlungen abzusehen, wenn ihr Ausbruch unmittelbar bevorzustehen scheint.

Langfristige oder gar dauerhafte Konfliktverhütung umfasst den Aufbau einer lebensfähigen Demokratie und ihrer Institutionen zur Schaffung von Vertrauen zwischen der Regierung und der Bevölkerung bzw. Bevölkerungsgruppen, den Schutz und die Förderung der Menschenrechte, die Beseitigung aller Formen der Diskriminierung und die Respektierung von Minderheiten. Sie erfordert auch wirtschaftliche Entwicklung, die Wohlstand unter angemessener Beachtung sozialer Gerechtigkeit vermehrt. Zum Aufbau von langfristigem Frieden gehören auch Rüstungskontrolle und Abrüstung sowie zentral die Ablösung des „Rechts der Macht" durch die „Macht des Rechts".

Konfliktprävention ist langfristig durch die Staaten gewährleistet, die zu Frieden und Stabilität beitragen, indem sie voll und ganz die OSZE-Verpflichtungen zu Demokratie und Menschenrechten, einschließlich der Rechte von Menschen, die zu einer Minderheit gehören, respektieren. Solche politischen Systeme bieten institutionell Garantien für die Lösung innerstaatlicher Konflikte und sie sind viel eher geeignet, für friedliche und konstruktive Beziehungen zu Nachbarstaaten offen zu sein.

Eng mit solch dauerhafter Konfliktprävention verbunden ist die → wirtschaftliche und ökologische Dimension, wie sie die OSZE zu gestalten sucht. Die Grundsätze des freien Marktes, ökologisch nachhaltigen Wachstums und Wohlstands vereinen sich mit individueller Freiheit und politischem Pluralismus. Dagegen machen erfahrungsgemäß verschlechternde Lebensverhältnisse die Menschen eher empfänglich für autoritäre und selbst fremdenfeindliche Einflüsse.

Konfliktprävention ist auch in einer postkonfliktuellen Lage für die Wiederherstellung des Friedens in Nachkriegssituationen als Nachsorge gefragt. Wenn Gewalthandlungen eingestellt wurden, dann sind die Ursachen, die zum Konflikt geführt haben, noch nicht beseitigt. In Situationen, in denen die Schwelle zwischen Gewaltlosigkeit und Gewalt einmal überschritten worden ist, bleiben Spannungen und die Gefahren von bewaffneten Zusammenstößen bestehen. Den erneuten Ausbruch von Feindseligkeiten sofort vermeiden zu können, gehört zu einer generell den Frieden herstellenden Strategie, die in einer Nachkriegsgesellschaft erfolgreich sein will.

Die OSZE verfügt über eine Anzahl von Normen, → Mechanismen, Institutionen, → Organen und Instrumenten für die Prävention von Konflikten. Dazu gehören auf dem operativen Feld der → Hohe Kommissar für die nationalen Minderheiten, der → Beauftragte für die Medienfreiheit, die → Missionen und der → Amtierende Vorsitzende nebst der → Troika und seinem persönlichen Vertreter, im Bereich der Konsultation und Legitimation der → Hohe und der → Ständige Rat besonders in Form der → Mechanismen, sowie in der normativen Sphäre die → vertrauens- und sicherheitsbildenden Maßnahmen und schließlich die zahlreichen Verpflichtungen der verschiedenen Dokumente seit der → Schlussakte von Helsinki.

Der Ständige Rat als das wichtigste Konfliktverhütungsorgan trägt die Hauptverantwortung für Frühwarnung, präventive Maßnahmen und Krisenbewältigung. Das können schon Diskussionen leisten, die in dem Rahmen stattfinden, und die Beschlüsse, die dort gefasst werden. Der Hohe Rat hat eine zentrale Funktion für die langfristige Konfliktprävention. Der Amtierende Vorsitzende kann, unterstützt durch den Generalsekretär, präventiv diplomatisch durch Reisen in Spannungsgebiete oder durch Entsendung eines persönlichen Vertreters wirken. Die Teilnehmerstaaten können Ad-hoc-Missionen entsenden oder Langzeit-Missionen einrichten. Außerdem bestehen verschiedene formalisierte OSZE-Verfahren für direkten Ausgleich und die Optionen, die in den Übereinkommen zur Vermittlung und Schlichtung enthalten sind. Die menschliche Dimension und der Bereich vertrauens- und sicherheitsbildender Maßnahmen der OSZE sind mit ihren eigenen spezifischen Mechanismen ausgestattet. Der Hohe Kommissar hat zu versuchen, Spannungen einzudämmen und zu mindern, und zweitens als ein Stolperdraht zu dienen, was bedeutet, dass er die OSZE zu alarmieren hat, wenn immer solche Spannungen sich auf einer Ebene zu entwickeln drohen, auf der er sie nicht mehr mit den ihm zur Verfügung stehenden Mitteln eindämmen kann. Obwohl das Mandat des Hohen Kommissars so zunächst und zuvorderst in die Kategorie der kurzfristigen Konfliktprävention gehört, darf er die wichtigen langfristigen Aspekte eines Konfliktherdes nicht übersehen, wenn er wirksam sein will. Der Beauftragte für die Freiheit der Medien kann in einem besonders sensiblen Bereich und oft frühzeitiger als andere konfliktsignalisierend und bei gutem Willen aller Beteiligten konfliktpräventiv wirken.

Wenn die Institutionen der OSZE, z.B. das Frühwarnsystem, keine Warnung – in welcher Form auch – geben, dann offenbart sich die Abhängigkeit einer internationalen Organisation, wie der OSZE, von ihren Teilnehmerstaaten. Frühwarnung und präventive Diplomatie durch OSZE-Mittel können nur soweit wirksam sein, wie die beteiligten Staaten sich darauf politisch einlassen. Damit ist die Endverantwortlichkeit der OSZE-Staaten für europäische Sicherheit und Stabilität als Gruppe angesprochen. Unbestreitbar sind die Regierungen selbst in erster Linie verantwortlich für die Verwirklichung der OSZE-Verpflichtungen und für die Wahrung und die Herstellung des Friedens in ihren Ländern. Gleicherweise sollten sie ein aufgeklärtes Interesse an der Stabilität anderer haben, was sie motivieren kann, auch als internationale Gemeinschaft ihren moralischen Verpflichtungen zu genügen. Indem sie Menschenrechte und Minderheitenfragen zu legitimen internationalen Anliegen deklarierten, haben die Staaten als OSZE-Gemeinschaft es zu ihrer Verantwortlichkeit gemacht, einzelne Staaten zu entlasten, die nicht selber die sie konfrontierenden Probleme lösen können. Eine positive Verpflichtung zu humanitärem, ökonomischem und politischem Engagement ist auch erforderlich, wenn es nicht reicht, Entwicklungen zu überwachen und Staaten zu ermahnen.

Literatur: Peter Schlotter, Die Mühen der stillen Diplomatie. Konfliktprävention und Krisenmanagement durch die OSZE, in: Aus Politik und Zeitgeschehen 5/1996, S. 27-31; Wilhelm Höynk, Möglichkeiten und Grenzen der Konfliktvorbeugung und -vermeidung und nichtmilitärische Konfliktlösungen, in: S+F H. 2/1994, S. 87-88; Jutta Koch, Regine Mehl (Hrsg.), Politik der Einmischung – Zwischen Konflikprävention und Krisenintervention, Baden-Baden 1994; Charles Leben, La creation d'une organisme CSCE pour le réglement des conflits, in: Revue Generale du Droit Public 1991, 95 (4), S. 857-8801.

Koordinator für ökonomische und ökologische Aktivitäten

Die mögliche Berufung eines Koordinators für die wirtschaftliche Dimension der OSZE wurde auf dem → Lissabonner Gipfel im Dezember 1996 aufgrund einer amerikanischen Initiative in Aussicht genommen; die Entscheidung über das ausgearbeitete Mandat bestätigte der → Ministerrat in Kopenhagen im Dezember 1997. Es beauftragt ihn, die Fähigkeit des → Ständigen Rates und anderer OZSE-Institutionen zu verbessern, in wirtschaftlichen, sozialen und ökologischen Aspekten der Sicherheit tätig zu werden.

Konkret nennt das Mandat fünf Hauptaufgaben, nämlich (1) die Interaktion zwischen der OSZE und internationalen Organisationen verstärken, die sich mit wirtschaftlichen und ökologischen Fragen beschäftigen, (2) den wirtschaftlichen, ökologischen und sozialen Ansätzen in der Arbeit der OSZE-Missionen und anderer Einrichtungen vor Ort größeres Gewicht verleihen, (3) den Dialog mit der Parlamentarischen Versammlung der OSZE vertiefen, (4) die Kontakte der OSZE zu nichtstaatlichen Organisationen und Vertretern der Wirtschaft intensivieren und (5) ein Arbeitsprogramm für entsprechende Aktivitäten in oder in Zusammenarbeit mit der → wirtschaftlichen Dimension entwickeln.

Das Büro des Koordinators ist Teil des → Sekretariats; er ist dem → Generalsekretär unterstellt. Die Schaffung der Stelle eines Koordinators entsprach dem Wunsch einer Reihe von Teilnehmerstaaten, die wirtschaftliche Dimension der OSZE-Sicherheitspolitik aus dem Schattendasein zu holen, in das sie nach der Bonner Konferenz über wirtschaftliche Zusammenarbeit 1990 geraten war, und sie wirksam werden zu lassen.

Der Koordinator hat seinem Mandat gemäß versucht, die Vorbereitung und Durchführung des → Wirtschaftsforums der OSZE substanziell und organisatorisch zu verbessern, er hat eine Reihe internationaler Wirtschaftsorganisationen zur Mitwirkung an der Arbeit der OSZE interessiert, und er hat allein 1999 sechs → Seminare zu Umwelt- und Energieproblemen in Krisenregionen des OSZE-Gebiets durchgeführt. In seinem Amt und seiner Funktion spiegelt sich die Problematik des heiklen sicherheitspolitischen Querschnittsaspekts der Bereiche von Wirtschaft, Umwelt und Sozialem, die als solche in der Kompetenz anderer Organisationen – vor allem der mächtigen Europäischen Kommission der EU – liegen.

Literatur: Thomas L. Price/Ryan S. Lester, Die wirtschaftliche Dimension der OSZE am Vorabend des 21. Jahrhunderts, in: IFSH (Hrsg.), OSZE-Jahrbuch 1998 Bd. 4, Baden-Baden 1998, S. 391-402.

KSE-Vertrag

Den Vertrag über konventionelle Streitkräfte in Europa (VKSE) unterzeichneten am 19.11.1990 in Paris nach komplizierten Verhandlungen die 22 Staaten, die den Organisationen des Warschauer Vertrags und des Nordatlantikvertrags angehört haben. Die Verhandlungen waren im März 1989 in Wien begonnen worden, ihr Verlauf und Abschluss spiegeln den damals eingetretenen Wandel des Ost-West-Verhältnisses wider. Denn ihnen waren seit 1973 mühevolle und langwierige, letztlich ergebnislose und darum abgebrochene Verhandlungen über einen gegenseitig ausgeglichenen Abbau von Streitkräften (engl. MBFR) vorausgegangen. Sie wurden von Anfang an wegen des unterschiedlichen Teilnehmerkreises neben dem Helsinki-Prozess geführt; auch der KSE-Vertrag steht formell außerhalb der OSZE. Seine Substanz berührt sich mit den → Vertrauens- und sicherheitsbildenden Maßnahmen der Wiener Dokumente; eine sogenannte Harmonisierung beider Materien ist beabsichtigt worden; sie erweist sich aber als schwieriges Unterfangen.

Der KSE-Vertrag legt in fünf Kategorien vertraglich definierter Ausrüstung gleiche Obergrenzen für zwei als Gruppen bezeichnete Vertragsstaaten fest, die bei Unterzeichnung im November 1990 den Mitgliedstaaten der NATO und des Warschauer Pakts entsprachen. Die Obergrenzen betragen je 20.000 Kampfpanzer, 30.000 gepanzerte Kampffahrzeuge, 20.000 Artilleriewaffen, 6.800 Kampfflugzeuge und 2.000 Angriffshubschrauber. Diese Obergrenzen werden über die Konstruktion der „Anteilshöchstgrenzen" in Länder-Quoten aufgeteilt, die einen nationalen Besitzstand darstellen, auf den kein anderer Staat derselben Gruppe ohne Zustimmung des jeweiligen Staates zugreifen kann. Die Stationierung von Panzern, gepanzerten Kampffahrzeugen und Artillerie ist einem Regionalregime unterworfen, das aus zwei Komponenten besteht: einem System aus drei ineinander verschachtelten Obergrenzen im „Zentrum", dessen ganz auf die Bedürfnisse der Ost-West-Konfrontation zugeschnittener Zweck darin besteht, die Konzentration von Gerät „vorn" zu begrenzen, während der Abfluss nach „hinten" offensteht. Dies wird ergänzt durch eine Begrenzung für den „Flankenbereich" der früheren Militärpakte. Aus der Differenz der bei Vertragsunterzeichnung notifizierten Bestände und der Anteilshöchstgrenzen errechneten sich die verpflichteten Reduzierungen. Rund zwei Drittel fiel auf die Staaten der östlichen Gruppe.

Eine Begrenzung der Personalstärken wurde durch die vertraglich vereinbarten, freilich sehr mühevoll verlaufenden weiteren Verhandlungen erreicht und in der Abschließenden Akte der Verhandlungen über Personalstärken der konventionellen Streitkräfte in Europa vom 10.7.1992 (KSE Ia) festgelegt. Das Gesamtregime der KSE wird durch einen umfassenden Informationsaustausch ermöglicht und durch ein intensives Verifikationssystem kontrolliert.

Nach dem Zerfall der Sowjetunion mussten deren Anteilshöchstgrenzen unter sieben Nachfolgestaaten aufgeteilt werden. Der entstehende Verteilungsstreit konnte nur aufgrund des Drucks seitens der Russischen Föderation und der NATO bis Mai 1992 beendet werden. Ungeachtet solcher Komplikationen und anderer Probleme gilt die Durchführung der Reduzierung als erfolgreich. Am 16.11.1995 endete die vertraglich vereinbarte Periode der Verminderung der Waffenbestände; die KSE-Überprüfungskonferenz im Mai 1996 hat Verzögerungen und Modifikationen erörtert, doch im Großen und Ganzen die Erfüllung des Vertrages bestätigt.

Die von der Russischen Föderation erklärten Probleme mit der Flankenregelung bzw. dem gesamten Vertragswerk stehen in engem Zusammenhang mit den Bedingungen, unter denen der Vertrag verhandelt wurde. Diese waren von einer doppelten Asymmetrie gekennzeichnet: Der Osten war überlegen allein in der Zahl seiner Waffen, der Westen war politisch überlegen und bestimmte während der gesamten Dauer der Verhandlungen deren Konzept. Während sich zu Beginn der Verhandlungen im März 1989 noch zwei zumindest pro forma gleichwertige Partner gegenübersaßen, verfiel die östliche bzw. sowjetische Position zusehends. Die Flankenregelung war schon für die Sowjetunion schwierig, die Aufteilung der sowjetischen Quote unter die Nachfolgestaaten wurde wieder zum Problem für die Russische Föderation.

Der größere Bedarf der Russischen Föderation an Streitkräften in der Flankenregion ist erkennbar auf die Furcht vor einem weiteren Anwachsen von sezessionistischen Bewegungen an ihrer südlichen Grenze zurückzuführen. Die türkische Regierung nimmt die russischen Forderungen als militärische Bedrohung wahr, was bei dem der Türkei zugebilligten Aufrüstungsspielraum wenig glaubhaft erscheint und eher eigene strategische Motive vermuten lässt.

Die Russische Föderation argumentierte seit 1994, dass der Vertrag auf dem militärischen Gleichgewicht zwischen den beiden Gruppen von Vertragsstaaten aufbaue und dass dieses Gleichgewicht durch einen NATO-Beitritt von Staaten der östlichen Gruppe zerstört werde. Die russische Argumentation zielt auf die ordnungspolitisch zentrale Bestimmung des Vertragswerkes, die beiden „Gruppen von Vertragsstaaten" gleiche Obergrenzen zugeordnet hat. Obwohl der ursprünglich im Vertrag enthaltene Hinweis auf die Mitgliedschaft in der NATO bzw. im Warschauer Vertrag gestrichen worden ist, bleibt der KSE-Vertrag eine ambivalente Konstruktion zwischen Blockansatz und nationalen Höchstgrenzen: Einerseits bezieht sich die Grundstruktur des Vertrages, wie sich das insbesondere in den Obergrenzen und den Inspektionsquoten ausdrückt, auf die alte bipolare Blocksituation, andererseits ist es mit der Konstruktion der „Anteilshöchstgrenzen" gelungen, nationale Höchststärken zu schaffen, die der souveränen Verfügung des jeweiligen Vertragsstaates unterliegen. Man kann daher das Gruppenprinzip des KSE-Vertrages sowohl als strategisches Realprinzip als auch als rein juristische Hilfskonstruktion zur Erlangung nationaler Obergrenzen interpretieren. Für die Stellung des KSE-Vertrages in Bezug auf eine NATO-Erweiterung ist diese Frage von zentraler Bedeutung.

Der KSE-Vertrag beendete die fällige Abrüstung einer alten Sicherheitsarchitektur; eine neue hat er nicht geschaffen und bislang nicht schaffen helfen. Eine neue europäische Sicherheitsstruktur, die eine Erweiterung der NATO einschließen soll, kann allerdings schwerlich auf den konzeptionellen Grundlagen des Vertrages basieren. Nachdem auf dem Lissabonner Gipfel 1996 die Staats- und Regierungschefs die Grundlagen für die Erneuerungen des KSE-Vertrages gut geheißen hatten, gelang es nach schwierigen Verhandlungen kurz vor dem Istanbuler Gipfel 1999, den Entwurf für einen neuen KSE-Vertrag fertigzustellen, der dann durch die Staats- und Regierungschefs unterzeichnet und den Parlamenten der betreffenden Länder zur Ratifizierung zugeleitet wurde.

Literatur: Wolfgang Zellner, Anfang vom Ende oder neue Chance kooperativer Sicherheit? Zur Krise europäischer Rüstungskontrolle, in: IFSH (Hrsg.) OSZE-Jahrbuch 1995 Bd. 1, Baden-Baden 1995, S. 289-306; Klaus Achmann, Kooperative Sicherheit: Neue Grundsatzdokumente, in: IFSH (Hrsg.) OSZE-Jahrbuch 1995 Bd. 1, Baden-Baden 1995, S. 307-320; Wolfgang Zellner, Die Verhandlungen über Konventionelle Streitkräfte in Europa. Konventionelle Rüstungskontrolle, die neue politische Lage in Europa und die Rolle der Bundesrepublik Deutschland, Baden-Baden 1994; Hans-Joachim Schmidt/Wolfgang Zellner, Konventionelle Rüstungskontrolle vor neuen Herausforderungen: Der KSE-Vertrag im Belastungstest, in: Hessische Stiftung für Friedens- und Konfliktforschung, u.a. (Hrsg.), Friedensgutachten 1999, Münster 1999, S. 248-256; Hans-Joachim Schmidt/Wolfgang Zellner, Konventionelle Rüstungskontrolle im Belastungstest: Der Einfluss regionaler Gewaltkonflikte, in: Forschungsstätte der Evangelischen Studiengemeinschaft, u.a, (Hrsg.), Friedensgutachten 2000, Münster 2000, S. 269-278

Lissabonner Dokument

Auf ihrem Gipfeltreffen am 2./3.12.1996 in Lissabon verabschiedeten die Staats- und Regierungschefs das Lissabonner Dokument, das aus einer „Gipfelerklärung" und einer „Erklärung über das gemeinsame und umfassende Sicherheitsmodell für Europa für das 21. Jahrhundert" besteht. Das Lissabonner Dokument ist mit acht Seiten vergleichsweise kurz, es verzichtet anders als seine Vorgänger auf einen Leitsatz und enthält keine allgemeinen Aussagen und Wertungen zur sicherheitspolitischen Lage Europas. Hauptsächlich werden alte Absichten bekräftigt, neue Absichten erklärt und genommene Beschlüsse bekanntgemacht.

Dem Lissabonner Gipfeltreffen gingen ein Überprüfungstreffen vom 4.11. bis 22.11.1996 in Wien und ein Vorbereitungstreffen vom 25.11. bis 29.11.

1996 in Lissabon durch die ständigen Vertreter der Teilnehmerstaaten voraus. Auch mit dieser erneuten Konzentration auf die Wiener OSZE-Struktur unterschied sich der Gipfel von seinen Vorgängern. Kurz vor dem Gipfeltreffen hatten die Teilnehmerstaaten ein neues Arbeitsprogramm für Rüstungskontrolle, die neuen Aufgaben für das → Forum für Sicherheitskooperation und das geplante Dokument über die Anpassung des → KSE-Vertrages beschlossen.

Die Einrichtung des Amtes für einen OSZE-Beauftragten für Medienfreiheit und die mögliche Berufung eines Koordinators für die wirtschaftliche Dimension der OSZE wurde in Aussicht genommen; die Entscheidungen darüber fasste der Ministerrat in Kopenhagen im Dezember 1997. Die seit dem Budapester Gipfeltreffen angeregte Debatte um ein → Sicherheitsmodell für das 21. Jahrhundert in Europa wurde mit dem Ergebnis abgeschlossen, sich von nun an um die „Entwicklung einer Charta für Europäische Sicherheit" zu bemühen.

Das → Forum für Sicherheitskooperation wurde mit fünf Aufgaben für Rüstungskontrolle und für Vertrauens- und Sicherheitsbildung betraut, nämlich der Verwirklichung der vereinbarten Maßnahmen, der Förderung regionaler Maßnahmen, der Entwicklung eines Netzes von Rüstungskontrollvereinbarungen, der Verbesserung vereinbarter und der Entwicklung neuer Maßnahmen und Regime, insbesondere des → Wiener Dokuments '94.

Eine Reihe weiterer Themen wollten die Teilnehmerstaaten im Rahmen des FSK in Erwägung ziehen, wie eine effektivere Arbeitsweise des FSK, eine größere Kohäsion zwischen FSK und → Ständigem Rat, die Vermittlung der Erfahrungen des FSK an die Staaten der → Mittelmeer-Partnerschaft sowie Maßnahmen zur Ergänzung der internationalen Bemühungen um eine wirksame Lösung bezüglich der Anti-Personen-Minen sowie um den Kampf gegen Terrorismus.

Kein Konsens bestand, ob die folgenden Themen überhaupt behandelt werden sollten, die von einzelnen oder mehreren Staaten vorgetragen worden waren: Ausweitung der vertrauens- und sicherheitsbildenden Maßnahmen auf Marine-Aktivitäten, Austausch von Informationen über Einheiten der inneren Sicherheit, Maßnahmen bezüglich der Stationierung von Streitkräften, Zusammenarbeit bei der Konversion, Maßnahmen bezüglich der Entsendung von Streitkräften auf fremdes Gebiet einschließlich grenzüberschreitender Bewegungen, fortlaufende Seminare für höhere Offiziere über Militärdoktrinen, ein OSZE-Weißbuch über Verteidigungsfragen, die Untersuchung der möglichen Bildung atomwaffenfeier Zonen, freiwillige Teilnahme an der Verifikation und Austausch von Informationen über regionale Regime, Transparenz bezüglich struktureller, qualitativer und operativer Aspekte der Streitkräfte, einseitige Erklärung von Waffenobergrenzen.

Dieser Katalog zeigt, wie viel selbst im Rahmen pragmatischen Handelns von Politikern, Diplomaten und Militärs noch zur Verstärkung kooperativer Sicherheit in Europa geleistet werden kann; die mangelnde Zustimmung für ihn bewies, wie verbreitet noch oder schon wieder Misstrauen oder nur wichtigtuerische Gewohnheiten in der europäischen Sicherheitspolitik sind.

Wie beim vorangegangenen Gipfel in Budapest beherrschten das Treffen zum einen die kontroverse Frage der NATO-Erweiterung, die Stellungnahmen einer Reihe von Teilnehmerstaaten dazu, und zum andern die Gegensätze von Parteien einiger gewaltsam ausgetragener, manchmal als zu wenig beachteter, weil als eingefroren („frozen") bewerteter Konflikte, wie zwischen Armenien und Aserbaidschan, in Georgien oder in Moldau.

Literatur: Herbert Honsowitz, Die Wiener Überprüfungskonferenz und der Lissabonner Gipfel vom 2. und 3. Dezember 1996, in: IFSH (Hrsg.), OSZE-Jahrbuch 1997 Bd. 3, Baden-Baden 1997, S. 359-371.

Mechanismen

Mechanismen sind Verfahren der OSZE zur örtlich und zeitlich unmittelbaren sowie die Parteien direkt einbeziehenden Klärung von drohend erscheinenden Krisen oder bestehenden Streitfällen im wechselseitigen Verhältnis der Teilnehmerstaaten. Sie richten sich auf militärische Entwicklungen, auf Fragen der menschlichen Dimension und auf dringliche Gefährdungen. Die verschiedenen Verfahren sind phasenweise strukturiert, und sie beginnen mit einem Ersuchen um Aufklärung, führen zu Konsultationen zwischen den direkt betroffenen Staaten und münden in alle Teilnehmerstaaten einschließende Beratungen mit der Möglichkeit der Entsendung von → Missionen.

Unterscheidbar sind drei Mechanismen der Konfliktvorbeugung von vier Verfahren der friedlichen Streitbeilegung. Als Mechanismen gelten der „Wiener" Mechanismus für ungewöhnliche militärische Aktivitäten, der „Moskauer" Mechanismus der menschlichen Dimension, der „Berliner" Mechanismus für dringliche Situationen. Als Verfahren der friedlichen Streitbeilegung bestehen der „Valletta"-Mechanismus, der Genfer → Vergleichs- und Schiedsgerichtshof, ein durch den Hohen Rat oder Ministerrat angeordnetes Vergleichsverfahren und die Einsetzung eines Vergleichsausschusses.

Der „Wiener" Mechanismus ist Teil der → Wiener Dokumente '90 und '92 der Vereinbarungen über → Vertrauens- und sicherheitsbildende Maßnahmen. Er ist als militärischer Krisenmechanismus bezeichnet worden. Er beginnt bilateral mit dem Informationsersuchen eines Staates an einen anderen und der 48-Stunden-Beantwortungsfrist für den Befragten; er setzt sich fort mit der Möglichkeit eines Treffens zur Erörterung der Frage innerhalb von 48 Stunden und endet schließlich mit der Möglichkeit einer Zusammenkunft aller Teilnehmerstaaten im Rahmen des → Konfliktzentrums.

Der „Moskauer" Mechanismus der menschlichen Dimension wurde beim Moskauer Treffen der Konferenz über die menschliche Dimension 1991 beschlossen. Er bietet die Möglichkeit zu Informationsersuchen und einer zehntägig befristeten schriftlichen Antwort, bilaterale Treffen innerhalb einer

Woche, Einladung und Besuch einer Ermittlungs-Expertenmission des inkriminierten Staates, gute Dienste auf Antrag eines Staates, Mediation nach Konsultationsverfahren, Empfehlungen und Missionen mit Zustimmung des inkriminierten Staates nach dem einstimmigen Beschluss des Hohen Rates. Falls dieser Staat mit der Einladung zögert, kann die Berichterstatter-Mission auf Antrag des ersuchenden Staates und der Unterstützung von fünf weiteren Staaten eingesetzt werden. Berichterstattermissionen können auch gegen den Willen des inkriminierten Staates eingesetzt und entsandt werden, wenn ein Staat eine besonders schwerwiegende Gefahr für Standards der menschlichen Dimension befürchtet, eine Mission beantragt und die Unterstützung durch neun weitere Staaten findet. Es ist dann auch möglich, politische Erklärungen oder andere politische Schritte zu veranlassen, die freilich außerhalb des Territoriums des betroffenen Staates liegen. Der Moskauer Mechanismus mit Berichterstatter- und Expertenmissionen enthält also Verfahren zur Überprüfung vor Ort. Sie unterscheiden sich insofern, als das Mandat der Experten weiter angelegt ist. Die Experten können den Streitparteien vor Ort gute Dienste und Vermittlung anbieten und sich also direkt um eine Lösung bemühen. Die Berichterstatter hingegen dürfen nur Tatsachen ermitteln und Lösungsvorschläge machen.

Der „Berliner" Mechanismus für Konsultation und Zusammenarbeit in dringlichen Situationen kann bei eindeutigen, großen und nicht behobenen Verletzungen einschlägiger OSZE-Prinzipien oder größeren den Frieden bedrohenden, die Sicherheit oder die Stabilität gefährdenden Zwischenfällen eingesetzt werden. Er wurde während des ersten Treffens des (Minister)Rates 1991 in Berlin beschlossen und wird auch politischer Krisenmechanismus genannt. Das Verfahren ähnelt dem des „Wiener" militärischen Krisenmechanismus: Der durch einen Teilnehmerstaat zur Klärung des Sachverhaltes ersuchte Staat muss innerhalb von 48 Stunden alle zweckdienlichen Informationen zur Verfügung stellen. Ersuchen und Antwort erhalten unmittelbar alle anderen Teilnehmerstaaten. Bleibt der Vorgang nach Meinung eines Staates weiter klärungsbedürftig, dann kann er oder ein anderer Staat den Vorsitzenden des Hohen Rates um eine Dringlichkeitssitzung des Rates ersuchen, die spätestens nach drei Tagen stattfinden muss, sobald 12 weitere Staaten das Ersuchen innerhalb von 48 Stunden unterstützt haben.

Die Mechanismen könnten sich zur Klärung von Einzelfällen eignen, das gilt für das Konsultationsverfahren nach dem Wiener Mechanismus ebenso wie für das Verfahren zur Überprüfung vor Ort nach dem Moskauer Mechanismus oder dem Dringlichkeitsmechanismus. Beispielsweise für Angelegenheiten der menschlichen Dimension, die einen umfänglicheren Komplex betreffen, kommen andere Vorgehensweisen eher in Frage, wie eine Mission des Hohen Kommissars für nationale Minderheiten. Eine Gefahr für die Glaubwürdigkeit der Mechanismen ist, dass nach Abschluss der Berichte in der Regel keine weitere Konfliktbewältigung folgt. Ein OSZE-Fonds zur Finanzierung solcher Aktivitäten besteht nicht, so dass für die Kosten des Mechanismus der einleitende Staat aufkommen muss und für eventuelle Lasten aus zu ziehenden Konsequenzen keine Mittel vorhanden sind.

Sanktionsmöglichkeiten bestehen nicht, ein beklagter Staat hat wenig zu fürchten, ein klagender Staat kann sich düpiert vorkommen, weshalb Aktivitäten dann besser unterbleiben.

Die Mechanismen sind bislang nur in wenigen Fällen für die Berichterstattung gebraucht worden, ihre praktische Bedeutung hat sich als gering erwiesen; die OSZE hat u.a. durch die Aktivitäten des Amtierenden Vorsitzenden andere Möglichkeiten der Streitbeilegung entwickelt. Teilweise überschneiden sich die Mechanismen, sie sind in ihrer Kompliziertheit reformbedürftig.

Der in La Valletta beschlossene Streitbeilegungsmechanismus (Valletta-Mechanismus) besteht aus einer unverbindlichen Beratung der Streitparteien durch Drittpersonen, deren Namen in einem vom → Konfliktverhütungszentrum geführten Verzeichnis aufgelistet werden. Immerhin hatten sich die Teilnehmerstaaten in La Valletta auf ein gemeinsames Dokument zur friedlichen Streitbeilegung geeinigt und sich sogar vom Konsensprinzip zu lösen begonnen, indem sie die Möglichkeit einräumten, den Mechanismus auch einseitig anzurufen.

Literatur: Heinz Vetschera, Die KSZE-Krisenmechanismen und ihr Einsatz in der Jugoslawien-Krise, In: Österreichische Militärische Zeitschrift H. 5/1991, S. 405; Arie Bloed, The CSCE Conflict Prevention Mechanisms and Procedures, in: ODIHR-Bulletin 3/1994, S. 30-33; ders., Monitoring the CSCE Human Dimension: In Search of its Effectiveness, in: ders. u.a., Monitoring Human Rights in Europe. Comparing International Procedures and Mechanisms, Dordrecht, 1993, S. 45-91.

Menschliche Dimension

Unter menschlicher Dimension wird im Sprachgebrauch der OSZE ein sicherheitsrelevanter Bereich bezeichnet, der erstens Normgebung, Durchsetzung und Prüfung von Menschenrechten und Grundfreiheiten und zweitens den Aufbau und die Gewährleistung von demokratischen Institutionen umfasst. Die Bedeutung dieses Bereiches für internationale Sicherheit beruht auf der geschichtlichen Erfahrung, dass Achtung von Menschenrechten und die Funktion demokratischer Institutionen die Chance eines friedlichen Austragens und Regelns von gesellschaftlichen Konflikten bieten und damit das Risiko der Gewaltausübung mit einer Belastung des internationalen Friedens verringern. Mit den Normen, Institutionen und Instrumenten der menschlichen Dimension will die OSZE eine zivile Gesellschaft in Europa weiter entwickeln helfen und auch so zur Konfliktverhütung beitragen.

Der seit dem → Wiener Abschlussdokument 1989 als menschliche Dimension bezeichnete Bereich hat seinen Ursprung im siebten Prinzip der → Helsinki Schlussakte von 1975. Darin erklärten die Teilnehmerstaaten, dass sie „die Menschenrechte und Grundfreiheiten, einschließlich der Gedanken-, Gewissens-, Religions- oder Überzeugungsfreiheit für alle ohne Unterschied der Rasse, des Geschlechts, der Sprache oder der Religion achten" werden. Die Teilnehmerstaaten führten auch an, dass diese Achtung dem Frieden dient, was für die Entwicklung freundschaftlicher Beziehungen und die Zusammenarbeit zwischen den Staaten erforderlich ist. Im dritten der sogenannten → Körbe der Schlussakte wurden noch eine Reihe von verschiedenen Teilbereichen menschlicher Kontakte (Familie, Besuche, Tourismus, Jugendbegegnung, Sport), Information (Arbeit der Journalisten) sowie kultureller und wissenschaftlicher Austausch detailliert aufgelistet, für die die Teilnehmerstaaten ihre Bereitschaft zur Zusammenarbeit erklärten. Im → Madrider Abschlussdokument von 1983 bekräftigten sie nicht nur die genannten Prinzipien, sie ergänzten und differenzierten sie auch, z.B. durch den Hinweis auf die Gleichberechtigung von Mann und Frau oder das Recht der Bildung von Gewerkschaften, deren Kontakte und Verbindungen gefördert werden sollten. Die → Wiener Folgekonferenz von 1986 bis 1989 erlaubte erstmals einen kritischen Befund und stärkte erheblich die normative Grundlage. In der → Charta von Paris 1990 und den Abschlussdokumenten der Treffen zur menschlichen Dimension in Kopenhagen und Moskau wurde die menschliche Dimension ausdrücklich als eine „nicht ausschließlich innere Angelegenheit der Nationalstaaten" bezeichnet. Auch wurde der Bereich durch Aufnahme der innerstaatlichen Sphäre – dem Bekenntnis zu pluralistischer Demokratie und Rechtsstaatlichkeit – erweitert. Mit der Vision von einem europäischen Menschenrechtsraum erreichte die Normgebung hier ihren vorläufigen Höhepunkt und Schluss.

Der verheißungsvolle Beginn für eine europaweite Thematisierung von Menschenrechtsfragen 1975 blieb zunächst deklaratorisch, weil der Ost-West-Gegensatz auf den Folgekonferenzen von Belgrad und Madrid eine umfassende und ernsthafte Prüfung der Normen und ihre etwaige weitere Entwicklung nicht zuließen. Die Staaten der Warschauer Vertragsorganisation blockierten eine Debatte mit dem Hinweis auf das sechste Prinzip der Schlussakte, nämlich das Verbot der Einmischung in innere Angelegenheiten. Neue Bedingungen schufen seit 1985 das „neue Denken" in der Sowjetunion mit „Glasnost" und „Perestroika" und 1989 vor allem der Zusammenbruch der östlichen politischen Systeme.

Seit dem → Helsinki Dokument von 1992 geht es um die Anwendung und Kontrolle der deklarierten Normen durch Schaffung von Institutionen und die Verbesserung ihrer Wirksamkeit. Der gesamte inzwischen erreichte Umfang von Normen, Institutionen und Instrumenten der menschlichen Dimension beruht auf politisch erklärtem Einverständnis und nicht auf völkerrechtlich verbindlichen Abkommen der OSZE-Staaten.

Das aus dem Büro für freie Wahlen hervorgegangene → Büro für demokratische Institutionen und Menschenrechte (BDIMR) ist äußerer Repräsentant und OSZE-interner Adressat und Koordinator für die menschliche Dimension.

Das BDIMR initiiert, organisiert und koordiniert Wahlbeobachtungen, Seminare, rechtsstaatliche Beratung und Treffen zur Durchführung und Überprüfung der entsprechenden Maßnahmen. Es archiviert Informationen über die Lage der Menschenrechte in den Teilnehmerstaaten und stellt sie zur Verfügung.

Der Sache nach eng mit der menschlichen Dimension verbunden, jedoch zu einem eigenständigen und separaten Instrument der Konfliktprävention konstituiert, sind Stellung und Aufgaben des → Hohen Kommissars für nationale Minderheiten. Er soll als unabhängiges und unparteiisches Instrument der Frühwarnung fungieren und bei ethnischen Spannungen, die das Potenzial von Konflikten in sich bergen, mit Mitteln der vorbeugenden Diplomatie tätig werden. Stärker wiederum mit den Normen und praktischen Aufgaben der menschlichen Dimension verbunden ist die Tätigkeit des → Beauftragten für die Freiheit der Medien.

In der menschlichen Dimension arbeitet die OSZE wie in anderen Bereichen entsprechend dem 1990 in Paris erstmals formulierten Konzept der „interlocking institutions", also des interinstitutionellen Zusammenwirkens, mit anderen internationalen Organisationen und mit nichtstaatlichen Organisationen zusammen. Dem Europarat und den entsprechenden Einrichtungen der Vereinten Nationen (Menschenrechtskommission, UN-Menschenrechtszentrum, Hoher Kommissar für Menschenrechte) kommt dabei ein besonderer Stellenwert zu. Der Europarat bietet eine völkerrechtlich verbindliche Sicherung und Weiterentwicklung von Menschen- und Minderheitenrechten, Demokratie und Rechtsstaatlichkeit sowie Individual- und Staatenklage vor dem Europäischen Gerichtshof für Menschenrechte in Straßburg.

Eine Vielzahl von nichtstaatlichen Organisationen und ihre transnationalen Netzwerke, wie Amnesty International, Human Rights Watch/Helsinki, die → Internationale Helsinki Föderation sind im Zusammenhang mit der menschlichen Dimension der OSZE tätig.

Der Stellenwert der menschlichen Dimension innerhalb der OSZE ist unklar. Entstanden unter den historischen Umständen des Ost-West-Gegensatzes durch die diplomatische Initiative der USA, wird sie heute einerseits gerechtfertigt als Element des OSZE-Konzepts von umfassender Sicherheit; andererseits werden unter der Prämisse ihrer Eigenwertigkeit institutionelle Strukturen und operative Handlungen betont von Konfliktprävention getrennt. Endlich sind Sicherheitsfragen und Konfliktverhütung mit der menschlichen Dimension verbunden und zwar sowohl durch die sogenannten → Mechanismen als auch den → Schieds- und Vergleichsgerichtshof sowie durch die Praxis von Frühwarnung, Überwachung, Information, Kooperation, Ausbildung und Unterstützung.

Die Diskrepanz zwischen den viel verheißenden Normen und den schweren Verletzungen der Menschenrechte kann der menschlichen Dimension und damit der OSZE einen Verlust an Glaubwürdigkeit bereiten. Die praktische Arbeit in den Konfliktregionen wird auch durch Probleme institutionalisierter Zusammenarbeit erschwert.

Die Mechanismen der menschlichen Dimension haben enge Grenzen. Werden sie überschritten, droht eine Diskreditierung des gesamten Instrumentariums, ja der OSZE insgesamt. Die Gefahr einer Überdehnung der Instrumente der menschlichen Dimension für Zwecke der Konfliktverhütung ist real. Schon werden die auf den Bereich der menschlichen Dimension begrenzten Mechanismen kritisiert, nur beschränkt präventive Wirkung zu entfalten. Multilaterale, gewaltfreie Einmischung in innere Angelegenheiten zugunsten von Menschenrechten, Demokratie und Rechtsstaatlichkeit ist zwar ein Instrument der Konfliktverhütung. Ihre Akzeptanz hängt aber gerade vom begrenzten Charakter ihrer Interventionsformen ab. In dem Maße, wie sie einen Automatismus hin zu humanitärer Intervention und der Einleitung von Langzeitmissionen entwickeln, werden rasch die Grenzen der Einmischung im OSZE-Raum tangiert. Die neuen Nationalstaaten, deren staatliche Souveränität noch nicht gefestigt genug ist, um schon wieder überwunden zu werden, könnten skeptischer gegenüber Mitteln der Menschenrechtskontrolle reagieren.

Menschenrechtsschutz, Demokratie und Rechtsstaatlichkeit tragen zwar zur Erhöhung von Sicherheit bei. Rechte und Normen können Gewalt aber nicht bändigen. Sie entfalten ihre konfliktverhütende Wirkung erst, wenn die betroffenen Parteien Gewaltverzicht in Konfliktfällen anerkennen. Die Bereitschaft dazu setzt auch wirtschaftliche und soziale Grundlagen voraus. Die menschliche Dimension müsste den in der OSZE schwach ausgebildeten Bereich der wirtschaftlichen Sicherheit in ihren Menschenrechtskatalogen künftig stärker thematisieren, z.B. die politischen Rechte von Flüchtlingen und Wanderarbeitern mit den ökonomischen Ursachen von Massenflucht und Migration verbinden.

Art und Ausmaß von Menschenrechtsverletzungen sind regional unterschiedlich. Im OSZE-Raum konzentrieren sich die massivsten Probleme in bestehenden oder ehemaligen Vielvölkerstaaten Ost- und Südosteuropas und der ehemaligen Sowjetunion. Doch auch westliche Länder – und nicht nur die Türkei – sind nicht frei von diesen Problemen.

Literatur: Bettina Klee/Anna Kreikemeyer, Zivilisierungsfortschritt oder Aktionismus angesichts von Machtlosigkeit gegen Krieg und Gewalt, in: IFSH (Hrsg.), OSZE-Jahrbuch 1995 Bd. 1, Baden-Baden 1995, S. 257-276; Audrey Glover, The Human Dimension of the OSCE: From Standard-Setting to Implementation, in: Helsinki Monitor 3/1995, S. 31-39.

Ministerrat

Der Ministerrat (bis zum → Budapester Gipfel 1994 noch Rat der KSZE genannt) ist das zentrale, beschlussfassende und lenkende Gremium der OSZE. Ihm gehören die Außenminister der 55 Teilnehmerstaaten an. In der Regel tritt er einmal jährlich gegen Ende der Amtsperiode des Amtierenden Vorsitzenden in dessen Land zusammen.

Der Rat ist erstens für die Durchführung der Beschlüsse der → Gipfeltreffen zuständig und bereitet sie vor. Er hat zweitens ein Mandat für die Annahme notwendig erscheinender Ergänzungen zu deren Beschlüssen. Die OSZE-Organe sind dem Ministerrat verantwortlich, der seinerseits befugt ist, ihre Aufgaben und die Art ihrer Durchführung zu bestimmen.

Gegenwärtig dienen Treffen des Ministerrates neben der formellen Entgegennahme von Berichten der verschiedenen OSZE-Organe sowie der Erörterung zentraler übergreifender Themen auch der Beratung spezifischer Fragen im kleineren Kreis, z.B. auch mit den Außenministern der Staaten der → Mittelmeer-Partnerschaft oder Vertretern anderer internationaler Organisationen.

Auf dem Kopenhagener Ratstreffen im Dezember 1997 ist durch die Bestellung eines Koordinators für ökonomische und ökologische Aktivitäten und eines Beauftragten für Medienfreiheit eine wünschenswerte weitere Institutionalisierung als Mittel der Normenkontrolle und eine Stärkung des Sekretariats beschlossen worden.

Der (Minister)Rat wurde durch die → Charta von Paris 1990 geschaffen. Seit seiner Einrichtung traf sich der Ministerrat in Berlin (19./20.6.1991), Prag (30./31.1.1992), Helsinki (24.3.1992), Stockholm (14./15.12.1992), Rom (30.11./1.12.1993), Budapest (7./8.12.1995), Kopenhagen (18./19.12.1997), Oslo (2./3.12.1998) und Wien (27./28.11. 2000); während der Jahre 1994, 1996 und 1999, in denen ein Gipfeltreffen stattfand, trat er nicht eigens zusammen.

Minsk-Gruppe

Im März 1992 beschloss der Ministerrat, eine nach Minsk einzuberufende Konferenz zu beauftragen, eine Friedenslösung für den Konflikt um Berg-Karabach zu finden. Da die politischen und militärischen Voraussetzungen für eine Friedenskonferenz nicht vorlagen und bis heute nicht gegeben sind, wurde im Rahmen der sogenannten Minsk-Gruppe über die Voraussetzungen zur Abhaltung der Konferenz verhandelt. Die Minsker Konferenz hat noch nicht stattgefunden, die Gruppe der potenziellen Teilnehmer – die Minsker Gruppe – bemühen sich mit immer neuen Vorschlägen unter den wechselnden politischen Bedingungen weiter um eine Lösung des „eingefrorenen" Konflikts.

Die Minsker Gruppe, in der Russland, die Vereinigten Staaten und Frankreich seit 1997 den Ko-Vorsitz innehaben, umfasst Belarus, Deutschland, Italien, Schweden, die Tschechische Republik und die Türkei. Als Konfliktparteien bzw. „interessierte Parteien" sind Armenien und Aserbaidschan sowie die Führungen von Berg-Karabach und die Abordnung der aserischen Minderheit von Berg-Karabach vertreten.

Im Februar 1988, im günstigen Klima von Glasnost und Perestroika, forderten die ethnischen Armenier in Berg-Karabach, einer Enklave innerhalb Aserbaidschans, die Sezession von Aserbaidschan und die Vereinigung mit Armenien. Später änderten sie ihre irredentistischen Bestrebungen und forderten die völlige Unabhängigkeit; im Januar 1992 riefen sie die Republik Berg-Karabach aus, die jedoch weder von der aserischen noch von der armenischen Führung anerkannt wurde.

Nach verlustreichen Kämpfen im Winter 1993/1994 kam es im Mai 1994 zur informellen Vereinbarung einer Waffenruhe. Das war ein Erfolg der OSZE-Bemühungen um die Lösung des bewaffneten Konflikts. Der zweite Vorsitzende der Minsk-Gruppe hatte die Region im Februar und März 1994 besucht, sich mit den Führern Armeniens und Aserbaidschans getroffen und die Arbeit der Gruppe geleitet, um den Waffenstillstand zu festigen. Im März 1994 kamen die Parteien in Moskau überein, den informellen Waffenstillstand einzuhalten. Das Ziel blieb die Harmonisierung der Absichten der Russischen Föderation und die der OSZE, die Formulierung eines Friedensplanes und endlich der Abschluss eines Friedensabkommens.

Zusätzlich zu der Vorbereitung einer OSZE-Überwachungsmission zur Unterstützung eines eventuellen Friedensabkommens als Ergebnis intensiver diplomatischer Bemühungen beschloss der Hohe Rat im September 1994 die Möglichkeit zu untersuchen, eine multinationale OSZE-Streitkraft zur Wahrung des Friedens aufzustellen. Auf dem → Budapester Gipfeltreffen wurde der Amtierende Vorsitzende aufgefordert, einen Plan für die Aufstellung, Zusammensetzung und die Tätigkeit einer OSZE-Friedenstruppe zu entwickeln. Die Budapester Entscheidung über Berg-Karabach eröffnet eine neue Dimension für die Beendigung des Konfliktes in der Region und die Rolle der OSZE.

Die zentralen, bisher nicht gelösten Streitfragen sind der politische Status von Karabach, ein Korridor zwischen Armenien und Karabach, die Rückkehr der aus Karabach geflohenen aserischen Bevölkerung sowie der von Ortschaften außerhalb Karabachs geflohenen armenischen Bevölkerung, die Modalitäten eines Waffenstillstandes und der Trennung der militärischen Kräfte.

Parallel zum Friedensprozess innerhalb der Minsk-Gruppe hat die OSZE das Programm einer friedenserhaltenden Mission zur Absicherung des Waffenstillstandes und damit zur Unterstützung des weiteren Friedensprozesses erarbeitet. Ursprünglich wurde bis zum Herbst 1994 in Wien im Rahmen einer kleinen militärischen → Ad-hoc-Planungsgruppe eine ca. 500 Mann starke Beobachtermission geplant, die zusammen mit einer russischen bzw.

GUS-Friedenstruppe eingesetzt werden sollte. Auf dem Gipfel in Budapest im Dezember 1994 erklärten die Staats- und Regierungschefs sich bereit, im Zusammenhang mit einer politischen Lösung des Konfliktes eine Friedenstruppe der OSZE in das Konfliktgebiet zu entsenden.

Daraufhin wurde in Wien eine erweiterte militärische →Planungsgruppe unter der Leitung und Aufsicht des Amtierenden Vorsitzenden zusammengestellt, die sogenannte „High Level Planning Group" (HLPG). Freilich nur nach Vorliegen einer konkreten Perspektive für eine politische Lösung des Karabach-Konfliktes und nur auf der Basis eines erfolgversprechenden Mandates sowie eines Operations- und Finanzierungskonzeptes für eine Friedenstruppe kann damit gerechnet werden, dass potenzielle Truppenkontingente in hinreichender Stärke und Qualität von den OSZE-Staaten zur Verfügung gestellt werden.

Doch auch nach langjährigen intensiven Bemühungen der Ko-Vorsitzenden der Minsk-Gruppe ist so wenig Übereinstimmung zwischen den Parteien erreichbar gewesen, dass selbst nur eine Aussage über drei Prinzipien einer Konfliktlösung im → Lissabonner Dokument am Einspruch Armeniens scheiterte. Erklärt werden sollte erstens die territoriale Integrität beider Staaten, zweitens ein rechtlicher Status für Berg-Karabach, festgelegt in einem Abkommen auf der Grundlage von Selbstbestimmung, die Berg-Karabach den höchsten Grad an Autonomie („self-rule") innerhalb Aserbaidschans verleiht, sowie drittens garantierte Sicherheit für Berg-Karabach und seine gesamte Bevölkerung, einschließlich wechselseitiger Verpflichtungen aller Parteien zur entsprechenden Befolgung der Bedingungen des Abkommens. Diese Aussage, der alle anderen Teilnehmerstaaten zustimmen wollten, konnte schließlich nur als Erklärung des Amtierenden Vorsitzenden zusammen mit einer Gegenerklärung der armenischen Delegation dem Lissabonner Dokument hinzugefügt werden. Im September 1998 besuchten die drei Ko-Vorsitzenden Baku, Eriwan und Stepanakert, um – auf russische Initiative – einen neuen Ansatz zu beraten, der auf kreative Weise versucht, das Konzept eines „gemeinsamen" Staates umzusetzen. Der Friedensplan schlug die Bildung eines gemeinsamen Staates von Berg-Karabach und Aserbaidschan vor, wobei die genauen Beziehungen zwischen beiden Entitäten Thema eines gesonderten Abkommens zu einem späteren Zeitpunkt sein sollten. Die Billigung des Vorschlags eines „gemeinsamen Staates" durch das Europaparlament am 11. März 1999 scheint darauf hinzudeuten, dass die internationale Gemeinschaft diesen Mittelweg zwischen (der maximalistischen Position) Unabhängigkeit und (der minimalistischen Position) Autonomie unterstützt.

Literatur: Helmut W. Ganser. Die Bemühungen der OSZE um die Beilegung des Konfliktes um Berg-Karabach, in: IFSH (Hrsg.), OSZE-Jahrbuch 1995 Bd. 1, Baden-Baden 1995, S. 187-191; S. Neil MacFarlane, The UN, the OSZE, and the Southern Caucasus, in: Caspian Crossroads 1/1997, S. 18-23; Ermina Van Hoye, Die OSZE im Kaukasus: Langzeitvermittlung für dauerhafte Lösungen, in IFSH (Hrsg.), OSZE-Jahrbuch 1999 Bd. 5, Baden-Baden 1999, S. 279-290.

Missionen – allgemein

Verschiedenartige Typen von Missionen sind durch die OSZE im gesamten Spektrum ihres umfassenden Sicherheitskonzeptes einsetzbar und bisher eingesetzt worden, wie Beobachter-, Erkundungs-, Experten-, Berichterstatter- und Überwachungsmissionen. Kurzzeit- sind dabei von Langzeitmissionen zu unterscheiden, obwohl beide ineinander übergehen können. Daneben gibt es noch Sondermissionen, deren Einsatz unter anderen Namen zustande kam bzw. stattfindet.

Während die offiziellen Mandate den Verhandlungskompromiss der verschiedenen Positionen im OSZE-Rahmen widerspiegeln, lassen sich auf Seiten der Mehrzahl der Teilnehmerstaaten einerseits und der betroffenen Länder andererseits Grundinteressen und Ziele in Bezug auf die OSZE-Mission identifizieren, die man, sofern sie im Mandatstext fehlen, als „implizites Mandat" bezeichnen könnte.

Als Vorform können die Gruppen von Manöverbeobachtern und von Inspektoren zur Verifikation im Zusammenhang der → Vertrauens- und sicherheitsbildenden Maßnahmen gelten, wie sie 1986 die Stockholmer KVAE-Konferenz beschlossen hat. Mit der Schaffung der → Mechanismen entstand ab 1990 die Möglichkeit, verschiedenartige Missionen zu bilden. Auf dem Moskauer Treffen der Konferenz über die menschliche Dimension 1991 wurde die Möglichkeit der Einladung von Expertenmissionen vereinbart, die Informationen einholen und sich mit guten Diensten und Vermittlerdiensten nützlich machen können. Der Prager Ministerrat gab 1992 dem Konsultativausschuss, inzwischen aufgegangen im → Forum für Sicherheitskooperation, die Befugnis, Erkundungs- und Überwachungsmissionen im Zusammenhang mit ungewöhnlichen militärischen Aktivitäten durchzuführen. Endlich beschlossen die Staats- und Regierungschefs auf dem → Helsinki Gipfel von 1992 die Nutzung von Erkundungs- und Berichterstattermissionen als Instrument der Konfliktverhütung und der Krisenbewältigung sowie den Einsatz von Beobachter- und Überwachungsmissionen zur Friedenserhaltung.

Normalerweise erfordert die Entsendung einer Mission die Zustimmung des Aufnahmelandes im Zuge eines einstimmigen Beschlusses der Teilnehmerstaaten zumeist im Hohen Rat. Im Rahmen des sogenannten Moskauer → Mechanismus der menschlichen Dimension können auch nur fünf Teilnehmerstaaten eine Erkundungsmission initiieren, die unter bestimmten Voraussetzungen vom in Frage kommenden Empfängerland nicht abgewiesen werden darf. Die Missionen würden sich vornehmlich aus erfahrenen Juristen und Diplomaten zusammensetzen. Denn wie bei den meisten OSZE-Mechanismen existieren auch für diese Missionen Listen mit von den Teilnehmerstaaten zu benennenden Experten und Berichterstattern, aus denen für den konkreten Einzelfall Personen ausgewählt werden.

Während einer Mission treten die Experten mit den Streitparteien sowie mit Vertretern einschlägiger gesellschaftlicher Einrichtungen in Kontakt. Die Experten können durch Vorschläge den Konflikt über Fragen der menschlichen Dimension beizulegen suchen. Offiziell endet eine Expertenmission mit einem Bericht, zu dem der betroffene Staat innerhalb von drei Wochen Stellung nehmen muss. Vorteile der Berichterstatter- und Expertenmissionen sind ihre ad-hoc Aktivierbarkeit und die Möglichkeit der Ermittlungen vor Ort. Auf diese Weise kann zunächst eine verbesserte Berichterstattung erreicht werden, die im Gegensatz zu Auskünften von Regierungen nicht die Gefahr in sich birgt, geschönt zu sein; außerdem kann – zumindest bei den Einsätzen der Experten – über gute Dienste und Mediation direkt konfliktverhütende Arbeit geleistet werden. Auch der Amtierende Vorsitzende kann einen persönlichen Vertreter mit einem Erkundungsauftrag in ein Land senden, dessen Regierung Besuch und Aufenthalt nicht verweigern darf.

Einen starken Auftrieb haben der OSZE der Verlauf und das Ergebnis der zwei Kurzzeit-Missionen im Dezember 1996 nach Serbien und im März und November 1997 nach Albanien unter Leitung je eines persönlichen Beauftragten des Amtierenden Vorsitzenden gegeben, die früheren Regierungschefs Felipe Gonzales bzw. Franz Vranitzky. Diese südosteuropäischen Konfliktherde haben neben dem regionalen Schauplatz den innerstaatlichen Charakter sowie das Engagement der OSZE gemeinsam, das sich auf die Durchführung von Wahlen bzw. die Anerkennung ihrer Ergebnisse richtete. Die Einsätze der unterschiedlichen OSZE-Missionen haben jedenfalls substanziell – wenigstens vorerst und unter den gegebenen Bedingungen – dazu beigetragen, einen gewaltsamen Austrag der bestehenden Konflikte zu vermeiden und die gespannten Verhältnisse durch Hilfe für eine neue und andere Legitimation für politisches Handeln zu befrieden.

Die Langzeitmissionen an Konfliktherden sind eigenständige Einrichtungen geworden, die aufgrund ihres Mandats und der lokalen Anforderungen vielfältig konfliktverhütend operieren, Minderheiten schützen und sich anderen Menschenrechtsproblemen widmen sowie sich mit Fragen der politischen Reform und damit der Förderung von Demokratie und Rechtsstaatlichkeit befassen. Oft kombinieren sie unterschiedliche Aufgaben wie Frühwarnung, Verhütung von und Vermittlung in bzw. nach Konflikten sowie Unterstützung bei der Verwirklichung von OSZE-Prinzipien. Das Instrument der Missionen gab der OSZE starke Impulse. Ungeachtet der oftmals komplexen Problemlagen in den Einsatzgebieten und der insgesamt bescheidenen Einflussmöglichkeiten der Missionen wird ihre Rolle bei Konfliktprävention und Krisenmanagement überwiegend positiv bewertet. Im einzelnen unterscheiden sie sich durch ihre Mandate, Zusammensetzung und Tätigkeit. Gemeinsam sind den meisten unter ihnen ihr kleiner Umfang und, so noch verstärkt, die Notwendigkeit, sich den lokalen Umständen anzupassen. Viele dieser Missionen haben eine militärische Komponente. Mit der Einführung der Langzeitmissionen hat die OSZE mit geringen finanziellen Mitteln ein neues Instrument zur Krisenbewältigung geschaffen. Die Arbeit ihrer Missionen zeigen die Vorteile einer dauernden Tätigkeit vor Ort gegenüber der traditionellen Konferenzdiplomatie an neutraler Stelle auf. Sie liegen vor allem in der ungleich genaueren Kenntnis der Lage und der Entwicklung im Krisengebiet, der größeren Vertrautheit mit den Vertretern der Konfliktparteien, der höheren Glaubwürdigkeit des Vermittlers und der jederzeit gegebenen Einwirkungsmöglichkeit.

Die Missionsleiter berichten wöchentlich dem → Amtierenden Vorsitzenden und damit dem Ständigen Rat und erkunden die Auffassungen der Staaten, um sie gegebenenfalls bei der Arbeit zu berücksichtigen. So sind die Teilnehmerstaaten einbezogen, schließlich hängt von ihrer politischen und finanziellen Bereitschaft die Ausstattung und vor allem die Entsendung des Personals und letztlich auch die Wirkung und damit die Erfüllung des Auftrags der Mission ab. Die Missionen operieren aufgrund der Mandate, die ihnen bei ihrer Bestellung der Hohe Rat bzw. vertretungsweise der Ständige Rat erteilt. Der Amtierende Vorsitzende leitet sie politisch, ihre tägliche Arbeit verrichten sie in eigener Verantwortung. Das → Konfliktverhütungszentrum im Wiener Sekretariat ist für die technische Koordination zuständig. Das → Büro für Demokratische Institutionen und Menschenrechte unterstützt ihre Arbeit mit in Frage kommenden Informationen oder durch zusätzliches Engagement. Der → Hohe Kommissar für nationale Minderheiten hat sich mit ihnen abgestimmt. Die Leiter der Missionen führen regelmäßig gemeinsame Arbeitsbesprechungen in Wien durch, an denen auch der Generalsekretär, der Vorsitzende des Ständigen Rates, Vertreter der → Troika und Mitglieder anderer OSZE-Organe teilnehmen.

Eine Mission kann neben ihrer Hilfe und Beratung gemäß ihrem Auftrag und konfrontiert mit den lokalen Problemen auch schon durch ihre Anwesenheit zur Stabilisierung in Krisengebieten beitragen.

Die Missionen suchen gegebenenfalls mit den in dem jeweiligen Gebiet aktiven internationalen Organisationen zusammenzuarbeiten, insbesondere mit den Vereinten Nationen, dem Europarat, der EU-Kommission und dem UNHCR sowie nichtstaatlichen Organisationen.

Die meisten Missionen bestehen gewöhnlich aus nicht mehr als sechs bis zwanzig Mitgliedern. Eine neue Qualität und damit auch Quantität liegt der → Bosnien-Herzegowina-Mission, der → Kroatien-Mission und der → Kosovo-Mission zugrunde. Die Einsatzdauer des Personals, das von den Teilnehmerstaaten delegiert wird, beträgt gewöhnlich nur sechs Monate.

Im Jahre 2000 waren etwa 1.200 Personen mit internationalem Status in allen Missionen tätig; hinzu kam eine gleich große Anzahl lokalen Personals.

Langzeitmissionen waren im Jahre 2000 aktiv in Mazedonien, Georgien, Moldau, Estland, Lettland, Tadschikistan, in Albanien, in Bosnien-Herzegowina, Kroatien und im Kosovo. Eine Assistenzgruppe ist für Tschetschenien tätig. Permanente Büros bzw. Zentren bestehen in Jerevan (Armenien), Baku (Aserbaidschan), Almaty (Kasachstan), Aschgabad (Turkmenistan), Bischkek

(Kirgistan) und in Taschkent (Usbekistan). Die 1993 eingerichteten Unterstützungs-Missionen zur Überwachung der Einhaltung von Sanktionen gegen die Bundesrepublik Jugoslawien (Serbien und Montenegro) und des Waffenembargos gegen alle Republiken des früheren Jugoslawien sind 1996 aufgehoben worden. 2001 ist eine Mission in Belgrad eröffnet worden.

Obwohl Missionen als sogenannte Langzeitmissionen bezeichnet werden, wenn sie geschaffen werden, unterstellt die Mandatsvergabe für jeweils sechs Monate ihren temporären Charakter. Zudem sind die Mandate derart formuliert, dass sich die Missionen jeweils zur Lösung bestimmter Probleme im Gastland aufhalten, deren Behandlung später von Institutionen im Lande übernommen werden soll. Auf diesem inneren Widerspruch basierend war im Laufe der letzten Jahre nicht nur in den Gastländern, sondern auch innerhalb der OSZE mehrfach die Frage einer sogenannten „Exit"-Strategie angesprochen worden.

Der estnische Staatspräsident Meri regte 1999 unter anderem an, die Mission in seinem Land, die ihr Mandat in weiten Teilen erfüllt habe, in ein Institut umzuwandeln, welches der Universität in Tartu angegliedert werden könnte, um sich in Forschung und Lehre der Konfliktverhütung zu widmen. Noch einmal wurden die Mandate der baltischen Missionen erneuert. Damit war jedoch die Frage nicht langfristig beantwortet, ob es dienlicher sei, Missionen aufrechtzuerhalten, diese umzuwandeln oder sie zu schließen. Es wird also noch über „Exit"-Strategien zu diskutieren sein.

Literatur: Berthold Meyer, In der Endlosschleife? Die OSZE-Missionen auf dem Prüfstand, Hessische Stiftung für Friedens- und Konfliktforschung, HSFK-Report 3/1998, Juli 1998.

Albanien-Mission/„Albanien-Präsenz"

Nach dem staatlichen Zusammenbruch Albaniens und aufgrund des Berichts der Kurzzeitmission des Persönlichen Beauftragten des Amtierenden Vorsitzenden, Franz Vranitzky, beschloss der Ständige Rat Ende März 1997 die Bildung einer „OSZE-Präsenz", die schon eine Woche später im April 1997 ihre Arbeit aufnahm.

Sie wurde mit den dramatisch veränderten Bedingungen des Kosovo-Krieges konfrontiert. Gleichzeitig musste sie sicherstellen, dass die grundsätzlichen Aufgaben, zu deren Bewältigung die Präsenz eingerichtet wurde – nämlich die Förderung von Demokratie und Rechtsstaatlichkeit sowie der Aufbau der Zivilgesellschaft – in der Öffentlichkeit und auf der Tagesordnung der Regierung unverändert an erster Stelle stehen.

Ende 1998 wurde in einem Referendum eine neue Verfassung angenommen; ein Gesetz über den öffentlichen Dienst sowie ein Gesetz über die staatliche Polizei liegen im Entwurf vor und sollen der Entpolitisierung dieser beiden wichtigen Bereiche der zivilen Verwaltung dienen; ebenso wurden erste Schritte in Richtung auf eine Dezentralisierung der Regierungskompetenzen durch Stärkung der örtlichen Verwaltungen unternommen. Eine Reihe weiterer wichtiger organisatorischer und qualitativer Reformen, die für die Entwicklung einer gerechteren und staatsbürgerlichen Gesellschaft ähnliche Bedeutung haben, wurde eingeleitet. Ein ermutigender Anstieg der Aktivitäten → nichtstaatlicher Organisationen war sowohl auf nationaler als auch auf lokaler Ebene in Bereichen wie beispielsweise Umwelt, Flüchtlingshilfe und Menschenrechtsschutz ebenfalls zu verzeichnen.

An allen diesen Entwicklungen ist die OSZE-Präsenz durch ihre Unterstützung sowohl für die Regierung als auch in einzelnen Bereichen der Gesellschaft aufs engste beteiligt. Die Präsenz ist ebenso auf zahlreichen anderen und solch unterschiedlichen Gebieten wie dem Einsammeln und Zerstören von Waffen, der Verbindung zwischen Wirtschaft und Sicherheit, der Beobachtung des Parlaments sowie der Überwachung von Zwischenfällen an Albaniens unruhiger Grenze im Norden tätig. Letzteres hat sich insbesondere während des Konflikts im Kosovo und angesichts der darauf folgenden Flüchtlingsströme bewährt. Bei den meisten, wenn nicht bei allen diesen Aktivitäten stehen der Präsenz bei ihrer Arbeit in Tirana die Mitarbeiter eines immer dichter werdenden Netzes von Außenstellen im ganzen Land zur Seite. Diese Außenstellen haben sich als eine der wichtigsten Stützen der Präsenz und der Organisation erwiesen: Sie erhöhen die Sichtbarkeit und verbessern den Ruf der OSZE ganz erheblich und werden sowohl von der Regierung als auch von der Bevölkerung Albaniens geschätzt.

Die Tätigkeiten der Präsenz finden seit Oktober 1998 zusätzlich starke Unterstützung durch die sowohl international wie lokal agierende Gruppe der „Freunde Albaniens". Gegründet als Reaktion auf den versuchten Staatsstreich vom September 1998, sind die „Freunde Albaniens" ein informelles und zeitlich unbefristetes Forum für Vertreter all jener Länder und internationalen Organisationen, die durch finanzielle, technische und sonstige Unterstützung Albanien dabei helfen wollen, sein Potenzial zu nutzen und sich der euro-atlantischen Gemeinschaft anzuschließen. Die Gruppe, die auf lokaler Ebene in Tirana unter dem Vorsitz des Leiters der OSZE-Präsenz und international unter dem gemeinsamen Vorsitz der OSZE und der EU in Wien und Brüssel zusammentritt, unterstützt und koordiniert die internationalen Bemühungen durch einen regelmäßigen Informationsaustausch und ermutigt und beobachtet gleichzeitig alle Bemühungen, einige der wichtigsten Probleme der politischen und wirtschaftlichen Reform in Angriff zu nehmen.

Mit Unterstütung der OSZE wurde ein Rechtsberatungsbüro (Legal Counsellor's Office = LCO) geschaffen, dessen Zweck es u.a. ist, die Demokratisierung durch die Entwicklung demokratischer Institutionen, einer Rechtskultur und von Rechtsstaatlichkeit sowie den Schutz der Menschenrechte zu fördern.

Das LCO hat das Melde- und Warnprogramm für Menschenrechte der OSZE entwickelt, ein Programm, das angebliche Menschenrechtsverletzungen und andere Übergriffe seitens der staatlichen Verwaltung untersucht und darüber Bericht erstattet. Ferner gehören dazu die Beobachtung von Gerichtsverfahren, die Koordinierung der technischen Hilfe in Rechtsfragen, auch die direkte technische Hilfe in Rechtsfragen. Das LCO unterstützt darüber hinaus den Verbindungsbeamten der OSZE-Präsenz für Lokalverwaltungen bei der Dezentralisierung der örtlichen Verwaltungen.

Die OSZE-Präsenz förderte die Arbeiten an der neuen Verfassung und war wiederholt bei politischer Vermittlung gefordert. Dazu wirkte sie an der Einberufung einer Triparlamentarischen Delegation (OSZE, Europarat und Europäisches Parlament) mit, um den Dialog zwischen den zerstrittenen Parteien zu fördern oder überhaupt erst wieder zustande zu bringen.

Im September 1998 bemühte sich die Präsenz, die Ruhe aufrechtzuerhalten, indem sie über private Radio- und Fernsehkanäle die Bevölkerung unablässig dazu aufrief, sich nicht aufstacheln zu lassen, und die Demonstranten eindringlich dazu aufforderte, die Straßen zu verlassen, die Studios der staatlichen Fernsehanstalt nicht länger besetzt zu halten und zwei Panzer zurückzugeben, die man einer örtlichen Armee-Einheit entwendet hatte.

Das Verfassungs-Referendum fand im November 1998 statt und verlief unter Beobachtung der OSZE, des Europarates und des Europäischen Parlaments friedlich.

Im März 1999 erhielt der Kosovo-Krieg zunehmend Vorrang vor innenpolitischen Fragen. Als der Krieg im Juni 1999 endete, reagierte die Opposition u.a. auch auf Druck von Seiten der OSZE-Präsenz und kehrte ins Parlament und zur Zusammenarbeit zurück.

Die Präsenz hat den Auftrag, Albanien in enger Zusammenarbeit mit der albanischen Regierung, anderen Regierungen und internationalen Organisationen Hilfestellung bei der Förderung von Demokratie und Rechtsstaatlichkeit und beim Aufbau der Zivilgesellschaft zu leisten. Die Rolle, die die Präsenz zur Unterstützung der albanischen Regierung und Bevölkerung spielen soll, ist dem angepasst und klar definiert; sie stammt aus der Zeit vor der Flüchtlingskatastrophe und hatte und hat auch in dieser Situation und darüber hinaus Bestand. Die OSZE versetzte ihr Verhältnis zur Regierung sowie die Rolle und die Existenz ihrer über ganz Albanien verteilten Außenstellen beim Eintreten der Krise in die Lage, zur Koordinierung und Durchführung nationaler und internationaler Hilfeleistungen beitragen zu können.

Als sich daher in den allerersten Tagen des Notstandes zeigte, dass Albanien Schwierigkeiten mit den Verfahren und einem Einsatzplan bei der Bewältigung des Flüchtlingsstroms hatte, stellte die OSZE-Präsenz auf Ersuchen der Regierung und in enger Zusammenarbeit mit dem UNHCR Hilfe, Beratung und Personal zum Aufbau einer Emergency Management Group (EMG) im Büro des Premierministers zur Verfügung, die nationale und internationale Hilfeleistungen überwachen und koordinieren sollte.

Als sich die Notlage ausweitete und die internationalen Hilfeleistungen umfangreicher wurden, um der Herausforderung gerecht werden zu können, entwickelte sich auch die Rolle der Präsenz im Rahmen ihres weit gefassten Auftrags, die Zusammenarbeit zwischen der Regierung und führenden internationalen Akteuren zu erleichtern und zu fördern, weiter. Mit Hilfe der Kapazitäten der OSCE/KVM Refugee Task Force (rund 75 ehemalige Angehörige der aus dem Kosovo abgezogenen KVM) unterstützten die Präsenz und ihre Mitarbeiter vor Ort die Koordinationsbemühungen der Regierung und des UNHCR zur Bewältigung der Notlage.

Die OSZE half ebenso durch die Herstellung von Verbindungen zwischen der EMG und lokalen Verwaltungen und Präfekturen in ganz Albanien und benutzte dazu das Netz der Außenstellen der Präsenz und der mobilen KVM-Teams, die die Hilfeleistungen vor Ort beobachteten und unterstützten, Bedürfnisse und Schwierigkeiten ausfindig machten und der EMG schnellstens Rückmeldung gaben. Die Mobilität und die Kommunikationskapazitäten der Außenstellen und der KVM-Teams erleichterten die Verteilung der Hilfsgüter außerordentlich und sorgten ebenso dafür, dass Unzulänglichkeiten und Engpässe rechtzeitig bemerkt und behoben wurden.

Darüber hinaus leistete die OSZE mit ihrem Netz aus Außenstellen und KVM-Teams logistische Unterstützung und Soforthilfe, indem sie ihren Mitarbeiterstab und ihre Fahrzeuge dazu nutzte, die Bemühungen der lokalen Präfekturen und der internationalen Organisationen zur Verteilung der Hilfsgüter und zur Erleichterung der Kommunikation zu ergänzen.

Die Präsenz leistete auch von Beginn an Hilfestellung bei der Rückführung der Flüchtlinge in der Zeit von Mitte Juni bis Anfang Juli, als die Teams der KVM Refugee Task Force aus Albanien abgezogen wurden und die letzten OSZE-Mitarbeiter, die an die EMG abgestellt worden waren, in die Präsenz zurückkehrten, nachdem sie durch Mitarbeiter des UNHCR und Personal der albanischen Regierung ersetzt worden waren.

Schließlich sah die OSZE-Präsenz in Albanien ihre Rolle in der Notsituation nicht allein darauf beschränkt, der Regierung und internationalen Organisationen dabei zu helfen, sich der Bedürfnisse der Flüchtlinge anzunehmen. Sie versuchte vielmehr, auch durch die Fortsetzung ihrer bereits laufenden Arbeitsprogramme sicherzustellen, dass die regulären Regierungsgeschäfte aufrechterhalten wurden. Die Präsenz arbeitete auch weiterhin mit der albanischen Regierung zusammen, um ihr bei der Bewältigung der vielfältigen Herausforderungen der Krise und der nach wie vor bestehenden Aufgabe des Aufbaus der Zivilgesellschaft in Albanien zu helfen. Dabei kamen ihr das Mandat und die Beziehungen zur Regierung zugute, die mehr als zwei Jahre vor Eintreten der internationalen Krise etabliert wurden, und die Kapazitäten eines landesweiten Netzes der Außenstellen.

Literatur: Daan Everts, Die OSZE-Präsenz in Albanien, in: IFSH (Hrsg.), OSZE-Jahrbuch 1999 Bd. 5, Baden-Baden 1999, S 309-324.

Belarus-Mission/Berater- und Beobachtergruppe

Nach dem Fehlschlag der Vermittlungsversuche der EU und des Europarates initiierte der Amtierende Vorsitzende der OSZE im Jahre 1997 im Ständigen Rat die Bildung einer Berater- und Beobachtergruppe in Belarus, was mit Zustimmung der belarussischen Regierung im September 1997 beschlossen wurde. Die Gruppe erhielt ohne zeitliche Limitierung den Auftrag, die belarussischen Instanzen bei der Entwicklung demokratischer Institutionen zu unterstützen und die Einhaltung der OSZE-Verpflichtungen durch Belarus zu beobachten. Erst nach mehrmonatigen Verhandlungen gelang es schließlich im Dezember 1997, zwischen dem Generalsekretär der OSZE und dem belarussischen Außenminister eine Übereinkunft über den diplomatischen Status der Berater- und Beobachtergruppe sowie ihre Rechte zu erzielen. Die russische Regierung hatte der belarussischen Regierung die Annahme der Vereinbarung (Memorandum of Understanding) nahe gelegt. Die Berater- und Beobachtergruppe hat diplomatischen Status, Zugang zu allen Einrichtungen des Landes und kann von jedermann aufgesucht werden. Neben dem Leiter sind vier weitere entsandte Mitarbeiter und eine nicht begrenzte Anzahl von im Lande rekrutierten Mitarbeitern in der „Mission" tätig.

Den Grund für den Einsatz der OSZE bilden die Folgen des Verfassungscoups und damit die Beseitigung der im Transformationsprozess schon erreichten demokratischen Strukturen im Jahre 1997. Dagegen protestierten viele Parteien und Organisationen. Gestützt auf die in international vereinbarten Dokumenten der OSZE festgelegten Ziele des Transformationsprozesses in Ostmitteleuropa sowie in den Nachfolgestaaten der Sowjetunion lehnten auch viele Regierungen in Europa und ebenso die USA und Kanada die Anerkennung der Ergebnisse der Verfassungsänderung ab. Der Europarat suspendierte den Beobachterstatus von Belarus. Die Forderung der Europäischen Union und des Europarats nach Rückkehr von Belarus zur Demokratie, d.h. zur Verfassung von 1994, machte aus der innenpolitischen auch eine internationale Krise, ohne dass Aussicht auf eine befriedigende Lösung des Konflikts auf dem Wege über die Ausübung internationalen wirtschaftlichen und politischen Drucks zu bestehen schien.

Als erstes Aufgabenpaket definierte der Amtierende Vorsitzende im Dezember 1997 die fachliche Beratung bei der Gesetzgebung auf Gebieten mit Bezug zur Demokratie und rechtsstaatlichen Entwicklung, die Beobachtung und Beratung bei der Anwendung der belarussischen Gesetzgebung, die Unterstützung der Ausbildung amtlichen und nichtamtlichen Personals auf dem Gebiet der Menschenrechte und die beratende Tätigkeit bei der Entwicklung demokratischer Einrichtungen, wie zum Beispiel der eines Ombudsmanns, einer Schiedsinstanz in Streitfällen zwischen Bürgern und Behörden.

Die Gruppe begann ihre Tätigkeit Anfang Februar 1998. Die politische Opposition im Lande, die keinen Zugang zu Massenmedien hat und in den staatlichen parlamentarischen Einrichtungen nicht vertreten ist, begrüßte die Entsendung der OSZE-Berater- und Beobachtergruppe, zweifelte aber, ob auf diesem Wege eine Rückkehr zur Verfassung von 1994 und eine Entwicklung hin zu Demokratie und Rechtsstaatlichkeit erreicht werden könnten. Die OSZE-Gruppe in Minsk werde als ein „Feigenblatt" von der Regierung missbraucht werden, um international und national den Anschein der Demokratie zu vermitteln.

Die Gruppe muss versuchen, zwischen verfeindeten politischen Kräften einen Weg zur Verständigung über einen neuen politischen Konsensus zu finden, der dem Land inneren politischen Frieden bringt und ihm die Rückkehr in den Kreis der europäischen Demokratien ermöglicht, einen inneren Frieden, der sich nur auf der Grundlage von Rechtsstaatlichkeit, einer demokratischen Staatsordnung mit Gewaltenteilung und einem demokratisch legitimierten Präsidenten, eines aus demokratischen, freien und international anerkannten Wahlen hervorgegangenen Parlaments und des Schutzes der individuellen Menschenrechte bilden kann.

Angesichts der geringen Aussichten auf substanzielle Verbesserungen in den mit den offiziellen Stellen erörterten Gesetzentwürfen für demokratierelevante Bereiche (Wahlen, Ombudsmann, Medien) versucht die Beratergruppe, über international besetzte Seminare die Chancen eines Dialogs zur Überwindung von innenpolitischen Konfliktsituationen den an den Meinungsbildungs- und Entscheidungsprozessen Beteiligten bewusst zu machen. Die friedliche Streitbeilegung und der Interessenausgleich zwischen mit demokratischen Mitteln um die Macht ringenden Kräften des Landes sollte gefördert werden. Eine erste Konferenz befasste sich im Frühjahr 1998 mit der Bedeutung „freier und fairer Wahlen" für Belarus, eine zweite im September 1998 mit dem Zusammenhang zwischen „Marktwirtschaft, sozialer Sicherheit und pluralistischer Demokratie". Die Bemühungen um Pressefreiheit stellte die Berater- und Beobachtergruppe unter das Motto „Freie Rede – ohne Furcht". Schließlich wurde eine Konferenz über die „Moderne Informationsgesellschaft" durchgeführt. Auch Ausbildungskurse für Rechtspfleger (Public Defenders) und Schulungskurse über Menschenrechte an Polizeiakademien werden veranstaltet. Die Berater- und Beobachtergruppe hat in ihren eigenen Büros eine Rechtsberatung eingerichtet, die stark frequentiert wird. Gerichtsverhandlungen, Untersuchungsgefängnisse und Strafvollzugsanstalten werden ebenso besucht wie Inhaftierte und Verurteilte. Auch werden die Familien von politischen Gefangenen betreut. Gerichte und Ministerien werden auf Verletzungen der Strafgesetzgebung und der Strafprozessordnung in konkreten Fällen aufmerksam gemacht.

Teile der Opposition schlagen im Ringen um die Rückkehr zur Demokratie oder um deren Entwicklung einen anderen Kurs als die OSZE ein: den der offenen Konfrontation. Dieser Weg wird meist auch von den nichtstaatlichen Organisationen gewählt, die sich auf materielle Unterstützung aus dem Westen stützen können.

Mit der Bildung einer eigenen Belarus-Arbeitsgruppe unter Vorsitz des früheren rumänischen Außenministers Adrian Severin im Juli 1998 ergriff die Parlamentarische Versammlung der OSZE eine eigene politische Initiative mit dem Ziel, der Berater- und Beobachtergruppe, gleichsam der regierungsseitigen Beratergruppe der OSZE in Belarus, eine parlamentarische Unterstützung zur Seite zu stellen. Das Zusammenwirken des parlamentarischen und des regierungsseitigen Arms der OSZE hat sich als sehr wirkungsvoll erwiesen. Nach einem von Severin initiierten informellen Treffen mit der Opposition, den nichtstaatlichen Organisationen sowie den offiziellen Gewerkschaften, das im Juni 1999 in der Nähe von Bukarest stattfand, gelang bei einem weiteren Besuch in Minsk im Juli 1999 ein prozeduraler Durchbruch bei der Suche nach Wegen für freie und faire, auch international anerkannte Parlamentswahlen.

Mit den hier dargestellten Schritten – Verhandlungen über freie und faire, international anerkannte Wahlen, Einstellung der Strafverfolgung aus politischen Motiven und Öffnung der elektronischen Massenmedien für die Opposition – kann die politische Isolierung überwunden werden.

Die Berater- und Beobachtergruppe setzt zunehmend auch Mittel der Europäischen Union sowie freiwillige Beiträge von Regierungen der OSZE-Teilnehmerstaaten ein, um den Demokratisierungsprozess durch die Stärkung der Zivilgesellschaft zu fördern. Dazu gehören besondere Projekte für die Europäisch-Humanistische Universität in Minsk und zur Ausbildung im Bereich der politischen Parteien mit dem Ziel, die Entwicklung einer pluralistischen politischen Struktur zu fördern. Die OSZE organisiert auch Konferenzen außerhalb Minsks, um die Entwicklung der lokalen Selbstverwaltung und die rechtlichen Voraussetzungen für die wirtschaftliche Entwicklung der Regionen durch internationale, grenzüberschreitende Zusammenarbeit zu stärken. In Zusammenarbeit mit der Regierung von Belarus hat die Europäische Union nun auch ein Programm im Werte von fünf Millionen Euro für die Entwicklung der Zivilgesellschaft auflegen können, das über das Büro von TACIS (Technical Assistance for the Commonwealth of Independent States) abgewickelt werden soll.

Literatur: Hans-Georg Wieck, Die Berater- und Beobachtergruppe der OSZE in Belarus, in: IFSH (Hrsg.), OSZE-Jahrbuch 1999, Bd. 5, Baden-Baden 1999, S. 209-220

Bosnien-Herzegowina-Mission

Die Mission für Bosnien-Herzegowina entstand 1995 nicht im üblichen institutionellen Rahmen und Verfahren der OSZE. Sie wurde ihr faktisch von „außen" durch die sogenannte Kontaktgruppe angetragen. Das ist jene Gruppe von Staaten, die sich durch ihr Gewicht und aus unterschiedlichen Gründen durch die Entwicklungen auf dem Territorium im früheren Jugoslawien besonders betroffen sehen – die USA, die Russische Föderation, das Vereinigte Königreich, Frankreich und Deutschland (sowie die EU-Präsidentschaft). In Dayton im US-Bundesstaat Ohio wurde vorentschieden, auch der OSZE eine Aufgabe der Befriedung des neuen Bosnien-Herzegowina zuzuschreiben. Die dort im November 1995 ausgehandelten und anschließend in Paris am 14. Dezember 1995 unterzeichneten Abmachungen wurden – soweit sie die OSZE betrafen – anschließend im Dezember 1995 durch den Budapester OSZE-Ministerrat formell für die OSZE beschlossen, der gleichzeitig damit die Bosnien-Herzegowina-Mission einsetzte.

Im Einzelnen beruht die OSZE-Aufgabe für Bosnien-Herzegowina auf drei verschiedenen Abmachungen, eine für regionale Stabilität, eine für die Wahlen und eine für Menschenrechte. Die Abmachung für regionale Stabilität besteht ihrerseits aus drei unterschiedlichen Regelungen, eine über vertrauens- und sicherheitsbildende Maßnahmen für Bosnien-Herzegowina und je eine über Rüstungskontrolle für das frühere Jugoslawien und für die umliegenden Staaten. Sie wurde von fünf Parteien unterzeichnet – nicht nur durch die Republik Bosnien-Herzegowina, die (kroatisch-bosnische) Föderation Bosnien-Herzegowina und die Republik Srpska wie die übrigen Vereinbarungen –, sondern auch durch die Republik Kroation und die Bundesrepublik Jugoslawien. Die zweite Abmachung regelt in fünf Artikeln die Wahlen. Die dritte Abmachung über Menschenrechte erinnert im ersten Kapitel an die einschlägigen Grund- und Freiheitsrechte und enthält im zweiten die Einrichtung einer Menschenrechtskommission, bestehend aus einer internationalen Ombudsperson (auf fünf Jahre zu berufen durch die OSZE) und einer Menschenrechtskammer; das dritte Kapitel verpflichtet die drei politischen Einheiten – die Republik Bosnien-Herzegowina, die (kroatisch-bosnische) Föderation Bosnien-Herzegowina und die Republik Srpska – zur Zusammenarbeit mit den internationalen, staatlichen und nichtstaatlichen Organisationen für Menschenrechte, darunter der OSZE.

Ein Vergleich mit den vorher den Missionen erteilten Mandaten zeigt, wie sich der gegebene Auftrag für die Bosnien-Herzegowina-Mission durch sein Gewicht und seine Komplexität hervorhebt. Es geht um drei sicherheitspolitische Aufträge für Rüstungskontrolle, Abrüstung und vertrauens- und sicherheitsbildende Maßnahmen, die sich auf das Wiener Dokument von 1994 beziehen und somit teilweise außerhalb der eigentlichen 55-Staaten-Sphäre der OSZE liegen, und zwei Aufträge der menschlichen Dimension, die formell in den herkömmlichen Rahmen des Helsinki-Prozesses fallen. Diese beinhalteten allerdings Ungewohntes, erstens die Vorbereitung, Durchführung, Aufsicht und Beobachtung der Wahlen sowie zweitens die Einrichtung eines Menschenrechts-Regimes, was auch schon als die – nachsorgende – Aufgabe zur Herstellung friedlicher Verhältnisse und die Entwicklung einer zivilen Gesellschaft gewertet werden kann.

Bei diesen beiden Aufträgen zusammengenommen handelte es sich um nicht weniger als um eine neue Kategorie von OSZE-Tätigkeit, denn es ging nicht um Konfliktverhütung, -schlichtung oder -bewältigung und auch nicht um die punktuelle Sorge für Menschenrechte. Die Tätigkeit der Mission ist als post-konfliktuelle Rekonstruktion politischer Institutionen und politischer Kultur zu charakterisieren.

Alle für Missionen bis dahin geltenden Maßstäbe sprengte die Ausstattung und der Umfang der neuen Mission. Der ordentliche Etat für diese Mission war doppelt so groß wie das Ausgabevolumen für alle anderen damaligen zehn Missionen der OSZE und betrug etwa 80% des ordentlichen Haushalts der OSZE. Das Personal sollte 250 Angehörige mit internationalem Status und die gleiche Anzahl lokalen Personals umfassen, während andere Missionen über 5 bis 20 Mitglieder verfügten.

Die Mission hat fünf Abteilungen: Wahlen, Demokratisierung, Menschenrechte, regionale Stabilisierung und Medien. Daneben gibt es Unterabteilungen für politische Angelegenheiten, Presse, Verwaltung, Personal und operative Maßnahmen. Zusätzlich unterhält die Mission zwei Wahlgremien, die Provisorische Wahlkommission (Provisional Election Commission, PEC) und die Berufungs-Unterkommission für Wahlen (Elections Appeals Sub-Commission, EASC). Über das ganze Land verteilt unterhält die OSZE vier Regionalzentren und 24 Außenstellen. Ihr internationaler Stab wird zu einem großen Teil von den Teilnehmerstaaten abgeordnet. Im April 1999 arbeiteten 223 internationale Mitglieder in der Mission, von denen die meisten (88 Prozent) von den USA, Kanada und den westeuropäischen Staaten gestellt wurden. Dieselben Staaten brachten auch über 90 Prozent der Haushaltsmittel auf, die sich 1999 insgesamt auf etwa 56 Millionen US-Dollar beliefen. Die Beteiligung der mittel- und osteuropäischen Staaten an der Mission ist gering. Die Mission arbeitet weitgehend unabhängig. Obwohl sie entsprechend ihrem Mandat aus dem Allgemeinen Rahmenabkommen für Frieden und im Einklang mit den Direktiven des Ständigen Rates in Wien und des Friedensimplementierungsrats handeln muss, hat sie einen großen Spielraum.

Anfang 1996 wurde innerhalb der Menschenrechtsabteilung eine kleine Demokratisierungseinheit geschaffen, die sich mit Fragen der Zivilgesellschaft, vertrauensbildenden Initiativen und Dialog befasste. Ihre Aktivitäten wurden in erster Linie als ein Instrument zur Sicherstellung der Bedingungen für freie und faire Wahlen betrachtet und fielen unter den auf Wahlen bezogenen Annex des Rahmenabkommens für Frieden. Nach dem Lissabonner OSZE-Gipfel vom Dezember 1996 wurde beschlossen, eine eigene Demokratisierungsabteilung einzurichten. Im Laufe des Jahres 1997 ermutigte der Friedensimplementierungsrat die OSZE, ihre Demokratisierungsaktivitäten fortzusetzen, denen in der Folge durch die OSZE-Troika auf ihrem Treffen in Warschau im Januar 1998 hohe Priorität eingeräumt wurde. Das Demokratisierungskonzept wurde im Laufe der Zeit erweitert und ist nicht mehr – wie noch 1996 – ausschließlich auf Wahlen bezogen. Die Abteilung führt heute Programme zur Entwicklung der Zivilgesellschaft und politischer Parteien, zur Staatsführung und zur Förderung von Rechtsstaatlichkeit durch.

Vier Instrumente benutzt die OSZE, um gemäßigte und multiethnische Oppositionsparteien zu unterstützen: politische, materielle und finanzielle Förderung, Schulungen und Unterstützung bei der Wahlgesetzgebung. Die ersten drei davon werden von der Demokratisierungsabteilung der OSZE-Mission in Bosnien und Herzegowina geleistet. Die Unterstützung bei der Wahlgesetzgebung erfolgt hauptsächlich durch das Büro des Hohen Repräsentanten (Office of the High Representative, OHR) in Zusammenarbeit mit den für Wahlen zuständigen OSZE-Mitarbeitern.

Von 1996 bis 1999 wurden in Bosnien und Herzegowina vier Wahlen abgehalten. Bei allen erhielten die politischen Parteien zur Führung ihres Wahlkampfes von der OSZE direkte finanzielle Unterstützung (1996 und zweimal 1997) oder Sachmittel (1998). Während 1996 und 1997 die Provisorische Wahlkommission der OSZE für diese Unterstützung verantwortlich war, reformierte und implementierte 1998 die Demokratisierungsabteilung das Programm. Als Teil des Sachmittel-Unterstützungsprogramms wurden 1998 16 Servicezentren für politische Parteien im ganzen Land eingerichtet. In der Zeit vor den Wahlen organisierten diese Zentren über 500 Veranstaltungen für politische Parteien, darunter öffentliche Versammlungen, Runde Tische, Radio- und Fernsehdebatten sowie Pressekonferenzen. Zu ihren Aktivitäten gehören die Förderung der Schulung gemäßigter und multiethnischer Oppositionsparteien, die Bereitstellung von Büroräumen und -ausstattung, die Unterstützung bei der Organisation von Pressekonferenzen und Wählerversammlungen, die Erleichterung des Kontakts zwischen Oppositionsparteien und die Mithilfe bei der Organisation von Gremien zur Koordination der Opposition.

Neben einer Stabilisierung des Landes soll ein solches Engagement auch die Exit-Strategie der OSZE fördern. Die Alternative wäre ein unbefristetes Protektorat Bosnien und Herzegowina. Daher forderte das Madrider Treffen des Friedensimplementierungsrats im November 1998, dass das Wahlgesetz „das Konzept eines multiethnischen Staates fördern" und „Kandidaten, Parteien und Koalitionen dazu ermutigen soll, sich um eine breitere Unterstützungsbasis unter allen Bürgern Bosniens und Herzegowinas zu bemühen".

Die internationale Gemeinschaft hoffte zweifellos, dass die nationalistischen Parteien inzwischen von gemäßigteren abgelöst worden wären. Obwohl bei den Wahlen des Jahres 1998 wachsende Unterstützung für gemäßigte Oppositionsparteien erkennbar war, sind diese noch keine ernsthafte Konkurrenz für die nationalistischen Parteien (außer im Westen der Republika Srpska).

Seit dem Abkommen von Dayton hat die OSZE sich zunehmend im politischen Leben Bosniens und Herzegowinas engagiert, indem sie auch gemäßigte und multiethnische Parteien unterstützte. Die politische Realität änderte sich in Bosnien und Herzegowina nur langsam in dem Sinn und erwies, dass internationales Engagement auch nur begrenzten Einfluss hat.

Im Dezember 1995 begannen auf dem Petersberg bei Bonn die Verhandlungen über die vereinbarten Maßnahmen zur regionalen Stabilität, die, soweit es den Teil der vertrauens- und sicherheitsbildenden Maßnahmen betraf, am 26.1.1996 in Wien mit Erfolg abgeschlossen wurden. Die Verhandlungen über Rüstungskontrolle begannen in Wien am 29.2.1996, sie zogen sich länger hin und endeten am letztmöglichen Termin, dem 14.6.1996 in Florenz ebenfalls mit einem Erfolg. Die Verhandlungen über überregionale Rüstungsbeschränkung wurden auch aufgenommen, doch sie stagnieren.

Sollte das Experiment des staatlichen Aufbaus noch scheitern, dann wären nicht nur alle Mühen und Kosten vergebens gewesen, sondern auch das Ansehen und das Selbstvertrauen der „internationalen Gemeinschaft" und darunter auch der OSZE wären schwer beschädigt.

Literatur: Yannick du Pont, Der Chancengleichheit den Boden bereiten: Demokratisierung durch Förderung eines pluralistischen und gemäßigten Parteiensystems in Bosnien und Herzegowina, in: IFSH (Hrsg.), OSZE-Jahrbuch 1999 Bd. 5, Baden-Baden 1999, S. 345-361; Robert Frowick, Die OSZE-Mission in Bosnien und Herzegowina, in: IFSH (Hrsg.) OSZE-Jahrbuch 1996 Bd. 2, Baden-Baden 1996, S. 163-176.

Estland-Mission

Der Ausschuss Hoher Beamter/Hoher Rat hat im Dezember 1992 beschlossen, eine Beobachtermission für Estland einzurichten. Sie soll den Dialog und das Verständnis zwischen den Bevölkerungsgruppen verbessern helfen, um die Stabilität des Landes zu fördern. Dazu soll sie in Kontakt treten mit den für Staatsangehörigkeit, Einwanderung, Sprachfragen und Soziales zuständigen Behörden sowohl auf gesamtstaatlicher als auch auf örtlicher Ebene, ebenso mit nichtstaatlichen Einrichtungen einschließlich politischer Parteien, Gewerkschaften und Organisationen der Massenmedien. Sie soll ferner Informationen sammeln und den estnischen Behörden beim Aufbau einer zivilen Gesellschaft helfen. Die Mission erhielt eine Stärke von sechs Mitgliedern; sie unterhält Büros in Tallin, Kohta-Järva und Narva.

Die Missionsmitglieder beobachteten die Wahlen zu den örtlichen Selbstverwaltungskörperschaften im Oktober 1993 und beurteilten sie positiv. Im Juni 1993 bewertete die Mission das Ausländerrecht als problematisch; es wurde aufgrund einer Intervention der Mission und des Hohen Kommissars für nationale Minderheiten geändert. Im Oktober 1993 wurde dazu noch das Problem der in Estland vor dem Juli 1990 angesiedelten Menschen angesprochen, deren bisher unbeschränkte Aufenthaltserlaubnis nun auf fünf Jahre beschränkt werden sollte.

Die Frage der in Estland lebenden Ausländer (größtenteils Russen, ferner Ukrainer, Weißrussen, Armenier) beschäftigte die Mission seit ihrem Bestehen. Die Mission hatte sich in einem frühen Stadium mit der Lage der pensionierten Offiziere der sowjetischen Streitkräfte in Estland befasst und sich besorgt geäußert, dass durch das Aufenthaltsverbot für die Personen, welche nach dem 20. August 1991, dem Tage der Wiedererlangung der vollen staatlichen Souveränität Estlands, in das Land kamen, humanitäre Probleme entstehen könnten.

In Fragen der doppelten Staatsangehörigkeit hat die Mission zwischen der russischen Botschaft in Estland und dem estnischen Amt für Staatsangehörigkeit und Migration vermitteln können. Russische Staatsangehörige hatten ihre doppelte Staatsangehörigkeit estnischen Behörden vorenthalten, weil sie Verfolgung, Entlassung oder Ausweisung befürchteten, denn Estland möchte die doppelte Staatsangehörigkeit vermeiden.

Die Mission betrachtete das neue Staatsangehörigkeitsgesetz von 1995 im Allgemeinen als akzeptabel, weil es die bislang praktizierte Staatsangehörigkeits- und Integrationspolitik Estlands ändere. Trotzdem machte sie einige kritische Anmerkungen. Als besonders positiv wertete die Mission allerdings, dass das Gesetz ein Petitionsrecht an ein Verwaltungsgericht vorsehe, eine Bestimmung, welche auf Vorschlag des Europarates aufgenommen wurde.

Der damalige estnische Staatspräsident gründete im September 1993 zur Verbesserung des Dialoges mit den in Estland lebenden Minderheiten einen Runden Tisch, zu welchem der jeweilige Leiter der Mission mit beratender Stimme geladen wurde und an dem er seitdem teilnahm.

Der Hohe Kommissar für nationale Minderheiten hat sich wiederholt mit Empfehlungen um die Integration der nicht-estnischen Bevölkerung bemüht und sich gegen eine Politik der Ausweisung russischer Bewohner und für ihre Freizügigkeit eingesetzt.

Die Mission diente als Beschwerdeinstanz und hat sich in laufende Gesetzgebungsverfahren im Sinne ihres Mandats einbringen können.

Die Arbeit der sechs Mann starken Mission in Estland ist nach wie vor durch die regionale Arbeitsteilung geprägt, wenn sich auch der Schwerpunkt der Arbeit im Verlaufe der letzten Jahre stärker in die Hauptstadt Tallin verlagert hat.

Aufgrund der besonders starken Konzentration der russischsprachigen Bevölkerung im Nordosten des Landes und in Anbetracht der Umsetzung des Missionsmandates wurde die Außenstelle der Mission in Narva geschaffen.

Die Mission verfolgt die Sprachpolitik in enger Zusammenarbeit mit den Verantwortlichen in Estland und mit dem Büro des Hohen Kommissars. Änderungen der Wahlgesetze betrafen unter anderem die Sprachanforderungen für Personen, die sich als Kandidaten aufstellen lassen wollen. Entsprechend den Novellierungen, die im Dezember 1998 verabschiedet wurden, kann sich nur derjenige Staatsbürger Estlands als Kandidat für die Parlaments- oder die Kommunalwahlen aufstellen lassen, der hinreichende Kenntnisse der Staatssprache vorweisen kann, die es ihm erlauben, zum Beispiel den Inhalt von Gesetzen zu verstehen, Bericht zu erstatten über Dinge, die auf der Tagesordnung stehen, sich in Vorträgen auszudrücken, Vorschläge einzureichen oder sie zu hinterfragen und mit der Wählerschaft im Dialog zu stehen. Max van der Stoel, der Hohe Kommissar der OSZE für nationale Minderheiten, ersuchte Präsident Meri, diese Novellierungen nicht zu verkünden, da jede Sprachanforderung, die eine Voraussetzung zur Ausübung des aktiven oder passiven Wahlrechts darstellt, im Widerspruch zur Europäischen Menschenrechtskonvention und zum Internationalen Pakt über bürgerliche und politische Rechte stehe. Der estnische Präsident kam diesem Ersuchen jedoch nicht nach, sondern bestätigte die Gesetzesänderungen, so dass diese zum 1. Mai 1999 in Kraft traten.

Im Prozess der Konsolidierung der jungen Demokratie sowie bei der zu unterstützenden Integration der Gesellschaft kommt der estnischen Sprache eine zentrale Bedeutung zu. Darum ist die Mission bemüht, die Kenntnisse der Staatssprache zu fördern. Im Jahre 1998 wurde ein Programm zum Training der estnischen Sprache eingeführt, um die estnischen Sprachkenntnisse in der nicht estnischsprachigen Bevölkerung zu verbessern und auf diese Weise die Integration im Lande zu unterstützen. Die Mission, die dieses Projekt von Beginn an begleitet hat, ist Vollmitglied im Vorstand des UNDP/PHARE-Projektes und auf diese Weise eng mit der Umsetzung und Ausführung des Programmes vertraut.

Zusätzlich zur Unterstützung im praktischen wie auch im technischen Bereich organisierte die Mission Seminare, die dem weiteren Aufbau und der Unterstützung der nichtstaatlichen Organisationen dienen.

Minderheiten- und Menschenrechte sowie deren Einhaltung bilden einen wesentlichen Teil der Arbeit der Mission, die nach wie vor an jeder Sitzung des Runden Tisches der Nationalitäten beim Staatspräsidenten als Beobachter teilnimmt. Eng ist die Kooperation mit OSZE-Institutionen wie dem Büro des Hohen Kommissars für nationale Minderheiten und dem Büro für Demokratische Institutionen und Menschenrechte (BDIMR) sowie mit dem Europarat, dem Rat der Ostseestaaten und den örtlichen Vertretungen der Vereinten Nationen, für die die Mission gleichermaßen ein Partner für die Zusammenarbeit und Informationssammelpunkt wie Ansprechpartner vor Ort ist.

Unabhängig von der Mission arbeitet in Estland ein weiterer Vertreter der OSZE. Im November 1994 wurde der deutsche Kapitän zur See, Uwe Mahrenholz, zum OSZE-Vertreter in der estnischen Regierungskommission für pensionierte Militärangehörige ernannt. Diese spricht Empfehlungen zur Ausstellung von Aufenthaltsgenehmigungen für ehemalige Angehörige sowjetischer Truppen und für deren Familien aus. Die Regierungskommission hat in den Jahren ihres Bestehens Empfehlungen für rund 15.000 ehemalige Militärangehörige oder deren Familienmitglieder ausgesprochen und wird weiterhin regelmäßig tagen, bis auch in den letzten unbearbeiteten Fällen Empfehlungen abgegeben sind. Da die Ausstellung einer unbefristeten Aufenthaltsgenehmigung an ehemalige Angehörige ausländischer Streitkräfte sowie an deren Familienmitglieder aufgrund der Rechtslage in Estland unzulässig ist, wird die Regierungskommission auch nach erstmaliger Bearbeitung aller Fälle fortgesetzt bestehen müssen. Mithin kann das Mandat des Vertreters der OSZE auf absehbare Zeit nicht als erfüllt angesehen werden.

Literatur: Henn-Jüri Uibopuu, Die OSZE-Mission in Estland und ihre bisherige Tätigkeit, in: IFSH (Hrsg.), OSZE-Jahrbuch 1995 Bd. 1, Baden-Baden 1995, S. 159-169; Undine Bollow, Die OSZE-Missionen in Estland und Lettland, in: IFSH (Hrsg.), OSZE-Jahrbuch 1999 Bd. 5, Baden-Baden 1999, S. 191-202.

Georgien-Mission

Die Mission wurde durch den Hohen Rat im November 1992 mit einem zunächst auf den Süd-Ossetien-Konflikt begrenzten Auftrag eingerichtet; das erweiterte Mandat vom März 1994 trägt ihr auf, neben dem Süd-Ossetien- auch dem Abchasien-Konflikt zu einer Befriedung zu verhelfen sowie in Georgien den Aufbau eines demokratischen Rechtsstaats zu unterstützen und die Gewährleistung der Menschenrechte zu fördern. Im Dezember 1999 hat der Ständige Rat das Mandat um die Überwachung der Grenze zwischen Georgien und der zur Russischen Föderation gehörenden Tschetschenischen Republik erweitert. Die Mission verfügte 1999 über 18 Angehörige und ihr Hauptsitz ist in Tiflis, seit 1997 hat sie eine Zweigstelle im südossetischen Tshinvali.

In den frühen neunziger Jahren kam es in (Süd)Ossetien zu Forderungen nach einer Aufwertung des Status des ossetischen Autonomen Gebiets zu einer Autonomen Republik – analog zu Abchasien und Adscharien innerhalb Georgiens – und daraufhin zu Versuchen der Zentralregierung, kulturelle und lokale politische Rechte der ossetischen Mehrheit abzuschaffen. Im September 1990 erklärte die sezessionistische Führung ihre Souveränität und hielt drei Monate später Parlamentswahlen ab, deren Legitimität und Ergebnis jedoch vom georgischen Parlament in Tiflis nicht anerkannt wurden, das danach die Autonomie Süd-Ossetiens vollständig aufhob. Anfang Januar 1991 entstanden bürgerkriegsähnliche Auseinandersetzungen, und sie führten zu bewaffneten Zusammenstößen zwischen georgischen Polizeikräften und paramilitärischen Einheiten einerseits und ossetischen Selbstverteidigungskräften andererseits.

Nach verschiedenen jeweils wieder gebrochenen Waffenstillständen kam der letzte, der noch immer in Kraft ist, im Juni 1992 durch russische Vermittlung zustande.

Der ausdrückliche Wunsch der Osseten nach Vereinigung mit Nordossetien (Russland), den sie im Januar 1992 in einem Referendum mit über 90-prozentiger Zustimmung bekräftigten, wurde nicht realisiert. Im georgischen Süd-Ossetien, einem Gebiet, das an die russisch-föderale Republik Nord-Ossetien grenzt, waren 1992 die Kampfhandlungen beendet, in deren Verlauf sich Süd-Ossetien von Georgien losgesagt hatte. In einem im Juni 1992 in Sochi unterzeichneten Abkommen hatten sich Georgien und die Russische Föderation zur Sicherung der Feuereinstellung auf die Stationierung von

Friedensstreitkräften in der Konfliktzone verständigt. Diese sollten aus russischen, georgischen und ossetischen Teilen bestehen. Vor diesem Hintergrund bat im Spätsommer 1992 die georgische Regierung die damalige KSZE um Entsendung von Beobachtern für Süd-Ossetien.

Die Mission hat derzeit 19 Mitglieder, von denen rund die Hälfte Militärbeobachter sind. 17 Missionsmitglieder sind dem Hauptquartier in Tiflis und zwei der Außenstelle in Zchinvali zugeteilt, die im April 1997 ihre Arbeit aufgenommen hat.

Die Mission hat im Einzelnen für den Süd-Ossetien-Konflikt eine mehrfache Aufgabe: Einen größeren politischen Rahmen herzustellen helfen, in dem eine dauerhafte politische Regelung des georgisch-ossetischen Konflikts auf der Grundlage der OSZE-Prinzipien und -Verpflichtungen herbeigeführt werden kann, Gespräche mit allen Konfliktparteien unter anderem auch am Runden Tisch zu initiieren, um Spannungsherde festzustellen, sie zu eliminieren und eine Aussöhnung auf politischem Wege auf das gesamte Konfliktgebiet auszudehnen, Empfehlungen über die baldige Einberufung einer internationalen Konferenz unter der Schirmherrschaft der OSZE und unter Beteiligung der Vereinten Nationen abzugeben, die den Konflikt unter anderem durch die Festlegung des politischen Status von Süd-Ossetien beilegen soll. In Ausübung ihrer Überwachungsaufgaben sollte die Mission ferner bei den gemeinsamen Friedensstreitkräften mit den Kommandanten der Streitkräfte Kontakt aufnehmen, Informationen über die militärische Lage einholen, Verstöße gegen die herrschende Waffenruhe untersuchen und lokale Kommandanten auf mögliche politische Auswirkungen bestimmter militärischer Aktionen aufmerksam machen. Endlich sollte sie an der Gemeinsamen Kontrollkommission aktiv teilnehmen, um die Zusammenarbeit mit und zwischen den Parteien zu fördern, sowie Kontakt mit lokalen Behörden und Vertretern der Bevölkerung aufnehmen und im gesamten Gebiet eine sichtbare OSZE-Präsenz aufrechterhalten.

Für den Abchasien-Konflikt hat die Mission nach dem Wortlaut des Mandats eine auf Beobachtung, Erkundung und Berichterstattung beschränkte Aufgabe. Sie soll die Verbindung mit den Operationen der Vereinten Nationen in Abchasien gewährleisten, damit unter anderem dem Vertreter des Amtierenden Vorsitzenden auf Einladung der Vereinten Nationen die Teilnahme an den Verhandlungen unter der Schirmherrschaft der Vereinten Nationen erleichtert wird.

Für Georgien als Ganzem soll die Mission die Beachtung der Menschenrechte und Grundfreiheiten fördern und an der Entwicklung rechtlicher und demokratischer Institutionen und Verfahren mitwirken. Dazu gehört Beratung bei der Ausarbeitung der Verfassung, der Gesetzgebung über die Staatsangehörigkeit und der Schaffung einer unabhängigen Rechtsprechung sowie der Überwachung von Wahlen. Diese Tätigkeit ist mit dem Hohen Kommissar für nationale Minderheiten und dem Büro für Demokratische Institutionen und Menschenrechte zu koordinieren; außerdem ist mit dem Europarat zusammenzuarbeiten und auch mit anderen in Georgien in diesem Bereich tätigen internationalen Organisationen Kontakt zu halten.

Aus dieser Vielfalt von Aufgaben konnte die Mission zunächst die Beratung bei der Ausarbeitung einer neuen Verfassung aufnehmen. Die Mission war ferner an der Formulierung des Menschenrechts-Kapitels des Verfassungsentwurfs beteiligt. Um Außenstehenden den Kontakt mit der Mission in konkreten Menschenrechtsfragen zu erleichtern, wurde im Februar 1995 ein Stadtbüro der Mission eröffnet. Mit dem georgischen staatlichen Komitee für Minderheits- und Menschenrechtsfragen wurde ein Dialog eingerichtet, der das Komitee gegenüber Vertretern anderer staatlicher und außerstaatlicher Interessen in seiner Arbeit indirekt stützt.

Die Mission ist in Georgien in Verhältnissen tätig, in denen die Anwendung von Gewalt und Zwang als Mittel der Politik noch nicht überwunden ist und in denen der einzelne Bürger wenig Rechtssicherheit genießt. Die Präsenz einer ständigen Mission kann dabei helfen, die Verhältnisse offener und durchsichtiger zu gestalten und schließlich ein friedliches Zusammenleben der Bevölkerung zu fördern. Trotz einiger Verletzungen des Waffenstillstands und einiger bewaffneter Zwischenfälle hat sich die Sicherheitssituation vor Ort wesentlich verbessert. Im Februar 1997 verkündete die vierseitige Gemeinsame Kontrollkommission den Beschluss, die numerische Stärke der „Peacekeeping- und Polizeikräfte" zu verringern und die Anzahl der Kontrollpunkte auf 16 zu reduzieren. Die Polizeifunktionen des gemeinsamen Peacekeeping-Bataillons unter russischem Kommando werden nach und nach auf die örtlichen Zivilbehörden übertragen.

Währenddessen dauert die Suche nach einer Lösung für das Problem des politischen Status Süd-Ossetiens an. Obwohl sich noch keine endgültige Lösung abzeichnet, versucht die OSZE den politischen Dialog auf allen Ebenen aufrechtzuerhalten. Der georgische Präsident Eduard Schewardnadse und der gewählte Präsident der nichtanerkannten Südossetischen Republik, Ljudwig Tschibirow, trafen sich in Anwesenheit des OSZE-Missionsleiters. Der Amtierende Vorsitzende der OSZE besuchte Tiflis im August 1997 bzw. im November 1998, um u.a. die Vermittlerrolle der OSZE und ihre Möglichkeiten, ein abschließendes Übereinkommen über den politischen Status zu fördern, zu diskutieren. OSZE-Mitarbeiter sowie Repräsentanten Russlands und Nord-Ossetiens trugen im Januar 1999 dazu bei, dass beide Parteien der Aufnahme von Verhandlungen über ein Interimsdokument über den Status zugestimmt haben. Freilich unter Betonung einer gleichberechtigten Beziehung der beiden Entitäten in einem föderalen georgischen Staat tritt Tschibirow für ähnliche Forderungen ein wie Abchasien und Berg-Karabach und ist nicht geneigt, sich heute mit einer weniger günstigen Kompetenzverteilung zu begnügen, als andere separatistische Regionen in ähnlicher Lage künftig erreichen könnten. Die OSZE-Mission in Georgien spielt eine Vorreiterrolle beim wirtschaftlichen Wiederaufbau und bei der Repatriierung von Flüchtlingen und Binnenvertriebenen.

1997 richtete die OSZE-Mission in Kooperation mit dem BDIMR, dem UNHCR und dem Europarat einen Workshop über Eigentumsfragen aus, der den georgischen Behörden helfen sollte, die rechtlichen Grundlagen für die Rückgabe oder Entschädigung für Häuser oder Wohnungen zu schaffen, die infolge des Konflikts verloren wurden. Als Folgemaßnahme fand im September 1998 ein Runder Tisch über Wohnraumbeschaffung und Eigentumsrechte der Flüchtlinge und Binnenvertriebenen statt, aus dem eine Arbeitsgruppe hervorging, die die einschlägigen Gesetze im Einklang mit internationalen Standards und unter Beteiligung von OSZE-Experten ausarbeiten soll.

Die Präsenz und Sichtbarkeit der Mission, insbesondere in Süd-Ossetien, sind weiterhin von Bedeutung, und zwar sowohl für die internationale Gemeinschaft als auch für Regionalmächte.

Literatur: Hansjörg Eiff, Die OSZE-Mission für Georgien, in: IFSH (Hrsg.), OSZE-Jahrbuch 1995 Bd. 1, Baden-Baden, 1995, S. 179-186; Ermina Van Hoye, Die OSZE im Kaukasus: Langzeitvermittlung für dauerhafte Lösungen, in: IFSH (Hrsg.), OSZE-Jahrbuch 1999 Bd. 5, Baden-Baden 1999, S. 279-290.

Jugoslawien-Missionen

Auf dem Gebiet des ehemaligen Jugoslawiens sind eine Reihe von unterschiedlichen Missionen tätig geworden und noch tätig, so in → Bosnien-Herzegowina, in → Mazedonien, in → Kroatien und im → Kosovo.

Im September und Oktober 1992 wurde eine auf dem → Mechanismus der menschlichen Dimension beruhende Mission nach Kroatien und in die Bundesrepubkik Jugoslawien entsandt. Im Januar 1993 wurde eine Mission aufgestellt, die Kriegsverbrechen in Serbien und Montenegro untersuchen sollte. Seit Dezember 1991 untersuchten verschiedene Berichterstattermissionen die Menschenrechtslage in der Bundesrepublik Jugoslawien. Sie machten wiederholt auf spannungsreiche Situationen, wie im Kosovo, aufmerksam. Darüber hinaus beteiligte sich die OSZE an der Beobachtung der Präsidentschaftswahlen im Dezember 1992 in Klein-Jugoslawien. Im Dezember 1996 untersuchte eine Expertenkommission die serbischen Kommunalwahlergebnisse. Nach ihrer Rückkehr aus Belgrad stellte sie in ihrem Bericht Fälschungen der Wahlergebnisse fest.

Die OSZE-Teilnehmerstaaten haben im Mai 1992 als Reaktion auf drastische Verstöße gegen OSZE-Prinzipien durch Serbien beschlossen, die Mitgliedschaft der Bundesrepublik Jugoslawien (also Serbiens und Montenegros) in der OSZE ruhen zu lassen; die Verbannung endete im Dezember 2000.

Im August 1992 wurde vom Ausschuss Hoher Beamter (Hoher Rat) die Bildung einer Langzeitmission beschlossen, die im Kosovo, in der Vojvodina und im Sandjak tätig werden sollte. Sie begann ihre Arbeit im September 1992. Zu den im Mandat formulierten Aufgaben gehörten die Initiierung des

Dialoges zwischen Repräsentanten der in den Einsatzgebieten lebenden Minderheiten und staatlichen Autoritäten, die Sammlung von Informationen, die auf Verletzung von Menschenrechten und Grundfreiheiten schließen ließen, die Erarbeitung von Lösungsvorschlägen für die bestehenden Probleme sowie die Information über relevante Gesetzgebung zu Menschenrechten, Minderheitenschutz, freie Medien und demokratische Wahlen. Die Mission hatte mit Erfolg im Sandjak zwischen Muslimen und Serben vermittelt.

Die Regierung der Bundesrepublik Jugoslawien widersetzte sich einer Verlängerung des Aufenthalts der Mission über Ende Juni 1993 hinaus, indem sie sie abhängig machte von ihrer vollen Wiederzulassung zur OSZE. Daraufhin stellte die Mission ihre Arbeit ein.

Seitdem haben Vertreter der Troika und Abgesandte von Teilnehmerstaaten die Gebiete besucht, die früher die Mission betreute, und der Beobachtergruppe für die Bundesrepublik Jugoslawien berichtet, die seit 1993 besteht. Im Januar 2001 hat die OSZE im Einvernehmen mit der neuen jugoslawischen Regierung beschlossen, eine Langzeitmission zur Unterstützung des politischen Wandels einzurichten.

Die KSZE/OSZE ist es bei Beginn der jugoslawischen Krise nicht gelungen, sich tatkräftig für eine Verhütung des Konflikts zwischen Slowenien und Kroatien einerseits sowie Serbien andererseits zur Geltung zu bringen. Das hing mit dem Charakter der Auseinandersetzung, der als innerstaatlich bewertet wurde, sowie mit den divergierenen Interessen der Teilnehmerstaaten zusammen. Auch fürchteten manche Regierungen durch eine Internationalisierung des Falles eine gefährliche Ermunterung für sezessionswillige Minderheiten in der damaligen Sowjetunion und auch bei sich. Die OSZE-Staaten appellierten darum nur an die Teilrepubliken, die Einheit Jugoslawiens nicht zu gefährden und den Dialog über die Zukunft des Landes fortzusetzen. In seinen Schlussfolgerungen bekundete der Berliner Ministerrat im Juni 1991 einerseits „freundschaftliche Besorgnis" und Unterstützung der „Einheit und territorialen Integrität sowie der Demokratie" in Jugoslawien und zwar andrerseits auf der Grundlage einer „demokratischen Entwicklung, von Wirtschaftsreformen, der uneingeschränkten Anwendung der Menschenrechte in allen Teilen Jugoslawiens, einschließlich der Rechte von Minderheiten, sowie einer friedlichen Lösung der gegenwärtigen Krise im Land". Ferner forderten die Minister Fortschritte in den genannten Bereichen.

In der Folge lagen die öffentlichen Initiativen zur Einflussnahme auf den Konflikt bei der Europäischen Union und den Vereinten Nationen, während die Bemühungen der OSZE eher im Verborgenen vonstatten gingen. Der Jugoslawien-Krieg ist in den Organen der OSZE häufig Gegenstand von Beratungen gewesen. Gleichgültig, ob es sich dabei um die in Wien tagende Ad-Hoc-Gruppe, das Konfliktverhütungszentrum, die verschiedenen Mechanismen, Dringlichkeitssitzungen des Ständigen Rats oder des Hohen Rats, den Ministerrat oder den Budapester und Lissabonner Gipfel handelte. Ergebnisse brachten wie schon in der Frühphase des Krieges solche Bemühungen nicht.

Wirksam verliefen dagegen die Missionen in Bosnien-Herzegowina, in Mazedonien und später in Kroatien. Ende 1996 gewann eine Sondermission der OSZE nach Belgrad unter Leitung des früheren spanischen Ministerpäsidenten Phillippo Gonzales zur Nachprüfung der serbischen Gemeindewahlen öffentliches Aufsehen und durch ihren Erfolg viel Anerkennung.

Als im Herbst 1999 der amerikanische Sonderbotschafter Richard Holbrooke mit dem jugoslawischen Präsidenten Slobodan Milosevic eine Vereinbarung über die Befriedung des Kosovo aushandelte, erhielt die OSZE im Zuge dieser Bemühungen plötzlich die Aufgabe zugeteilt, eine Kosovo-Verifikations-Mission (KVM) aufzubauen.

Literatur: Konrad Klingenburg, Das OSZE-Krisenmangement im Balkankrieg, in: IFSH (Hrsg.), OSZE-Jahrbuch 1995 Bd. 1, Baden-Baden 1995, S. 147-158.

Kosovo-Mission

Die erste Kosovo-Mission bestand vom September 1992 bis zum Juni 1993 als Hauptteil einer dreiteiligen, für die größten Minderheitengebiete der Bundesrepublik → Jugoslawien (BRJ) – Kosovo, Sandschak und Vojvodina – eingerichteten Mission. Sie umfasste nicht mehr als 20 zivile Mitglieder. Das Mandat des Ausschusses Hoher Beamter (AHB) vom August 1992 beinhaltete: die Förderung des Dialogs zwischen den Behörden und Vertretern der Bevölkerung und Gemeinschaften, die Sammlung von Informationen über Verletzungen von Menschenrechten und Grundfreiheiten sowie die Förderung von Lösungen für solche Probleme, die Einrichtung von Kontaktstellen für die Lösung von Problemen sowie Hilfestellung bei der Verfügbarmachung von Informationen über die Gesetzgebung in den Bereichen Menschenrechte, Minderheitenschutz, Medienfreiheit und demokratische Wahlen. Das Mandat der ersten Mission wurde über Juni 1993 hinaus nicht verlängert, weil Jugoslawien die Verlängerung des Mandats mit seiner Wiederzulassung zur OSZE verknüpfte, die die Teilnahme der Bundesrepublik Jugoslawien seit Juli 1992 suspendiert hatte.

Im „Vorläufigen Abkommen für Frieden und Selbstverwaltung im Kosovo", dem Entwurf des Rambouillet-Abkommens vom 23. Februar 1999, war eine „Implementierungsmission" der OSZE (IM) vorgesehen, der eine bedeutende Funktion zugestanden war; doch das Abkommen kam nicht zustande.

Die zweite OSZE-Mission im Kosovo, die sogenannte Kosovo-Verifikationsmission (KVM), bestand vom Oktober 1998 bis zum Juni 1999. Ihrer Errichtung vorausgegangen war die Verschärfung des Kosovo-Konflikts durch den bewaffneten Aufstand der „Kosovo-Befreiungsarmee" (UCK), die Gewalttätigkeiten der serbischen Sicherheitskräfte sowie die Vertreibung und die Flucht von Teilen der Bevölkerung aus ihren Wohngebieten.

Ohne Wiederzulassung Jugoslawiens zur OSZE stellte die Schaffung der KVM einen zentralen Punkt der vom amerikanischen Sonderbotschafter Richard Holbrooke und dem jugoslawischen Präsidenten Slobodan Milosevic am 13. Oktober 1998 in Belgrad bekanntgegebenen Abmachungen für eine friedliche Lösung des Kosovo-Konflikts dar. Die OSZE wurde davon – wie im Falle der → Bosnien-Herzegowina-Mission – überrascht; erst daran schloss sich die Unterzeichnung eines Abkommens durch den Amtierenden Vorsitzenden der OSZE und den jugoslawischen Außenminister am 16. Oktober 1998 in Belgrad an. Dieses Abkommen bildete zusammen mit dem vom Ständigen Rat der OSZE am 25. Oktober 1998 beschlossenen Mandat die Grundlage für die KVM.

Hauptaufgabe der KVM waren die Verifikation des Waffenstillstandes, des Rückzugs der serbischen Sicherheitskräfte und der Einstellung von Zwangsmaßnahmen gegen die Zivilbevölkerung, die Überwachung der Polizei, die Durchführung und Überwachung von freien und demokratischen Wahlen im Kosovo, die Unterstützung beim Aufbau demokratischer Institutionen und die Unterstützung der humanitären Organisationen, insbesondere bei der Rückkehr von Vertriebenen.

Die verschiedenen Verifikationsaufgaben beinhalteten nur die Beobachtung der Parteien im Hinblick auf bestimmte Verhaltensweisen. Allerdings hatte die UCK, die Befreiungskräfte der Kosovo-Albaner, den Vereinbarungen nicht zugestimmt. Das Personal der Mission hatte nach dem Abkommen zwischen der OSZE und der BRJ zwar volle Freiheit der Bewegung und des Zugangs, doch waren die konkreten Auskunfts- und anderen Mitwirkungspflichten der Parteien verhältnismäßig eng begrenzt. So bestand lediglich eine nachträgliche Berichtspflicht bezüglich der Bewegung von Streitkräften, die während der vergangenen Woche erfolgt waren. Etwas weitergehende Befugnisse hatte die Mission bezüglich der Begleitung von Polizeieinheiten und der Entfernung von Verkehrshindernissen. Mit den gegebenen Verfahren war es nur schwer möglich, die Verletzung von Verpflichtungen zu verhindern. Immerhin gelang es der Mission in den wenigen Monaten ihrer Existenz, mit der Einrichtung von vier Regionalzentren und zehn lokalen Büros ein das gesamte Gebiet im Wesentlichen abdeckendes Netzwerk aufzuziehen. Durch hohe sichtbare Präsenz und energische Reaktion auf Menschenrechtsverletzungen konnte die Mission zeitweise zu einer Beruhigung der militärischen Situation und der humanitären Problemlage beitragen.

Die Sicherheitslage und die humanitäre Situation verschlechterten sich ab Anfang 1999 durch das Eindringen der UCK-Verbände in die von den jugoslawischen Sicherheitsstreitkräften geräumten Stellungen und durch deren Rückkehr, die zunehmend um jugoslawische Truppen und Sonderpolizei verstärkt wurden. Die Mission zog am 20. März 1999 nach Mazedonien ab und richtete ihr Quartier in Skopje ein; die NATO begann ihren Luftkrieg. Von zuletzt über 1.300 Mitgliedern der Mission verblieben noch etwa 350. Russland und Belarus beteiligten sich aus Protest gegen die NATO-Operation nicht mehr an der Mission. Sie befasste sich u.a. zusammen mit dem UNHCR mit der Registrierung der Flüchtlinge und Vertriebenen, Sammlung von Berichten über Menschenrechtsverletzungen.

Nach diplomatischer Vermittlung der Russischen Föderation und der EU stimmte Jugoslawien im Juni 1999 neben einer internationalen Militärpräsenz im Kosovo auch der Übernahme exekutiver Aufgaben unter VN-Leitung zu. So kam es zur Aufstellung einer neuen, der dritten OSZE-Mission im Kosovo aufgrund der Resolution Nr. 1244 des VN-Sicherheitsrates vom 10. Juni 1999. Diese ermächtigt den VN-Generalsekretär, eine „zivile Präsenz" einzurichten, die eine Interimsverwaltung des Kosovo gewährleisten und vorläufige demokratische Selbstverwaltungseinrichtungen aufbauen und beaufsichtigen soll. Nach dem Bericht des VN-Generalsekretärs vom 12. Juni 1999 und den getroffenen Absprachen ist die Federführung für die verschiedenen zivilen Aufgaben unter den maßgebenden Organisationen auf die VN (vorläufige Zivilverwaltung), die UNHCR (humanitäre Angelegenheiten), die OSZE (Aufbau der Institutionen) und die EU (Wiederaufbau) verteilt.

Die OSZE stellte sich auf die neue Lage ein, indem sie zunächst die KVM für beendet erklärte und eine Einsatzgruppe (Task Force) einrichtete, die die Vorbereitungen für eine neue Mission zu treffen hatte. Kurz nach dem Einrücken der NATO kehrte auch die OSZE in Gestalt der Task Force in das Kosovo zurück.

Am 1. Juli 1999 beschloss der Ständige Rat die Schaffung der neuen OSZE-Mission im Kosovo als „eigene Komponente innerhalb des Gesamtrahmens der Übergangsverwaltungsmission der VN im Kosovo (UNMIK)". Die dritte Kosovo-Mission soll auf einen Personalbestand von etwa 700 Mitarbeitern ausgelegt werden. Ihre Aufgaben umfassen die Ausbildung von Personal, u.a. Heranbildung einer neuen Kosovo-Polizei an einer von der Mission einzurichtenden und zu betreibenden Polizeischule, die Ausbildung von Justizpersonal und Verwaltungsbeamten in Zusammenarbeit insbesondere mit dem Europarat, die Demokratisierung und den Aufbau von Verwaltungsstrukturen, insbesondere zur Entwicklung der Zivilgesellschaft, nichtstaatlicher Organisationen, politischer Parteien und örtlicher Medien, die Organisation und Überwachung von Wahlen, die Überwachung, den Schutz und die Förderung von Menschenrechten, einschließlich der Schaffung einer Ombudsmann-Institution, in Zusammenarbeit u.a. mit dem UNHCR.

Literatur: Hansjörg Eiff, Die OSZE-Mission im Kosovo, in: IFSH (Hrsg.) OSZE-Jahrbuch 1999, Bd. 5, Baden-Baden, 1999, S. 325-332

Kroatien-Mission

Die Mission wurde durch einen Beschluss des Ständigen Rates im April 1996 errichtet und sie nahm im Juli 1996 ihre Tätigkeit auf. Sie hat ihren Hauptsitz in Zagreb und betreibt weitere regionale Koordinationszentren in Knin, Vukovar und Sisak und ein Netz von lokalen Büros. Mit einer Höchststärke von 225 Anghörigen steht die Mission nach ihrer Größe hinter der → Kosovo-Mission und noch vor der Mission in → Bosnien-Herzegowina.

Das Mandat wurde bisher dreimal, zuletzt am 19. November 1998 noch einmal bis zum 31. Dezember 1999, verlängert. Die Mission hat die Aufgabe, den Schutz von Minderheiten und der allgemeinen Menschenrechte zu gewährleisten, die Rückkehr von Flüchtlingen und Vertriebenen zu unterstützen und zur Einhaltung von Rechtsstaatlichkeit und Demokratisierung beizutragen. Das Mandat wurde am 26. Juni 1997 durch Beschluss des Ständigen Rates noch erweitert. Die Mission ist beauftragt, Hilfestellungs-, Überwachungs- und Beobachtungsfunktionen wahrzunehmen sowie spezifische Empfehlungen an die kroatischen Behörden auszuarbeiten. Nicht vorgesehen sind jedoch direkte Interventionskompetenzen und Zwangsmechanismen.

Vor dem Hintergrund dieses Mandats ergeben sich für die Mission und die Beobachter verschiedene Prioritäten. Zunächst einmal muss die Vernetzung der verschiedenen Büros untereinander sowie der Koordinierungszentren und Feldbüros mit den lokalen Behörden in Kroatien gewährleistet sein. Weiterhin gilt es, die Beobachtung und Überwachung des Justizwesens und der Polizei, von Rechtsstaatlichkeit und der Einhaltung der Menschenrechte zu übernehmen, die Reintegration von Flüchtlingen und Vertriebenen zu unterstützen sowie Demokratisierung und eine Liberalisierung der Medien zu bewirken.

Neben ihrem Hauptsitz verfügt die OSZE-Mission in Kroatien über inzwischen drei Koordinierungszentren in Knin, Sisak und Vukovar sowie über 17 Außenstellen, sogenannte Feldbüros. Insgesamt ist die Zahl von 140 internationalen Missionsmitgliedern im Jahre 1997 auf annähernd 250 angestiegen. Darunter befinden sich auch 108 Polizeibeobachter, die seit Oktober 1998 für die Mission tätig sind. Die internationalen Polizeibeamten, die für die Dauer ihrer Verwendung als OSZE-Missionsmitglieder von ihrem Dienst in ihrem Heimatland freigestellt sind, begleiten die kroatischen Polizeibeamten auf ihren Streifengängen und bei den anfallenden schriftlichen Arbeiten auf der Dienststelle. Hier beraten die internationalen Polizeibeamten nicht nur, sondern verweisen auch auf international anerkannte Rechtsnormen und erläutern sie, wenn kroatische Beamte gegen diese Normen verstoßen. Sollten sich die jeweiligen Polizeiführer zu keiner Änderung einer solchermaßen beanstandeten Vorgehensweise entschließen, wird von der vorgesetzten Seite der OSZE-Dienststelle auf Anregung der Polizeibeobachter auf politischer Ebene interveniert.

Die OSZE-Mission in Kroatien ist auf Kooperation und Partnerschaft mit dem Gastland angelegt. Die Aktionsmöglichkeiten sind dadurch begrenzt. Mit diesen Beschränkungen ist die OSZE-Mission auf allen Ebenen konfrontiert. Sie gelten für den Beobachter in einem Feldbüro ebenso wie für den Leiter eines Koordinierungzentrums und den Missionsleiter. In dieser Struktur liegt jedoch auch eine besondere Chance, da die nachhaltigen Einwirkungen einer von Protektoratszwängen freien Mission langfristig eher ein Umdenken im Sinne eines kooperativen und kollektiven Sicherheitskonzeptes bewirken könnten. Sichtbare Fortschritte lassen sich jedoch nur langsam erzielen und sind oftmals nur schwer zu erfassen, da Normalisierung, Demokratisierung und Reintegration Langzeitprozesse sind.

Mit den lokalen Behörden finden regelmäßige Zusammenkünfte statt. Die Beobachter treffen sich mit Präfekten, Bürgermeistern, lokalen Behörden sowie mit den Vertretern anderer internationaler Organisationen. Auf diesen Treffen werden Entwicklungen und Probleme der Region besprochen, vor allem im Hinblick auf die Rückkehr von Flüchtlingen und Vertriebenen, ihre soziale, politische und wirtschaftliche Integration und die damit verbundenen Schwierigkeiten. Besondere Aufmerksamkeit gilt natürlich auch der Förderung des friedlichen Miteinanders und des Gemeinschaftslebens durch die Zusammenarbeit zwischen lokalen Behörden sowie nationalen und internationalen → Nichtstaatlichen Organisationen (NOs), die in diesem Gebiet aktiv sind.

Obwohl die OSZE nicht die Lösung von Einzelproblemen betreibt, ist mitunter die Intervention von Seiten der Organisation notwendig. Beispiele hierfür sind die Wohnraumsituation oder die finanzielle und soziale Unterstützung von Rückkehrern. Auch macht die Organisation in ihren Interventionen auf strukturelle Probleme in der Region aufmerksam, wie z.B. den Mangel an klaren Richtlinien für Eigentumsfragen. Die Mission stößt jedoch hier an Grenzen, da diese Interventionen ebenfalls auf ein partnerschaftliches und kooperatives Miteinander ausgerichtet sind und die Respektierung der Souveränität Kroatiens gewährleistet sein muss. Sollte es sich um Verstöße gegen von Kroatien akzeptierte Weisungen und Abkommen handeln, ist es die Aufgabe der Mission, diese Versäumnisse gegenüber den Behörden anzusprechen.

Darüber hinaus beobachten die OSZE-Mitarbeiter Gerichtsprozesse, überwachen die Umsetzung von Rechtsstaatlichkeit und bieten Rechtsberatung für Rückkehrer und Flüchtlinge. In diesen Arbeitsbereich fällt auch die Beobachtung der Entwicklung der Medien. Im Laufe des vergangenen Jahres wurde verstärkt das Thema Demokratisierung, insbesondere im Hinblick auf Wahlen, in enger Zusammenarbeit mit NOs zur Belebung einer bürgerlichen Gesellschaft und zur politischen Unterstützung für kroatische Bürgerrechts- und Menschenrechtsorganisationen erörtert. Schwerpunkt der Arbeit ist jedoch die Überwachung des Rückkehrprozesses. Durch den Dialog der Beobachter mit lokalen Behörden und Organisationen sowie mit den Bewohnern selbst versucht die OSZE, den Schutz der Minderheiten zu stärken und eine politische Neuorientierung zu erreichen.

Der Versuch der OSZE-Mission in Kroatien, durch Zusammenarbeit mit der Mission in Bosnien und Herzegowina sowie mit anderen internationalen Organisationen die Verfahren zu beschleunigen, scheint erfolgreich zu sein.

Literatur: Nicole Renvert, Begegnung mit Kroatien. Vertrauensbildung und Normalisierung nach einem Konflikt aus der Sicht einer OSZE-Beobachterin, in: IFSH (Hrsg.),

OSZE-Jahrbuch 1999 Bd. 5, Baden-Baden 1999, S. 333-344; Joachim Eicher, Die OSZE-Mission in Kroatien, in: IFSH (Hrsg,), OSZE-Jahrbuch 1997, Bd. 3, Baden-Baden 1997, S. 193-200; Elena Drozdik, Das schwierige Geschäft mit der Wahrnehmung – OSZE-Beobachter in Kroatien, in: IFSH (Hrsg.), OSZE-Jahrbuch 1998 Bd. 4, Baden-Baden 1998, S. 215-222; Gerald Hesztera, Die Zukunft der Civilian Police im Rahmen der OSZE, in: IFSH (Hrsg.) OSZE-Jahrbuch 1998 Bd. 4, Baden-Baden 1998, S. 265-271.

Lettland-Mission

Im September 1993 wurde die Mission durch einen Beschluss des Hohen Rates gebildet. Sie sollte Staatsangehörigkeitsfragen und damit zusammenhängende Probleme gegenüber der lettischen Regierung und den lettischen Behörden ansprechen und ihnen zugleich in diesen Fragen beratend zur Seite stehen, Auskünfte und Ratschläge den Institutionen, Organisationen und Personen erteilen, die an einem Dialog über diese Fragen interessiert sind, sowie Informationen sammeln und über Entwicklungen berichten, die für die volle Verwirklichung der OSZE-Prinzipien, Normen und Verpflichtungen bedeutsam sind. Im Hintergrund standen noch die Verhandlungen über den russischen Truppenabzug. Anfänglich hatte sich das Mandat der Mission auf die Überwachung der Menschen- und Minderheitenrechte und die sich daran anschließende Beratung der Regierung zu begrenzen. Die Verwirklichung und die Folgen des Truppenabzuges wurden nach Abschluss eines Vertrages im April 1994 zwischen der Lettischen Republik und der Russischen Föderation durch eine Mandatsergänzung des Ständigen Rats im Feburar 1995 einbezogen.

Die OSZE folgte der Aufforderung der Vertragsparteien und beteiligte sich durch einen Vertreter an einer Lettisch-Russischen-Kommission zur Klärung strittiger Fragen der pensionierten Militärs. Ferner nahm die OSZE durch einen Abgesandten an der Gemeinsamen Kommission zur Überwachung des Abkommens über die Skrunda-Radarstation teil und führte die vier jährlich vorgesehenen Inspektionen der Anlage aus.

Eine strittige Angelegenheit bilden die 2000 bis 4000 illegal in Lettland lebenden russischen Militärangehörigen, die nicht unter das Abkommen vom April 1994 fallen und damit Lettland gemeinsam mit den aktiven Truppen hätten verlassen müssen. Die OSZE diente beiden Parteien als Vermittler und konnte bisher beispielsweise Ausweisungen verhindern, die die bestehenden Spannungen verschärft hätten.

Zu Beginn bestand die Mission aus vier, 1996 hat sie sieben Mitglieder. Ihre Tätigkeit wurde unterstützt durch das Auftreten des Hohen Kommissars für nationale Minderheiten.

Seit ihrer Etablierung griff die Mission wiederholt schlichtend in einige zu diplomatischen Auseinandersetzungen gesteigerte örtliche Ausschreitungen ein. Die weitere Aufmerksamkeit der Mission gilt Problemen wie den Regelungen des Staatsbürgerschaftsgesetzes, dem Umgang mit Nicht-Staatsbürgern, der Ausgabe von Staatenlosen-Pässen, der Erlangung der Staatsbürgerschaft, den Anforderungen, die an die Sprachkenntnisse eines Staatsbürgers gestellt werden, der Möglichkeit zum Erlernen der Sprache durch die Schaffung entsprechender Einrichtungen und den für die Naturalisierung notwendigen Sprachprüfungen.

Dem Missionsleiter stehen derzeit vier internationale Missionsmitglieder zur Seite, deren Arbeit anhand funktionaler Kriterien gegliedert ist. Seit der Eröffnung der Mission hat die OSZE-Vertretung in Lettland ihren Sitz in der Hauptstadt Riga. Im Rahmen eines „Road-Trip"-Programms suchen Mitarbeiter der Mission monatlich eine andere Region des Landes auf, wo sie Treffen mit Vertretern staatlicher und nichtstaatlicher Organisationen und Institutionen sowie mit der Presse vereinbaren. Auf diese Weise versucht die Mission, ein umfassenderes Bild von Entwicklungen im Lande zu erhalten.

In Umsetzung ihres Mandates befasst sich die Mission seit ihrer Eröffnung vorrangig mit Staatsbürgerschaftsfragen und mit Themen, die mit diesem Fragenkomplex in unmittelbarem Zusammenhang stehen. Verstärkt traten auch andere Aspekte der Integration in den Vordergrund, wie zum Beispiel soziale Fragen und Sprach- oder Bildungsprobleme sowie weitere Themenbereiche, die den Status der unterschiedlichen ethnischen Gruppen im Lande betreffen, wie das nationale Integrationsprogramm der Regierung.

Die Mission hat auch ihre guten Dienste angeboten, um Ratsuchenden meist in Fragen der Einbürgerung oder der Ausstellung von sogenannten Nichtstaatsbürgerpässen zu helfen. Im Rahmen ihrer Arbeit verfolgt die Mission die Gesetzgebung, die Fragen der Menschen- und Minderheitenrechte berührt. Seit Jahren ist das lettische Parlament bemüht, ein neues Sprachengesetz zu verabschieden in der Absicht, mit diesem den Status der lettischen Sprache zu stärken und den Gebrauch der Staatssprache auf allen Ebenen zu fördern.

Neben den genannten Tätigkeiten der Mission vertritt der Missionsleiter nach wie vor die OSZE in der Kommission, welche die Einhaltung des russisch-lettischen Abkommens über die soziale Absicherung in Lettland verbliebener pensionierter Militärangehöriger überwacht.

Die Mission findet generell Unterstützung für ihre Arbeit und sieht sich nur selten vor Probleme in der Zusammenarbeit gestellt. Besonders intensive Arbeitskontakte bestehen mit der Einwanderungsbehörde, mit dem Amt für Staatsbürgerschafts- und Migrationsangelegenheiten sowie mit dem Lettischen Sprachtrainingsprogramm. Die Mission unterhält enge Kontakte zu nichtstaatlichen Organisationen in Lettland. Darüber hinaus arbeitet die Mission mit den Vertretern der internationalen Gemeinschaft zusammen, zu denen neben UNDP und der Internationalen Organisation für Migration (IOM), der Rat der Ostseestaaten und der Europarat sowie innerhalb der OSZE vor allem der Hohe Kommissar für nationale Minderheiten und das BDIMR gehören.

Unabhängig von der Mission unterhält die OSZE eine weitere Vertretung in Lettland. Im Rahmen des sowjetisch-russischen Truppenabzuges wurden die Abschaltung und der Abbau der Radaranlage in Skrunda in einem gesonderten Vertrag geregelt. Während alle übrigen Truppen Lettland bis Ende August 1994 verlassen hatten, sah der bilaterale Vertrag über die Radaranlage in Skrunda vor, dass diese bis zum Spätsommer 1998 weiterbetrieben werden könne und danach bis 2000 abzubauen sei. Die vertragsschließenden Parteien erbaten einen Vertreter der OSZE zur Überwachung der Einhaltung dieses Vertrages sowie als Mitglied in der gemeinsamen Kommission, die sich mit Skrunda betreffenden Fragen auseinandersetzt. Ende August 1998 wurde die Radarstation termingerecht abgeschaltet und damit der bilaterale Vertrag erfüllt; die letzten aktiven sowjetisch/russischen Militärs verließen wie vereinbart die baltischen Staaten. Der Abschluss der Skrunda-Mission hatte eine historische Bedeutung für die OSZE, weil mit Erfüllung des Skrunda-Mandats erstmals eine Mission abgeschlossen worden ist, die zudem zur Zufriedenheit aller Beteiligten durchgeführt werden konnte.

Literatur: Falk Lange, Die Beziehungen Lettlands und Litauens zur OSZE, in: IFSH (Hrsg.) OSZE-Jahrbuch 1995 Bd. 1, Baden-Baden 1995, S. 171-177; Undine Bollow, Die OSZE-Missionen in Estland und Lettland, in: IFSH (Hrsg.) OSZE-Jahrbuch 1999 Bd. 5, Baden-Baden 1999, S. 191-202.

Mazedonien-Mission/Spillover Monitor Mission

Eine Mission zur Verhinderung eines Übergreifens des Jugoslawien-Krieges auf Mazedonien richtete im September 1992 der Hohe Rat mit Sitz in Skopje ein. Sie sollte gemeinsam mit Beobachtern der Europäischen Union und einem Kontingent von UN-Blauhelmen weitere Konflikte in der Region verhüten helfen. Außerdem sollte die Mission in einen Dialog mit der politischen Führung von Mazedonien treten und Kontakte mit Repräsentanten lokaler politischer Gruppen oder Organisationen aufnehmen.

Die Mission besteht aus acht Mitarbeitern. Sie hat zusammen mit dem BDIMR sowohl den Europarat bei der Durchführung einer Volkszählung im Juni 1994 als auch den → Hohen Kommissar für nationale Minderheiten der OSZE bei seinen unterschiedlichen Bemühungen unterstützt, die Situation der albanischen Minderheit in Mazedonien zu verbessern. Im Oktober 1994 war die Mission zusammen mit dem BDIMR an der Organisation und Beratung der Beobachter der Präsidentschafts- und Parlamentswahlen beteiligt. Sie hat zusammen mit dem HKNM die Krise beenden helfen können, die im Februar 1995 durch den Versuch der Gründung einer albanischen Universität entstanden war. Die Mission hat wiederholt auf die Konsequenzen hingewiesen, die sich für Mazedonien aus der griechischen Blockadepolitik ergaben. Sie sorgte mit dem BDIMR, dem Europäischen Medieninstitut u.a. 1998 für die internationale Überwachung der Wahlen.

Im Zuge der Stabilisierung der äußeren Verhältnisse von Mazedonien begann die Mission den Schwerpunkt ihrer Tätigkeit auf die Bewältigung von Problemen zu legen, die zwischen verschiedenen Bevölkerungsgruppen in Mazedonien bestehen. Die Begleitumstände und die Folgen des Kosovo-Krieges 1999 haben die Aufgabe beträchtlich erschwert.

Literatur: Alice Ackermann, The Former Yugoslav Republic of Macedonia. A Relatively Succesful Case of Conflict Prevention in Europe, in: Security Dialogue 1996, Vol. 27(4), S. 409-424.

Moldau-Mission

Die Einrichtung einer OSZE-Langzeitmission in Moldau wurde im Februar 1993 durch den Hohen Rat beschlossen und zwei Monate später verwirklicht. Sie sollte eine dauerhafte, umfassende politische Beilegung des Konflikts in allen seinen Aspekten erleichtern und dabei eine Stärkung der territorialen Integrität der Republik Moldau mit einem Einverständnis über einen besonderen Status der transnistrischen Region erreichen. Das Mandat bestand im Wesentlichen aus Krisenmanagement, der Konfliktnachsorge und der Unterstützung bei der Suche nach einer dauerhaften Autonomieregelung für Transnistrien innerhalb einer reintegrierten Republik Moldau. Zum Mandat gehörte ferner, Informationen über die Lage in der Region zu sammeln und zu übermitteln, einzelne Vorfälle zu untersuchen und ihre politischen Implikationen zu bewerten. Die betroffenen Parteien sollen zur Fortführung von Verhandlungen über ein Abkommen über den Status und den baldigen, geordneten und vollständigen Abzug ausländischer Truppen ermutigt werden; Rat und Sachverstand sollen zur Verfügung gestellt werden, damit die Menschen- und Minderheitenrechte beachtet, demokratische Reformen verwirklicht, die Flüchtlinge zurückgeführt und ein besonderer Status für die transnistrische Region definiert werden kann. Endlich soll die OSZE Kontakte mit allen Konfliktparteien, örtlichen Behörden und der jeweiligen Bevölkerung vor Ort herstellen. Das immer wieder verlängerte Mandat der Mission wird nicht als erfüllt betrachtet.

In der Republik Moldau war etwa ein Jahr vor der Entsendung der OSZE-Mission ein einige Wochen dauernder Bürgerkrieg, der mehr als tausend Tote forderte, geführt worden. Vorausgegangen war die Wandlung einer Protestbewegung der russischsprachigen Bevölkerung gegen die wirkliche und vermeintliche Rumänisierung der Republik in eine gewaltsame Bewegung zur Abspaltung der von reformfeindlichen Kräften dominierten Gebiete im Osten des Landes. Der militärische Konflikt zwischen der neuen moldauischen Führung und den um Konsolidierung ihrer Herrschaft über sämtliche transnistrische (linksdnjestrische) Gebiete sowie der rechtsdnjestrischen Stadt Bendery bemühten Separatisten konnte erst im Sommer 1992 durch Intervention der russischen 14. Armee auf Seiten der Separatisten gestoppt werden. Die faktische Abspaltung des transnistrischen Territoriums vom gemeinsamen Staatsgebiet wurde dadurch stabilisiert und der Aufbau eigener quasi-staatlicher Strukturen durch die Führung im transnistrischen Hauptort Tiraspol ermöglicht. Bis heute hat die Regierung in der moldauischen Hauptstadt ihre Hoheit über das abtrünnige Gebiet nicht gewonnen.

Die Mission nahm im April 1993 ihre Arbeit in Kischinjow auf. Zu ihrem Leiter gesellten sich sieben weitere Missionsmitglieder, darunter ein bis zwei Militärs. Im November 1993, sechs Monate nach Beginn der Mission, unterbreitete der Leiter der Mission allen Betroffenen und den Teilnehmerstaaten einen Vorschlag für eine politische Beilegung des Dnjestrkonflikts, der auf die Schaffung einer „Besonderen Region Transnistrien" mit „beträchtlicher Selbstverwaltung" innerhalb der Republik Moldau zielte. Die Zusammenarbeit der Mission mit den Zivilbehörden beider Seiten war von Anfang an gedeihlich. Im Verhältnis zu den transnistrischen Militärbehörden blieb jedoch lange Zeit umstritten, welche Modalitäten der Mission zur Erfüllung des militärischen Teils ihres Mandats zur Verfügung stehen sollten. Die Transnistrier verweigerten der Mission die regelmäßige Teilnahme an den Sitzungen der Gemeinsamen Kontrollkommission. Die Mission wiederum sah sich nicht in der Lage, auf ihre regelmäßige Teilnahme zu verzichten, da nur in der Kontrollkommission Zwischenfälle in der Sicherheitszone entlang des Dnjestr zur Sprache kommen und folglich nur dort die im Mandat geforderten Informationen zur militärischen Lage umfassend gesammelt werden können. Im Juli 1994 konnte der Missionsleiter mit Vertretern Russlands, der Moldau und Transnistriens einen Text über „Prinzipien der Zusammenarbeit zwischen der Mission und der Gemeinsamen Kontrollkommission in der Sicherheitszone" unterzeichnen, in dem sich die Kontrollkommission verpflichtet hat, der Mission die Erfüllung ihres Mandats im militärischen Bereich zu erleichtern. Weiter erhielt die Mission Zugang zu den Treffen der Kommission und zu eventuellen anderen Aktivitäten.

Im militärischen Bereich blieb der Aktionsradius der OSZE-Mission sehr begrenzt. Initiativen zur Vertrauensbildung und zu parallelen Truppenreduzierungen im Spannungsgebiet kommen aufgrund transnistrischer Blockaden kaum voran. Ein Wiederaufflammen bewaffneter Auseinandersetzungen ist unwahrscheinlich. In der eigentlichen Kernfrage der Durchführung des Truppenrückzugs konnte die Mission über regelmäßige Arbeitskontakte mit den Beteiligten hinaus keine spürbare Wirkung entfalten. Nach Aufforderung durch den Osloer OSZE-Ministerrat vom Dezember 1998 legte die Delegation Russlands im Juni 1999 im Ständigen Rat einen Zeitplan für den Abzug der Truppen und den Abtransport, Verkauf oder die Zerstörung sämtlicher Ausrüstung und Munition vor, der allerdings de facto keinen Fortschritt bedeutet: Statt der im 1994er Abkommen vorgesehenen dreijährigen Frist soll sich der vollständige Abzug der bereits reduzierten Operativen Gruppe nunmehr über fünf Jahre bis Ende 2005 hinstrecken. Die Führung des abtrünnigen Gebiets besteht jedoch weiterhin auf fortgesetzter russischer Militärpräsenz und hat den Besitzanspruch Transnistriens auf Ausrüstung, Munition und Liegenschaften der russischen Armee per Gesetz verankert.

Inzwischen hat die Mission gemeinsam mit den Mediatoren Russlands und der Ukraine einen neuen Kompromissvorschlag in der Statusfrage ausgearbeitet und im November 1998 den Parteien als Ausgangspunkt für weitere Verhandlungen vorgelegt. Dieser sieht eine umfassende Territorialautonomie für Transnistrien innerhalb des moldauischen Staates vor, die durch sukzessive Regelung der offenen Einzelfragen während einer Übergangsphase („allembracing phased settlement of relations") erst allmählich konkretisiert und umgesetzt werden soll. Eine Schlichtungskommission aus Vertretern beider Seiten und den drei Mediatoren soll diesen Implementierungsprozess überwachen und bei strittigen Fragen Kompromisslösungen vermitteln. Auch dieses flexible Regelungsmodell hat die transnistrische Führung zurückgewiesen und statt dessen die Ausarbeitung eines eigenen Konföderationsmodells angekündigt. Beim Gipfeltreffen, das nach mehrmonatiger Verzögerung im Juli 1999 in Kiew stattfand, unterzeichneten die Spitzen beider Seiten gemeinsam mit dem russischen Ministerpräsidenten, dem ukrainischen Präsidenten und dem Vertreter des Amtierenden Vorsitzenden eine neue „Gemeinsame Erklärung über Fragen der Normalisierung der Beziehungen zwischen der Republik Moldau und Transnistrien", die in der Kernfrage allerdings keinen substanziellen Verhandlungsfortschritt erkennen ließ.

Neben den eigentlichen Statusverhandlungen widmete sich die OSZE-Mission von Beginn an der Förderung von Dialog, Vertrauen und Zusammenarbeit zwischen Vertretern beider Dnjestrufer. In der Moldaurepublik rechts des Dnjestr hat sich die Lage der Menschen- und Minderheitenrechte seit Beginn der Unabhängigkeit kontinuierlich verbessert. Die Verabschiedung des Autonomiestatuts für Gagausien im Dezember 1994, die Aufnahme in den Europarat im Sommer 1995 als erstes GUS-Mitglied und die Ratifizierung der Rahmenkonvention zum Minderheitenschutz im November 1996 sowie mehrere von der OSZE als insgesamt fair und frei charakterisierte Wahlen markieren die positive Entwicklung des Landes auf dem Weg zu einem demokratischen Rechtsstaat, der allerdings von einer schweren sozioökonomischen Krise und vielfältigen Transformationsproblemen überschattet wird. Demgegenüber verweigert die Führung in Tiraspol jede echte Demokratisierung und sichert ihre Macht durch Medienzensur, aggressive Propaganda und unverhohlenen Druck auf Gegner des radikalen Sezessionskurses. Vermittelnd versuchte die OSZE-Mission insbesondere im Streit über die Zwangskyrillisierung der moldauischen Sprache in Transnistrien tätig zu werden, ohne dass es bisher zu einer dauerhaften Regelung dieser Frage kam.

Die OSZE-Mission in der Moldau hat den Dnjestrkonflikt noch nicht abschließend schlichten können. Sie kann jedoch für sich verbuchen, durch ihre erfolgreiche Initiative zur Sprachenfrage, ihre Schlichtung im Schulstreit, ihre Vermittlung im spektakulären Fall eines Justizopfers, ihre Bemühungen um die Kontakte zwischen den Konfliktparteien und durch die Ausarbeitung eines Statusentwurfs als Verhandlungsgrundlage, an dem sich später auch OSZE-Missionen in anderen Krisengebieten orientierten, einen Lösungsprozess in Gang gesetzt und gehalten zu haben. Es ist ihr offenbar gelungen, die verständigungsbereite moldauische Führung und die Pragmatiker in der transnistrischen Spitze konstruktiv zu beraten und auch neue Trends in der öffentlichen Meinung auf beiden Seiten des Dnjestr zu setzen. Ein Wiederaufflammen des bewaffneten Konflikts wird auf beiden Seiten des Dnjestr für wenig wahrscheinlich gehalten, das ist neben dem der Konfliktparteien und der russischen Vermittler auch Verdienst der Mission.

Literatur: Rolf Welberts, Der Einsatz der OSZE in der Republik Moldau, in: IFSH (Hrsg.), OSZE-Jahrbuch 1995 Bd. 1, Baden-Baden 1995, S. 193-220; Klemens Büscher, Möglichkeiten und Grenzen des OSZE-Konfliktmanagements in Moldova, in: Ethnos – Nation. Eine europäische Zeitschrift 2/1995, S. 71-85; Rolf Welberts, Die OSZE-Missionen in den Nachfolgestaaten der ehemaligen Sowjetunion, in: IFSH (Hrsg.), OSZE-Jahrbuch 1997 Bd. 3, Baden-Baden 1997, S. 119-131; Klemens Büscher, Die Missionen in der Republik Moldau und in der Ukraine: eine doppelte Bilanz, in: IFSH (Hrsg.), OSZE-Jahrbuch 1999 Bd. 5, Baden-Baden 1999, S. 221-238; Stefan Troebst, Der Transnistrienkonflikt und seine Bearbeitung durch die OSZE, in: Afrikanische Perspektiven. Friedensbericht 1998. Theorie und Praxis ziviler Konfliktbearbeitung in Osteuropa, Chur/Zürich 1998, S. 347-379.

Sanktionsüberwachungs-Missionen

Missionen zur Überwachung von Sanktionen sollten die Anrainer Jugoslawiens bei ihrer Durchführung der VN-Sicherheitsratsresolutionen unterstützen; solche Missionen wurden in Albanien, Bulgarien, Kroatien, Ungarn, Mazedonien, Rumänien und der Ukraine eingesetzt. Sie gehören nicht zu dem gewöhnlichen Typ von OSZE-Missionen zur Krisenbewältigung.

Im September 1991 hatte die OSZE ein Waffenembargo gegen das ehemalige Jugoslawien verhängt, im August 1992 hatte die Londoner Konferenz beschlossen, die Überwachung der Wirtschaftssanktionen und des Waffenembargos wirksamer zu gestalten. Der Hohe Rat entschied im September 1992, durch entsprechende Missionen in allen Nachbarstaaten von Serbien und Montenegro dazu beizutragen. Die Missionen zur Unterstützung von Sanktionen arbeiteten im Rahmen der Verbindungsgruppe für Sanktionen zusammen. Um die Arbeit der einzelnen Missionen und die Kooperation mit den EU-Beobachterteams besser koordinieren zu können, beschloss der Ausschuss Hoher Beamter (Hoher Rat) im Februar 1993 die Ernennung eines Sanktions-Koordinators.

Über 240 Zollbeamte und andere Experten wurden für sieben Missionen und die Zentrale in Brüssel – das Koordinationsbüro für Sanktionen und das Komitee für Sanktionsunterstützungsmissionen (von der Europäischen Union finanziert und teilweise auch personell ausgestattet) eingesetzt. Die Missionen hatten die Aufgabe, die lokalen Behörden zu beraten und zu unterstützen. Ihre Aktivitäten wurden als notwendiger, wenn auch unspektakulärer Beitrag zur Glaubwürdigkeit der Bemühungen der internationalen Gemeinschaft angesehen, die Kämpfe im früheren Jugoslawien zu beenden. Sie zeichneten sich durch die enge Zusammenarbeit zwischen OSZE, EU/WEU und UN aus. Doch die Verstöße gegen das Waffenembargo und die mangelhafte Unterstützung seitens mancher Staaten legten die Ohnmacht internationaler Vermittler und Kontrolleure offen. 1996 endete in Übereinstimmung mit den Vereinten Nationen die OSZE die Arbeit der Sanktionsüberwachungs-Mission.

Literatur: Antonio Napolitano, Sanctions as a Possible Tool of Preventive Diplomacy, in: Steffen Carlsson (ed.), The Challenge of Preventive Diplomacy. The experience of the CSCE, Stockholm 1994, S. 138-157; Konrad Klingenburg. Das OSZE-Krisenmangement im Balkankrieg, in: IFSH (Hrsg.) OSZE-Jahrbuch 1995 Bd.1, Baden-Baden 1995, S. 147-158.

Tadschikistan-Mission

Die Bildung einer Mission für Tadschikistan beschloss der Ministerrat im Dezember 1993 in Rom; sie begann ihre Tätigkeit im Februar 1994. Ihr Mandat umfasst, Beziehungen mit regionalistischen und politischen Kräften aufzunehmen und zu unterhalten, einen Dialog und ein Vertrauensverhältnis zwischen ihnen herbeizuführen, die Achtung von Menschenrechten und die Befolgung der OSZE-Prinzipien und -Normen aktiv zu fördern und zu überwachen, Bedingungen und Mittel für die OSZE zu erarbeiten, um die Entwicklung von rechtlichen, demokratischen und politischen Institutionen und Prozessen unterstützen zu können. Die Mission besteht aus acht Mitgliedern; sie hat ihren Sitz in Duschanbe.

Die Entstehung des Konflikts in Tadschikistan reicht in die Zeit des Zerfalls der UdSSR zurück, als die Tadschiken 1991 vor der Entscheidung über die zukünftige ordnungspolitische Orientierung ihres jungen Staates standen. Darüber sowie über die Transformation des politischen und wirtschaftlichen Systems und anderer Strukturen entbrannte ein heftiger Konflikt, den die beteiligten Seiten bis zum Bürgerkrieg (1992/1993) trieben. Die „Volksfront" ging Ende 1992 aus dem Bürgerkrieg zunächst als militärischer Sieger hervor. Die Führungen der Opposition flohen ins Exil nach Afghanistan, von wo aus sie seit 1994 einen Krieg gegen die Regierung führten und ihre „Mujaheddin" Tadschikistan militärisch infiltrierten.

In dieser Phase des Bürgerkriegs nahm die OSZE-Mission in der Hauptstadt Duschanbe Anfang 1994 ihre Tätigkeit auf. Sie begab sich in einen vielschichtigen innergesellschaftlichen Konflikt, der heftigst mit verschiedenen Inhalten ausgefochten wurde, wie einen politischen Machtkampf, ideologisch-weltanschauliche Kontroversen, islamischer „Fundamentalismus", Rivalitäten um wirtschaftliche Ressourcen, regionalistische Auseinandersetzungen, Probleme mit nationalen Minderheiten und die Einmischung regionaler Mächte.

Ihr Mandat beauftragt die OSZE-Mission, Kontakte mit den regionalistischen und politischen Kräften im Land zu unterhalten sowie Dialog und Vertrauensbildung zwischen diesen zu erleichtern, die Achtung der Menschenrechte aktiv zu fördern, die Einhaltung der Normen und Prinzipien der OSZE zu unterstützen und zu überwachen sowie Mittel und Wege zu erschließen, die die OSZE in die Lage versetzen, bei der Entwicklung juristischer und demokratischer politischer Institutionen und Prozesse zu helfen. Zusätzlich betraute sie der Ständige Rat 1995 mit der Beobachtung der Menschenrechtssituation repatriierter Flüchtlinge und deren Unterstützung bei der Wiedereingliederung in die tadschikische Gesellschaft. Diese Aufgaben wurden in enger Zusammenarbeit mit dem UNHCR wahrgenommen. Dafür eröffnete die Mission im Süden Tadschikistans in Scharitus, Kurghan-Teppe und Dusti drei Außenstellen.

Bei der Hilfe für den Aufbau demokratischer und rechtsstaatlicher Einrichtungen, insbesondere der Beratung tadschikischer Politiker beim Entwurf für eine neue Verfassung, wurde die Mission vom → Büro für Demokratische Institutionen und Menschenrechte unterstützt. Die Parlamentswahlen im Februar 1995 fanden auf der Grundlage eines alten Wahlgesetzes und ohne Berücksichtung der Änderungen statt, die vorher das BDIMR empfohlen hatte. Deshalb verweigerte die OSZE eine Wahlbeobachtung; der Ständige Rat bedauerte diese Haltung der Regierung, doch begrüßte er deren Bereitschaft, die Empfehlungen in einer späteren Periode zu berücksichtigen. Die von der OSZE gewünschten Bedingungen für die demokratische Durchführung der Präsidentschaftswahlen im Februar 1995 waren wirkungslos. Gleichwohl bemüht sich die Mission weiter um eine Besserung der demokratischen Standards für das Land.

Auf dem Feld der Stärkung der Menschenrechte war die Mission in der Zusammenarbeit mit der Regierung erfolgreicher. So wurde unter Mitwirkung des BDIMR das Projekt eines Ombudsmannes ausgearbeitet, dessen Verwirklichung allerdings misslang. Die Mission bildete Diskussionsgruppen, die regelmäßig Vertreter unterschiedlicher Bevölkerungsteile zusammenführten.

Ein öffentlicher Diskussionsklub diente Intellektuellen, Journalisten, Politikern und Vertretern nationaler Minderheiten zum Gedankenaustausch. Von der Mission wurden dafür „brennende Fragen" thematisiert, die von den Behörden tabuisiert oder deren öffentliche Diskussion von den Behörden nicht gern gesehen wurde. Zu bestimmten Themen werden OSZE-Symposien und Seminare veranstaltet, wie das internationale OSZE-Symposium über Vertrauensbildung in Mittelasien im April 1996. BDIMR-Seminare zur Rolle des Gerichtswesens im Rechtsstaat sowie der OSZE-Mission zur gleichen Thematik in den Regionen rückten Fragen der Rechtssicherheit in den Mittelpunkt der Erörterungen von Fachkreisen wie auch der Öffentlichkeit. Ein „Ökonomisches Forum" der OSZE-Mission thematisierte angesichts der sich zuspitzenden sozioökonomischen Bedingungen im Lande in mehreren Veranstaltungen in den Regionen und in Duschanbe den Zusammenhang von wirtschaftlicher Sicherheit und Konfliktregelung. Die einzelnen Foren gaben gezielt kleinen und mittleren Unternehmern unterschiedlicher Regionen die Möglichkeit, miteinander in Kontakt zu treten und ihre Sorgen, Klagen und Forderungen anwesenden Behörden- und Regierungsvertretern vorzutragen. Die Mission hat somit die ihr aufgetragenen Aufgaben verwirklichen können, Kontakte und Gespräche sowie ein gewisses Vertrauen zwischen bestimmten politischen Gruppen herzustellen.

Die Mission nahm auch an den von den Vereinten Nationen initiierten Gesprächen zwischen der Regierung und der bewaffneten Opposition teil. Der Ständige Rat ersuchte die Mission, die Menschenrechts-Situation der zurückkehrenden Flüchtlinge und die der aus ihrer Heimat vertriebenen Bevölkerung zu überwachen, um ihre Reintegration in die tadschikische Gesellschaft zu erleichtern. Die Mission hat darum Aufgaben und Filialbüros des UN-Flüchtlingshochkommissariats (UNHCR) übernommen.

Eine auf die politische Stabilisierung innerhalb des Landes zielende Konfliktbearbeitung ist der Mission nicht gelungen.

Die Aufgaben auf dem Gebiet der Menschenrechte genossen Vorrang. Umfangreiche Arbeit leistet die Mission auf dem Gebiet der Förderung demokratischer Prozesse und Institutionen sowie beim Aufbau von Rechtsstaatlichkeit. Hierzu gehören Kontakte zu und gemeinsame Veranstaltungen mit tadschikischen NOs, so z.B. mit unabhängigen Verbänden von Richtern und Anwälten, Frauenorganisationen und Studenten der Universität. Auch mit dem Ministerium für Justiz wurden in Kooperation mit dem Büro für Demokratische Institutionen und Menschenrechte (BDIMR) Maßnahmen gemeinsam durchgeführt.

Missionsmitglieder in den Außenstellen im Süden Tadschikistans nahmen sich unter schwierigen Bedingungen der Reintegration zurückgekehrter Bürgerkriegsflüchtlinge an. Einen besonderen Stellenwert für die OSZE hatte die Wahrnehmung der Beobachterrolle bei den sogenannten innertadschikischen Gesprächen, die zwischen den beiden kriegführenden Seiten von 1994 bis 1997 unter der Ägide der VN (United Nations Mission of Observers in Tajikistan, UNMOT) geführt wurden. Die Mission begann frühzeitig, Aufgaben der Friedenskonsolidierung zu konzipieren, die in Zusammenarbeit mit UNMOT und den in Tadschikistan vertretenen Spezialorganisationen der VN in Angriff zu nehmen waren. Im Rahmen der Friedenskonsolidierung hat sie im Bereich „Aussöhnung und Demokratisierung" die Federführung übernommen. Außerdem ist die Mission in der internationalen Kontaktgruppe zur Überwachung der Einhaltung der Moskauer Vereinbarungen vertreten.

Die beiden führenden politischen Organisationen, VN und OSZE, haben sich auch blockiert, indem sie für die gesellschaftlichen Ursachen des Konflikts kein adäquates Instrumentarium zu entwickeln vermochten. Erschwerend wirkte der häufige Wechsel von Missionsleitern und eine konzeptionell nicht ausreichend durchdachte Arbeitsteilung zwischen der OSZE und den VN.

Gegenwärtig konzentriert sich die OSZE-Mission in Zusammenarbeit mit anderen internationalen Organisationen und NOs auf die Aufgaben der Friedenskonsolidierung. Sie beruhen auf den Ergebnissen der innertadschikischen Gespräche – dem „Allgemeinen Abkommen über die Herbeiführung von Frieden und nationaler Eintracht in Tadschikistan" und der „Moskauer Deklaration". Das hier von der OSZE und den VN an den Tag gelegte Verständnis von Rollen- und Arbeitsteilung („einer führt, der andere sekundiert") hat angesichts der intensiven gesellschaftlichen Konflikte nicht gewirkt.

Literatur: Arne C. Seifert, Die OSZE-Langzeitmission in Tadschikistan, in: IFSH (Hrsg.), OSZE-Jahrbuch 1999 Bd. 5, Baden-Baden 1999, S. 291-308.

Tschetschenien-Assistenzgruppe

Seit 1995 ist die OSZE mit einer „Assistenzgruppe" genannten Mission für Tschetschenien aktiv, die nach anfänglicher Absprache und in Zusammenarbeit mit den russischen und den lokalen Behörden folgende Aufgaben hat: Förderung der Achtung der Menschenrechte und grundlegenden Freiheiten sowie Tatsachenermittlung im Falle von deren Verletzung; Unterstützung beim Aufbau demokratischer und rechtsstaatlicher Institutionen und Prozesse, darunter lokaler Organe, die Vorbereitung möglicher neuer Verfassungsvereinbarungen und die Durchführung und Beobachtung von Wahlen; Beteiligung an der Formulierung eines Verhandlungsrahmens zur Ausarbeitung einer dauerhaften politischen Lösung unter Achtung der territorialen Integrität der Russischen Föderation.

Die erste Reise einer OSZE-Delegation nach Moskau und Tschetschenien fand Ende Januar 1995 mit Zustimmung aller Teilnehmerstaaten, also auch der Russischen Föderation, unter Leitung des ungarischen Botschafters und persönlichen Vertreters des Amtierenden Vorsitzenden statt. Die Delegation sollte vor Ort Informationen sammeln und Möglichkeiten einer Beteiligung der OSZE an der Konfliktregelung erkunden, wie sie bereits auf zwei der Reise vorausgegangenen Treffen mit russischen Regierungsvertretern in Moskau erörtert worden war. An den Bericht der Delegation anknüpfend, verabschiedete der Ständige Rat im Februar 1995 einstimmig, also mit Zustimmung auch des russischen Vertreters, eine Resolution, die die sofortige Feuereinstellung und die ungehinderte Lieferung von Hilfsgütern nach Tschetschenien verlangte und die schweren Menschenrechtsverletzungen sowie die unverhältnismäßige Anwendung von Gewalt seitens der russischen Streitkräfte verurteilte.

Eine Gruppe von fünf Menschenrechtsexperten unter Leitung eines Schweizer Diplomaten bereiste Moskau und die Krisenregion im Februar und März 1995. Das Mandat der Gruppe umfasste, die Möglichkeiten internationaler Organisationen zur Leistung humanitärer Hilfe zu erkunden und sicherzustellen, dass die russischen Behörden deren ungehinderten Zugang ermöglichen, sowie die Erörterung einer Beteiligung der OSZE beim Aufbau lokaler Verwaltungsstrukturen und bei der Vorbereitung freier Wahlen in der Republik. Ein Durchbruch zur langfristigen Beteiligung der OSZE am Konfliktregelungsprozess gelang Anfang März 1995: Bei Gesprächen mit dem ungarischen Ministerpräsidenten sowie dem ungarischen Außenminister und Amtierenden Vorsitzenden in Moskau stimmte die russische Regierung einer ständigen Präsenz der OSZE in der Krisenregion und ihrer Beteiligung am kurz- und langfristigen politischen Verhandlungsprozess zur Beilegung des Konflikts zu.

Der Ständige Rat der OSZE fasste im April 1995 auf der Grundlage des Reiseberichts und unter Berufung auf seine Resolution vom Februar 1995 den Beschluss, eine OSZE-Assistenzgruppe in Grosny einzurichten. Die konkrete Vorbereitung des Aufenthalts der Assistenzgruppe fand im Rahmen einer weiteren Reise des persönlichen Vertreters des Amtierenden Vorsitzenden nach Moskau, Tschetschenien und erstmals auch nach Dagestan statt, auf der er von dem zukünftigen Leiter der OSZE-Assistenzgruppe begleitet wurde. Diese Assistenzgruppe erhielt jegliche zur Erfüllung der Aufgaben notwendige Bewegungsfreiheit in Tschetschenien und den Nachbarrepubliken wie Kooperations- und Kontaktmöglichkeiten mit zivilen und militärischen Vertretern. Die Assistenzgruppe untersteht dem Amtierenden Vorsitzenden, der sowohl dem Ständigen Rat als auch der russischen Führung regelmäßig Bericht erstattet. Sie besteht zunächst aus sechs Mitgliedern, Zahl und Zusammensetzung können jedoch im Bedarfsfall geändert werden. Die OSZE-Assistenzgruppe hat ihre Arbeit im April 1995 in Grosny aufgenommen; sie beabsichtigte, Zweigstellen in Dagestan und Inguschetien zu eröffnen.

Eine dauerhafte Beilegung des Konflikts zeichnete sich trotz des durch die Geiselnahme in Budjonnowsk im Juni 1995 erzwungenen Waffenstillstands und der Aufnahme von Verhandlungen noch nicht ab. Verhandlungen wurden – mit zahlreichen Unterbrechungen – von einer russischen Delegation mit Vertretern der tschetschenischen Seite in den Räumen der OSZE-Assistenzgruppe in Grosny geführt. Die von der tschetschenischen Delegation vertretene Forderung nach staatlicher Unabhängigkeit wird von russischer Seite strikt zurückgewiesen. Russland ist lediglich zu Verhandlungen über Autonomieregelungen im Rahmen der Russischen Föderation bereit. Die OSZE-Delegation forderte einen sofortigen Waffenstillstand als Vorbedingung für alle weiteren Hilfsmaßnahmen, den ungehinderten Zufluss humanitärer Hilfsgüter, deren Umfang gesteigert werden müsse, sowie den freien Zugang des IKRK zu allen Inhaftierten und Gefangenen.

Der Konflikt begann aufs Neue Ende 1995 und steigerte sich zu einem mit allen Mitteln geführten Krieg, der mit einem neuen – in Anwesenheit von OSZE-Vertretern durch beide Parteien unterzeichneten – Waffenstillstand im September 1996 vorerst endete. Doch Anfang 2000 nach einer Reihe von Geiselnahmen durch tschetschenische Gruppen und vor allem nach Anschlägen in russischen Städten startete die russische Armee einen Großangriff auf die Tschetschenische Republik und besetzte das Territorium im Frühsommer. Die Amtierende Vorsitzende, die österreichische Außenministerin versuchte mit verschiedenen Initiativen, zu einem Ende der Kämpfe beizutragen und schließlich der nach Moskau ausgewichenen Mission wieder den Zugang und die Präsenz in Grosny zu verschaffen. Erst nach vielen Appellen an die russische Regierung gelang es im Sommer 2000, Besuche und Aufenthalte von Missionsmitgliedern in Tschetschenien wieder zu ermöglichen.

Literatur: Ursel Schlichting, Das Engagement der OSZE in Tschetschenien, in: IFSH (Hrsg.), OSZE-Jahrbuch 1995 Bd. 1, Baden-Baden 1995, S. 211-220; István Gyarmati, Der ungarische Vorsitz und der Tschetschenien-Konflikt, in: IFSH (Hrsg.), OSZE-Jahrbuch 1996 Bd. 2, Baden-Baden 1996, S. 177-188; Rexane Dehdashti, Internationale Organisationen als Vermittler in innerstaatlichen Konflikten. Die OSZE und der Berg Karabach-Konflikt, Frankfurt 2000.

Ukraine-Mission/Projektkoordinator

Im Juni 1994 beschloss der Hohe Rat die Entsendung einer Mission, deren Mandat im August 1994 vom Ständigen Rat verabschiedet wurde. Die ersten der sechs zivilen Missionsmitglieder nahmen im November 1994 ihre Arbeit in der ukrainischen Hauptstadt Kiew auf. Ende April 1999 wurde das Mandat der Mission nicht mehr verlängert. Damit beendete die Mission durch den Ablauf des Mandates ihre Tätigkeit.

Sezessionsbestrebungen gab es vor allem seit Anfang der neunziger Jahre auf der Krim, die angesichts ihrer russischen Bevölkerungsmehrheit, ihrer vergleichsweise kurzen historischen Zugehörigkeit zur ukrainischen Republik und aufgrund sozioökonomischer Charakteristika einen Sonderfall unter den Gebieten der Ukraine darstellt. Auslöser der Auseinandersetzungen war das Problem der Ausgestaltung eines Autonomiestatuts der Krimrepublik innerhalb des ukrainischen Staates. Dahinter stand jedoch vor allem die grundsätzliche Frage der Akzeptanz einer unabhängigen Ukraine durch die russische Bevölkerung der Krim wie auch durch nationalistische Gruppen in Russland, welche irredentistische Tendenzen in Simferopol zumindest rhetorisch nach Kräften unterstützten. Obwohl die Spannungen zwischen der Kiewer Zentralregierung und der Führung der Krim im Sommer 1994 bedrohliche Ausmaße annahmen, kam es weder zu massenhafter Gewaltanwendung noch zu einer geschlossenen und dominierenden oder gar reüssierenden Sezessionsbewegung auf der Krim.

Die Einrichtung der OSZE-Mission zielte folglich darauf, durch vergleichsweise frühzeitige Konfliktprävention eine Eskalation des „Krieges der Gesetze" zwischen Kiew und Simferopol zu verhüten. Das Mandat der Mission beschränkte sich im Bereich der menschlichen Dimension auf Lageberichte über Menschenrechte und Minderheitenschutz auf der Krim sowie die Überwachung und Förderung der Pressefreiheit im gesamten Land. Einen dritten Schwerpunkt setzte das Mandat für die Ukraine in der Mitwirkung an der Ausarbeitung wirtschaftlicher Entwicklungsprogramme, insbesondere hinsichtlich der Krim; es war somit das einzige Mandat einer OSZE-Mission mit explizitem wirtschaftlichen Bezug.

Die Mission umfasste sechs internationale Mitglieder; sie hatte ihren Hauptsitz in Kiew und ein Büro in Simferopol. Die Tätigkeit war beeinträchtigt durch die schwierige Verständigung über das Mandat, den verzögerten Arbeitsbeginn und das distanzierte Verhältnis ukrainischer Behörden zu der Mission.

Die OSZE-Mission nahm ihre Arbeit in einer Zeit wachsender Spannungen und verhärteter Fronten zwischen der Führung in Kiew und den auch untereinander zerstrittenen Politikern der Krim auf. In dieser von Misstrauen geprägten Situation gelang es ihr nur allmählich, Kontakte zu den Schlüsselakteuren aufzubauen und das Vertrauen der beteiligten Seiten zu gewinnen. Dabei lief sie stets Gefahr, von den Konfliktparteien für ihre Anliegen instrumentalisiert zu werden. Auch die Aufbauphase war erschwert durch die Skepsis und Zurückhaltung der Parteien. Bald überlegte die ukrainische Regierung, das Missionsmandat nicht zu verlängern.

Angesichts der im Mandat explizit festgelegten Zusammenarbeit mit dem seit Anfang 1994 in der Ukraine involvierten HKNM einerseits und mit einer von der OSZE eingesetzten Expertengruppe für Verfassungs- und Wirtschaftsfragen andererseits fungierte die Mission nur bedingt als eigenständiger Akteur. Insbesondere mit dem HKNM entwickelte sich ab dem Frühjahr 1995 ein intensives und dauerhaftes Kooperationsverhältnis, bei dem die Mission als „Augen und Ohren des Hochkommissars" dessen Arbeit unterstützte. In Fragen der rechtsstaatlichen Entwicklung arbeitete sie mit dem BDIMR zusammen.

Im Mittelpunkt der Missionstätigkeit stand die Förderung gegenseitiger Verständigung der Konfliktparteien und Unterstützung des Dialogs über die Ausgestaltung des Status der Krimrepublik. Gemeinsam mit dem HKNM organisierte die Mission auf dem Höhepunkt der Konfrontation im Mai 1995 im schweizerischen Locarno einen „Runden Tisch" über Wege einer Regelung des Krimkonflikts unter Beteiligung unabhängiger Experten und 16 führender Politiker aus Kiew und Simferopol, was die Grundlage für die fortgesetzte Suche nach einem Kompromiss bildete. Ein zweites Seminar mit 50 Teilnehmern fand im September 1995 bereits unter deutlich verbessertem politischen Klima in Jalta statt und widmete sich der Reintegration der ehemals deportierten Völker auf der Krim. Ein großer, ebenfalls von Mission und HKNM gemeinsam organisierter, dritter Runder Tisch im niederländischen Noordwijk im März 1996 beschäftigte sich mit dem im November 1995 vom Krim-Parlament verabschiedeten modifizierten Verfassungsentwurf der Autonomen Republik. Schritte auf dem Weg zu einer Konfliktregelung waren danach die Bestätigung sämtlicher unstrittiger Artikel der Krim-Verfassung durch eine Mehrheit des zentralukrainischen Parlaments im April 1996 und die Verabschiedung der Verfassung der Ukraine durch das Parlament in Kiew im Juni 1996, die in Kapitel X unabhängig von den laufenden Autonomiegesprächen den Status der Krim als Autonome Republik innerhalb eines unitären ukrainischen Staates festschrieb und damit einen neuen juristischen Status quo schuf. Jedoch kam es über die von Kiew abgelehnten Artikel der Krim-Verfassung erneut zu heftigen Auseinandersetzungen. Erst im Oktober 1998 verabschiedete der Oberste Sowjet in Simferopol einen Verfassungsentwurf, der im Dezember 1998 vom ukrainischen Parlament bestätigt wurde. Mit dem Tag ihrer Publikation trat die Verfassung, die Status und Kompetenzen der Halbinsel weitgehend im Sinne Kiews regelt, am 12. Januar 1999 in Kraft.

Während die OSZE-Mission ihr Engagement im Verfassungsstreit zwischen Kiew und Simferopol reduzieren konnte, traten die Probleme der ehemals deportierten Völker, insbesondere der Krimtataren, stärker in den Vordergrund. Nicht ganz unbegründet ist der von Vertretern der Krimtataren geäußerte Vorwurf, die Einigung über die Verfassung der Autonomen Republik sei auf Kosten krimtatarischer Interessen zustande gekommen. Beginnend mit dem Runden Tisch von Jalta, dann verstärkt seit Mitte 1996 bemühten sich Mission und der HKNM um die politische und sozioökonomische Integration der multiethnischen Bevölkerung der Halbinsel. Im Zentrum stand dabei neben Fragen der sprachlichen und national-kulturellen Entwicklung der nichtrussischen Gruppen das Problem der ukrainischen Staatsbürgerschaft, über die bis vor kurzem nur zwei Drittel der über 260.000 Krimtataren verfügten. Damit hatten etwa vier Prozent der Gesamtbevölkerung der Halbinsel nur begrenzte politische, wirtschaftliche und soziale Rechte. Ungeachtet der Forderung der OSZE und anderer internationaler Organisationen nach Erleichterung der Einbürgerung für die Rückkehrer aus Usbekistan und anderen GUS-Republiken, kam es mit der Novelle des Staatsbürgerschaftsgesetzes (April 1997) und einer ukrainisch-usbekischen Sondervereinbarung (August 1998) lange Zeit nur zu halbherzigen Schritten. Eine seit 1998 laufende Einbürgerungskampagne der ukrainischen Regierung und des UNHCR, die von der OSZE-Mission unterstützt wurde, gibt zu vorsichtigem Optimismus Anlass. Der Appell der OSZE, eine angemessene politische und elektorale Vertretung der ehemals deportierten Völker zu gewährleisten, stieß sowohl in Kiew als auch in Simferopol auf wenig Sympathie. Die in Kraft getretene Krim-Verfassung ließ nahezu sämtliche politischen und kulturellen Forderungen der Krimtataren unberücksichtigt. Hinzu kommt, dass auch die gemeinsamen Bemühungen von OSZE, UNDP und UNHCR um Verbesserung der schwierigen sozialen Lage der Rückkehrer, unter anderem durch Programme zur wirtschaftlichen Entwicklung der Halbinsel und durch internationale Geberkonferenzen, bisher wenig Wirkung zeigten. In den letzten

Monaten kam es auf der Krim zu verschärften Spannungen in den interethnischen Beziehungen, die sich zunehmend gewaltsam entluden. Die ukrainische Regierung verstärkte unterdessen seit 1996 ihre Bemühungen um Schließung der OSZE-Mission. Die informell bereits lange vollzogene Reduzierung der Mission auf vier Mitglieder wurde im Dezember 1997 auf Drängen Kiews auch offiziell beschlossen. Der seit April 1998 amtierende Außenminister machte dann die Missionsfrage zur Priorität ukrainischer OSZE-Politik.

Angesichts der rechtlich und politisch weitgehend geregelten Kernfrage des Missionsmandats gaben die am Fortbestand der Mission interessierten westlichen Staaten ihren Widerstand auf und akzeptierten Ende April 1999 zunächst die Umwandlung der Mission in eine Expertengruppe. Nach langwierigen Verhandlungen entschied der Ständige Rat im Juni 1999 die Einsetzung eines „OSZE-Projektkoordinators in der Ukraine" zur Planung, Durchführung und Überwachung der Aktivitäten verschiedener OSZE-Institutionen, zunächst bis zum Jahresende, jedoch mit einer jeweils sechsmonatigen Verlängerungsoption. Der Koordinator residiert mit zwei internationalen Mitarbeitern in den ehemaligen Missionsräumlichkeiten in Kiew und entfaltet seine Tätigkeit auf der Basis eines im Juli 1999 unterzeichneten neuen „Memorandum of Understanding". Die Missionsvertretung in Simferopol wurde bereits im April 1999 geschlossen. Die neue OSZE-Präsenz unterscheidet sich substanziell von einer Mission, da der Koordinator nicht über ein Mandat verfügt, das inhaltliche Kompetenzen in Bezug auf bestimmte Politikfelder definiert, sondern als allgemeiner Repräsentant der OSZE fungiert. Seine konkreten Aktivitäten werden durch die Projektanbindung kanalisiert, da die Liste beabsichtigter Projekte vorab mit der ukrainischen Regierung vereinbart werden muss. Auch die regelmäßige umfassende Berichterstattung über innen- und außenpolitische Entwicklungen und die damit verbundene sachkundige Hintergrundanalyse entfallen zugunsten einer projektbezogenen Berichterstattung.

Literatur: Andreas Kohlschütter, Möglichkeiten und Grenzen der Präventivdiplomatie. Das Beispiel der OSZE-Mission in der Ukraine, in: Theorie und Praxis ziviler Konfliktbearbeitung. Friedensbericht 1996 (Beiträge zur Friedensforschung Bd. 30, H. 1-2), Chur/Zürich 1996, S. 125-148; Rolf Welberts, Die OSZE-Missionen in den Nachfolgestaaten der ehemaligen Sowjetunion, in: IFSH (Hrsg.), OSZE-Jahrbuch 1997 Bd. 3, Baden-Baden 1997, S. 119-131; Klemens Büscher, Die Missionen in der Republik Moldau und in der Ukraine: eine doppelte Bilanz, in: IFSH (Hrsg.), OSZE-Jahrbuch 1999 Bd. 5, Baden-Baden 1999, S. 221-238; Stefan Troebst, Der Transnistrienkonflikt und seine Bearbeitung durch die OSZE, in: Afrikanische Perspektiven. Friedensbericht 1998. Theorie und Praxis ziviler Konfliktbearbeitung in Osteuropa, Chur/Zürich 1998, S. 347-379; Natalie Mychajlyszyn, The OSCE in Crimea, in: Helsinki Monitor 4/1998.

Mittelmeer-Partnerschaft

Den Status von „Kooperationspartnern im Mittelmeerraum" haben Algerien, Ägypten, Israel, Jordanien, Marokko und Tunesien. Beim → Ständigen Rat besteht eine Kontaktgruppe zur Entwicklung der bestehenden Beziehungen. Schon die Schlussakte von Helsinki 1975 enthielt eine Aussage zum Mittelmeerraum, die das Prinzip der Unteilbarkeit der Sicherheit in Europa und im Mittelmeerraum und das Ziel einer ausgewogenen Entwicklung der Zusammenarbeit in beiden Regionen erklärte. In der Folgezeit blieb es bei dieser eher deklaratorischen Aufmerksamkeit für die südlichen Anrainerstaaten der Mittelmeerregion, obwohl ihr zehn der damals 35 OSZE-Staaten angehörten. Das Verhältnis änderte sich vor allem aufgrund von Beschlüssen des → Helsinki Dokuments von 1992, des Ministerrates von Rom 1993 und des → Budapester Dokuments von 1994. Seitdem sind die interessierten südlichen Mittelmeeranrainer zur Teilnahme an den Überprüfungskonferenzen, zu Sitzungen des → Ständigen Rates und zu Treffen des → Hohen Rates, auch des → Wirtschaftsforums eingeladen worden, soweit sie Fragen des Mittelmeerraumes berührten. Am Treffen der Staats- und Regierungschefs in Lissabon 1996 und Istanbul 1999 nahmen sie teil. Bestehende Kontakte und der Informationsaustausch wurden verstärkt. Es fanden Treffen zwischen der → Troika und Vertretern der sechs Länder statt. In diesen Dialogen wurden Sicherheitsfragen, die mögliche Übernahme vertrauensbildender Maßnahmen auch für Streitigkeiten oder Konfliktsituationen im Mittelmeerraum, Sicherheitsrisiken im Mittelmeerraum und das Sicherheitsmodell für Europa und den Mittelmeerraum erörtert; geplant sind Beratungen über Themen wie wirtschaftliche Zusammenarbeit, Migration, Abrüstung und Rüstungskontrolle, Terrorismus und organisiertes Verbrechen, Umweltschutz, Wissenschaft und Technologie.

OSZE-Seminare fanden 1995 in Kairo über die Erfahrungen der OSZE im Bereich vertrauensbildender Maßnahmen, 1996 in Tel Aviv über die OSZE als Forum zur Förderung von Verhaltensnormen, 1997 in Kairo über das Sicherheitsmodell für das 21. Jahrhundert, 1998 in La Valletta und 1999 in Amman über die menschliche Dimension statt.

Die oft empfohlene Übertragung des Helsinki-Prozesses, seiner Prinzipien, Regeln, Mechanismen und Institutionen („OSZE für Nahost") wird die Eigenheiten der Region berücksichtigen müssen, wie das militärische Ungleichgewicht, geopolitische Zersplitterung und anhaltende bilaterale Spannungen sowie die mangelnde Bereitschaft zu einem Dialog zwischen manchen gewichtigen Staaten. Die Beziehungen zu diesen Staaten werden durch die kulturelle Heterogenität und damit durch das Fehlen genügend gemeinsamen politischen Bewusstseins für gemeinsame Probleme erschwert. Der Dialog lässt sich auf Dauer auch nicht in einer auf eine pädagogische Funktion beschränkte Rolle der OSZE als Verfechterin gemeinsamer Werte und errungener Standards aufrechterhalten. Gravierende Probleme in den aktuellen Beziehungen, wie organisiertes Verbrechen, Terrorismus und illegale Migration, erfordern operative Zusammenarbeit, die allerdings der Koordination mit den entsprechenden Mittelmeerprogrammen der Europäischen Union bedarf. Endlich stößt die Einbeziehung weiterer nahöstlicher und nordafrikanischer Staaten in eine OSZE-Partnerschaft auf Vorbehalte der USA und nordeuropäischer Teilnehmerstaaten, die die OSZE auf ihre traditionellen Problemstellungen aus dem Ost-West-Bereich konzentriert sehen wollen.

Literatur: Frank Schimmelpfennig, Konferenzdiplomatie als regionale Friedensstrategie. Lässt sich das KSZE-Modell auf den Vorderen Orient übertragen? Hamburger Beiträge zur Friedensforschung und Sicherheitspolitik, hrsg. v. IFSH, H. 60, 1991; Mario Sica, Die neue Mittelmeer-Dimension der OSZE, in: IFSH (Hrsg.), OSZE-Jahrbuch 1996 Bd. 2, Baden-Baden 1996, S. 411-416; Victor-Yves Ghebati, Towards a CSCE in the Mediterranean. The CSCM, in: Michael R. Lucas (ed.), The CSCE in the 1990s. Constructing European Security and Cooperation, Baden-Baden 1993, S. 330-342; Elizabeth Abela/Monika Wohlfeld, Die Mittelmeerdimension der Sicherheit, in: IFSH (Hrsg.), OSZE-Jahrbuch 1999 Bd. 5, Baden-Baden 1999, S. 489-502.

NATO-Beziehungen

Beziehungen zur NATO ergeben sich indirekt durch die Doppelzugehörigkeit von 19 Staaten und direkt durch formelle Kontakte zwischen beiden Organisationen im sogenannten Geflecht ineinandergreifender Institutionen, das die europäischen Staaten bei verschiedenen Gelegenheiten, z.B. im Helsinki Dokument 1992, angesichts neuer Herausforderungen ausdrücklich als ein „Fundament für Frieden und Wohlstand" hervorhoben.

Alle Mitglieder der NATO gehören der OSZE an; von den 55 OSZE-Teilnehmerstaaten sind umgekehrt mehr als ein Drittel, nämlich 19, NATO-Mitglieder. Vor 1989 bildeten sie unter den 34 KSZE-Staaten eine Gruppe für Vorberatungen neben der Neutralen-und-Nichtgebundenen-Staaten- und der Warschauer-Pakt-Staaten-Gruppe. Während die anderen Staatengruppen sich auflösten, blieb beim → Ständigen Rat in Wien die Vorberatung der Teilnehmerstaaten, die NATO-Mitglieder sind, bestehen.

Sicherheit in Europa zu fördern, nehmen heute indessen – allerdings bei unterschiedlicher Mitgliedschaft – auch die NATO und die WEU mittels ihrer „Ausleger" nach Mittel- und Osteuropa, dem Euro-Atlantischen Partnerschaftsrat (EAPR) und dem Kooperationsprogramm Partnerschaft für den Frieden (Partnership for Peace Program – PfP) der NATO bzw. der Kooperationspartnerschaft der WEU wahr, in deren Rahmen ein breiter sicherheitspolitischer Dialog geführt wird, beispielsweise über Konversion, Abrüstung oder Rüstungskontrolle oder Streitkräftereformen.

Im Bereich der Konfliktverhütung und Krisenbewältigung bestehen ebenfalls zahlreiche Berührungspunkte und Überschneidungen mit den Zuständigkeiten und Kompetenzen der OSZE, die hierfür im Rahmen ihrer ausschließlich politischen Kompetenz in diesem Bereich über ein breites Spektrum diplomatischer Instrumente verfügt, bis hin zur Mandatierung von friedenserhaltenden Maßnahmen, ohne allerdings über hierfür erforderliche eigene militärische Kontingente zu verfügen: Die NATO- und die WEU-Staaten haben die Aufgaben der Bündnisse über die kollektive Verteidigung der Mitgliedsstaaten hinaus auf die Krisenbewältigung außerhalb des Territoriums ihrer Mitgliedsstaaten erweitert und sind dabei, ihre Fähigkeiten und Instrumente entsprechend zu entwickeln.

Immerhin haben die NATO- und die WEU-Staaten ebenso wie die Gemeinschaft Unabhängiger Staaten (GUS) 1992 ihre prinzipielle Bereitschaft erklärt, nach Einzelfallprüfung auf Grundlage eines OSZE-Mandates (oder auch eines der UNO) Maßnahmen zur Friedensbewahrung durchzuführen, was die NATO noch einmal auf dem Budapester Überprüfungs- und Vorbereitungstreffen 1994 bekräftigte. Mit der NATO besteht seit April 1992 ein Informationsaustausch.

Die NATO war auf dem Folgetreffen in Helsinki 1992 und der Überprüfungs- und Vorbereitungskonferenz in Budapest 1994 jeweils durch einen Stellvertretenden Generalsekretär und beim Lissabonner Gipfel 1996 durch den Generalsekretär vertreten. Bei OSZE-Seminaren, beispielsweise zu den Themen „Frühwarnung", „Peacekeeping" oder zum „Sicherheitsmodell für das 21. Jahrhundert", beteiligt sich die NATO mit eigenen Beiträgen. Vertreter der OSZE wiederum nehmen als Beobachter an den Peacekeeping-Übungen im Rahmen des Programms Partnerschaft für den Frieden teil.

Die NATO sieht ihr Kooperationsprogramm mit einer Anzahl mittel- und osteuropäischer sowie zentralasiatischer Staaten als Ergänzung zu der Tätigkeit der OSZE. Doch eine zentrale und koordinierende Rolle der OSZE für alle anderen Sicherheitsstrukturen, wie sie die Russische Föderation wünscht, werden die NATO-Staaten, voran die USA, der OSZE nicht zugestehen.

Die NATO will nach den jugoslawischen Erfahrungen auch nicht mehr unter der Autorität des VN-Sicherheitsrates oder der Verantwortung der OSZE als „Subunternehmer" operieren. Für Operationen außerhalb des Bündnisgebietes (also außerhalb der legitimen Selbstverteidigung) wäre es jedoch formell nötig, dass die OSZE – als regionale Unterorganisation der VN – der NATO übergeordnet bleibt: Sie vergäbe das Mandat für friedenserhaltende Einsätze (für Kampfeinsätze wäre völkerrechtlich ein Mandat des VN-Sicherheitsrats erforderlich), und ihr obliegt letztlich auch die politische Kontrolle. Doch diesen bis Anfang 1999 vorherrschenden Auffassungen wurde durch den unerklärten Krieg der NATO gegen Jugoslawien um das Kosovo die Grundlage entzogen.

Der Einsatz und der Rückzug der Kosovo-Verifikations-Mission der OSZE 1998/99 erfolgte unter den damals bestehenden Bedingungen in Abhängigkeit der OSZE von den Machtstrukturen der NATO.

Eher von Konkurrenz als von Kooperation sind andere Aktivitäten geprägt, z.B. die des Euro-Atlantischen Partnerschaftsrats und des Programms

Partnerschaft für den Frieden. So wurden diesen VN- bzw. OSZE-Aufgaben gegeben, obwohl Katastrophenübungen, friedenserhaltende Missionen und ähnliches nicht wirkliche Anliegen der NATO sind; Rüstungskontrolle wiederum ist Sache der betroffenen Staaten bzw. der VN und der OSZE, nicht aber der Partnerschaft für den Frieden.

Am 30. Mai 1997 ist in Sintra/Portugal der Euro-Atlantische Partnerschaftsrat (EAPR) ins Leben gerufen worden, der den bisherigen Nordatlantischen Kooperationsrat ablöste und dem alle OSZE-Staaten beitreten können. Dieser Rat soll sich „durch praktische Arbeit weiterentwickeln" und seinen Mitgliedern einen „übergreifenden Rahmen für Konsultationen ... über ein breites Spektrum politisch und sicherheitsrelevanter Fragen bieten". Der Rat will seinen Mitgliedern eine differenzierte und intensive Beratungstätigkeit ermöglichen, allein die Außen- und Verteidigungsminister der Mitglieder sollen sich je zweimal jährlich treffen. Als konkrete Themen für Konsultationen nennnt das verabschiedete Grundlagendokument u.a.: Krisenbewältigung, regionale Angelegenheiten, Rüstungskontrolle, Fragen der Verbreitung atomarer, biologischer und chemischer (ABC-)Waffen und der Verteidigung, Probleme des internationalen Terrorismus, Verteidigungsplanung und Verteidigungshaushalte sowie Verteidigungspolitik und -strategie, sicherheitsrelevante Auswirkungen wirtschaftlicher Entwicklungen. Für eine mögliche Zusammenarbeit und Konsultation werden ferner u.a. zivile Notstandsplanung und Katastrophenschutz, Rüstungszusammenarbeit, nukleare Sicherheit, verteidigungsbedingte Umweltfragen, Fragen in Zusammenhang mit internationalen Friedensmissionen aufgeführt. Durch eine Reihe von Organen ist der EAPR nicht nur mit dem Progamm Partnerschaft für den Frieden, dem bisher schon 27 Staaten folgten, sondern direkt mit der NATO und ihren operationellen Möglichkeiten verbunden.

Zweifellos sollte dieser neue Rat die Aufmerksamkeit vieler OSZE-Staaten beanspruchen und auf sie wahrscheinlich eine hohe Attraktivität ausüben. Dabei ist noch dreierlei zu ergänzen. Zwölf OSZE-Staaten haben sich um direkte NATO-Mitgliedschaft beworben, von denen vorerst drei (Polen, Ungarn, Tschechien) am 8./9.7.1997 zum Beitritt eingeladen wurden. Die NATO hat am 27.5.1997 in Paris mit der Russischen Föderation eine umfängliche Grundakte beschlossen, die u.a. die Bildung eines Ständigen Gemeinsamen Rats „auf verschiedenen Ebenen und in unterschiedlicher Zusammensetzung je nach Thema" für die Konsultation und Zusammenarbeit für einen ebenfalls umfassenden Katalog von Bereichen vorsieht. Endlich hat drittens die NATO mit der Ukraine eine ebenfalls umfängliche „Charta über eine ausgeprägte Partnerschaft" am 9.7.1997 in Madrid vereinbart, die detailliert Aufgaben und Konsultationsmechanismen umschreibt.

Die Frage der Ost-Erweiterung der NATO belastet auch die OSZE, was sich auf dem Budapester Gipfel in den konfrontativen Erklärungen der Präsidenten Russlands und der USA öffentlich zeigte. Eine Ausbreitung der NATO, verbunden mit einer Erweiterung der Befugnisse und der institutionellen

Stärkung der OSZE z.B. durch Bildung eines Europäischen Sicherheitsrates im Rahmen eines Europäischen Sicherheitspaktes, könnte sich als Kompromiss für alle als annehmbar erweisen.

Literatur: Bruce George, Forging the NATO-OSCE-Parnership, in: OSCE/ODIHR Bulletin Vol. 4 No 3, S. 45-47; Ingo Peters, Die Beziehungen der OSZE zu anderen internationalen Organisationen, in: IFSH (Hrsg.), OSZE-Jahrbuch 1996 Bd. 2, Baden-Baden 1996, S. 417-433; Adam Daniel Rotfeld, Europäische Sicherheit: die neue Rolle von NATO und OSZE, in: OSZE-Jahrbuch 1998 Bd. 4, Baden-Baden 1998, S. 95-126; Jonathan Dean, OSZE und NATO – Ergänzung oder Konkurrenz, in: OSZE-Jahrbuch 1999 Bd. 5, Baden-Baden 1999, S. 481-488.

Offener Himmel

Mit Offener Himmel wird ein von anderen Abkommen der → Rüstungskontrolle unabhängiges Regime von kooperativer Sicherheit bezeichnet, das militärische Aktivitäten der Teilnehmerstaaten durch Kontrollflüge überschaubar machen will. Sie sollen in einer festgelegten Anzahl und nach bestimmten Verfahren stattfinden. Der zugrunde liegende Vertrag ist in erster Linie als Vertrauensbildung und nur bedingt zur Verifikation von Rüstungskontrollbestimmungen gedacht. Er ist in 2001 in Kraft getreten.

Die Geschichte der Idee vom offenen Himmel beginnt 1955, als der amerikanische Präsident Dwight Eisenhower in Genf vorschlug, Überwachungsflüge über dem Territorium der jeweils anderen Seite mit unbewaffneten Aufklärungsflugzeugen als Mittel gegen die Möglichkeit eines großen Überraschungsangriffs, zur Minderung von Gefahren und zum Abbau von Spannungen auszuführen.

Erst 30 Jahre später kommt es 1986 im Stockholmer Dokument der Konferenz über → Vertrauens- und sicherheitsbildende Maßnahmen und Abrüstung in Europa zu einer Regelung, dass Inspektionen auf dem Territorium eines jeden anderen Teilnehmerstaates innerhalb der Anwendungszone für vertrauens- und sicherheitsbildende Maßnahmen zu Lande, aus der Luft oder auf beide Arten durchgeführt werden können. 1989 brachte der amerikanische Präsident George Bush die Idee vom offenen Himmel erneut zur Sprache. Am 12.2.1990 begannen in Wien die Verhandlungen zwischen den Staaten, die der NATO und der damaligen Warschauer Vertragsorganisation angehörten; am 24.3.1992 wurde der Vertrag von den Vertretern der 27 beteiligten Staaten unterzeichnet.

Die Verhandlungen über die sich noch als sehr kompliziert erweisende Materie beruhten auf folgenden Grundsätzen: Der Verpflichtung aller Vertragsparteien, derartige Beobachtungsflüge auf der Grundlage nationaler Quoten durchzuführen und zuzulassen; der Festlegung einvernehmlicher Regeln zur Gewährleistung von Transparenz und Flugsicherheit; der Möglichkeit, dass die

Vertragsparteien die Ergebnisse derartiger Überflüge dazu verwenden, Offenheit und Transparenz militärischer Aktivitäten zu verbessern und die Einhaltung gegenwärtiger oder künftiger Rüstungskontrollmaßnahmen sicherzustellen.

Als schwierige Probleme erwiesen sich die Transformation eines Systems von Kontrollflügen eines Militärbündnisses über das Territorium eines anderen zu einem System blockfreier Kooperation, die Zulässigkeit von Ausschlussgebieten, die Verfügbarkeit von entsprechenden Flugzeugen und leistungsstarker Sensoren, die Frage nach Vorankündigungsfristen, die Zahl und Quoten passiver und aktiver Flüge, die Zugänglichkeit der Daten. Die Kompliziertheit der Fragen zeigt beispielsweise die Lösung, die für das Verhältnis von fremden Flügen über eigenem Gebiet zu eigenen Flügen über fremdes Territorium, also die Passiv-Aktiv-Quote gefunden wurde: Die passive Quote ist für jeden Vertragsstaat festgelegt. Die aktive Quote kann die passive Quote nicht übersteigen. In den ersten drei Jahren nach dem Inkrafttreten des Vertrags werden lediglich 75 Prozent der Quoten ausgeschöpft. Kein Staat darf mehr als 50 Prozent seiner aktiven Quote an Flügen auf einen einzigen anderen Staat konzentrieren bzw. mehr als 50 Prozent von dessen passiver Quote aufbrauchen, wobei der niedrigere Wert ausschlaggebend ist. Besonders für die kleinen Vertragsstaaten ist das Recht wichtig, den beobachtenden Vertragsstaat um Kopien der Daten zu ersuchen, die von den Sensoren während eines Beobachtungsflugs gesammelt wurden, und diese Daten auch zu erhalten.

Verschlossen blieb zunächst die Möglichkeit einer umgehenden Vergrößerung des Kreises der Vertragsstaaten, weil Griechenland und die Türkei über die Mitgliedschaft Zyperns stritten. Differenzierte Regelungen zum späteren Beitritt bestehen für neue unabhängige Staaten, die noch nicht beteiligten – neutralen – OSZE-Staaten sowie alle übrigen Staaten, die in der Lage und bereit sind, einen Beitrag zu den Vertragszielen zu leisten. Ungeklärt ist das Verhältnis des Vertrages zur OSZE, weil die USA keinen Präzedenzfall für die Anwendung von Vertrauens- und sicherheitsbildenden Maßnahmen der OSZE auf ihrem Territorium schaffen wollten.

Die verbesserte Offenheit und Transparenz könnte die Einhaltung bestehender und zukünftiger Rüstungskontrollvereinbarungen leichter überwachen lassen und die Fähigkeit zur Konfliktverhütung und Krisenbewältigung stärken. Ferner deutet der Vertrag eine Möglichkeit an, das Offene-Himmel-Regime auf andere sachliche und territoriale Bereiche auszudehnen, wie etwa den Umweltschutz und Gebiete außerhalb der OSZE-Region.

Eine Beratungskommission „Offener Himmel" ist u.a. zuständig für sämtliche technischen und organisatorischen Fragen, die sich bei der Vertragsumsetzung ergeben; ihre Beschlüsse erfordern Einstimmigkeit. Die Kommission dient als Adressat für Ersuchen der OSZE, um außerordentliche Beobachtungsflüge auszuführen, die im Zusammenhang mit Konfliktverhütung und Krisenbewältigung stehen.

Literatur: Jörg Wallner, Das Open-Skies-Regime, in: IFSH (Hrsg.), OSZE-Jahrbuch 1995 Bd. 1, Baden-Baden 1995, S. 321-330

Organe

Die OSZE hat wie andere internationale Organisationen eine zweiteilige funktionelle Struktur, der jeweils entsprechende Organe angehören. Der eine Teil dient der Beratung, Verhandlung und Beschlussfassung, dem anderen Teil sind Ausführung und operative Maßnahmen aufgetragen. Zum ersten Teil der Organe gehören das → Treffen der Staats- und Regierungchefs, der → Ministerrat, der → Hohe Rat, der → Ständige Rat und das → Forum für Sicherheitskooperation. Der zweite Teil umfasst den → Amtierenden Vorsitzenden, den → Generalsekretär, den → Hohen Kommissar für nationale Minderheiten, den → Beauftragten für die Medienfreiheit, das → Sekretariat, das → Büro für Demokratische Institutionen und Menschenrechte und die → Missionen.

Außerhalb dieser Struktur fungieren einige der OSZE verbundene bzw. auf sie bezogene Organe, nämlich der → Vergleichs- und Schiedsgerichtshof, die Gemeinsame Beratungsgruppe zur Förderung der Ziele und zur Implementierung des → KSE-Vertrages, die Beratungskommission → Offener Himmel und die → Parlamentarische Versammlung. Die OSZE-Struktur und ihre Organe beruhen nicht auf einer rechtsverbindlichen Charta. Es gibt weder ein formelles Dokument, das eine Definition ihrer Rechte enthält, noch ein internes Organisationsstatut, das ihre jeweiligen Aufgaben beschreibt. Die Organe der OSZE sind angesichts neuer Anforderungen pragmatisch gebildet worden und haben sich entsprechend entwickelt.

Die OSZE war als eine normensetzende, an die Öffentlichkeit appellierende, zwar kontinuierlich, doch nur in größeren Zeitabständen tagende Diplomatenversammlung entstanden, was sich auch in ihrem früheren Namen „Konferenz über Sicherheit und Zusammenhalt in Europa" ausdrückte. Mit der → Charta von Paris 1990 begann ihre Institutionalisierung in Zusammenhang mit zwei neuen Funktionen, erstens, politische Konsultation und Beschlussfassung, welche die Grundlage für die konzertierte Aktion der OSZE in konkreten politischen Fragen bilden, und, zweitens, die sich allmählich seit 1990 nach Anzahl und Bedeutung steigernden operativen Maßnahmen.

Das Sekretariat bestand aus einem Direktor und zwei Beamten, die zur Unterstützung etwa ein Dutzend administratives und technisches Personal rekrutieren durften. Dieses kleine Sekretariat arbeitete in Prag, wohingegen einige andere Organe in anderen Hauptstädten – vor allem in Wien – untergebracht waren. Denjenigen Organen, die ihre Wirkungsmöglichkeit von dem kollektiven Willen der Teilnehmerstaaten ableiten und sich aus deren Vertretern zusammensetzen, wurden Prioritäten eingeräumt. Potenziell „autonomen" Verwaltungsorganen wurde eine Einflussnahme nur sehr restriktiv zugestanden.

Die politischen Gremien der OSZE bieten die Möglichkeit für politische Konsultationen auf verschiedenen Ebenen und für die Annahme – in Übereinstimmung mit den Konsensregeln – von Beschlüssen, die für die OSZE als solche und für die Teilnehmerstaaten verbindlich sind. Konsens heißt nach OSZE-Verständnis kein Widerspruch; darauf basiert auch das Verfahren, Entscheidungen vorbehaltlich einer Einspruchsfrist zu fällen (engl. „silent procedure").

In der Hierarchie der Strukturen nehmen die seit 1990 zweijährlich stattfindenden Treffen der Staats- oder Regierungschefs, bei denen Prioritäten und Richtlinien auf höchster politischer Ebene abgesegnet werden, die im Großen und Ganzen während der Überprüfungs- und Vorbereitungstreffen ausgehandelt worden sind, einen außerordentlichen Rang ein. Die Hauptlast des ordentlichen Funktionierens der OSZE trägt der → Amtierende Vorsitzende, der → Ständige Rat und das → Sekretariat mit dem → Generalsekretär.

Die Institutionalisierung der OSZE hat, verglichen mit internationalen Organisationen, auffällige Merkmale, die man als innovativ oder als regressiv bewerten kann. Dazu zählen der umfassende Charakter aller entscheidungstragenden Gremien und demgemäß das Fehlen von Gremien mit nur begrenzter Teilnehmerschaft, aber mit einer Entscheidungsbefugnis, die die gesamte Organisation bindet; flexible Mandate und Verfahren für die Arbeit der politischen Gremien; das Fehlen einer Vertragsgrundlage, selbst eines Organisationsstatuts; politische Gremien haben absoluten Vorrang vor den Verwaltungsinstitutionen; die oberste Exekutive nimmt ein politischer Beamter wahr, – der Außenminister eines Mitgliedstaates; die Institutionen sind kleine, aber vielseitige Einheiten, die ihre Prioritäten anpassen können; die Rotation der internationalen Beamten ist relativ kurzzeitig (prinzipiell im Drei-Jahres-Turnus für politische Beamte und sechs Jahre für Verwaltungsbeamte); obwohl die Arbeit sich hauptsächlich auf Wien konzentriert, behält die OSZE die geografische Verteilung ihrer Institutionen bei (Warschau, Prag, Den Haag, die Parlamentarische Versammlung in Kopenhagen, der Gerichtshof in Genf); der strukturelle und institutionelle Aufbau entwickelt sich ständig weiter und wird das wahrscheinlich auch in Zukunft tun.

Kein Organ sollte gewichtig werden, das seine Macht nicht direkt von den Mitgliedsstaaten bezieht. Die Erfahrung der Vereinten Nationen wirkte wahrscheinlich abschreckend. Auch die Teilnehmerstaaten, die die Konferenz über Sicherheit und Zusammenarbeit allmählich in eine regionale Einrichtung und dann im Dezember 1994 in eine – wenigstens dem Namen nach – internationale Organisation umwandelten, wollten keine zweite regionale UNO. Die Notwendigkeit, kosteneffektiv zu handeln, unterstützte die geschilderten Überlegungen.

Immer wieder wurden durch Teilnehmerstaaten oder durch Beobachter der OSZE Vorschläge gemacht, bestehende Organe zu reformieren oder neue zu schaffen. Beispielsweise ist angeregt worden, den Hohen Rat abzuschaffen, weil seine Aufgaben durch den Ständigen Rat erfüllt werden können, das Forum für Sicherheitskooperation mit dem Ständigen Rat aus sachlichen und personellen Gründen zu verschmelzen, die Stellung des Generalsekretärs zu stärken, das Amt eines Hohen Kommissars für die wirtschaftliche Dimension zu schaffen, einen „Berater für Stabilitäts- und Sicherheitsfragen" zu berufen. Nach 1992 haben sich die Teilnehmerstaaten eher konservativ als reformfreudig in Bezug auf die OSZE-Organe erwiesen; neu entstanden sind „Sondersitzungen", „erweiterte Sitzungen" (engl. „reinforced meeting") des Ständigen Rates, in der sich dann die Teilnehmerstaaten durch ihre politischen Direktoren vertreten lassen, und ein „Vorbereitender Ausschuss" des Ständigen Rates, der → Beauftragte für die Medienfreiheit und innerhalb des Sekretariats der → Koordinator für die wirtschaftlichen und ökologischen Angelegenheiten sowie im Rahmen des → Konfliktverhütungszentrums ein Operationszentrum für die → schnellen Reaktionskräfte. Der Aufgabenzuwachs führte zu einem laufenden internen Umbau des Sekretariats mit der 1999 bemerkenswerten Einrichtung einer Koordinierungseinheit für Kompetenzerwerb und Schulung.

Ein Anstoß zu einer umfassenderen Neuorganisation könnte von einer Veränderung der externen Umstände kommen, wie einer Umstrukturierung des europäischen Sicherheitssystems.

Literatur: Victor-Yves Ghebali, The CSCE after the Budapest Conference: Towards the Organisation for Security and Cooperation in Europe (OSCE), in: Péter Tálas/Sebestyén Gorka (eds.), After the Budapest OSCE Summit, Budapest 1995; Piotr Switalski, Die Strukturen und Institutionen der OSZE, in: IFSH (Hrsg.), OSZE-Jahrbuch 1995 Bd. 1, Baden-Baden 1995, S. 385-397; Jan Kubis, Die OSZE heute und morgen, in: IFSH (Hrsg.), OSZE-Jahrbuch 1999 Bd. 5, Baden-Baden 1999, S. 33-43.

Pariser Charta 1990

Zu einem Sondertreffen lud der französische Präsident nach Paris im November 1990 die Staats- und Regierungschefs der KSZE-Teilnehmerstaaten angesichts des eingetretenen Endes des Ost-West-Gegensatzes ein. Die „Charta von Paris für ein neues Europa", die dort verabschiedet wurde, schien die Verfassung für das künftige Europa zu werden und die KSZE zur zentralen europäischen Institution zu machen.

Die Charta begann unter der Überschrift „Ein neues Zeitalter der Demokratie, des Friedens und der Freiheit" mit einer Art Präambel, die verkündete: „Nun ist die Zeit gekommen, in der sich die jahrzehntelang gehegten Hoffnungen und Erwartungen unserer Völker erfüllen: unerschütterliches Bekenntnis zu einer auf Menschenrechten und Grundfreiheiten beruhenden Demokratie, Wohlstand durch wirtschaftliche Freiheit und soziale Gerechtigkeit und gleiche Sicherheit für alle unsere Länder". Und dann folgte ein erneutes Bekenntnis zu den zehn Prinzipien der Schlussakte von Helsinki und das Versprechen der „vollen Verwirklichung aller KSZE-Verpflichtungen".

Im Unterschied zu früheren formelhaften Deklarationen wiesen die Beschlüsse über Strukturen und Institutionen, die in Paris gefasst wurden, auf einen qualitativen Wandel des bisherigen KSZE-Prozesses, wie er in → Helsinki 1975 begründet worden war: Rat der Außenminister (heute → Ministerrat), Ausschuss Hoher Beamter (heute → Hoher Rat), → Sekretariat, Konfliktverhütungszentrum, Büro für freie Wahlen (heute → Büro für Demokratische Institutionen und Menschenrechte). Die westlichen Länder – zu guter Letzt auch die USA – hatten sich bereit gefunden, der KSZE ein moderates Gerüst von Institutionen zu verpassen. Die aufgrund der Pariser Charta beschlossenen und geschaffenen Institutionen wurden zwei Jahre später auf dem nächsten Treffen der Staats- und Regierungschefs durch das → Helsinki Dokument 1992 ausgestaltet und vermehrt.

Zu einer Verfassung für eine europäische Konföderation, wie sie dem französischen Präsidenten 1990 als mögliche Perspektive für Gesamteuropa vor Augen stand, ist die Charta von Paris ebensowenig geworden, wie sie aus der KSZE das zentrale Forum und eine die bisherigen Blöcke übergreifende, wenn nicht ablösende europäische Sicherheitsarchitektur machte. Doch ist sie ein einzigartiges, symbolisches Dokument für den Übergang von einer Periode zu einer anderen Periode europäischer Geschichte, den man politisch auch als den tatsächlichen Wechsel vom 20. in das 21. Jahrhundert sehen kann.

Literatur: Christian Meier, Die Weiterentwicklung der KSZE, in: Die internationale Politik 1989/90, München 1992, S. 142-148; Wolfgang Kubiczek, Das Pariser Treffen der KSZE – Beginn einer neuen Ära?, in: Michael Staak (Hrsg.); Aufbruch nach Gesamteuropa. Die KSZE nach der Wende im Osten, Münster, Hamburg 1992, S. 343ff.

Parlamentarische Versammlung (PV)

Die Parlamentarische Versammlung erörtert die Arbeit der OSZE, insbesondere die Fragen, die auf den Treffen des Ministerrats und der Staats- und Regierungschefs behandelt werden und beschließt Resolutionen, Empfehlungen und Erklärungen. Ihre Jahrestagungen enden mit einer Schlusserklärung und einer Reihe von Entschließungen, die zu aktuellen Fragen Stellung nehmen. Die PV entsendet Beobachter zu den Wahlen und Delegationen in Spannungs- und Krisengebiete. Sie will die Mechanismen zur Konfliktverhütung und zur Konfliktbewältigung stärken, den Ausbau und die Festigung der demokratischen Institutionen in den OSZE-Teilnehmerstaaten unterstützen, die institutionellen OSZE-Strukturen und die Zusammenarbeit der bestehenden Organe entwickeln helfen. Sie stellt zwischen den OSZE-Teilnehmerstaaten das parlamentarische Bindeglied dar und ist damit auch ein Forum für den interparlamentarischen Dialog.

Die Einrichtung einer Parlamentarischen Versammlung wurde durch die → Charta von Paris 1990 beschlossen; sie hat sich nach einem Treffen von Vertretern der nationalstaatlichen Parlamente 1991 in Madrid aufgrund einer „Madrider Erklärung" konstituiert. Sie tritt einmal jährlich zusammen und wird von einem Sekretariat in Kopenhagen unterstützt. Die 55 OSZE-Länderparlamente entsenden (nach einem der Bevölkerungsgröße angemessenen Schlüssel) 319 Abgeordnete aus ihren Reihen. Sie hat einen Ständigen Ausschuss, in dem die Länderdelegationen mit einem Abgeordneten vertreten sind, und drei allgemeine Ausschüsse, deren Aufgaben an die Klassifikation der Sicherheitsbereiche durch die drei → Körbe erinnern, nämlich einen für politische Angelegenheiten und Sicherheit, einen für wirtschaftliche Angelegenheiten, Wissenschaft, Technologie und Umwelt sowie einen für Demokratie, Menschenrechte und humanitäre Fragen. Das Plenum und die Allgemeinen Ausschüsse können mit Stimmenmehrheit beschließen; im Ständigen Ausschuss gilt das Prinzip „Konsens minus eins".

Bisher traf sich die Versammlung 1992 in Budapest, 1993 in Helsinki, 1994 in Wien, 1995 in Ottawa und 1996 in Stockholm, 1997 in Warschau, 1998 in Kopenhagen, 1999 in St. Petersburg, 2000 in Bukarest und 2001 in Paris. Die Kosten der Versammlung von jährlich 1,5 Millionen Dollar werden von den Parlamenten der Teilnehmerstaaten anteilsmäßig nach dem OSZE-Schlüssel für den → Haushalt getragen.

Vorschläge wurden gemacht u.a. zu verschiedenen Aspekten von Sicherheit, Konfliktverhütung und -bewältigung, einer Zusammenarbeit in Umweltfragen, zu Fragen der Flüchtlinge und Wanderarbeiter, der Schaffung eines OSZE-Sicherheitsausschusses, dem Abgehen vom Konsensprinzip bei der OSZE-Beschlussfassung, der formalen Prüfung der Ausführung von Beschlüssen, Ausweitung der Aufgaben, Stärkung der Ressourcen und Verbesserung der Verfahren aller OSZE-Institutionen.

Seit dem Beginn ihres Wahlüberwachungsprogramms 1993 hat die Versammlung Beobachter, darunter Parlamentarier aus etwa 40 Ländern, zur Wahlbeobachtung in 14, ausschließlich ost- und südosteuropäische Länder entsandt. Die PV hat eine Mission zur Berichterstattung über die Situation der Menschenrechte 1995 in die Türkei gesandt. Sie hat ein Programm zur Hilfe beim Aufbau demokratischer Institutionen für Parlamentarier der GUS-Länder begonnen, das durch Beratung und Seminare zur Stärkung des Parlamentarismus beitragen soll.

Der → Amtierende Vorsitzende der OSZE berichtet vor der Versammlung über die Arbeit der OSZE. Auch der → Generalsekretär, der → Hohe Kommissar für nationale Minderheiten, der → Beauftragte für Medienfreiheit und andere Funktionsträger der OSZE finden sich bei den jährlichen, mehrtägigen Sitzungen der Parlamentarier ein, um sie zu unterrichten und für Auskünfte zur Verfügung zu stehen. Ihrerseits ist die PV bei den Treffen der OSZE-Organe durch Beobachter vertreten; ihre Repräsentanten bemühen sich um laufenden Kontakt mit dem Amtierenden Vorsitzenden und dem Generalsekretär.

Trotz der 1991 bereits weit fortgeschrittenen Bemühungen, die Parlamentarische Versammlung der OSZE in der Parlamentarischen Versammlung des Europarates aufgehen zu lassen, gelang es dem Europarat nicht, die offensichtliche Institutionenverdoppelung zu verhindern. Die naheliegende Institutionenverbindung scheiterte am hartnäckigen Widerstand der USA, sich mit einem Beobachterstatus an einer europäischen Organisation zu beteiligen. Angesichts der beschränkten Zahl von Sicherheits- und Außenpolitikexperten in allen Ländern und der Vielzahl von europäischen parlamentarischen Gremien, wie der Parlamentarischen Versammlung des Europarats, der Nordatlantischen Versammlung, der Interparlamentarischen Versammlung der GUS und der Plenarversammlung des Nordischen Rats – abgesehen vom Europaparlament der EU – stellt sich die Frage, ob nicht eine Verflechtung dieser parlamentarischen Gremien die Qualität und den Einfluss internationaler parlamentarischer Tätigkeit erhöhen würde.

Literatur: Parlamentarische Versammlung der OSZE – Internationales Sekretariat (Hrsg.), Parlamentarische Versammlung der OSZE, Stockholm 1996; Michael Fuchs/Angelika Pendzich-von Winter, Die Parlamentarische Versammlung der OSZE, in: IFSH (Hrsg.), OSZE-Jahrbuch 1996 Bd. 2, Baden-Baden 1996, S. 393-404; Robert Spencer Oliver, The OSCE Parliamentary Assembly, in: Helsinki Monitor 1/1996, S. 42-57; Thomas Buchsbaum, The 1994 Session of the CSCE Parliamentary Assembly, in: Helsinki Monitor 1/1995, S. 32-37; Esther Barbé und Nora Sainz, Die OSZE-Versammlung: Instrument einer neue Friedensordnung, in: Ernst Kuper, Uwe Jun (Hrsg.), Nationales Interesse und integrative Politik in transnationalen parlamentarischen Versammlungen, Opladen 1997, S. 177-199.

Personal

In den OSZE-Institutionen waren 2000 rund 270 Personen, einschließlich Dolmetschern, Übersetzern und Konferenzschreibkräften beschäftigt. Etwa 180 dieser Mitarbeiter sind im → Sekretariat tätig, etwa 50 im → Büro für Demokratische Institutionen und Menschenrechte in Warschau und im Büro des → Hohen Kommissars in Den Haag.

In den Missionen waren im Jahr 2000 etwa 1000 ausländische („internationals") und 3300 inländische („locals") Mitarbeiter tätig; die Personalstärke liegt bei den meisten Missionen zwischen vier und zwanzig Mitarbeitern. Eine Sonderstellung haben die → Bosnien-Herzegowina-, die → Kosovo- und die → Kroatien-Mission auch nach Umfang des eingesetzten Personals erhalten.

Die Erhöhung der Zahl des Personals hielt nicht Schritt mit der Vermehrung der Aufgaben. Intern treten Veränderungen der Personalstärke auf, so wurde in der zweiten Hälfte der neunziger Jahre in Taschkent ein Büro eröffnet, die Besetzung des Prager Büros wurde schrittweise reduziert, die Hochrangige Planungsgruppe und der Beauftragte für die Medienfreiheit wurden geschaffen. Aber auch periodenweise sind erhebliche Personalschwankungen aufgetreten, so bei der Vorbereitung, Durchführung und Beobachtung der ersten Wahlen in Bosnien-Herzegowina 1996 oder bei der Aufstellung der Kosovo-Verifikations-Mission 1998/99, als plötzlich jeweils über tausend Personen in Dienst genommen wurden. Auch die Wahlbeobachtung durch das → BDIMR erfordert nur für kurze Zeiträume eine große Anzahl von Personal, was sich für das gesamte Jahr 1999 immerhin auf über 1900 Helfer belief.

Planungsgruppe

Eine „Planungsgruppe auf hoher Ebene" (engl. High Level Planning Group = HLPG) wurde in Wien durch den Amtierenden Vorsitzenden in Ausführung eines Beschlusses des → Budapester Gipfels 1994 eingesetzt. Sie soll Empfehlungen ausarbeiten für die Aufstellung eines multinationalen OSZE-Kontingents zur Friedenswahrung (Peacekeeping) in der Region → Berg-Karabach.

Die Empfehlungen befassen sich mit Größe und Art der Truppe, Kommando- und Führungsstruktur, Logistik, Zuweisung von Einheiten und Ressourcen sowie Einsatzregelungen. Die Gruppe hat vier Optionen für unterschiedlich große (von 1500 bis 4500 Personal umfassende) und verschieden (mit Militär und Zivilexperten) zusammengesetzte Missionen erarbeitet und vorgelegt. Im Falle der Entscheidung für eine Option müssten weitere Vereinbarungen mit den Staaten entworfen werden, die zu dem Kontingent beitragen sollen.

Die Gruppe besteht aus etwa 30 hochrangigen Offizieren, die von den Teilnehmerstaaten entsandt werden. Die Umsetzung ihres eventuellen Arbeitsergebnisses hängt zunächst von den Fortschritten ab, die die → Minsk-Gruppe erreicht und schließlich von den Beschlüssen über ein entsprechendes Mandat und den aktuellen Einsatz durch den → Hohen Rat.

Plattform für kooperative Sicherheit

Die Plattform wurde als „operatives Dokument" dem → Istanbuler Dokument zugefügt, das auf dem Treffen der Staats- und Regierungschefs am 18./19.11.1999 in Istanbul unterzeichnet wurde. Der Entwurf der Plattform geht zurück auf eine Initiative der Europäischen Union. Sie zielte auf eine Stärkung der Zusammenarbeit zwischen den europäischen sicherheitspolitischen Institutionen sowohl in der militärpolitischen und der wirtschaftlichen als auch in der menschlichen Dimension auf der Grundlage der OSZE-Prinzipien.

Die in Istanbul verabschiedete Plattform bleibt in ihren zwei Abschnitten über die Grundlagen und die Modalitäten der Zusammenarbeit hinter den ursprünglichen Erwartungen an eine qualitative Veränderung der Verflechtung zwischen den großen europäischen Institutionen, wie EuR, EU oder NATO mit der OSZE, weit zurück und beschränkt sich im Wesentlichen auf die Feststellung der faktisch entwickelten Kooperation auf den Leitungs- und Arbeitsebenen sowie bei den Feldoperationen.

Präventive Diplomatie

Präventive Diplomatie ist ein Oberbegriff für verschiedenartige Einrichtungen und Vorgehensweisen zur Vermeidung von Krisen, durch die sich Interessensdivergenzen beteiligter Staaten zu Konflikten entwickeln, sich steigern und Dritte einbeziehen könnten. Präventive Diplomatie umfasst beispielsweise Ermittlungs- und Berichterstattermissionen, Beobachtermissionen, gute Dienste sowie die Beratung und Schlichtung und die Regelung von Streitfällen. Dabei werden sowohl solche Verfahren selbst als auch die Institutionalisierung der Möglichkeit zu solchen Verfahren, wie internationale Organisationen, Vergleichskommissionen oder Schiedsgerichte als präventive Diplomatie bezeichnet. Ferner wird für den Fall des Vorgehens ein zeitliches Stadium, das zwischen früher oder präventiver Diplomatie liegt, unterschieden. In einem System der kollektiven Sicherheit mit konfrontativen Elementen wird präventive Diplomatie anders ausgestaltet sein als in einem System kooperativer Sicherheit.

Präventive Diplomatie ist die raison d'être der OSZE; ihr Kernstück ist → Konfliktverhütung. Die → Mechanismen, die → Missionen und das Mandat des → Hohen Kommissars für nationale Minderheiten sowie des → Beauftragten für die Medienfreiheit sind unmittelbare und konkrete Ausgestaltungen der Handlungsmaxime präventiver Diplomatie. Ihr sind auch die verschiedenen Organe der OSZE verpflichtet, wobei nicht übersehen werden darf, dass der Tätigkeitsbereich der OSZE, z.B. im Zusammenhang mit der → menschlichen Dimension, über das Feld hinausreicht, das ein noch klarer Begriff von präventiver Diplomatie abdeckt.

Präventive Diplomatie oder Konfliktverhütung sind Begriffe, die demnach verschiedenartige Bereiche umfassen können. Seit 1990 und vor allem seit 1992 haben sich diese Begriffe analog zum umfänglichen Konzept von Sicherheit ausgeweitet; eine klare Abgrenzung oder Differenzierung ist bisher nicht erkennbar, vielleicht sind sie für die Praxis nicht notwendig. Im OSZE-Zusammenhang fallen unter anderen darunter die vertrauens- und sicherheitsbildenden Maßnahmen, das Frühwarnsystem, die Missionen, die Aktivitäten des Hohen Kommissars für nationale Minderheiten und des Beauftragten für die Medienfreiheit, die beschlossenen, doch bislang kaum beanspruchten „Mechanismen", eventuell die sogenanten „Runden Tische", obwohl diese als Instrument der Konfliktbeilegung errichtet wurden. Es lassen sich auch die Tätigkeit der nichtstaatlichen Organisationen und besonders von Basisbewegungen als Transmissionsriemen für OSZE-Normen, „citizen diplomacy", „transnationale Mediationsprojekte" und damit die Sozialisationsfunktion aktiver Konfliktverhütung für die „Zivilgesellschaft" einbeziehen. Als Vorhaben der mittel- und langfristigen Konfliktverhütung können Transformationshilfen für Demokratie, Minderheitenrechte und Rechtsstaatlichkeit gelten, wie sie das Büro für Demokratische Institutionen und Menschenrechte, das Wirtschaftsforum oder die übrigen Foren, Expertentreffen und Seminare der OSZE leisten.

Nicht zuletzt könnten so auch makrosoziale, finanzielle, ökonomische und technische Transformationshilfen – zumindest analytisch – eingestuft werden; das sind Funktionen, die namens der OSZE heute nur marginal ausgeübt werden. Eine solche Erweiterung des Begriffs von präventiver Diplomatie auf gesellschaftliche Prozesse und Gruppen überführt ihn in einen positiven Terminus, i.e. wenn schon nicht Integration, dann Konvergenz der europäischen Gesellschaften.

Rüstungskontrolle

Der Begriff Rüstungskontrolle (engl. arms control) zielt auf Stabilisierung von Ausmaß und Qualität von Rüstung im wechselseitigen Verhältnis von Staaten oder Staatengruppen und im Zusammenhang mit einer gewünschten Sicherheitsstruktur, z.B. eines Kräftegleichgewichts; seine operative Bedeutung kann gleichzeitig sowohl für die einen Beteiligten oder für bestimmte Waffengattungen Abrüstung als auch für die anderen Beteiligten oder für bestimmte Waffensysteme Aufrüstung einschließen. Essenzielle Elemente für Rüstungskontrolle sind nationale Obergrenzen, Austausch ausführlicher Informationen und intensive Verifikation.

Abkommen oder Vereinbarungen über Rüstungskontrolle sind im Bereich der OSZE das Dokument der Stockholmer Konferenz über → Vertrauens- und sicherheitsbildende Maßnahmen und Abrüstung in Europa (KVAE) vom 19.9.1986 und die in dessen Folge beschlossenen → Wiener Dokumente von 1990, 1992, 1994 und 1999, der Vertrag über konventionelle Streitkräfte in Europa vom 19.11.1990 (→ KSE-Vertrag), das Schlussdokument der außerordentlichen Konferenz der Vertragsstaaten des KSE-Vertrages vom 5.6.1992 in Oslo, die Abschließende Akte der Verhandlungen über Personalstärke der KSE vom 10.7.1992 (KSE Ia), das Schlussdokument der ersten Konferenz zur Überprüfung der Wirkungsweise des Vertrages über KSE und der Abschließenden Akte der Verhandlungen über Personalstärke in Wien vom 31.5.1996, der Vertrag über den → Offenen Himmel vom 24.3.1992, Prinzipien zur Regelung des Transfers konventioneller Waffen, das Programm für militärische Kontakte und Zusammenarbeit, die Vereinbarung zum weltweiten Austausch militärischer Information, das Dokument Stabilisierende Maßnahmen für örtlich begrenzte Krisensituationen, die Prinzipien zur Regelung der Nichtverbreitung und schließlich der → Verhaltenskodex zu politisch-militärischen Aspekten der Sicherheit. Die letztgenannten Vereinbarungen beruhen auf Beschlüssen des → Forums für Sicherheitskooperation oder sind Teil des → Budapester Dokuments von 1994.

Das Forum für Sicherheitskooperation erhielt durch das Helsinki Dokument von 1992 und das Budapester Dokument von 1994 die Aufträge zur Beratung und Beschlussfassung von Vereinbarungen für europäische Rüstungskontrolle.

Das → Helsinki Dokument von 1992 beauftragte das damals neu geschaffene → Forum für Sicherheitskooperation (FSK) mit der Arbeit an einem 14 Punkte umfassenden Sofortprogramms, die es bei seinen wöchentlichen Sitzungen bis zum Budapester Gipfel von 1994 nur teilweise erfolgreich leistete. Zu den Ergebnissen gehörte das Programm für militärische Kontakte und Zusammenarbeit, das am Rande des Ministerrats von Rom 1993 beschlossen und in das Wiener Dokument 1994 aufgenommen wurde; es enthält eine Auflistung von Kontakt- und Kooperationsformen, die bilateral oder im Rahmen des Partnership-for-Peace-Programms durchgeführt werden. Das ebenfalls in Rom 1993 verabschiedete, vom FSK vorgelegte Dokument Stabilisierende Maßnahmen für örtlich begrenzte Krisensituationen, zählt Informations-, Transparenz-, Beschränkungs- und Verifikationsmaßnahmen auf, die in Krisensituationen zur Anwendung kommen können, wenn alle Beteiligten zustimmen.

Ein weiterer Beschluss des FSK von 1993 enthält Prinzipien zur Regelung des → Waffentransfers. Waffenexporte sollen vermieden werden, wenn sie zur Verletzung von Menschenrechten führen könnten oder Beschlüssen der OSZE und der Vereinten Nationen widersprechen. Der ebenfalls beschlossene jährliche Informationsaustausch zur Verteidigungsplanung beinhaltet Angaben zu Militärstrategie, Verteidigungs- und Streitkräfteplanung sowie anhand des „Standardisierten internationalen Berichtssystems über Militärausgaben" der Vereinten Nationen zu den Militärausgaben des jeweils vorangegangenen sowie der Planung für die kommenden fünf Haushaltsjahre. Dieser Informationsaustausch zur Verteidigungsplanung kann als primär politische Maßnahme exemplarisch für die Steigerung der öffentlichen Transparenz und demokratischen Kontrolle der Streitkräfte wirken. Der → Verhaltenskodex zu politisch-militärischen Aspekten der Sicherheit trägt zur Bildung politisch-militärischer Normen bei. Mit den Prinzipien der Nichtverbreitung verpflichten sich die Teilnehmerstaaten, die einschlägigen internationalen Regime vom Nichtverbreitungsvertrag über die B- und C-Waffenkonvention bis zum Missile Technology Control Regime zu unterstützen bzw., soweit noch nicht geschehen, ihnen beizutreten.

Das FSK erhielt durch das → Lissabonner Dokument neue Aufträge zur Verhandlung; darunter ist hier nennenswert die Förderung regionaler Maßnahmen und die Entwicklung eines Netzes von Rüstungskontrollvereinbarungen sowie die freilich nur zu erwägenden Maßnahmen zur Ergänzung der internationalen Bemühungen um eine wirksame Lösung bezüglich der Anti-Personen-Minen.

Kein Konsens besteht unter den Teilnehmerstaaten über die Behandlung der folgenden Themen: Ausweitung der Vertrauens- und sicherheitsbildenden Maßnahmen auf Marine-Aktivitäten, Austausch von Informationen über Einheiten der inneren Sicherheit, Maßnahmen bezüglich der Stationierung von Streitkräften, Zusammenarbeit bei der Konversion, Maßnahmen bezüglich der Entsendung von Streitkräften auf fremdes Gebiet einschließlich grenzüberschreitender Bewegungen, fortlaufende Seminare für höhere Offiziere über Militärdoktrinen, ein OSZE-Weißbuch über Verteidigungsfragen, die Untersuchung der möglichen Bildung atomwaffenfreier Zonen, freiwillige Teilnahme an der Verifikation und Austausch von Informationen über regionale Regime, Transparenz bezüglich struktureller, qualitativer und operativer Aspekte der Streitkräfte, einseitige Erklärung von Waffenobergrenzen.

Einen wichtigen Auftrag des Helsinki Dokuments von 1992 konnte das FSK bislang nicht erfüllen, nämlich die Harmonisierung der Regime in Bezug auf Rüstungskontrolle, wie sie in der Folge der Vertrauens- und sicherheitsbildenden Maßnahmen für alle 55 OSZE-Staaten prinzipiell gelten mit den Regelungen über konventionelle Streitkräfte, die nur die 30 ehemaligen Mitglieder eines der beiden Militärblöcke für sich aushandelten. Das Ausbleiben dieser Harmonisierung vor allem für Informationsaustausch, Verifikation und Obergrenzen verursachen einerseits die bislang Neutralen mit Sonderbelangen, andererseits die USA und Russland mit politischen Vorbehalten bzw. Erwartungen über die Wirkung eines übergreifenden Rüstungskontrollsystems. Die Diskussion über ein gesamteuropäisches einheitliches Rüstungskontrollregime und einen „gemeinsamen OSZE-Sicherheitsraum" ist nicht abgeschlossen.

Literatur: Wolfgang Zellner, Anfang vom Ende oder neue Chance kooperativer Sicherheit? Zur Krise europäischer Rüstungskontrolle, in IFSH (Hrsg.), OSZE-Jahrbuch 1995 Bd. 1, Baden-Baden 1995, S. 289-306; Götz Neuneck/Jörg Wallner, Präventive Rüstungskontrolle: Chance oder Utopie?, in: Hessische Stiftung für Friedens- und Konfliktforschung, u.a. (Hrsg.), Friedensgutachten 1996, Münster 1996, S. 322-332; Hans-Joachim Schmidt/Wolfgang Zellner, Konventionelle Rüstungskontrolle im Belastungstest: Der Einfluss regionaler Gewaltkonflikte, in: Forschungsstätte der Evangelischen Studiengemeinschaft, u.a. (Hrsg.), Friedensgutachten 2000, Münster 2000, S. 269-278

Sekretariat

Das Sekretariat hat seinen Sitz in Wien und besitzt ein Büro für Dokumentation in Prag. Es umfasst etwa 180 Mitarbeiter; nur eine kleine Anzahl des Personals hat einen diplomatischen Status. Das Sekretariat entstand 1991 in Prag und zog 1993 nach Wien um, es wurde öfter umstrukturiert und besteht nach einem Beschluss des Ständigen Rates im Juni 2000 aus den Büros des → Generalsekretärs und des → Koordinators für ökonomische und ökologische Aktivitäten, dem → Konfliktverhütungszentrum, der Abteilung Verwaltung und Einsätze und der Personalabteilung.

Das Büro des Generalsekretärs dient ihm in der Leitung der Verwaltung, unterstützt ihn durch rechtliche Beratung, beim Kontroll- und Rechnungswesen, bereitet seine Treffen vor, wie bei Kontakten mit internationalen Organisationen, mit den Partner- und Drittstaaten oder mit den → Nichtstaatlichen Organisationen. Das Büro organisiert Seminare und unterhält die Kontakte zu anderen → Organen. Ihm ist die Presse- und Öffentlichkeitsarbeit der OSZE übertragen.

Das Büro des Koordinators für ökonomische und ökologische Aktivitäten unterstützt ihn und den Generalsekretär bei ihrem Bemühen um eine stärkere Profilierung der OSZE bei der Behandlung wirtschaftlicher, sozialer und umweltpolitischer Fragen im Zusammenhang mit Sicherheitsproblemen.

Das → Konfliktverhütungszentrum entstand schon durch Beschluss des Pariser Gipfels von 1990. Es soll die Tätigkeiten der OSZE für Konfliktverhütung und Krisenbewältigung unterstützen. Dazu gehört die Arbeit der OSZE-Missionen. Das Konfliktverhütungszentrum begleitet die Ausführung von Vertrauens- und sicherheitsbildenden Maßnahmen, die Verwaltung der militärischen Datenbank der OSZE sowie die Tätigkeit des Forums für Sicherheitskooperation. Es ist ferner für den Betrieb des Kommunikationsnetzes zuständig, das dem digitalen Austausch militärischer Informationen zwischen den Hauptstädten ihrer Teilnehmerstaaten dient.

Die Abteilung Verwaltung, Einsätze und Haushalt ist für Konferenz- und Dolmetscherdienste, Dokumentation, Archiv und Protokoll zuständig. Die OSZE hat sechs Amtssprachen: deutsch, englisch, französisch, italienisch, spanisch und russisch; sie beschäftigt eine entsprechend große Zahl an Dolmetschern und Übersetzern. Das Büro ist verantwortlich für die Kommunikations-Technik, Ausrüstung, Fuhrparkverwaltung und die Logistik der Missionen. Dem Büro obliegt das Finanzwesen, insbesondere die Führung des → Haushalts.

Das Prager Büro, das der Abteilung für Konferenzdienste untersteht, betreut die Treffen des → Hohen Rates, führt das OSZE-Archiv und ist für den internen und externen Dokumentenversand zuständig.

In den Bereich der Personalabteilung gehören alle Angelegenheiten des → Personals, des Personalwesens der Missionen, der Ausbildung und des

Trainings, die Durchführung des Progamms für Schnellen Experten-Einsatz und Kooperations-Gruppen (REACT = Rapid Expert Assistance and Co-operation Teams), wie es 1999 auf dem → Istanbuler Gipfel beschlossen wurde.

Seminare

Im Rahmen der OSZE finden Erfahrungsaustausch, Vermittlung von Kenntnissen, Vorbereitung von Willensbildung in Form sogenannter Seminare statt. Solche als Seminar bezeichnete Tagungen veranstaltet vornehmlich das → Büro für Demokratische Institutionen und Menschenrechte (BDIMR) für den Bereich der → menschlichen Dimension und für eine Selbstdarstellung der OSZE. Das → Forum für Sicherheitskooperation hat über militär- und sicherheitspolitische und das → Wirtschaftsforum hat über wirtschaftliche Fragen Seminare durchgeführt. Das Sekretariat hat alle → Dimensionen übergreifende, regionalpolitische Seminare veranstaltet.

Die BDIMR-Seminare haben eine Schulungs- und Überprüfungsfunktion, indem die einschlägigen OSZE-Dokumente thematisiert und Handlungsanleitungen für die konkrete Umsetzung der Beschlüsse gegeben werden. Der Themenkreis erstreckt sich von Frühwarnung und präventiver Diplomatie bis hin zu Demokratie auf lokaler Ebene und die Wirksamkeit von Justizorganen.

Größere Tagungen ermöglichen den Teilnehmern aus entfernten Staaten oder nichtstaatlichen Organisationen, erfahrene Praktiker, Berater und Experten zu treffen. Faktisch bestehen solche Großveranstaltungen mit nationalen Delegationen nur aus förmlichen Ansprachen, die meist den vorhandenen Zeitrahmen füllen und während der Seminarsitzungen keine Möglichkeit zu einer vertiefenden Erörterung bieten. Darum ist die Zahl großer OSZE-Veranstaltungen seit der Einrichtung des Programms 1992, als noch drei bis vier Tagungen jährlich geplant waren, zugunsten kleinerer, stärker themenbezogener und weniger förmlicher Tagungen zurückgegangen.

Die größte Veranstaltung des BDIMR und gleichzeitig die beste Gelegenheit, die Durchführung der Verpflichtungen der menschlichen Dimension zu überprüfen, ist das Expertentreffen der Teilnehmerstaaten über die Durchführung der Verpflichtungen im Bereich der menschlichen Dimension, das alle zwei Jahre in Warschau stattfindet. Diese zwei- bis dreiwöchige Konferenz bietet den Staaten und nichtstaatlichen Organisationen Gelegenheit, Fragen der Durchführung der OSZE-Prinzipien in den einzelnen Teilnehmerstaaten zu stellen, die Arbeit der OSZE-Institutionen und -Prozeduren im Zusammenhang mit der menschlichen Dimension zu diskutieren und der OSZE Empfehlungen für Verbesserungen, neue Verpflichtungen oder Aktivitäten zu geben.

Auf den jährlich stattfindenden Implementierungstreffen wird die Menschenrechtssituation in den OSZE-Mitgliedsstaaten debattiert. Die Teilnehmerstaaten geben Auskunft über die Situation in ihrem Land und stellen sich den Nachfragen anderer Staaten. Darüber hinaus werden Vorschläge zu einer verbesserten Implementierung diskutiert und die Kontrollinstrumente bewertet. Ein resümierendes Abschlussdokument wird nicht erstellt, sondern lediglich zwei Berichte der subsidiären Arbeitsorgane (Überprüfung der Verfahren der menschlichen Dimension, Implementierungsdebatte). Die Implementierungstreffen sind offen für Einzelpersonen, Pressevertreter und nichtstaatliche Organisationen, die mit Nachfragen und ergänzenden Informationen an der Debatte teilnehmen können. Einige Staaten haben bisher keine oder nur beschränkt anwesende Vertreter zu den Treffen gesandt.

Themen der Seminare des BDIMR waren u.a. Menschenrechte und Grundfreiheiten, Rechtsstaatlichkeit und demokratische Institutionen, Toleranz und Nicht-Diskriminierung, Behandlung von Bürgern anderer Teilnehmerstaaten, Unterstützung der Verpflichtungen zur Anwendung der menschlichen Dimension einschließlich der dazugehörigen OSZE-Prozeduren zur menschlichen Dimension, die Rolle von nichtstaatlichen Organisationen, die Zusammenarbeit mit anderen internationalen Organisationen.

Das → Forum für Sicherheitskooperation hat 1995 ein Seminar über die Prinzipien zur Regelung des Transfers konventioneller Waffen durchgeführt, das letztlich auch die Möglichkeiten eines OSZE-Registers für konventionelle Waffen erkunden sollte.

Im Rahmen des Wirtschaftsforums fanden Seminare über Klein- und Mittelstandsunternehmen in Transformationswirtschaften, über Tourismus und die Überbrückung kultureller Unterschiede und über Verkehr, Telekommunikation und Energieversorgung in der Schwarzmeer-Region statt. Das Sekretariat führte 1996 in Taschkent ein Seminar über die Förderung nachhaltiger Umweltentwicklung im Aral-See-Gebiet durch.

Die Veranstaltung von Bildungs-Seminaren durch die OSZE wird von manchen Teilnehmerstaaten mit Vorbehalten beurteilt; sie sehen hier eher eine Aufgabe für private Einrichtungen.

Literatur: Fatimah Daftary, Das dritte OSZE-Implementierungstreffen über Fragen der menschlichen Dimension in Warschau 1997, in: IFSH (Hrsg.), OSZE-Jahrbuch 1998 Bd. 3, Baden-Baden 1998, S. 275-296.

Sicherheitsmodell für das 21. Jahrhundert

Die Staats- und Regierungschefs beschlossen auf dem → Budapester Gipfel 1994, „Diskussionen über ein Modell für eine gemeinsame und umfassende Sicherheit" in den folgenden zwei Jahren aufzunehmen. Der Beschluss enthielt eine Reihe von Anweisungen, wie diese Diskussion durchgeführt und wie ihr Ergebnis durch den Amtierenden Vorsitzenden dem Gipfel 1996 in Lissabon vorgelegt werden sollte.

Im Frühjahr 1995 traf sich der Hohe Rat in Prag zu einer ersten Diskussion über Prinzipien und Ausgangsüberlegungen, über die strategischen Ziele der Arbeit am Sicherheitsmodell, über die Rahmenbedingungen des Modells, über die Herausforderungen und Risiken, denen das Modell entgegengesetzt werden sollte, über die einzelnen Elemente des Modells und seine prioritären Aspekte sowie über das Verhältnis der OSZE zu den anderen Organisationen. Beschlossen wurde in einer ersten Diskussionsphase, die Hauptrisiken und sonstige wichtige Faktoren der Zukunft zu behandeln. In einer zweiten Phase sollten dann die Antworten und Konsequenzen in Folge der analytischen Erkenntnisse der ersten Phase erarbeitet werden. Dazu wurden gezählt die Überprüfung der OSZE-Prinzipien und Normen sowie der Definition der Konfliktprävention und der Crisis Management-Instrumente, ferner die Erarbeitung der Mittel der Risikoeinschätzung, des Gleichgewichts der Kräfte usw. In den Feldern, in denen sich eine Verstärkung oder Ausweitung der OSZE-Prinzipien als erforderlich erweisen sollte, könnte dann das angestrebte Sicherheitsmodell zu neuen praktischen Sicherheitsmaßnahmen anregen. Diese Diskussionen sollten in einer informellen Ad-hoc-Gruppe in Wien, in einem Seminar und im Rahmen der Sitzungen des Ständigen Rates geführt werden. Auf dem Lissabonner Gipfel 1996 haben die Staats- und Regierungschefs eine 12-Punkte-Erklärung über ein Modell der gemeinsamen und umfassenden Sicherheit für Europa für das 21. Jahrhundert beschlossen, deren weitere Beratungen in eine Charta über Europäische Sicherheit münden kann.

Ein Sicherheitsmodell für Europa muss von dem Bestehen verschiedenartiger Sicherheitsorganisationen ausgehen, wie NATO, Europäische Union, die Gemeinschaft Unabhängiger Staaten, u.a., die nach vorherrschender und wiederholt bei verschiedenen Anlässen bestätigter Auffassung zu einem Netzwerk zusammenwirkender Institutionen („interlocking institutions") verflochten werden sollen, wo jede ihren Platz gemäß ihres „komparativen Vorteils" finden soll.

Ein strukturelles Problem für die Umsetzung dieses Konzeptes ist, dass einige der Teilnehmerstaaten der OSZE fast allen Organisationen angehören und andere höchstens in einer – der OSZE selbst – mitwirken (können). Die Folge ist eine unterschiedliche, den Interessen ihrer Mitglieder gemäße Ausstattung von Kompetenzen, Ressourcen und Personal der europäischen Organisationen. Deren Sekretariate neigen überdies statt zu Arbeitsteilung und Kooperation zu Konkurrenz und Dominanz bei Zuständigkeiten, Instrumenten und Prozeduren. Das ergibt Doppelungen, Überschneidungen und Unübersichtlichkeiten sowie dadurch verursacht Fehlausgaben.

Das in Lissabon 1996 beschlossene Sicherheitsmodell für das 21. Jahrhundert wurde durch die auf dem Istanbuler Gipfel beschlossene → Charta für Europäische Sicherheit konkretisiert.

Literatur: Benedikt von Tscharner/Linus von Castelmur, Die Arbeiten an einem europäischen Sicherheitsmodell für das 21. Jahrhundert, in: IFSH (Hrsg.), OSZE-Jahrbuch 1996

Bd. 2, Baden-Baden 1996, S. 237-251; Dieter S. Lutz, Die OSZE im Übergang von der Sicherheitsarchitektur des Zwanzigsten Jahrhunderts zum Sicherheitsmodell des Einundzwanzigsten Jahrhunderts, in: IFSH (Hrsg.), OSZE-Jahrbuch 1995 Bd. 1, Baden-Baden 1995, S. 63-96

Stabilitätspakt I

Seit 1994 besteht eine Verflechtung zwischen EU und OSZE im Rahmen des sogenannten Stabilitätspaktes, die neue Perspektiven für die europäische Sicherheitspolitik durch verbesserte Voraussetzungen für die politische und damit wirtschaftliche Stabilisierung Ostmitteleuropas eröffnete.

Am 22.6.1993 schlug der französische Ministerpräsident Edouard Balladur im Rahmen der Europäischen Gemeinschaft die Schaffung eines Stabilitätspakts vor, der in der Absicht langfristiger präventiver Diplomatie die ostmitteleuropäischen Länder vor einer Entwicklung wie in Jugoslawien bewahren und die Osterweiterung der EG nicht durch zwischenstaatliche Konflikte gefährden sollte. Als größtes Problem gelten Ansprüche auf andere Grenzverläufe und die Unruhe nationaler Minderheiten. Durch einen förmlichen Pakt sollten eine Vielzahl bilateraler Verträge – und zwar sowohl neue als auch bereits bestehende Verträge zwischen Staaten, Staatengruppen oder zwischen Staaten und Organisationen – zusammengefasst und damit verstärkt werden. Eine auf diesen sogenannten Balladur-Plan und eine Vorkonferenz vom Mai 1994 zurückgehende Konferenz der europäischen Staaten verabschiedete in Paris am 20. März 1995 den Stabilitätspakt für Europa, der am nächsten Tag von den Vertretern der beteiligten Staaten unterzeichnet wurde. Dieses Abkommen darf weder mit der EU-internen gleichnamigen Vereinbarung der Finanzminister über die Währungspolitik noch mit dem 1999 förmlich in Sarajevo beschlossenen Stabilitätspakt (→ Stabilitätspakt II) für Südosteuropa – der auch unter der Schirmherrschaft der OSZE steht – verwechselt werden.

Die Verhandlungen wurden bi- und multilateral, an zwei für diesen Zweck gebildeten „regionalen runden Tischen", einem baltischen und einem ostmitteleuropäischen, geführt, zu den die dazugehörigen Länder andere Staaten oder Organisationen zur Teilnahme einladen konnten. Estland, Lettland, Litauen, Polen und die dazugeladenen Staaten bildeten den baltischen Tisch, Bulgarien, Polen, Rumänien, die Slowakei, Tschechien, Ungarn und die Dazugeladenen (darunter Slowenien) bildeten den ostmitteleuropäischen Tisch. Sie hatten sich den folgenden Aufgaben zu widmen: grenzüberschreitende regionale Kooperation, Minderheiten, kulturelle Kooperation und Unterricht in der lokalen Sprache, regionale Wirtschaftskooperation, Zusammenarbeit von Justiz und Verwaltung, Umweltprobleme.

An der Schlusskonferenz 1995 nahmen alle OSZE-Staaten teil. Es wurden etwa 90 bilaterale Verträge, Erklärungen und Ausführungsabkommen abgeschlossen bzw. zusammengeführt, darunter z.B. der Vertrag über gute

Nachbarschaft zwischen Ungarn und der Slowakei. Bei Streitigkeiten können sich die Paktunterzeichner an den → Vergleichs- und Schiedsgerichtshof der OSZE in Genf wenden. Der Pakt kann als Vorbild für das Konzept der ineinandergreifenden europäischen Institutionen gelten. An den Gesprächsrunden nahmen Vertreter der EU, der OSZE, des Europarates und des Ostseerates teil; der Stabilitätspakt wurde der OSZE übertragen und sie wurde beauftragt, dessen Durchführung zu verfolgen.

Literatur: Hans-Georg Ehrhart, EU, OSZE und der Stabilitätspakt für Europa, in: Integration 1/1996, S. 37-48; Pál Dunay, Wolfgang Zeller, Der Stabilitätspakt für Europa – diplomatische Episode oder dauerhafter Erfolg?, in: OSZE-Jahrbuch 1996 Bd. 2, Baden-Baden 1996, S. 319-333. Text: Stabilitätspakt für Europa, in: Bulletin der Bundesregierung 24/1995, auch in: IFSH (Hrsg.) OSZE-Jahrbuch 1995 Bd. 1, Baden-Baden 1995, S. 486-496

Stabilitätspakt II

Einen „Stabilitätspakt für Südosteuropa" schlossen am 30. Juli 1999 29 Staaten und internationale Organisationen, darunter alle Mitglieder der EU, alle Balkanstaaten mit Ausnahme Jugoslawiens, Ungarn, die Russische Föderation, die USA, die Türkei, die EU-Kommission, der → Amtierende Vorsitzende der OSZE u.a. Der OSZE wurde die Schirmherrschaft übertragen. Ziel des Vorhabens ist, die Staaten in Südosteuropa bei ihren Bemühungen um die Förderung des Friedens, der Demokratie, der Achtung der Menschenrechte sowie des wirtschaftlichen Wohlstands zu stärken, um Stabilität in der gesamten Region zu erreichen.

Das Amt eines Sonderkoordinators in Brüssel und drei „Arbeitstische", zuständig für Bereiche ähnlich den → Dimensionen der OSZE, und ein zentraler „Regionaltisch Südosteuropa", sollen der Verwirklichung der Ziele mit Hilfe der Mittel der Geberländer dienen.

Dieses Abkommen darf weder mit der EU-internen gleichnamigen Vereinbarung der Finanzminister über die Währungspolitik noch mit dem 1993 in Paris beschlossenen Stabilitätspakt (→ Stabilitätspakt I) für europäische Sicherheitspolitik (Balladur-Initiative), der auch unter der Schirmherrschaft der OSZE steht, verwechselt werden.

Literatur: Christoph Rohloff, Nachholende Prävention: Der Stabilitätspakt für Südosteuropa, in: Forschungsstätte der Evangelischen Studiengemeinschaft u.a. (Hrsg.), Friedensgutachten 2000, Münster 2000, S. 139-148

Ständiger Rat

Der Ständige Rat ist ein Gremium, das aus den ständigen Vertretern der Teilnehmerstaaten bei der OSZE in Wien besteht. Unter dem Vorsitz des Vertreters des Landes, das den → Amtierenden Vorsitzenden stellt, berät und beschließt er – im Konsens – Maßnahmen, manchmal nach Vorgabe durch den Hohen Rat, wie den Haushalt, den Einsatz von Missionen sowie alle anderen die OSZE betreffenden Themen. Er verabschiedet auch politische Erklärungen. Manchmal werden sie unter der Verantwortung des Vorsitzenden bekanntgegeben und binden formal nicht alle OSZE-Staaten, auch wenn sie auf ihrem stillschweigenden Einverständnis beruhen. Die Sitzungen des Ständigen Rates dienen der Information über laufende Aktivitäten des Amtierenden Vorsitzenden, des → Ministerrates, des → Generalsekretärs, des → Hohen Kommissars für nationale Minderheiten (HKNM), des Beauftragten für Medienfreiheit und des → Büros für Demokratische Institutionen und Menschenrechte (BDIMR). Im Ständigen Rat können die verschiedenen Sichtweisen der Teilnehmerstaaten auf einen gemeinsamen Nenner gebracht und konkrete Entscheidungen getroffen werden. Konsens heißt nach OSZE-Verständnis kein Widerspruch; darauf basiert auch das Verfahren des Ständigen Rates, manche Entscheidungen vorzubereiten und vorbehaltlich einer Einspruchsfrist zu fällen (engl. „silent procedure").

Die Plenarsitzungen sind nicht öffentlich; sie werden durch Sitzungen von Experten vorbereitet, wie z.B. den informellen Expertenausschuss für Finanzfragen, oder die Kontaktgruppe zu Fragen des Mittelmeerraumes. Seit 1999 besteht aufgrund eines Beschlusses des → Istanbuler Gipfels ein „Vorbereitender Ausschuss" zur wirkungsvolleren Arbeitsweise des Ständigen Rates. Auch sind „Sondersitzungen" und „erweiterte Sitzungen" (engl. „reinforced meeting") des Ständigen Rates eingeführt worden, in der sich dann die Teilnehmerstaaten durch ihre politischen Direktoren vertreten lassen. Der Ständige Rat tagt wöchentlich, gewöhnlich am Donnerstag; er kann wegen dringender Gründe auch kurzfristig einberufen werden. Ein fester Tagesordnungspunkt der wöchentlichen Sitzungen sind die Kurzberichte der Leiter der Missionen.

Unter dem Tagesordnungspunkt „aktuelle Fragen" tragen die Teilnehmerstaaten Probleme von Belang vor, geben politische Erklärungen ab und äußern Ansichten zu aktuellen Vorfällen. Es handelt sich dabei vorwiegend um Äußerungen zu politischen und aktuellen Konfliktsituationen. Jedem Staat steht es frei, jedes Thema anzusprechen. So ist der Tagesordnungspunkt „aktuelle Fragen" zeitlich unbeschränkt. Die Diskussionen sind besonders nützlich, wenn auf anfängliche Stellungnahmen ein Austausch der Ansichten und Argumente folgt. Das ist zusätzlich wertvoll, wenn neben den direkt betroffenen Staaten auch andere OSZE-Mitglieder Erklärungen abgeben. Ein solcher Dialog, bei dem der Ständige Rat als Katalysator fungiert, dient als

Frühwarnmittel, indem er Probleme identifiziert und für die Notwendigkeit, sich mit ihnen zu befassen, Bewusstsein schafft. Der Meinungsaustausch lässt die Hauptströmung politischer Positionen zu Schwerpunktfragen erkennen und bietet insbesondere kleinen und mittleren Staaten die Möglichkeit, die Meinungsbildung der Hauptakteure zu beeinflussen. Der Rat schafft somit eine Grundlage für OSZE-Aktionen und gibt unter anderem dem Amtierenden Vorsitzenden Orientierungshilfen für Handlungsspielräume, wenn dieser im Namen der Organisation tätig werden soll.

Die Einrichtung des Ständigen Rates ist ein Resultat des Institutionalisierungsprozesses, der mit der Charta von Paris 1990 begonnen worden war. Angesichts der rasch expandierenden Aufgaben im Bereich der Krisenbewältigung wuchs der Bedarf an ständigem Dialog und Kontakt. Der nach 1990 zuerst als einziges permanentes Gremium eingerichtete Konsultativausschuss des Konfliktverhütungszentrums mit seinen häufigeren Sitzungen in Wien war aufgrund seiner eingeschränkten Befugnis und seiner erfolglosen Versuche, seinen Aktivitäten mehr Nachdruck zu verleihen, nicht in der Lage, dem Mangel an Beratung und Entscheidungsfindung für die OSZE abzuhelfen.

Als Antwort auf die neuen Anforderungen schuf der Ministerrat im Dezember 1992 in Stockholm einen Rahmen für derartige Konsultationen, wobei die ständige Präsenz der Unterhändler der OSZE-Staaten in Wien, die im Forum für Sicherheitskooperation und in anderen Rüstungskontrollgremien arbeiteten, genutzt wurde. Dieser informelle Zusammenschluss wurde Wiener Gruppe genannt. Unter schwedischem Vorsitz führte die Gruppe Konsultationen durch, verhandelte und nahm „ad referendum" verschiedene Beschlüsse an, bevor sie durch den Hohen Rat formal gebilligt wurden.

Die positiven Erfahrungen mit dieser Gruppe führten auf dem Treffen des Ministerrats im Dezember 1993 in Rom zur Einrichtung des damals noch Ständiger Ausschuss genannten Ständigen Rates mit Sitz in Wien. Er erhielt Entscheidungsbefugnis, wenn der Hohe Rat nicht tagte und blieb diesem Organ rechenschaftspflichtig. Der → Budapester Gipfel von 1994 benannte den vorher bestehenden Ständigen Ausschuss in Ständigen Rat um, was als Aufwertung eines Organs für Konsultation und Entscheidungen über die laufende operative Arbeit der OSZE gesehen werden kann. Inzwischen hat die politische Dynamik dem Ständigen Rat ein Gewicht gegeben, dass sich die Frage stellte, ob der seit 1995 nur einmal – außerhalb des → Wirtschaftsforums – tagende → Hohe Rat, der aus den politischen Direktoren der Auswärtigen Ämter als mittlere Ebene zwischen den Ständigen Vertretern in Wien und den Zentralen in den jeweiligen Hauptstädten besteht, nicht überflüssig geworden ist.

Literatur: Márton Krasznai, Beratung und politischer Dialog im Ständigen Rat, in: IFSH (Hrsg.), OSZE-Jahrbuch 1996 Bd. 2, Baden-Baden 1996, S. 369-378

Troika

Eine Troika, bestehend aus dem → Amtierenden Vorsitzenden, seinem Vorgänger und seinem Nachfolger, dient der Kontinuität der OSZE-Aktivitäten. Sie kann die Führung der Organisation erleichtern, wenn Initiativen des Vorsitzenden von vorneherein auch von seinen Kollegen unterstützt werden und sie kann den Vorsitzenden entlasten, indem diese einige seiner Aufgaben übernehmen. Verantwortlich und berichtsberechtigt den anderen → Organen gegenüber bleibt der Amtierende Vorsitzende.

Dieses Organ wurde auf dem → Helsinki-Gipfel von 1992 geschaffen; es hat seitdem an Bedeutung gewonnen. Es ist ein Beratungs-Gremium, die Mitglieder der Troika handeln jedoch auch gemeinsam als Repräsentanten der OSZE bei Kontakten mit anderen Organisationen oder auch gegenüber der Öffentlichkeit, um gemeinsame politische Erklärungen abzugeben.

Die Troika-Figur tritt also dort in Erscheinung, wo der Amtierende Vorsitzende Funktionen ausübt, in erster Linie auf der Ebene des Ministerrates, grundsätzlich auch auf der Ebene des Hohen Rates und des Ständigen Rates. Eine eigene Troika-Formel ist für das formell von der OSZE-Struktur getrennte → Forum für Sicherheitskooperation geschaffen worden.

Den Begriff „Troika" gebraucht auch der Ministerrat der Europäischen Union; der Ausdruck kommt vom Russischen troe = drei und bezeichnet bildungssprachlich ein Gremium von drei Personen bzw. ein Bündnis von drei Politikern.

Vergleichs- und Schiedsgerichtshof

Der OSZE-Gerichtshof in Genf ist grundsätzlich für jede Art von Streitigkeiten im gesamten Europa zuständig. Doch ein Verfahren ist nicht obligatorisch und die vorgesehenen Vergleichsverfahren sind nicht verbindlich, auch zum Schiedsverfahren kann unter Vorbehalt beigetreten werden.

Nach Hinterlegung der zwölften Ratifikations- bzw. Beitrittsurkunde trat das Übereinkommen über Vergleichs- und Schiedsverfahren innerhalb der OSZE am 5. Dezember 1994 in Kraft. Am 29. Mai 1995 konstituierte sich in Genf der Vergleichs- und Schiedsgerichtshof der OSZE. Das Übereinkommen über das Schieds- und Vergleichsverfahren innerhalb der OSZE war bis Juni 2000 von 34 OSZE-Staaten unterzeichnet und von 28 ratifiziert worden. Zu den Staaten, die das Übereinkommen bislang nicht unterschrieben haben, gehören u.a. Großbritannien, die Vereinigten Staaten, die Niederlande, Spanien, die Türkei, die Tschechische Republik.

Die Einrichtung des OSZE-Gerichtshofes hat eine lange und umständliche Vorgeschichte. Die → Schlussakte von Helsinki 1975 enthält das Bekenntnis der Teilnehmerstaaten, bei Streitfällen einen Vergleich, Schiedsspruch, gerichtliche Regelung oder andere friedliche Mittel eigener Wahl zu suchen. Das Belgrader Folgetreffen 1978 berief ein Expertentreffen in Montreux im gleichen Jahr ein, um eine allgemein annehmbare Methode der friedlichen Regelung von Streitfällen zu prüfen und auszuarbeiten. Mangels Übereinstimmung empfahl es dem Madrider Folgetreffen von 1983, ein weiteres Expertentreffen einzuberufen, das auf Beschluss des Madrider Folgetreffens von 1983 tatsächlich 1984 in Athen stattfand. Wieder kam es zu keiner Einigung, weil die UdSSR und andere osteuropäische Staaten sich einer Einbeziehung von Dritten bei der Regelung von Streitfällen widersetzten, wobei sie sich auf das Verbot der Einmischung in innere Angelegenheiten beriefen.

Diese Stagnation wurde auf dem dritten Folgetreffen in Wien 1989 überwunden, in dessen abschließendem Dokument die Teilnehmerstaaten die Idee einer obligatorischen Hinzuziehung einer Drittpartei als mögliche Verfahrensweise der friedlichen Beilegung von Streitigkeiten annahmen. Ein weiteres Expertentreffen sollte die Möglichkeit der Schaffung von sogenannten → Mechanismen zur Herbeiführung bindender Entscheidungen durch Drittparteien prüfen. Das Expertentreffen in La Valletta in 1991 blieb hinter den geweckten Erwartungen zurück, obligatorische Verfahren und verbindliche Entscheidungsstrukturen unter Einbeziehung Dritter vorzuschlagen. Die Teilnehmer des Treffens regten nur an, einen Vertrag darüber mit entsprechenden Vorbehalten zu erwägen. Der geschaffene sogenannte Valletta-Mechanismus bietet eine zwar einseitig anrufbare, doch nur unverbindliche, und jederzeit abbrechbare Beratungsfunktion durch Experten (einer Drittpartei).

Während des Gipfels in → Helsinki 1992 beschlossen die Teilnehmerstaaten, wiederum ein Expertentreffen, dieses Mal nach Genf, einzuberufen, das einen Vorschlag zur Schaffung eines Schlichtungs- und Schiedsgerichtshofes ausarbeiten sollte. Der Ministerrat, der sich im Dezember 1992 in Stockholm traf, übernahm die in Genf erarbeiteten Empfehlungen zur friedlichen Beilegung von Streitigkeiten. Neben Maßnahmen zur Stärkung der Bestimmungen von Valletta durch Abänderung des Verfahrens für die Auswahl von Mechanismen zur Beilegung von Streitigkeiten sind dies „Bestimmungen für eine KSZE-Vergleichskommission", ferner „Bestimmungen über einen Vergleich auf Anordnung" sowie schließlich ein „Übereinkommen über Vergleichs- und Schiedsverfahren". In diesem Übereinkommen von 1992 beschließen die Teilnehmerstaaten einen „Vergleichs- und Schiedsgerichtshof" als feste Institution mit Sitz in Genf zu errichten, der aus Schlichtern und Schiedsrichtern besteht. Die Entscheidungen des Gerichtshofs werden mit der Mehrheit der an der Abstimmung teilnehmenden Mitglieder gefasst. Gleiches gilt für Entscheidungen des Präsidiums, Entscheidungen der Vergleichskommissionen sowie Entscheidungen der Schiedsgerichte. Das für die OSZE typische Konsensprinzip wurde somit zugunsten des Mehrheitsprinzips aufgegeben. Die Tätigkeit des Gerichtshofes soll die bislang schon bestehenden

Möglichkeiten und Mittel der friedlichen Streitbeilegung ergänzen und nicht ersetzen. Den Teilnehmerstaaten, die dem Stockholmer Übereinkommen bislang noch nicht beigetreten sind, steht die Möglichkeit auch zu einem späteren Beitritt offen. Umgekehrt kann jeder Vertragsstaat des Übereinkommens das Abkommen jederzeit durch eine an den Verwahrer Schweden gerichtete Notifikation kündigen. Die Kündigung wird ein Jahr nach Notifikation wirksam. Laufende Verfahren werden jedoch in jedem Fall zu Ende geführt.

Ziel des Vergleichsverfahrens ist es, über eine Vergleichskommission den Parteien zu helfen, eine Beilegung ihrer Streitigkeiten gemäß dem Völkerrecht und ihren OSZE-Verpflichtungen zu finden. Die Einsetzung des Vergleichsverfahrens kann für jede Art von Streitigkeit beantragt werden. Die Kompetenz der Schlichter selbst ist allerdings begrenzt. Die Bildung einer Vergleichskommission erfolgt nur auf Antrag; die Aufgaben der Schlichter bleiben im Bereich beratender Funktionen; der Vergleichsvorschlag besitzt keine automatische Verbindlichkeit. Verweigern die Streitparteien die Annahme der vorgeschlagenen Lösung, also die Ausführung der Empfehlungen, so stehen dem Gericht keine weiteren Maßnahmen zur Beilegung des Konflikts zur Verfügung, als die Angelegenheit über den Hohen Rat an den Ministerrat weiterzuleiten.

Anders als im Vergleichsverfahren ist es im Schiedsverfahren Aufgabe des Schiedsgerichts, die ihm unterbreiteten Streitigkeiten gemäß dem Völkerrecht zu entscheiden. Das Schiedsverfahren ist nicht obligatorisch, d.h. ein Streitbeteiligter kann nicht einseitig den Gerichtshof als zuständige Instanz anrufen. Zwar kann ein Ersuchen um ein Schiedsverfahren jederzeit gestellt werden. Voraussetzung ist aber eine Vereinbarung zwischen zwei oder mehr Vertragsstaaten des Übereinkommens oder zwischen einem oder mehreren Vertragsstaaten des Übereinkommens und einem oder mehreren anderen Teilnehmerstaaten.

Eine weitere Einschränkung erfährt die Zuständigkeit des Schiedsgerichtes schließlich dadurch, dass die Vertragsstaaten ihre Erklärung „für alle Streitigkeiten" abgeben oder aber Streitigkeiten ausschließen können, „die Fragen ihrer territorialen Integrität oder ihrer Landesverteidigung, ihrer Hoheitsansprüche auf Landgebiete oder konkurrierende Ansprüche hinsichtlich der Hoheitsgewalt über andere Gebiete berühren". Gerade diejenigen Fragen also, die Probleme von Gewalt und Krieg berühren, können der Entscheidung des Gerichtshofes entzogen werden.

Die Einrichtung des OSZE-Gerichtshofes beruht auf der Prämisse, dass ein normatives Verbot von Gewalt und Krieg allein nicht ausreicht, sondern seine Einhaltung durch institutionelle Regelungen, wie den Zugang zu einer Gerichts- und Schiedsgerichtsbarkeit unterstützt werden muss. Der Gerichtshof ist – entgegen seinem Namen – im Grenzbereich zwischen Schlichtung und Schiedsspruch anzusiedeln, steht also sogar noch eine Stufe unterhalb der Ebene von Schiedsgericht und Gericht, ist also gar kein Gericht im engeren Sinne des Wortes.

Literatur: Dieter S. Lutz, Der OSZE-Gerichtshof, in: IFSH (Hrsg.) OSZE-Jahrbuch 1995 Bd. 1, Baden-Baden 1995, S. 241-253

Verhaltenskodex

Der „Verhaltenskodex zu politisch-militärischen Aspekten der Sicherheit", wie der volle Titel heißt, schreibt Normen für die Rolle von und den Umgang mit Streitkräften in demokratischen Gesellschaften vor. Er enthält auch Regeln für das wechselseitige Verhalten der Staaten. Er wurde auf dem Budapester Gipfel 1994 beschlossen und trat am 1.1.1995 als ein die OSZE-Staaten politisch bindendes Dokument in Kraft.

Die zehn Kapitel des Verhaltenskodex enthalten zum einen Normen, auf die sich die OSZE-Staaten entweder im Rahmen der Vereinten Nationen oder der OSZE, hier vor allem durch die → Schlussakte von Helsinki, die → Charta von Paris 1990 und das → Helsinki-Dokument 1992, schon verpflichtet haben. Beispielsweise betonen sie die Stärkung der Sicherheitskooperation durch ein verantwortungsvolles und auf Zusammenarbeit begründetes Verhalten im Sicherheitsbereich, die Bedeutung eines umfassenden Sicherheitskonzeptes, die Unteilbarkeit der Sicherheit, den Willen bei Verletzung von OSZE-Normen und -Verpflichtungen solidarisch vorzugehen und einander ergänzende und verstärkende Institutionen zu entwickeln sowie solide wirtschaftliche und umweltpolitische Grundlagen zu schaffen. Auch bekräftigen sie ihre weitere Verpflichtung zu → Rüstungskontrolle, → Abrüstung und Vertrauens- und Sicherheitsbildung (→ Vertrauens- und sicherheitsbildende Maßnahmen).

Neben solcher bereits früher erklärter Bereitschaft zu einem entsprechenden Verhalten umfasst der Kodex neu und erweitert formulierte Normen, auf die sich die teilnehmenden Staaten geeinigt haben. Dazu gehören die Bekämpfung des Terrorismus, das Recht zur freien Wahl der eigenen Sicherheitsvereinbarungen und der Zugehörigkeit zu internationalen Organisationen, die Begrenzung militärischer Mittel auf legitime Sicherheitserfordernisse, die Festlegung des Umfangs der Streitkräfte nach demokratischen Verfahren sowie die Stationierung auf fremdem Territorium nur aufgrund freiwillig geschlossener Abkommen. Vor allem bietet der Kodex eine detaillierte Regelung der demokratischen politischen Kontrolle über die Streitkräfte, deren politische Neutralität, die Achtung der Menschenrechte und Grundfreiheiten der Angehörigen von Streitkräften sowie die Verantwortung aller, die Befehlsgewalt ausüben. Dazu gehören auch, die Bindungswirkung der Regeln des Kriegsvölkerrechts und Verpflichtung der Staaten einzuhalten, sowie beim Einsatz von Streitkräften im Innern die Grundsätze der Verhältnismäßigkeit und die Vermeidung der Schädigung von Zivilpersonen zu beachten. Er verbietet insbesondere den Einsatz von Gewalt gegen nationale und ethnische Minderheiten.

Auch diese Erweiterung des Normenkatalogs beruht nicht auf im OSZE-Rahmen völlig neuen Prinzipien. Das Dokument des Treffens der Konferenz über die → menschliche Dimension in Kopenhagen von 1990 sah schon vor, dass die Streitkräfte und die Polizei den zivilen Behörden unterstellt und diesen gegenüber rechenschaftspflichtig sind. Dieser Grundsatz wurde auf dem Moskauer Treffen der Konferenz über die menschliche Dimension 1991 auf paramilitärische Einheiten, Organe der Inneren Sicherheit und auf Geheimdienste erweitert. Auch sollten wirksame Vorkehrungen für eine Aufsicht der gesetzgebenden Organe über diese Kräfte, Dienste und Aktivitäten geschaffen werden.

Der Verhaltenskodex ist bedeutsam, weil er einerseits das System kooperativer Sicherheit vertieft und andererseits den Aufbau demokratischer und rechtsstaatlicher Institutionen sowie die Entfaltung einer entsprechenden politischen Kultur in den Transformationsstaaten stärkt. Die Normen der OSZE werden durch Regelungen für die politische Kontrolle von Streitkräften und für den Streitkräfteeinsatz im Innern und nach außen vervollständigt, was erst nach Ende des Ost-West-Gegensatzes möglich geworden ist.

Der Umstand, dass Russland die Prinzipien des Verhaltenskodex wenige Tage nach dessen Verabschiedung im ersten Tschetschenien-Krieg verletzt hatte, wurde von einer Reihe von Teilnehmerstaaten nicht als Argument gegen dessen längerfristige Bedeutung gewertet. Die Existenz des Verhaltenskodex habe vielmehr der Kritik am russischen Vorgehen erst die politische Berufungsgrundlage geboten.

Literatur: Klaus Achmann, Kooperative Sicherheit: Neue Grundsatzdokuemnte, in: IFSH (Hrsg.), OSZE-Jahrbuch 1995 Bd. 1, Baden-Baden 1995, S. 307-313; Ortwin Hennig, Der Verhaltenskodex zu politisch-militärischen Aspekten der Sicherheit, in: IFSH (Hrsg.) OSZE-Jahrbuch 1996 Bd. 2, Baden-Baden 1996, S. 289-307; Jonathan Dean, Der OSZE-Verhaltenskodex – eine gute Idee, unvollkommen ausgeführt, ungenügend nachbereitet, in: IFSH (Hrsg.) OSZE-Jahrbuch 1996 Bd. 2, Baden-Baden 1996, S. 309-318; David Raic, Hans van der Maesen, De politiek-militaire gedragscode van de OVSE – een internationaal-rechtelijk analyse, Den Haag-Clingendael 1996.

Vertrauens- und sicherheitsbildende Maßnahmen

Vertrauens- und sicherheitsbildende Maßnahmen (VSBM) setzen unter den dazu Bereiten und Beteiligten schon eine Grundlage von Vertrauen und Sicherheit über die im Kern kooperativen Absichten der Gegenseite voraus, weil anderenfalls schon der Ansatz zu solchen Maßnahmen fehlte.

Vertrauens- und sicherheitsbildende Maßnahmen wurden im Helsinki-Prozess von der → Schlussakte 1975 über die Stockholmer Konferenz über Vertrauens- und sicherheitsbildende Maßnahmen in Europa, die → Wiener Dokumente '90, '92, '94, '99 sowie das → Helsinki-Dokument von 1992 fortentwickelt.

Schon in den Schlussempfehlungen der Helsinki-Konsultationen vom Juni 1973 erhielt die Kommission „Fragen der Sicherheit in Europa" den Auftrag, der Konferenz geeignete Vorschläge über vertrauensbildende Maßnahmen zu unterbreiten, wie die vorherige Ankündigung größerer militärischer Manöver und den Austausch von Beobachtern bei Manövern sowie die Frage einer vorherigen Ankündigung größerer militärischer Bewegungen zu prüfen.

In der Schlussakte von Helsinki ist bereits ein erstes „Dokument über vertrauensbildende Maßnahmen und bestimmte Aspekte der Sicherheit und Abrüstung" enthalten. Als Ziele werden darin formuliert: die Beseitigung von Spannungen, die Stärkung des Vertrauens, die Erhöhung von Stabilität und Sicherheit in Europa, die Verminderung der Gefahr von bewaffneten Konflikten und von Missverständnissen und Fehleinschätzungen militärischer Fähigkeiten, schließlich die Förderung der Abrüstung. Diesen Zielen sollen konkrete Beschlüsse dienen, durch die die Grundelemente der Vertrauens- und sicherheitsbildenden Maßnahmen des Helsinki-Prozesses von Anfang an definiert wurden: die vorherige Ankündigung von größeren militärischen Manövern, zusätzlich die freiwillige Ankündigung sonstiger Manöver, der Austausch von Beobachtern bei militärischen Manövern und die vorherige Ankündigung größerer militärischer Bewegungen. Bei diesen Maßnahmen sollte das Gebiet der damaligen Sowjetunion bis zu einer Tiefe von 250 km von den europäischen Grenzen aus einbezogen werden.

Das Abschließende Dokument des → Madrider Folgetreffens vom September 1983 enthält den Beschluss, eine Konferenz über Vertrauens- und sicherheitsbildende Maßnahmen und Abrüstung in Europa einzuberufen. Ziel sollten „etappenweise neue, wirksame und konkrete Schritte" zur Festigung von Vertrauen und Sicherheit sein.

Die geplanten Maßnahmen sollten ganz Europa sowie das angrenzende Seegebiet und den angrenzenden Luftraum umfassen, also auch den gesamten europäischen Teil der Sowjetunion bis zum Ural. Sie sollten militärisch bedeutsam und politisch verbindlich sein und von angemessenen Formen der Verifikation begleitet werden.

Die Konferenz über Vertrauens- und sicherheitsbildende Maßnahmen in Europa in Stockholm dauerte vom 17.1.1984 bis zum 19.9.1986. Die NATO-Staaten schlugen sechs komplementäre Maßnahmen vor, nämlich Informationsaustausch über Organisation und Dislozierung der Streitkräfte im Anwendungsgebiet, jährliche Vorausschau zu notifizierender militärischer Aktivitäten, Notifizierung militärischer Manöver 45 Tage im voraus bei wesentlich niedrigeren Meldeschwellen, als noch 1975 in Helsinki beschlossen worden war, Einladung von Beobachtern zu allen notifizierten Manövern, Vor-Ort-Inspektionen zur Verifikation der Einhaltung aller Bestimmungen, verbesserte Kommunikationsmöglichkeiten.

Die Sowjetunion wollte demgegenüber nur eine Deklaration zu Vertrauens- und sicherheitsbildenden Maßnahmen. Die unterschiedlichen Positionen führten erst nach einem 18 Monate dauernden Verfahrensstreit Ende 1985 zu einem weiterführenden politischen Impuls, bedingt durch das Genfer Gipfeltreffen zwischen dem amerikanischen Präsident Ronald Reagan und dem Generalsekretär der KPdSU Michail Gorbatschow. Nach Bildung von Arbeitsgruppen lenkte Mitte 1986 im Zeichen des „Neuen Denkens" die Sowjetunion ein.

Die Stockholmer Konferenz beschloss Notifikation, Beobachtung, Jahresübersichten und Inspektionen. Militärische Aktivitäten, sofern daran eine Division oder zwei oder mehr Brigaden/Regimenter und mindestens 13 000 Mann oder 300 Kampfpanzer teilnehmen, müssen mindestens 42 Tage vor dem Beginn der Aktivitäten angekündigt werden. Beobachter aus allen Teilnehmerstaaten müssen zu den angekündigten militärischen Aktivitäten eingeladen werden, wenn diese mehr als 17 000 Mann umfassen.

Die Teilnehmerstaaten tauschen Jahresübersichten aller der Ankündigungspflicht unterliegenden militärischen Aktivitäten aus, die für das folgende Kalenderjahr vorgesehen sind. Übungen mit mehr als 40 000 Teilnehmern sind ein Jahr vorher, Übungen mit mehr als 75 000 Teilnehmern zwei Jahre vorher anzukündigen.

Auf dem Territorium eines jeden anderen Teilnehmerstaates besteht ein Inspektionsrecht, um die Einhaltung der vereinbarten Maßnahmen zu überprüfen. Damit war der Kernbereich Vertrauens- und sicherheitsbildender Maßnahmen, die bis heute in allen diesbezüglichen Vereinbarungen zu finden sind, bereits sehr frühzeitig festgelegt.

Literatur: John Borawski, Security for a New Europe. The Vienna Negotiations on Confidence and Security-Building and Beyond, London 1992; Ingo Peters, Transatlantischer Konsens und Vertrauensbildung in Europa. Die KVAE-Politik der Vereinigten Staaten von Amerika und der Bundesrepublik Deutschland, Baden-Baden 1987

Verhältnis zu den Vereinten Nationen

Die OSZE sieht sich als eine regionale Abmachung der Vereinten Nationen nach Kapitel VIII der UN-Charta aufgrund eines Beschlusses des → Helsinki Gipfels von 1992. Beziehungen bestehen in vielfältiger Form sowohl im sicherheitspolitischen Zusammenhang wie in den Bereichen der wirtschaftlichen und menschlichen Dimension. Die Teilnehmerstaaten haben in den Dokumenten der OSZE immer die Übereinstimmung mit den Grundsätzen und den Zielen der Charta der VN betont. Sie haben in der Schlussakte den Vorrang der Verpflichtungen aus der Charta der VN ausdrücklich bestätigt.

Die Beziehungen der OSZE zu den Vereinten Nationen werden im Helsinki Dokument von 1992 im Kapitel III „Frühwarnung, Konfliktverhütung und Krisenbewältigung, friedliche Beilegung von Streitfällen" und in Kapitel IV „Beziehungen zu internationalen Organisationen, etc." dargestellt. Dort erklären sie, „daß die KSZE eine regionale Abmachung im Sinne von Kapitel VIII der Charta der Vereinten Nationen ist und als solche ein wichtiges Bindeglied zwischen europäischer und globaler Sicherheit." Dieser Erklärung tragen die einzelnen Bestimmungen des Kapitels III des Helsinki-Dokuments Rechnung. Zum einen werden die Regeln für die OSZE-Friedenserhaltung den Bestimmungen des Kapitels VIII der UN-Charta explizit unterstellt. Zum anderen kann die OSZE ihre friedenserhaltenden Operationen an den Sicherheitsrat der Vereinten Nationen übertragen, wenn sie der Meinung ist, dass Art und Umfang der Operation dies gebieten. Einschränkend wird allerdings festgestellt, dass die OSZE nur friedenserhaltende Maßnahmen durchführen, aber keine militärischen oder nichtmilitärische Zwangsmaßnahmen ausüben kann.

Auf dem Gebiet der wirtschaftlichen Zusammenarbeit wurde schon in der Helsinki-Schlussakte auf die Wirtschaftskommission der Vereinten Nationen für Europa (ECE) verwiesen, die die Teilnehmerstaaten bei der Durchführung der Bestimmungen gebrauchen können. In der OSZE wurden wirtschaftliche Fragen diskutiert, aber nicht weiter operativ behandelt.

Alle Dokumente der OSZE wurden an den Generalsekretär der Vereinten Nationen weitergeleitet mit der Bitte, sie als offizielle Dokumente der Vereinten Nationen an alle VN-Mitglieder weiterzureichen. Die Dokumente wurden allerdings, weil sie keine völkerrechtlichen Verträge sind, nicht nach Art. 120 der VN-Charta registriert, sondern lediglich zur Kenntnis genommen und weitergeleitet.

Nach dem Gipfel von Helsinki 1992 haben die KSZE/OSZE und die Vereinten Nationen ihre Beziehungen verstärkt. Die 47. Generalversammlung der Vereinten Nationen formalisierte mit der Resolution 47/10 vom 28. Oktober 1992 das Verhältnis und sprach von der Notwendigkeit einer engen Kooperation. Sie beauftragte den Generalsekretär, über die Zusammenarbeit zwischen KSZE/OSZE und den Vereinten Nationen zu berichten. Die Außenminister der KSZE/OSZE beschlossen Dezember 1992 in Stockholm, zu allen Treffen des Rates und des Hohen Rates einen Vertreter des Generalsekretärs der Vereinten Nationen einzuladen und die Ständige Mission des jeweiligen KSZE/OSZE-Vorsitzes bei den Vereinten Nationen als Kontaktstelle der KSZE/OSZE zu nutzen. Der Amtierende Vorsitzende wurde angewiesen, laufend Kontakte mit dem Generalsekretär der VN zu unterhalten. Die Vereinten Nationen gewährten der KSZE/OSZE 1993 mit der Resolution 48/5 den Status eines Beobachters. In einem Rahmenabkommen über Kooperation und Koordination werden regelmäßige Konsultationen zwischen dem VN-Generalsekretär und dem Amtierenden Vorsitzenden sowie deren Vertretern vereinbart. Die Beratungen sollen Planung, Vorbereitung und Durchführung von Missionen zur Berichterstattung sowie einen Informationsaustausch über die jeweiligen Aktivitäten umfassen. Angestrebt wird eine enge Zusammenarbeit im Bereich der langfristigen Konfliktprävention und der friedlichen Streitbeilegung.

Die Generalversammlung der Vereinten Nationen hat sich wiederholt mit der OSZE befasst und auf der Basis des Rahmenabkommens Verbesserungen im interinstitutionellen Verhältnis angeregt. Eine solche Abstimmung der Aktivitäten von VN und KSZE/OSZE schien auch dringend geboten zu sein, denn es ergaben sich eine Reihe von Tätigkeitsfeldern, auf denen gleichzeitig beide Organisationen unkoordiniert aktiv waren. So entstanden häufig Konkurrenzen und Reibereien, was das Vertrauen in die KSZE/OSZE und die Vereinten Nationen keineswegs erhöht hat.

Aus diesen Erfahrungen und dem Rahmenabkommen entwickelte sich in der Folge die Praxis, dass in Arbeitsbereichen, in denen beide Organisationen tätig sind, jeweils eine die Führung übernimmt und die andere sie unterstützt. Eine formale Regelung steht allerdings noch aus. Für bestimmte Situationen und Probleme wurde aber durch eine deutsch-niederländische Initiative für den Budapester Gipfel 1994 ein Konzept vorgeschlagen, das sich auf die Kurzformel „OSZE zuerst" bringen lässt. Demnach sollen begrenzte Streitigkeiten zunächst von der OSZE behandelt werden. Erst wenn deren Bemühungen erfolglos bleiben oder gar Zwangsmaßnahmen notwendig werden, soll die OSZE den Sicherheitsrat auch ohne Zustimmung der direkt betroffenen Staaten anrufen können. An Maßnahmen, die der Sicherheitsrat daraufhin beschließt, kann die OSZE unter Rückgriff auf NATO, WEU oder GUS beteiligt werden.

Die Staats- und Regierungschefs erklärten 1994 in Budapest, dass „die Teilnehmerstaaten in Ausnahmefällen gemeinsam beschließen können, den Sicherheitsrat der Vereinten Nationen im Namen der KSZE mit einem Streitfall zu befassen." Der Einspruch der armenischen Delegation verhinderte eine weitergehende Verbindung im Sinne des Prinzips „OSZE zuerst". In den Beschlüssen von Budapest wird lediglich die Bereitschaft der Teilnehmerstaaten der OSZE bekundet, „alle erdenklichen Bemühungen (zu) unternehmen, um örtlich begrenzte Streitigkeiten einer friedlichen Regelung zuzuführen, bevor sie den Sicherheitsrat der Vereinten Nationen mit diesen befassen."

Aufgrund einer De-facto-Arbeitsteilung, die eingeführt wurde, um Aufgabenüberschneidungen und Doppelarbeit zu vermeiden, hat die OSZE die Führung in bezug auf den Südossetien-Konflikt in Georgien inne, während sie bei der Unterstützung der VN in Abchasien eine weniger prominente Rolle spielt. Trotz anfänglicher Probleme bei der Koordination, Integration und praktischen Zusammenarbeit sind die institutionalisierten Beziehungen zwischen den Vereinten Nationen und der OSZE im Abchasienkonflikt lehrreich für künftige Fälle.

Der Vertreter des Amtierenden Vorsitzenden nimmt als Beobachter an den fortlaufenden Sitzungen des Koordinierungsrates, den drei Arbeitsgruppen über Sicherheit, Flüchtlinge und Wirtschaftsfragen, die im November 1997 eingerichtet wurden, und am Genfer Mechanismus auf hoher Ebene für die Verhandlung einer politischen Lösung für Abchasien teil. Die Zusammenarbeit mit Spezialorganen der VN vor Ort wurde verstärkt und zunehmend institutionalisiert. Wie im Memorandum of Understanding vom April 1997, das die Modalitäten der Kooperation festlegt, vorgesehen, stellt die OSZE-Mission in Georgien einen Mitarbeiter an das Menschenrechtsbüro der VN ab, das am 1. Juli 1997 im Stadtzentrum von Suchumi (Abchasien) seine Räumlichkeiten eröffnet hat. Damit stellte sie die ununterbrochene Einsatzfähigkeit des Büros in den mehr als vier Monaten sicher. Ein weiteres Beispiel für die Zusammenarbeit ist das Memorandum of Understanding mit dem UNHCR, das am 15. Oktober 1998 unterzeichnet wurde und die Einrichtung dauerhafter Kanäle zum Informationsaustausch auf allen Ebenen und gemeinsame Bewertungen der Flüchtlingssituation in Regionen gemeinsamen Interesses vorsieht. Auf dem Ministerratstreffen von Oslo im Dezember 1998 erklärte die OSZE ihre Bereitschaft, die VN bei der Einrichtung einer Übergangsverwaltung im Distrikt Gali (Abchasien) zu unterstützen, sobald ein Übereinkommen erzielt ist. Zu diesem Zweck wurde der Amtierende Vorsitzende ersucht, in enger Konsultation mit dem VN-Generalsekretär die Zweckmäßigkeit der Einrichtung eines OSZE-Büros im Distrikt Gali zu erkunden. Der georgische Ruf nach einer aktiveren (in einem breiteren Sinne humanitären) Rolle der OSZE in Abchasien – neben ihrer Menschenrechtsmission – könnte als Beweis sowohl für die Bemühungen, ein größeres Gegengewicht zur russischen Vermittlung sicherzustellen, angesehen werden als auch auf eine Strategie hindeuten, die gerade darauf abzielt, das VN-Engagement zu beleben, weil zwischen beiden Organisationen eine unausgesprochene Konkurrenz besteht.

Aufs neue kreuzten sich die Belange von OSZE und Vereinten Nationen vor und nach dem Kosovo-Krieg 1999. Vor dem Krieg war die OSZE seit dem Herbst 1998 durch ihre Kosovo-Verifikations-Mission zur anscheinend beherrschenden konfliktverhütenden Kraft geworden und sollte nach dem Entwurf zum Rambouillet-Abkommen auch die führende Organisation für die Neuordnung der Gesellschaft werden. Nach dem Krieg wurde die Mission der Vereinten Nation, UNMIK, zur führenden Organisation im zivilen Bereich und eine OSZE-Mission ihr untergeordnet.

Das Zusammenwirken der bestehenden internationalen und regionalen Organisationen in bzw. für Europa soll nach der Formel „interlocking institutions" stattfinden. Diese Absicht erweist sich vielfach noch als Leerformel. Das unkoordinierte Vorgehen bei der Bewältigung von Krisen und Konflikten in vielen Fällen gebietet eine engere Abstimmung zwischen internationalen Organisationen, wie denen der VN und OSZE. Die internationalen Organisationen suchen ihre bisherigen Wirkungskreise auszubauen oder aber zu erhalten, was zu Kompetenzrivalitäten und Doppelarbeiten führt. Die OSZE findet noch mehr als andere internationale Organisationen ihre Grenzen an der Kooperationsbereitschaft aller Beteiligten.

Eine neue Grundlage für eine verbesserte Zusammenarbeit sollte die auf dem → Istanbuler Gipfel 1999 beschlossene „Plattform für kooperative Sicherheit" schaffen, die sich allerdings nur auf allgemeine Prinzipien und Modalitäten beschränkt und damit weit hinter den Entwürfen ihrer Initiatoren zurückgeblieben ist.

Literatur: Felice D. Gaer, The United Nations and the CSCE. Cooperation, Competition, or Confusion? in: Michael Lucas (ed.), The CSCE in the 1990s: Constructing the European Security and Cooperation, Baden-Baden 1992, S. 161-206; Ralf Roloff, Die OSZE und das Verhältnis zu den Vereinten Nationen im Wechsel von Kooperation, Konkurrenz und Subsidiarität, in: IFSH (Hrsg.), OSZE-Jahrbuch 1995 Bd. 1, Baden-Baden 1995, S. 375-383

Waffentransfer-Regelung

Die „Prinzipien zur Regelung des Transfers konventioneller Waffen" sollen zusammen mit dem Register der Vereinten Nationen für konventionelle Waffen zu größerer Transparenz im Waffenhandel führen und es somit erleichtern, einen exzessiven Aufbau von Rüstungsarsenalen in jedem Land zu kontrollieren. Die Verhandlungen innerhalb der OSZE führten am 25. November 1993 zur Annahme eines entsprechenden Dokuments durch das Plenum des Besonderen Ausschusses des → Forums für Sicherheitskooperation (FSK).

In dem → Dokument von Helsinki 1992 verpflichteten sich die Teilnehmerstaaten unter anderem zu „neuen Anstößen" für Rüstungskontrolle, Abrüstung und Vertrauens- und Sicherheitsbildung und der Verbesserung der Konsultation und Zusammenarbeit in Sicherheitsangelegenheiten. Ein Sofortprogramm sollte im Forum für Sicherheitskooperation und in dessen Besonderen Ausschuss und den Arbeitsgruppen weiter ausgearbeitet werden.

Im Rahmen des Sofortprogramms wurden seit 1992 zahlreiche Maßnahmen ausgehandelt, darunter im November 1993 die Prinzipien zur Regelung des Transfers konventioneller Waffen und im Dezember 1994 die Prinzipien zur Regelung der Nichtverbreitung. Beide sind politisch bindende Vereinbarungen.

Der Besondere Ausschuss des FSK beschloss im Februar 1993, dass Teilnehmerstaaten sich nicht nur verpflichten sollten, ihre Daten über Importe und Exporte dem UN-Register über konventionelle Waffen zu melden, sondern auch Kopien dieser Informationen unter den KSZE-Delegationen in Wien in Umlauf zu geben.

Auf einem Sondertreffen im März 1993 erläuterten die meisten Teilnehmerstaaten ihre nationale Haltung zum Transfer konventioneller Waffen, und es stellte sich bald heraus, dass spezifische KSZE-Maßnahmen ratsam seien.

Auf der Grundlage eines Entwurfes der Länder der Europäischen Union begannen im Juli 1993 Verhandlungen, die am 25. November 1993 mit der Annahme des Dokuments durch das Plenum des Besonderen Ausschusses des FSK abgeschlossen wurden.

Die Verhandlungen zu dem Dokument „Prinzipien zur Regelung des Transfers konventioneller Waffen" wurden durch kommerzielle Interessen erschwert: die Teilnehmerstaaten der OSZE sind zusammen verantwortlich für etwa 90 Prozent der Gesamtmenge internationaler Transfers konventioneller Waffen. Obwohl die Meinungsunterschiede zwischen den „moralischen" und den „pragmatischen" Ländern erheblich waren, konnten die Prinzipien bald verabschiedet werden.

Nach Annahme der Prinzipien wurden Fragen ihrer Durchführung aufgrund nationaler Gesetzgebung durch ein Seminar im Juni 1995 geklärt. Hier wurde eine große Palette von Themen erörtert, wie Lizenzvergabe, Kontrolllisten und Durchsetzungspraktiken, Zusammenarbeit mit Teilnehmerstaaten, standardisierte Veröffentlichung der Richtlinen zur Regelung des Transfers konventioneller Waffen zugunsten von Transparenz und demokratischer Kontrolle, Arbeitsbeziehungen über Waffenkontrolllisten zum neuen Post-COCOM-Forum (dem Kontroll-Komitee der NATO-Staaten zu Zeiten des Ost-West-Konfliktes), Zusammenarbeit bei der Vorbeugung nicht wünschenswerter oder unautorisierter Transfers, Handel mit leichten Waffen und Handfeuerwaffen, Bekämpfung illegaler Transfers konventioneller Waffen.

Solche Fragen könnten in die fortdauernden Erörterungen über die Durchführung der Prinzipien eingebracht werden, die das FSK anlässlich der monatlichen Implementierungs-Treffen einer Arbeitsgruppe führt.

Die weitere Entwicklung könnte zu einem OSZE-Register für konventionelle Waffen führen, dessen Bandbreite über die sieben Waffenkategorien des UN-Registers (Kampfpanzer, gepanzerte Kampffahrzeuge, großkalibrige Artilleriesysteme, Kampfflugzeuge, Angriffshubschrauber, Kriegsschiffe, Raketen und Raketenwerfer) hinausreichen würde. Vorstellbar wäre die Aufnahme kleinerer Waffen in ein OSZE-Register. Das unmittelbare Problem jedoch ist die Verifikation dieser kleineren Waffen.

Als weitere Möglichkeit zur Erzielung größerer Transparenz könnte man den Teilnehmerstaaten der OSZE alle einschlägigen Informationen zugänglich machen, die von den Regierungen der einzelnen Staaten ihren Parlamenten, nichtstaatlichen Organisationen und anderen interessierten Parteien (einschließlich Rüstungsproduzenten) zur Verfügung gestellt werden, die die Eintragungen ins UN-Register für konventionelle Waffen ebenso offenlegt, wie eine Übersicht über die Gesamtzahl der Lizenzen und deren Wert, die für den Export militärischer Güter erteilt worden sind.

Literatur: Joanna van Vliet: Prinzipien zur Regelung des Transfers konventioneller Waffen, in: IFSH (Hrsg.), OSZE-Jahrbuch 1996 Bd. 2, Baden-Baden 1996, S. 279-307

Wahlbeobachtung

Im Dokument des zweiten Treffens der Konferenz über die menschliche Dimension 1990 in Kopenhagen erklärten die Teilnehmerstaaten, dass bei der Durchführung von Wahlen die Anwesenheit von Beobachtern sowohl aus dem Inland als auch aus dem Ausland für den Wahlprozess von Vorteil sei. Daher würden sie Beobachter aus anderen OSZE-Staaten sowie alle geeigneten privaten Institutionen und Organisationen, die dies wünschen, einladen, den Verlauf ihrer landesweiten Wahlen zu beobachten, soweit dies gesetzlich zulässig ist. Sie versprachen, einen gleichartigen Zugang zu Wahlen unterhalb der nationalen Ebene zu ermöglichen. Die Wahlbeobachter müssten sich verpflichten, nicht in das Wahlgeschehen einzugreifen. Im Rahmen der OSZE führen seit 1990 das → Büro für Demokratische Institutionen und Menschenrechte (BDIMR) und seit 1993 die → Parlamentarische Versammlung Wahlbeobachtung durch.

Im Dokument des → Budapester Gipfels von 1994 wird dem BDIMR eine verstärkte Rolle bei der Beobachtung vor, während und nach den Wahlen zuerkannt. In diesem Zusammenhang soll es auch die Bedingungen für das freie und unabhängige Funktionieren der Medien beurteilen. Es soll ferner die Koordination zwischen den verschiedenen, eine Wahlbeobachtung durchführenden Organisationen verbessern.

Das BDIMR hat die Entsendung von Missionen zur Beobachtung und Beurteilung von Wahlvorgängen inzwischen systematisiert und von der Anwesenheit am Wahltag um die Beobachtung der Vorbereitungen der Wahlen erweitert. Die Beobachter sollen die unterschiedlichen Stadien einer Wahl berücksichtigen: die Durchführung der Gesetze und Wahlbestimmungen, die Anfertigung der Wählerlisten, die Effektivität und Unparteilichkeit der Wahlbehörden, die Unabhängigkeit der Medien, den Charakter des Wahlkampfes und des politischen Umfeldes vor dem Wahltag, den Verlauf des Wahltages, die Stimmenauszählung, die Bekanntgabe der Ergebnisse und die Handhabung von Beschwerden.

Die praktischen Aufgaben der BDIMR-Wahlbeobachtungsmission können in zwei getrennte Phasen aufgeteilt werden: die Langzeit- und die Kurzzeitbeobachtung. Ein Vor-Ort-Koordinator des BDIMR wird unter anderem damit beauftragt, die Aktivitäten der Lang- und Kurzzeitbeobachter zu koordinieren. Ziel der Langzeitbeobachtung ist es, gründliche Kenntnisse über die verschiedenen Phasen des gesamten Wahlvorgangs zu erlangen. Die Kurzzeitbeobachtung soll die herkömmlichen Aufgaben der Wahlbeobachtung erfüllen, indem sie für flächendeckende Anwesenheit im ganzen Land sorgt, um die Schlussphase des Wahlkampfes, den Wahltag und die Stimmenauszählung zu bewerten.

Langzeitbeobachter sind dafür zuständig, die Phase vor der Wahl zu beobachten und tragen so dazu bei, dass die Kurzzeitbeobachter die Vorgänge am Wahltag sachkundig in den Gesamtzusammenhang einordnen können. Die Langzeitbeobachter verfassen Zwischenberichte über ihre Einschätzungen und Beobachtungsergebnisse, mit deren Hilfe die Kurzzeitbeobachter eingewiesen werden und die in den Abschlussbericht über die Wahl einfließen. Die Beobachtung des Wahlvorganges am Wahltag dient grundsätzlich zur Verifikation, ob Stimmabgabe und -auszählung ordnungsgemäß und in Übereinstimmung mit den vorgeschriebenen Verfahren durchgeführt werden.

Der Vor-Ort-Koordinator des BDIMR wird am Tag nach der Wahl eine Abschlussbesprechung veranstalten. Dort sollten die Beobachter die Ergebnisse ihrer Tätigkeit erläutern und versuchen, eine gemeinsame Abschlussbewertung darüber zu erzielen, wie die Wahlen, gemessen an den Verpflichtungen des Kopenhagener Dokuments von 1990 und dem gesetzlichen Rahmen des betreffenden Landes, durchgeführt wurden. Die Äußerungen der Beobachter sollten sich auf eine Zusammenfassung der Fakten konzentrieren und dabei sich wiederholende Trends besonders hervorheben, die bei der Beobachtung am Wahltag festgestellt wurden.

Aus den Berichten der Langzeitbeobachter zur Wahlvorbereitungsphase und den Erkenntnissen der Kurzzeitbeobachter zum Wahltag selbst werden gemeinsame Schlüsse gezogen. Die Abschlussbesprechung sollte allen Beobachtern Gelegenheit geben, über ihre Ergebnisse zu berichten. Das BDIMR beurteilt zwei oder drei Tage nach der Wahl relevante Aspekte des Wahlprozesses. Der Vor-Ort-Koordinator berichtet innerhalb von zwei Wochen nach der Wahl und gibt eventuell auch Empfehlungen zu Verbesserungen des Wahlprozesses.

Die Wahlbeobachtungsaktivitäten des BDIMR sollen den vergangenen Wahlprozess beurteilen und zukünftige verbessern helfen. Die bloße Anwesenheit von Wahlbeobachtern kann sich zweitens vertrauensbildend auf den Verlauf einer Wahl auswirken und Wahlbetrug oder Manipulation vorbeugen.

Das BDIMR ist für die langfristige Wahlbeobachtung auf die Mitwirkung der Teilnehmerstaaten angewiesen, eine Kerngruppe von Langzeitwahlbeobachtern für die Dauer von ungefähr zwei Monaten vor der Wahl zu stellen, eine Anforderung, die nicht leicht zu erfüllen ist. Das BDIMR arbeitete bei der Wahlbeobachtung zusammen mit anderen Organisationen, wie mit dem United Nations Development Program, das Verwaltungshilfe leistete, dem Europarat, der Europäischen Union, der → Parlamentarischen Versammlung der OSZE und NOs zusammen.

Die Parlamentarische Versammlung der OSZE beschloss bei ihrer Jahrestagung in Helsinki 1993 erstmals, aktiv an der Wahlbeobachtung und -überwachung teilzunehmen. Die damalige Amtierende Vorsitzende drängte die Parlamentarier, sich aufgrund ihres besonderen und einzigartigen Expertenwissens stärker in der Wahlbeobachtung zu engagieren. Die PV entwickelte daraufhin ein Programm zur Wahlbeobachtung, das den im Aufbau befindlichen Demokratien der ehemaligen Sowjetunion und Osteuropas helfen sollte, die übernommenen OSZE-Verpflichtungen zu erfüllen. Die Mitglieder der Parlamentarischen Versammlung können sich aufgrund ihrer Erfahrung besser als andere als geeignet betrachten, die Entwicklung des Wahlprozesses in einer solchen Übergangsphase zu bewerten. Sie treffen sich darum auch mit Spitzenpolitikern, die sowohl von Regierungs- als auch von Oppositionsseite an der Wahl teilnehmen, um zu erkunden, warum Entscheidungen oder welche Verhältnisse auf die vorliegende Wahl einwirkten. Solche Treffen bieten den Beobachtern eine umfassende Perspektive und dienen dazu, möglicherweise bedeutsame Bereiche zu erhellen, die nicht immer leicht auszumachen sind, und Vorkommnisse im angemessenen Kontext zu sehen.

Die Beobachter der PV werden vor Beginn der Wahlbeobachtung in der Regel über fünf Sachbereiche informiert, den gesetzlichen Rahmen (Verfassung, Wahlgesetz), die politischen Parteien, den Wahlkampf, über Bürger und Wähler sowie die Wählerregistrierung, Aufbau und Sicherheit der Stimmzettel.

Darüber hinaus werden ihnen ein Verhaltenskodex und Standards nahegebracht, an die sich die Delegationsmitglieder der PV halten sollen. So sollen Beobachter sich nicht in die Durchführung von Wahlen einmischen und auch keine Ratschläge zur Lösung praktischer Fragen erteilen. Überhaupt sollen sie nichts unternehmen, das zu Zweifeln darüber führen könnte, wer für die Wahlen zuständig ist. Im Kodex wird betont, dass Beobachter das Wahlsystem unparteilich beurteilen müssen und dass man von ihnen besondere Vorsicht im Umgang mit Presse und Medien erwartet. Die Delegationsmitglieder sollen keine persönliche Meinung zu Fairness und Ehrlichkeit des Wahlprozesses äußern.

Nach den Wahlen berichten die Beobachter über ihre Ergebnisse und formulieren Empfehlungen auf der Grundlage von Informationen, die vor und während der Wahl zusammengetragen wurden. Sie veröffentlichen eine gemeinsame Erklärung über die Wahl, die auf den Untersuchungsergebnissen der gesamten Delegation fußt. Von erheblicher Bedeutung – sowohl für die Wahlbeobachter als auch für das Land, in dem die Wahlen stattfinden, – ist es, dass die Parlamentarier größeres Verständnis für den Entwicklungsprozess und die ihn begleitenden Probleme des Gastlandes mit nach Hause nehmen.

Manche Wahl in einem der Transformationsländer wird nicht alle Standards einer Wahl erfüllen, wie sie die OSZE-Verpflichtungen festlegen. Ungenauigkeiten und Unregelmäßigkeiten werden daraufhin bewertet, ob sie einem wiederkehrenden Muster entsprechen, das eine ernsthafte Gefährdung der Rechtmäßigkeit des Wahlprozesses erkennen lassen könnte. Bei der Beurteilung, ob eine Wahl mit den Verpflichtungen übereinstimmt, wird also abgewogen, ob ein Bruch der Verpflichtungen die Entscheidung des Wählers und das Gesamtergebnis der Wahl im Kern beeinträchtigt hat. Die Unterstützung der Wahlbeobachter von seiten des Wahllandes ist unterschiedlich. Auch die Beurteilung der Wahldurchführung variiert von Land zu Land. Schwerfällige Registrationsprozedur und Unregelmäßigkeiten sind weniger auf fehlenden guten Willen denn auf Auswirkungen der jahrzehntelangen Einparteienherrschaft und auf fehlende Kenntnisse der Wahlprozeduren zurückgeführt worden.

Beobachtergruppen können auch dank der Medienaufmerksamkeit, die sie genießen, zu Stärkung oder Ablehnung der Regierungspolitik beitragen. Die Parlamentswahlen in Estland im Jahre 1995 beispielsweise wurden durch die Delegation der Parlamentarischen Versammlung zu „freien und fairen" Wahlen erklärt. Dies stärkte die Zustimmung zu Demokratisierungspolitik und -programmen der Regierung, trotz der enormen und oft unpopulären so-

zialen Kosten der Übergangsreformen. Andererseits wurden die Parlamentswahlen in Kasachstan 1994 von einer Delegation der PV als erheblich von
der Regierung manipuliert und daher weder als frei noch als fair bewertet.
Diese Erklärung erregte viel Aufsehen und trug schließlich zur Auflösung des
Parlaments und der Ausschreibung von Neuwahlen 1995 bei.

Bei Teilnahme verschiedener Wahlbeobachtergruppen kann es bei
unkoordiniertem Verhalten auch zu widersprüchlichen Bewertungen und anschließend selbst zu Kontroversen zwischen den Beobachtern der Wahl
kommen, wie das nach den Wahlen in Albanien 1995 geschah. Eine Invasion
von ausländischen Beobachtern, die sich dann noch als uneinige Richter zu
profilieren suchen, erreicht freilich nur das Gegenteil der gewünschten langfristigen Wirkung in solchen Gesellschaften. Denn beobachtete Wahlen
waren häufig die ersten oder zweiten Mehrparteien-Wahlen einer Legislative,
die in den besuchten Staaten abgehalten wurden. Sie waren von zukunfts-
weisender Bedeutung. Solche Wahlen beweisen die Bereitschaft eines Landes, sich an internationale Vereinbarungen zu halten. Freilich darf nicht der
Eindruck entstehen, ein Land würde durch Wahlbeobachtung stigmatisiert.

Literatur: Gerald Mitchell, Wahlbeobachtung über den Tag hinaus, in: IFSH (Hrsg.)
OSZE-Jahrbuch 1996 Bd. 2, Baden-Baden 1996, S. 205-218; Peter Emery, Wahlbeobachtung durch die Parlamentarische Versammlung, in: IFSH (Hrsg.) OSZE-Jahrbuch 1996 Bd.
2, Baden-Baden 1996, S. 219-234; Paulino Merino, Das neue Büro für Demokratische Institutionen und Menschenrechte, in: IFSH (Hrsg.) OSZE-Jahrbuch 1998 Bd.4, Baden-
Baden 1998

Wiener Dokumente – WD '90/WD '92/WD '94/WD '99

Die sogenannten Wiener Dokumente haben die Beschlüsse der Stockholmer
Konferenz vom November 1986 über → Vertrauens- und sicherheitsbildende
Maßnahmen und Abrüstung weiterentwickelt und fortgeschrieben. Bald nach
der Stockholmer Konferenz begann das „Wiener Treffen 1986" der Vertreter
der damals 35 Teilnehmerstaaten der KSZE, das bis Januar 1989 dauerte und
mit einer optimistischen Einschätzung angesichts der im Rahmen der Entspannungspolitik eingetretenen günstigen Entwicklungen in der internationalen Lage endete. Die Teilnehmerstaaten beschlossen, die Arbeit der Konferenz über → Vertrauens- und sicherheitsbildende Maßnahmen im März 1989
wieder aufzunehmen.

Die neue Phase der Verhandlungen begann mit einem inventarisierenden
„Seminar über Militärdoktrinen", wobei Dislozierung, Struktur und Aktivitäten der konventionellen Streitkräfte in der Anwendungszone der vereinbarten Maßnahmen erörtert wurden. Im November 1990 nahmen die Teilnehmerstaaten das „Wiener Dokument 1990" (WD 90) an, das an die Stelle
des Dokumentes der Stockholmer Konferenz von 1986 trat. Die neuen Re-

gelungen umfassten jährlich wechselseitige Informationen über Organisation, Personalstärke, Ausrüstung und Dislozierung der Streitkräfte, über geplante Einführungen neuer Hauptwaffensysteme sowie über Militärhaushalte. Für den Fall ungewöhnlicher militärischer Aktivitäten wurde ein sogenannter → Mechanismus für Konsultationen und Zusammenarbeit vereinbart, der Teil des Instrumentariums des → Konfliktverhütungszentrums der OSZE wurde. Jeder Teilnehmerstaat kann danach in einer Frist von maximal 48 Stunden Aufklärung über ungewöhnliche und unvorhergesehene militärische Aktivitäten verlangen. Nach Prüfung der daraufhin erhaltenen Antwort kann er ferner ein bilaterales Treffen oder schließlich die Behandlung der jeweiligen Frage durch alle Teilnehmerstaaten im → Forum für Sicherheitskooperation fordern. Ferner wurde eine Vereinbarung zur Meldung und Klarstellung von gefährlichen militärischen Zwischenfällen getroffen, die Missverständnisse vermeiden und die Auswirkungen gefährlicher Zwischenfälle auf andere Teilnehmerstaaten, z.b. bei Flugzeugabstürzen vermindern soll.

Die militärischen Kontakte zur Verbesserung der Beziehungen, z.B. durch Besuche hochrangiger Vertreter aus dem militärischen Bereich, durch Kontakte zwischen militärischen Institutionen oder durch den Austausch von Offizieren sollten intensiviert werden. Als erster Einstieg in die Beobachtung von Aktivitäten der Luftstreitkräfte wurde vereinbart, dass jeder Teilnehmerstaat binnen fünf Jahren mindestens einmal zu einem Besuch auf einem Militärflugplatz einladen wird. Die Vereinbarung über ein direktes Kommunikationsnetz zwischen den Teilnehmerstaaten sollte Möglichkeiten zur schnellen Übermittlung von rüstungskontrollpolitisch relevanten Informationen schaffen.

Schließlich wurden die bereits früher vereinbarten jährlichen Treffen zur Beurteilung der Verwirklichung von beschlossenen Maßnahmen weiterentwickelt.

In der → Charta von Paris von 1990 wurde festgelegt, die Verhandlungen über Vertrauens- und sicherheitsbildende Maßnahmen fortzusetzen und sie bis zum Gipfel in Helsinki 1992 abzuschließen.

Die neuen Verhandlungen führten im März 1992 zum Wiener Dokument 1992 (WD '92). Darin wurden Transparenz und Vorhersagbarkeit von militärischen Aktivitäten verbessert. Die Anwendungszone für die vereinbarten Maßnahmen wurde auf das Gebiet der zentralasiatischen Staaten der Gemeinschaft Unabhängiger Staaten (GUS) ausgedehnt. Die Nachfolgestaaten der früheren Sowjetunion und des ehemaligen Jugoslawiens wurden in das Regime einbezogen. Die neuen Maßnahmen des WD '92 waren: Informationsaustausch, Informationen über geplante befristete Aktivitäten nicht-aktiver Teile der Streitkräfte, weitergehende Beschränkungen für militärische Aktivitäten, Inspektionen, Notifizierung und Beobachtung und Informationsbesuche.

Im Einzelnen wurde der jährliche Informationsaustausch um technische Daten wichtiger Waffensysteme und die Verpflichtung zur Demonstration neuer Waffensysteme nach deren Einführung in die Streitkräfte (erster Schritt zur Offenlegung qualitativer Aspekte der Rüstung) erweitert. Aktivitäten mit einer Beteiligung von mehr als 2 000 Mann und einer Dauer von mehr als 21 Tagen (erstmalige Erfassung der immer wichtiger werdenden Aufwuchsfähigkeit von Streitkräften) sollten erfasst werden. Manöver mit mehr als 40 000 Soldaten oder 900 Kampfpanzern sollten nur einmal in zwei Jahren stattfinden; jährlich sollten nicht mehr als sechs Manöver mit 13 000 bis 40 000 Mann oder 300 bis 900 Kampfpanzern, von diesen Manövern nicht mehr als drei gleichzeitig (dadurch Ausschluss der früher üblichen Großmanöver) abgehalten werden. Schließlich wurden noch generell verbesserte Inspektionsbedingungen, u.a. durch Ermöglichung multinationaler Inspektionsteams sowie niedrigere Schwellen für Notifizierung und Beobachtung militärischer Aktivitäten, um auch bei Verringerung der Zahl von Großübungen die Pflicht zur Offenlegung beizubehalten und freiwillige Einladungen zu Informationsbesuchen, um etwaige Befürchtungen über militärische Aktivitäten zu zerstreuen, beschlossen.

Im → Helsinki-Dokument 1992 wurden neue Verhandlungen über Rüstungskontrolle, Abrüstung sowie über Vertrauens- und Sicherheitsbildung angekündigt. Ein Forum für Sicherheitskooperation wurde gebildet, in dem die Bemühungen um Rüstungskontrolle, Abrüstung, Vertrauens- und Sicherheitsbildung, Sicherheitskooperation und Konfliktverhütung miteinander verknüpft und einander ergänzend zusammengeführt werden sollten. Damit war erstmals ein permanent tagendes Gremium für alle Fragen der konventionellen Rüstungskontrolle und Abrüstung sowie der Fortentwicklung von VSBM zuständig. Die Aufgaben des FSK umfassten auch die Harmonisierung der Verpflichtungen aus den verschiedenen Übereinkünften zur Rüstungskontrolle, Abrüstung und Vertrauens- und Sicherheitsbildung sowie die Weiterentwicklung des WD '92. In einem Sofortprogramm wurden als Aufgaben genannt: weltweiter Austausch von Informationen über Rüstung und Ausrüstung zwischen den Teilnehmerstaaten, Zusammenarbeit in Bezug auf die Nichtverbreitung von Massenvernichtungswaffen und deren Trägertechnologien, Transparenz in der Streitkräfteplanung, militärische Zusammenarbeit und Kontakte.

Die Teilnehmerstaaten setzten den erneut angeregten Prozess der Entwicklung und Verbesserung der Maßnahmen zur Vertrauens- und Sicherheitsbildung fort und verabschiedeten schließlich im November 1994 das Wiener Dokument 1994, das erneut Verbesserungen gegenüber dem Vorgängerdokument enthält. In das WD '94 wurden zwei Übereinkünfte aufgenommen: die Vereinbarung über „Verteidigungsplanung", durch die das bisherige Kapitel „Information über Militärhaushalte" ersetzt wurde, sowie ein „Programm für militärische Kontakte und Kooperation" als Ersatz für den bisherigen Abschnitt „Militärische Kontakte". Zusätzliche Schwellenwerte bei gepanzerten Kampffahrzeugen und Artilleriegeschützen für Ankündigung und Beobachtung militärischer Aktivitäten wurden eingeführt. Das Wiener Dokument 1994 enthält die Aufnahme neuer Schwellenwerte für notifizierungs- und beobachtungspflichtige Aktivitäten (500 gepanzerte Kampffahrzeuge und 250 Artilleriewaffen). Der weltweite Informationsaustausch bezieht erstmals neben Transportflugzeugen und -hubschraubern auch Seestreitkräfte mit ein; Verifikationsbestimmungen fehlen freilich.

Die bisherigen Erfahrungen mit der Durchführung von VSBM zeigen – neben Problemen in Krisengebieten und bei neuen Teilnehmerstaaten – die Tendenz zu immer weniger anmeldepflichtigen Aktivitäten, eine umfangreiche Nutzung der Möglichkeit sowohl zur Inspektion militärischer Aktivitäten von Landstreitkräften wie auch zur Überprüfung von Truppen an ihrem Friedensstandort, schließlich einen zunehmenden Ausbau und weitgehende Nutzung des OSZE-Kommunikationsnetzes.

Durch das → Budapester Dokument 1994 wurde das Forum für Sicherheitskooperation angewiesen, seine Arbeit fortzusetzen und einen Rahmen auszuarbeiten, der als Grundlage für ein Programm zur Schaffung neuer Rüstungskontrollmaßnahmen dienen sollte. Damit stellten sich als neue Aufgaben: die Erfüllung des Harmonisierungsauftrages, die Formulierung eines rüstungskontrollpolitischen Rahmens, der Entwurf von Maßnahmen der Vertrauens- und Sicherheitsbildung für Krisen und darauf aufbauend die Erarbeitung neuer Maßnahmen der Rüstungskontrolle, bei denen sich regionale und OSZE-weite Konzepte zunehmend ergänzen. Diese Ziele wurden in dem Wiener Dokument '99, das während des → Istanbuler Gipfels unterzeichnet wurde, nur partiell erreicht und seine Verbesserung litt unter den Wirkungen des Kosovo-Krieges, der selbst die Ausführung des schon erreichten Kontrollregimes zu gefährden schien.

Literatur: Klaus Achmann, Kooperative Sicherheit: Neue Grundsatzdokumente, in: IFSH (Hrsg.) OSZE-Jahrbuch 1995 Bd. 1, Baden-Baden 1995, S. 313-320; Hans-Joachim Schmidt/Wolfgang Zellner, Konventionelle Rüstungskontrolle im Belastungstest: Der Einfluss regionaler Gewaltkonflikte, in: Forschungsstätte der Evangelischen Studiengemeinschaft, u.a. (Hrsg.), Friedensgutachten 2000, Münster 2000, S. 269-278

Wirtschaftliche Dimension

Der als wirtschaftliche Dimension von Sicherheit bezeichnete Bereich stellt einen Wirkungszusammenhang zwischen politischer und wirtschaftlicher Stabilität her und spiegelt den OSZE-spezifischen Begriff von umfassender Sicherheit wider. Die Zusammenarbeit der Teilnehmerstaaten auf den Gebieten Wirtschaft, Wissenschaft, Technologie und Umwelt ist eine Forderung des zweiten Korbs (→ Körbe) der → Schlussakte von Helsinki von 1975. Diesem Ziel sollte eine Anbindung an die Wirtschaftskommission der Vereinten Nationen für Europa (ECE) in Genf dienen. Umfängliche Kapitel der Abschließenden Dokumente der Madrider und Wiener Folgetreffen von 1983 bzw. von 1989 galten dem zweiten Korb. Anknüpfend an das Madrider Dokument bekundeten die Staaten im → Wiener Dokument 1989 noch einmal ihre Bereitschaft, die vorhandenen Ressourcen und Erfahrungen der ECE weiter zu nutzen und bekräftigten ihren Willen, weitere Fortschritte im Bereich der wirtschaftlichen Zusammenarbeit erzielen zu wollen.

Die Übereinkunft, im darauffolgenden Jahr 1990 eine Konferenz über wirtschaftliche Zusammenarbeit in Bonn einzuberufen, sollte einer weiteren Förderung der Wirtschaftsbeziehungen dienen.

Die veränderten Verhältnisse der wirtschaftlichen Transformation der real-sozialistischen Staatshandelsländer zu Marktwirtschaften spiegelt das Dokument der Bonner Konferenz über wirtschaftliche Zusammenarbeit von März/ April 1990 wider.

Der in Wien festgelegte Zweck der Bonner Zusammenkunft, Möglichkeiten für weitere Fortschritte auf dem Gebiet der wirtschaftlichen Zusammenarbeit zu erzielen, entsprach noch der traditionellen Bestimmung des zweiten Korbes, die friedliche Koexistenz zweier getrennter Wirtschaftssysteme zu ermöglichen. Diese Aufgabe war mit der Überwindung nicht nur der wirtschaftlichen Systemgrenzen überholt. Der Wandel in Europa hatte zwar die ursprüngliche Rolle der KSZE als Managementagentur der Ost-West-Konfrontation überflüssig werden lassen, gleichzeitig aber die Bereitschaft zur Kooperation erheblich vergrößert. Darüber hinaus führten die politischen Umwälzungen der Jahre 1989/90 zu einer wachsenden Bedeutung ökonomischer und sozialer Faktoren im Kontext internationaler Sicherheit und stellte die KSZE vor neue Herausforderungen, wie die Transformation der Planwirtschaften in funktionierende, umweltverträgliche Marktwirtschaften. So markierte das Bonner Treffen eine allerdings kurzzeitige Aufwertung für den Korb II. Die Teilnehmerstaaten verabschiedeten am 11. April 1990 das Dokument der Konferenz über wirtschaftliche Zusammenarbeit in Europa und mit der Betonung des Zusammenhangs zwischen politischem Pluralismus und Marktwirtschaft einigten sich die teilnehmenden Staaten auf eine Reihe von Prinzipien, die den Reformprozess bestimmen sollten: freie Wahlen, demokratische Mehrparteiensysteme, Rechtsstaatlichkeit, Schutz des Eigentums, Umweltverträglichkeit von Wirtschaftswachstum und -entwicklung, das Recht auf Gründung unabhängiger Gewerkschaften sowie die Ausweitung des freien Handels-, Kapital- und Investmentverkehrs. Da auf der Bonner Konferenz, die ganz dem zweiten Korb gewidmet war, bereits mit einer Reihe von Bestimmungen dem Wandel in Europa Rechnung getragen worden war, enthielt die → Charta von Paris kaum neue Beschlüsse bezüglich der wirtschaftlichen Zusammenarbeit. Die Teilnehmerstaaten unterstützten die Inhalte des Bonner Dokuments und betonten, dass die wirtschaftliche Kooperation auf der Grundlage der Marktwirtschaft ein wesentliches Element ihrer Beziehungen darstelle. Sie bekräftigten, demokratische Staaten bei der wirtschaftlichen Transformation und der Einbindung in die internationalen Wirtschafts- und Finanzsysteme unterstützen zu wollen und machten auf die Notwendigkeit eines wirksamen politischen Konzepts zur Bewältigung der Beschäftigungsproblematik aufmerksam. Schließlich wiesen sie auf die Bedeutung der Koordination mit der Europäischen Union, den Institutionen von Bretton Woods, der Organisation für wirtschaftliche Zusammenarbeit und Entwicklung (OECD), der Europäischen Freihandelsassoziation (EFTA), der Internationalen Handelskammer (ICC) und anderen internationalen Organisationen hin.

Den Wandel zur Institutionalisierung enthält der Beschluss von Helsinki 1992, dem Ausschuss Hoher Beamter/Hoher Rat zusätzlich die Funktion eines → Wirtschaftsforums zu übertragen, und darin den Dialog über den Übergang zur freien Marktwirtschaft und deren Entwicklung sowie über wirtschaftliche Zusammenarbeit anzuregen und darüber hinaus bereits laufende Aktivitäten innerhalb spezieller internationaler Organisationen zu fördern.

Das Budapester Gipfel-Dokument von 1994 rief zu einer Wiederbelebung der wirtschaftlichen Dimension auf und wünschte, die Zusammenarbeit insbesondere mit der UN-Wirtschaftskommission für Europa (ECE), der OECD, der Europäischen Bank für Wiederaufbau und Entwicklung (EBRD), der Europäischen Investitionsbank (EIB) und anderen internationalen Wirtschafts- und Finanzorganisationen zu vertiefen. Einigkeit herrscht darüber, dass die OSZE Überschneidungen mit der Arbeit anderer Organisationen und Institutionen vermeiden muss und dass ihre Aufgabe im Bereich der wirtschaftlichen Dimension darin bestehe, die Interaktion zwischen privatem und öffentlichem Sektor zu fördern.

Die Rolle, die die OSZE in der wirtschaftlichen Dimension spielen soll, ist jedoch umstritten angesichts der vielen spezialisierten internationalen Organisationen und Institutionen oder „Clubs"; allerdings ist eine Reihe von Teilnehmerstaaten sowohl kurz- als auch langfristig davon ausgeschlossen, deren Sicherheit weitgehend von wirtschaftlicher und sozialer Stabilität abhängt.

Die Rolle der OSZE war im Bereich der wirtschaftlichen Dimension bislang im Wesentlichen darauf beschränkt, geeignete politische Impulse auszusenden. Einige Experten unterstreichen die Bedeutung der Beobachtung wirtschaftlicher und sozialer Faktoren als einen Schritt in Richtung eines „umfassenden Beobachtungssystems" im Rahmen der Konfliktverhütung. Andere sehen die Notwendigkeit, „wirtschaftliche vertrauensbildende Maßnahmen" oder eine Art „Verhaltenskodex" für die wirtschaftlichen Beziehungen zwischen den OSZE-Staaten einzuführen. Wieder andere befürworten den Einsatz von Monitoring-Elementen als Frühwarnsystem für kritische soziale und wirtschaftliche Situationen im OSZE-Gebiet, die sich zu akuten Krisen auszuweiten drohen. Dies müsse auch für interne Konflikte, die Stabilität und Sicherheit bedrohen und entsprechende Maßnahmen erfordern, gelten.

Unumstritten ist die allgemeine Aussage, dass Sicherheit auch wirtschaftliche Komponenten einschließt; darum ist offen und direkt die wirtschaftliche Dimension als Teil des umfassenden Sicherheitskonzepts der OSZE nicht angefochten worden. Die Empfehlung, die OSZE solle einen politischen Impuls zur wirtschaftlichen Zusammenarbeit geben, wurde auf verschiedenen OSZE-Treffen immer wieder eingebracht und spiegelt sich in zahlreichen Dokumenten wider; die Elemente wirtschaftlicher Sicherheit als Teile einer umfassenden Sicherheitsarchitektur wurden jedoch nicht so entwickelt, dass daraus für die OSZE eine operative Funktion hervorgegangen wäre.

Unter den OSZE-Regierungen bestehen unterschiedliche Vorstellungen über die Weite der wirtschaftlichen Dimension von Sicherheit und selbst über ihren Sinn und Zweck innerhalb der OSZE. So betonten die Vertreter einiger Länder vor allem Rechts- und Vertragsicherheit, Schutz wirtschaftlichen Eigentums, stabile, verlässliche und berechenbare wirtschaftspolitische Rahmenbedingungen, einige wirtschaftliche Frühwarnsysteme, andere nannten auch umweltschonende Produktionsbedingungen. Neuerdings werden auch Wirtschaftsspionage und internationale Wirtschaftskriminalität im allgemeinen als Aufgaben für die OSZE genannt. Solche Differenzen sind vergleichsweise weniger auffallend als die bei allen Staatenvertretern fehlende Berücksichtigung der wirtschaftlichen Sicherheit für die Menschen in ihren Rollen als Bürger, Arbeitnehmer und Verbraucher.

Der Blick ist auf die Instabilitäten, Krisen, Gefahren, Risiken für die Wirtschaft, d.h. für die Volkswirtschaften, die Unternehmen, die Produktion oder den Markt gerichtet. Sicherheit, besser Krisenfestigkeit, wird für die Wirtschaft, die wirtschaftspolitischen Bedingungen und die unternehmerische Tätigkeit erstrebt. Das Vertrauen der Geschäftsleute sollte durch Mittel wirtschaftlicher Sicherheit gewonnen werden. In dem Zusammenhang werden Maßnahmen gegen Diskriminierung von nationalen Minderheiten und gegen Wirtschaftskriminalität genannnt und selbst Netze sozialer Sicherheit erwähnt, die den wirtschaftlichen Tätigkeiten, vor allem aufgrund der Probleme der wirtschaftlichen Transformation, Stabilität gewährleisten sollen. Niemand soll sich sozial ausgeschlossen fühlen dürfen. Als wichtig wird ein breiter Dialog auf allen Ebenen der Gesellschaft, unter Einschluss von politischen Parteien, Arbeitgebern und Gewerkschaften sowie regionalen und lokalen Akteuren bezeichnet und zwar zur Legitimierung der geführten Wirtschaftspolitik. Sie sollte von den Menschen als langfristig ihrem Interesse entsprechend anerkannt werden, auch wenn kurzfristig Opfer zu erbringen seien.

Es geht also ausschließlich um Sicherheit für die und überhaupt nicht um Sicherheit vor der Wirtschaft. Denn die Gefahren und Risiken bleiben unerwähnt, die wirtschaftlichem Handeln selbst erwachsen. Dazu gehören die Herstellung, der Vertrieb und der Export gefährlicher Stoffe, der Transport von Giftmüll, die Wirtschaftskriminalität, Kernbrennstoff-, Drogen- und Waffenhandel und -transport, Menschen-, insbesondere Frauenhandel sowie Geldwäsche. Endlich könnte die ökologische und soziale Komponente von wirtschaftlicher Sicherheit stärker zur Geltung gebracht werden, wie sie ein Vorschlag des Wirtschaftsausschusses der Parlamtarischen Versammlung der OSZE auch vorsieht.

Die wirtschaftliche Dimension von Sicherheit könnte sich auch noch auf wirtschaftliche Faktoren und Umstände erstrecken, die im Zusammenhang von Konfliktfällen eine Rolle spielen bzw. spielen könnten. Es ginge darum, die vorhandenen Konfliktherde daraufhin zu prüfen, ob solche wirtschaftlichen Faktoren und Umstände (Energieversorgung, Wasservorräte, Bodenschätze, Umweltschäden etc.) bei ihnen auftreten. Auf ihre Regelung könnte dann in der Absicht gedrungen werden, den Konflikt indirekt zumindest zu lindern. Ein weiteres Aufgabenfeld, das die wirtschaftliche Dimension erfassen könnte, wäre das Bemühen um den Aufbau einer gesamteuropäischen Wirtschaftszone.

Mangels bestehender Einrichtungen oder des Fehlens der Kompetenzen anderer Organisationen auf dem Feld, lägen hier Aufgaben für die OSZE, die dem Begriff umfassender Sicherheit gerecht würden.

Literatur: Ivan Majercin, Die wirtschaftliche Dimension der OSZE. Neue Herausforderungen, in: IFSH (Hrsg.), OSZE-Jahrbuch 1995 Bd. 1, Baden-Baden 1995, S. 365-371; Hans-Hermann Höhmann, Wirtschaftliche und soziale Transformationsprobleme in Ostmitteleuropa und den GUS-Staaten: Aktionsfelder der „wirtschaftlichen Dimension" der OSZE? in: IFSH (Hrsg.), OSZE-Jahrbuch 1996 Bd. 2, Baden-Baden 1996, S. 337-346; Tom Etty/Kurt P. Tudyka, Kein Platz für die Gewerkschaften innerhalb der wirtschaftlichen und menschlichen Dimension der OSZE?, in: IFSH (Hrsg.), OSZE-Jahrbuch 1997 Bd. 3, Baden-Baden 1997, S. 337-343; Thomas L. Price/Ryan S. Lester, Die wirtschaftliche Dimension der OSZE am Vorabend des 21. Jahrhunderts, in: IFSH (Hrsg.), OSZE-Jahrbuch 1998 Bd. 4, Baden-Baden 1998, S. 391-402; Piotr Switalski, Die wirtschaftliche Dimension – Auf der Suche nach dem Mehrwert der OSZE, in: IFSH (Hrsg.), OSZE-Jahrbuch 1999 Bd. 5, Baden-Baden 1999, S. 415-424; Cornelia Zirpins, Was wirtschaftliche Zusammenarbeit bedeutet, in: Dieter S. Lutz/Kurt P. Tudyka, Perspektiven und Defizite der OSZE, Baden-Baden 1999/2000, S. 173-190.

Wirtschaftsforum

Auf Beschluss des Treffens der Staats- und Regierungschefs in → Helsinki 1992 wurde dem Ausschuss Hoher Beamter (heute Hoher Rat) zusätzlich die Funktion eines Wirtschaftsforums übertragen, um den Dialog über den Übergang zur freien Marktwirtschaft, über deren Entwicklung und über wirtschaftliche Zusammenarbeit anzuregen, sowie bereits laufende Aktivitäten innerhalb spezieller internationaler Organisationen zu fördern. Das Forum sollte hohen Beamten, Wirtschaftspolitikern, Parlamentariern sowie Vertretern von → Nichtstaatlichen Organisationen aus der privaten Wirtschaft die Möglichkeit zu einem Meinungs- und Erfahrungsaustausch über Kooperation und über die Transformation zur Marktwirtschaft geben.

Die innerhalb des Forums behandelten Themen und Fragen können, sofern dies nötig ist, einer weiteren Prüfung durch Experten unterzogen werden. Dies geschieht in Form von Seminaren, die wirtschaftspolitischen Entscheidungsträgern, führenden Parlamentariern und Vertretern nichtstaatlicher Organisationen gleichermaßen offenstehen. Die Expertengruppen sollen ihre

Ergebnisse an das Wirtschaftsforum weiterleiten, jedoch keine Dokumente mit bindenden Verpflichtungen für die OSZE-Staaten erarbeiten.

Beim ersten Treffen des Forums im Jahre 1993 nahmen besonders viele Abgesandte internationaler Organisationen teil. Ein Seminar des Wirtschaftsforums zur Förderung kleiner und mittelständischer Betriebe fand 1994 in Bischkek statt. Trotz der Teilnahme zahlreicher internationaler Organisationen auch am zweiten Treffen des Forums 1994 und obwohl als neues Element die Beteiligung von fünf Mittelmeeranrainerstaaten, die keine OSZE- Mitglieder sind, sowie von Experten aus der GUS eingeführt wurde, gelang es nicht, die wichtigste Funktion des Forums aufrechtzuerhalten, nämlich eine Plattform für den Dialog zwischen den Entscheidungsträgern in den Regierungen sowie im öffentlichen und im privaten Sektor zu sein. Im Mittelpunkt des zweiten Seminars des Wirtschaftsforums über Wirtschaft und Umwelt, 1994 in Tallin, standen Gespräche über praktische Schritte zur Verbesserung der Umweltsituation in der Region. Dazu gehörten wirksame wirtschaftliche Instrumente und Anreize für eine nachhaltige wirtschaftliche Entwicklung, insbesondere der Transfer sicherer und umweltverträglicher Technologien.

Wie schon früher wurde auch im Dokument des Budapester Gipfels ein umweltverträgliches Wirtschaften erwähnt. Die anwesenden Vertreter regten die Schaffung von Umweltzentren in der Russischen Föderation und den unabhängig gewordenen Teilnehmerstaaten nach dem Vorbild des Regionalen Umweltzentrums in Budapest an. Diese Zentren sollten die umfassende Beteiligung sowohl des öffentlichen als auch des privaten Sektors, einschließlich nichtstaatlicher Organisationen, am Entscheidungsprozess im Umweltbereich fördern.

Das dritte Treffen des Forums, 1995, erweiterte die Diskussion um zusätzliche Problemfelder. Es gelang dem Forum allerdings nicht, zwischen den daran teilnehmenden hochrangigen Beamten, Geschäftsleuten und Wirtschaftsexperten einen intensiven und umfassenden Diskussionsprozess zustande zu bringen. Einvernehmen herrscht darüber, dass der Erfolg des Forums von der aktiven Mitwirkung eines breiten Spektrums hochrangiger Vertreter aus Regierungen, internationalen Institutionen, dem Privatsektor, Wirtschaftsverbänden, Gewerkschaften, Wissenschaft und Nicht-Regierungsorganisationen abhängt.

Wie die Beiträge während des vierten OSZE-Wirtschaftsforums 1996 in Prag (und eine dazu vorbereitende Sitzung einige Monate früher in Genf) zeigten, bestehen unter den Teilnehmerstaaten unterschiedliche Vorstellungen über die Weite der wirtschaftlichen Dimension von Sicherheit und sogar über ihren Platz innerhalb der OSZE. So betonten die Vertreter einiger Länder vor allem Rechts- und Vertragssicherheit, Schutz wirtschaftlichen Eigentums, stabile, verlässliche und berechenbare wirtschaftspolitische Rahmenbedingungen, andere wiesen auf wirtschaftliche Frühwarnsysteme hin, und dritte nannten auch umweltschonende Produktionsbedingungen.

Das vierte Treffen des Wirtschaftsforums 1997 in Prag behandelte die sozialen Aspekte und politischen Risiken der Transformation sowie die Aufgabe, die der Vertrauensbildung im Wirtschaftsbereich bei der Förderung der Sicherheit zukommt. Im Hinblick auf den Gipfel in Lissabon wurde ein breites Spektrum sozialer und wirtschaftlicher Elemente der Sicherheit behandelt, die für die Debatte über ein gemeinsames, umfassendes Sicherheitsmodell für das 21. Jahrhundert relevant waren. Im Vorfeld der Veranstaltung hatten die Vertreter der Wirtschaft die Schaffung eines Europäischen Unternehmerrats zur Diskussion gestellt.

Die Streitigkeiten um den Umfang der wirtschaftlichen Dimension, das Seminar in Tallin zum Thema Umwelt und der Hinweis auf den Handlungsbedarf im Bereich der nuklearen Sicherheit auf dem Budapester Gipfel hatten bereits angedeutet, dass sich ein Wandel des Begriffs wirtschaftliche Sicherheit abzeichnete. Diese Entwicklung kam auch im Abschlussdokument des Lissabonner Gipfels zum Tragen, das im Dezember 1996 von den beteiligten Staats- und Regierungschefs verabschiedet wurde.

Die OSZE solle sich verstärkt damit befassen, Sicherheitsrisiken aufzuzeigen, die aus wirtschaftlichen, sozialen und ökologischen Problemen entstehen. Eine regelmäßige Konsultation der internationalen Wirtschafts- und Finanzinstitutionen soll die OSZE befähigen, sicherheitsrelevante Auswirkungen wirtschaftlicher, sozialer und ökologischer Entwicklungen in einem frühen Stadium zu erkennen und abzuschätzen. Hatten in der Zeit der Ost-West-Konfrontation und in den ersten Jahren der Transformation die Sicherheit für die Wirtschaft im Mittelpunkt der Bemühungen der OSZE gestanden, setzte sich mit dem Lissabonner Dokument die Einsicht durch, dass auch von der Wirtschaft selbst Gefahren für die Sicherheit ausgehen können. Infolgedessen forderte das Dokument die Mitglieder der Organisation zu einer vermehrten Konzentration auf diese Risiken und Möglichkeiten zu ihrer Beseitigung auf.

Mit dem Lissabonner Dokument erfuhr die wirtschaftliche Dimension nicht nur eine Ausweitung ihrer Aufgaben, sondern auch eine weitere Stärkung. Der Ständige Rat wurde veranlasst, innerhalb des OSZE-Sekretariats ein Mandat für einen Koordinator der ökonomischen und ökologischen Aktivitäten der Organisation auszuarbeiten, das auf dem Treffen des Ministerrats im Dezember 1997 in Kopenhagen verabschiedet wurde. Das fünfte Treffen des Wirtschaftsforums im Juni 1997 war dem Thema „Marktwirtschaft und Rechtsstaatlichkeit" gewidmet und erörterte die Bedeutung verlässlicher Rechtsnormen für die Wirtschaft; es machte darauf aufmerksam, dass die Tolerierung von Rechtsverstößen wie Bestechung, Geldwäsche und Korruption die öffentliche Unterstützung für Demokratie und Marktwirtschaft schmälert. Die Teilnehmer kamen überein, zukünftig auch nicht-juristische Instrumente der Problemlösung (z.B. Mediation) zu berücksichtigen. Ebenso sollte die internationale Harmonisierung des Rechts vorangetrieben werden.

Die folgenden Wirtschaftsforen behandelten diese Themen: „Sicherheitsaspekte der Entwicklungen auf dem Energiesektor im OSZE-Gebiet" (1998), „Sicherheitsaspekte im Umweltbereich" (1999), „Wirtschaftliche Normalisierung der Lage nach einem Konflikt: Die Herausforderungen des Wandels" (2000) und „Ordnungsgemäße Verwaltung " (2001).

Mit der Einrichtung des Wirtschaftsforums und der Schaffung eines Mandats für einen Koordinator der wirtschaftlichen Aktivitäten sind die Möglichkeiten, diese zukünftigen Anforderungen bewältigen zu können, erweitert worden. Insgesamt bleibt das Instrumentarium der OSZE zur Wahrnehmung ihrer Aufgaben in diesem Bereich jedoch beschränkt. Nicht zuletzt deshalb wurde in den Abschlussdokumenten immer wieder die Notwendigkeit der Kooperation mit anderen in Europa tätigen Wirtschaftsorganisationen betont. Dennoch ist die Bedeutung der OSZE auf dem Gebiet der Wirtschaft für eine Reihe von Teilnehmerstaaten nicht zu unterschätzen.

Literatur: Ivan Majercin, Die wirtschaftliche Dimension der OSZE. Neue Herausforderungen, in: IFSH (Hrsg.), OSZE-Jahrbuch 1995 Bd. 1, Baden-Baden 1995, S. 365-371; Rita Süssmuth, Sicherheit durch Zusammenarbeit, in: IFSH (Hrsg.) OSZE-Jahrbuch 1997 Bd. 3, Baden-Baden 1997, S. 327-335; Cornelia Zirpins, Was wirtschaftliche Zusammenarbeit bedeutet, in: Dieter S. Lutz/Kurt P. Tudyka (Hrsg.), Perspektiven und Defizite der OSZE, Baden-Baden 1999/2000, S. 173-190.

Anhang

Sammlung von Dokumenten und Verzeichnis ausgewählter allgemeiner Literatur

I. Dokumente

Bloed, Arie (Ed.): The Conference on Security and Cooperation in Europe. Analysis and Basic Documents, 1972-1993, Dordrecht 1993

Fastenrath, Ulrich (Hrsg.): KSZE. Dokumente der Konferenz über Sicherheit und Zusammenarbeit in Europa, Neuwied 1992 (fortlaufende Loseblattsammlung)

Auswärtiges Amt (Hrsg.): Abrüstung und Rüstungskontrolle. Bonn 1990

Auswärtiges Amt (Hrsg.): Sicherheit und Zusammenarbeit in Europa. Dokumentation zum zum KSZE-Prozess 1990/91. Ergänzungsband. Bonn 1990

Auswärtiges Amt (Hrsg.): 20 Jahre KSZE 1973-1993. Eine Dokumentation. 2. Auflage 1993

OSCE (ed.): From Rome to Budapest 1993-1994 CSCE Decisions Reference Manual, Prag 1995

OSCE (ed.): OSCE Decisions Reference Manual Doc.Sec., Prag 1995, 1996, 1997, 1998, 1999

OSCE (ed.): OSCE Handbook, Third Edition, Wien 2000

OSCE (ed.): From CSCE to OSCE. Statements and Speeches of Dr. Wilhelm Höynck. Secretary General of the OSCE, Wien 1996

OSCE Representative on Freedom of the Media Yearbook, Wien 1999, 2000

II. Literatur seit 1995

(a) Periodika

Institut für Friedensforschung und Sicherheitspolitik Hamburg (IFSH): OSZE-Jahrbuch 1995 Bd.1ff., Baden-Baden, seit 1995

Helsinki Monitor, Utrecht, fortlaufendes Periodikum

(b) Monographien, Sammelwerke, Aufsätze

Berthelsen, Ole (Hrsg.): Conflicts in the OSCE Area, Oslo 1995

Czempiel, Otto: NATO erweitern oder OSZE stärken?, HSFK-Standpunkte 4/1995, Frankfurt/M 1995

Ghebali, Victor-Yves, L'OSCE dans l'Europe post-communiste, 1990-1996. Vers une identité paneuropéenne de sécurité, Brüssel 1996

Gießmann, Hans-Joachim: Europäische Sicherheit am Scheideweg – Chancen und Perspekiven der OSZE, Hamburger Beiträge zur Friedensforschung und Sicherheitspolitik, Heft 97, Hamburg, März 1996

Institut für Friedensforschung und Sicherheitspolitik Hamburg (IFSH) (Hrsg.): Die Europäische Sicherheitsgemeinschaft. Das Sicherheitsmodell für das 21. Jahrhundert, Stiftung Entwicklung und Frieden, Texte Eine Welt 15, Bonn 1995

Institut für Friedensforschung und Sicherheitspolitik Hamburg (IFSH) (Hrsg.): Die OSZE und die europäische Sicherheitspolitik im Umbruch, Themenschwerpunkt der Vierteljahrschrift für Sicherheit und Frieden, S+F, 4/1995

Lübkemeier, Eckhard/Oliver Thränert: NATO, OSZE und Europäische Sicherheit, Bonn 1995

Lutz, Dieter S./Kurt P. Tudyka (Hsrg.), Perspektiven und Defizite der OSZE, Baden-Baden 2000

Schneider, Heinrich: Die Europapolitik in anderen europäischen Organisationen. Die KSZE/OSZE und die gesamteuropäische Kooperation, in: Jahrbuch der europäischen Integration 1994/95, Bonn 1995, S. 375-384

Sonntag, Ansgar: Die Konferenz über Sicherheit und Zusammenarbeit in Europa: Versuch einer Gesamtdarstellung, München, Univ. Diss. 1994

Tudyka, Kurt P.: Auf der Suche nach Sicherheit für Europa, – Die OSZE, in: Osnabrücker Jahrbuch Frieden und Wissenschaft. Osnabrück II/1996, Osnabrück 1996, S. 118 -127

Tudyka, Kurt P.: Perspektiven der OSZE, in Vorgänge 135, H.3 Sept. 1996, S.33-40

Chronologie

(für die Periode nach 1990 wurden nur Treffen zur Beschlussfassung und zu deren Vorbereitung oder Überprüfung berücksichtigt)

1972	
22.11.	Beginn der multilateralen KSZE-Vorbereitung in Dipoli/Helsinki; unter Leitung der in Helsinki akkreditierten Missionschefs arbeiten die Delegationen Verfahrensregeln aus und legen Tagesordnungen und Mandate für Kommissionen und Unterkommissionen fest.
1973	
08.06.	Ende der multilateralen KSZE-Vorbereitung in Dipoli/Helsinki
03.07.-07.07.	Außenminister leiten KSZE ein und verabschieden „Helsinki-Schlussempfehlungen".
19.09.	Beginn der Kommissionsphase der KSZE in Genf; Ausarbeitung der Schlussakte
1975	
21.07.	Ende der Kommissionsphase der KSZE in Genf
30.07.-01.08.	Konferenz der 35 Staats-, Regierungs- bzw. Parteichefs und Unterzeichnung der Helsinki-Schlussakte
1977	
15.06.-05. 08.	Vorbereitungstreffen für das erste Folgetreffen in Belgrad
04.10.	Beginn des ersten Folgetreffens in Belgrad
1978	
09.03.	Ende des ersten Folgetreffens in Belgrad mit abschließendem Dokument
20.06.-28.07.	Vorbereitungstreffen für das Wissenschaftliche Forum in Bonn
31.10.-11.12.	Expertentreffen über friedliche Streitbeilegung in Montreux
1979	
13.02.-26.03.	Expertentreffen über wirtschaftliche, wissenschaftliche und kulturelle Zusammenarbeit im Mittelmeerraum in La Valletta
1980	
18.02.-03.03.	Wissenschaftliches Forum der KSZE in Hamburg
09.09.-10.11.	Vorbereitungstreffen für das zweite Folgetreffen in Madrid
11.11.	Beginn des zweiten Folgetreffens in Madrid

1982

12.03.	Unterbrechung des zweiten Folgetreffens in Madrid
09.11.	Wiederaufnahme des zweiten Folgetreffens in Madrid

1983

06.09.	Ende des zweiten Folgetreffens in Madrid mit abschließendem Dokument
25.10.-11.11.	Vorbereitungstreffen in Helsinki für Konferenz für vertrauensbildende Maßnahmen und Abrüstung

1984

17.01.	Beginn der Konferenz für vertrauensbildende Maßnahmen und Abrüstung in Europa in Stockholm
21.03.-30.04.	Expertentreffen über friedliche Streitschlichtung in Athen
16.10.-26.10.	Seminar über wirtschaftliche, wissenschaftliche und kulturelle Zusammenarbeit im Mittelmeerraum in Venedig
21.11.-04.12.	Vorbereitungstreffen für das Kulturforum in Budapest

1985

23.04.-17.06.	Expertentreffen über Menschenrechte und Grundfreiheiten in Ottawa
01.08.	Treffen der Außenminister in Helsinki anlässlich des 10. Jahrestages der Unterzeichnung der Schlussakte
15.10.-25.11.	Kulturforum in Budapest

1986

02.04.-26.05.	Expertentreffen über menschliche Kontakte in Bern
19.09.	Ende der Konferenz für vertrauensbildende Maßnahmen und Abrüstung in Europa in Stockholm
23.09.-06.10.	Vorbereitungstreffen für drittes Folgetreffen in Wien
04.11.	Beginn des dritten Folgetreffens in Wien

1989

15.01.	Ende des dritten Folgetreffens in Wien mit abschließendem Dokument
06.03.	Beginn Verhandlungen über konventionelle Streitkräfte in Europa und über neue Vertrauens- und Sicherheitsbildende Maßnahmen
18.04.-12.05.	Informationsforum in London
30.05.-23.06.	Erstes Treffen der Konferenz über die Menschliche Dimension in Paris
16.10.-03.11.	Umweltschutztreffen in Sofia

1990

19.03.-11.04.	Konferenz über wirtschaftliche Zusammenarbeit in Bonn
05.06.-29.06.	Zweites Treffen der Konferenz über die Menschliche Dimension in Kopenhagen
10.07.-16.11.	Ausschuss in Wien zur Vorbereitung des Gipfeltreffens

24.09.-19.10. Treffen über den Mittelmeerraum in Palma de Mallorca
01.10. Treffen der Außenminister in New York
19.11.-21.11. Treffen der Staats- und Regierungschefs in Paris
19.11. Annahme des Wiener Dokuments 1990
19.11. Ende der Verhandlungen über konventionelle Streitkräfte in Europa
19.11. Unterzeichnung des KSE Vertrages
19.11. Gemeinsame Erklärung über Gewaltverzicht der 22 Mitglieder der NATO und der Warschauer Vertragsorganisation
21.11. Unterzeichnung der Charta von Paris

1991

19.06.-20.06. Treffen des (Minister)Rats in Berlin
10.09. Sondertreffen der Außenminister zur Zulassung Estlands, Lettlands und Litauens in Moskau
10.09.-04.10. Drittes Treffen der Konferenz über die Menschliche Dimension in Moskau

1992

30.01.-31.01. Treffen des (Minister)Rats in Prag
04.03. Annahme des Wiener Dokuments 1992
04.03. Sondertreffen des (Minister)Rats in Helsinki
10.03.-20.03. Vorbereitungstreffen für das Vierte Folgetreffen
24.03.-08.07. Viertes Folgetreffen in Helsinki mit Helsinki Dokument 1992
24.03. Unterzeichnung des Vertrages über den Offenen Himmel
03.07.-05.07. Erste Parlamentarische Versammlung in Budapest
09.07.-10.07. Treffen der Staats- und Regierungschefs in Helsinki
10.07. Unterzeichnung der Akte über Personalstärke KSE Ia
22.09. Eröffnung des Forums für Sicherheitskooperation (und danach wöchentliche Sitzungen)
14.12.-15.12. Treffen des (Minister)Rates in Stockholm

1993

16.03.-18.03. Erstes Wirtschaftsforum in Prag
07.07.-09.07. Zweite Parlamentarische Versammlung in Helsinki
30.11.-01.12. Treffen des (Minister)Rates in Rom

1994

15.03-17.03. Zweites Wirtschaftsforum in Prag
05.07.-08.07. Dritte Parlamentarische Versammlung in Wien
10.10. 02.12. Überprüfungskonferenz in Budapest
05.12.-06.12. Treffen der Staats- und Regierungschefs in Budapest; Unterzeichnung des Budapester Dokuments
15.12. Erstes Treffen des Ständigen Rates (und danach wöchentlich)

1995

20.03.-21.03.	Abschlusskonferenz zum Stabilitätspakt für Europa in Paris
04.07.-08.07.	Vierte Parlamentarische Versammlung in Ottawa
07.06.-09.06.	Drittes Wirtschaftsforum in Prag
07.12.-08.12.	Treffen des Ministerrates in Budapest

1996

22.01.-23.01.	Erstes Überprüfungstreffen zur Implementation der wirtschaftlichen Dimension in Genf
27.03.-29.03.	Viertes Wirtschaftsforum in Prag
05.07.-09.07.	Fünfte Parlamentarische Versammlung in Stockholm
04.11.-22.11.	Überprüfungskonferenz in Wien
02.12.-03.12.	Treffen der Staats- und Regierungschefs in Lissabon; Unterzeichnung des Lissaboner Dokuments

1997

11.06.-13.06.	Fünftes Wirtschaftsforum in Prag
05.07.-09.07.	Sechste Parlamentarische Versammlung in Warschau
18.12.-19.12.	Treffen des Ministerrates in Kopenhagen

1998

01.06.-05.06.	Sechstes Wirtschaftsforum in Prag
04.06.-05.06.	Zweites Überprüfungstreffen zur Implementation der wirtschaftlichen Dimension in Prag
07.07.-10.07.	Siebte Parlamentarische Versammlung in Kopenhagen
02.12.-03.12.	Treffen des Ministerrates in Oslo

1999

25.05.-28.05.	Siebtes Wirtschaftsforum in Prag
07.07.-10.07.	Achte Parlamentarische Versammlung in St. Petersburg
20.09.-10.10.	Überprüfungskonferenz in Wien (Erster Teil)
08.11.-10.11.	Überprüfungskonferenz in Istanbul (Zweiter Teil)
18.-19.11.	Treffen der Staats- und Regierungschefs in Istanbul; Unterzeichnung der Istanbuler Gipfel-Erklärung und der Charta für Europäische Sicherheit

2000

11.04.-14.4.	Achtes Wirtschaftsforum in Prag
06.07-09.07.	Neunte Parlamentarische Versammlung in Bukarest
19.07.	Sondersitzung des Ständigen Rates zum 25. Jahrestag der Unterzeichnung der Schlussakte
27.11.-28.11.	Treffen des Ministerrates in Wien

2001

15.06.-18.06.	Neuntes Wirtschaftsforum in Prag
06.07.-10.07.	Zehnte Parlamentarische Versammlung in Paris

Abkürzungsverzeichnis

BDIMR	Büro für Demokratische Institutionen und Menschenrechte (engl.: /ODIHR = Office for Democratic Institutions and Human Rights)
EAPR	Euro-Atlantischer Partnerschaftsrat (früher NAKR)
ECE	Economic Commission for Europe/Wirtschaftskommission der Vereinten Nationen für Europa
EU	Europäische Union
EVSP	Europäische Verteidigungs- und Sicherheitspolitik (der EU)
FSK	Forum für Sicherheitskooperation
GASP	Gemeinsame Außen- und Sicherheitspolitik (der EU)
GUS	Gemeinschaft Unabhängiger Staaten
HCA	Helsinki Citizen Assembly
HKNM	Hoher Kommissar für nationale Minderheiten (engl.: High Commissioner on National Minorities)
IHF	Internationale Helsinki Föderation
KFOR	Kosovo Force
KVAE	Konferenz über Vertrauens- und sicherheitsbildende Maßnahmen und Abrüstung in Europa
KSE I	Vertrag über konventionelle Streitkräfte in Europa
KSE Ia	Abschließende Akte der Verhandlungen über Personalstärken der konventionellen Streitkräfte in Europa
KSZE	Konferenz über Sicherheit und Zusammenarbeit in Europa bis 31.12.1994 (engl. CSCE)
KVM	Kosovo-Verifikationsmission
KVZ	Konfliktverhütungszentrum
NAKR	Nordatlantischer Kooperationsrat
NATO	North Atlantic Treaty Organization (Nordatlantikpakt-Organisation)
NO	Nichtstaatliche Organisation
NRO	Nichtregierungsorganisation (engl. NGO = Nongovernmental Organization)
OSZE	Organisation für Sicherheit und Zusammenarbeit in Europa (engl.: OSCE = Organization for Security and Cooperation in Europe)
PfF	Partnerschaft für Frieden (engl.: PfP = partnership for peace)
PV	Parlamentarische Versammlung
SAMs	Sanctions Assistance Missions
VN	Vereinte Nationen (engl.: UN/UNO United Nations Organization)
UNHCHR	United Nations High Commissoner for Human Rights
UNHCR	United Nations High Commissioner for Refugees
VKSE	Verhandlungen über konventionelle Streitkräfte in Europa
VSBM	Vertrauens- und sicherheitsbildende Maßnahmen
VVSBM	Verhandlungen über Vertrauens- und sicherheitsbildende Maßnahmen in Europa
WD	Wiener Dokumente über Vertrauens- und sicherheitsbildende Maßnahmen ('90, '92, '94, '99 = 1990, 1992, 1994, 1999)